BIBLIOTECA
JOSÉ GUILHERME
Merquior

Copyright © Julia Merquior 2011
Copyright da edição brasileira © 2017 É Realizações

EDITOR | Edson Manoel de Oliveira Filho
COORDENADOR DA BIBLIOTECA JOSÉ GUILHERME MERQUIOR
João Cezar de Castro Rocha
PRODUÇÃO EDITORIAL, CAPA E PROJETO GRÁFICO
É Realizações Editora
PREPARAÇÃO | Alyne Azuma
REVISÃO | Geisa Oliveira
DIAGRAMAÇÃO | Mauricio Nisi Gonçalves / Nine Design

Reservados todos os direitos desta obra.
Proibida toda e qualquer reprodução desta edição por qualquer meio ou forma, seja ela eletrônica ou mecânica, fotocópia, gravação ou qualquer outro meio de reprodução, sem permissão expressa do editor.

CIP-BRASIL. CATALOGAÇÃO NA PUBLICAÇÃO
SINDICATO NACIONAL DOS EDITORES DE LIVROS, RJ

M534a

Merquior, José Guilherme, 1941-1991
Arte e sociedade em Marcuse, Adorno e Benjamin : ensaio crítico sobre a escola neo-hegeliana de Frankfurt / José Guilherme Merquior. - 1. ed. - São Paulo : É Realizações, 2017.
400 p. ; 23 cm. (Biblioteca José Guilherme Merquior)

ISBN: 978-85-8033-300-8

1. Benjamin, Walter, 1892-1940. 2. Linguagem e línguas - Filosofia. 3. Crítica de arte. 4. Filosofia alemã. I. Título. II. Série.

17-42225
CDD: 193
CDU: 1(43)

01/06/2017 02/06/2017

Os direitos desta edição pertencem a
É Realizações Editora, Livraria e Distribuidora Ltda.
Rua França Pinto, 498 · São Paulo SP · 04016-002
Caixa Postal: 45321 · 04010-970 · Telefax: (5511) 5572 5363
atendimento@erealizacoes.com.br · www.erealizacoes.com.br

Este livro foi impresso pela R. R. Donnelley em julho de 2017.
Os tipos são da família Sabon LT Std e Industrial736 BT. O papel do miolo é o Lux Cream 70g, e o da capa, cartão Cartão Ningbo 250g.

Arte e Sociedade em Marcuse, Adorno e Benjamin

Ensaio Crítico sobre a Escola Neo-Hegeliana de Frankfurt

José Guilherme Merquior

Nenhuma época se deixa afastar por uma simples negação: a negação elimina apenas o negador.
Heidegger

À memória de Francisco Clementino San Tiago Dantas

Sumário

Apresentação
por Günter Karl Pressler 15
Duas palavras 21

PARTE I: ARTE E SOCIEDADE EM MARCUSE E ADORNO

Do pensamento negativo 28
De Hegel a Marx 28
Além de Marx, via Freud 30
De Marx a Hegel 34
A agressividade na cultura contemporânea 37
A oposição da arte e da filosofia 39
A dessublimação a serviço da repressão 40
A síntese do pessimismo e anticonformismo em Freud 41
A utopia marcusiana: a sociedade sem repressão 44
A "dimensão estética" e o problema do esteticismo 45
Diferença entre a estética de Kant e a de Schiller 47
A problemática de Eros: prazer e satisfação 52
Da "dimensão estética" à redefinição das necessidades
    sociais 55
O divórcio entre negatividade e práxis 56
A estética do pensamento negativo: T. W. Adorno 58
Dialética do iluminismo 58
A arte contra o iluminismo: a dilaceração de Ulisses 61
Estilo e ruptura 63
A arte culinária 67
A filosofia da música moderna 69
A antinomia da música radical 73

Schoenberg ou o progresso 74
Stravinsky ou a restauração 78
Crítica da estética de Adorno, contendo uma crítica da
  estética de Lukács 82
Do sociologismo sofisticado ao método imanente:
  de Lukács a Adorno 93
Limites da estética de Adorno 101

PARTE II: WALTER BENJAMIN

Walter Benjamin ou a verdade como morte da intenção 114
O conceito de alegoria, chave da estética moderna 120
O ensaio como forma e as ideias-constelação 129
A tradição da arte moderna segundo Benjamin 135
De Benjamin a Adorno 145
Da esperança e da origem 152

PARTE III: RAÍZES E LIMITES DO PENSAMENTO NEGATIVO

Raízes ideológicas do pessimismo frankfurtiano 168
A história da metafísica como imperialismo do ente
  (Heidegger) 179
O destino da Hespéria 197
A encruzilhada de Kant 225
De Rousseau ao estruturalismo 244
Nascimento e fortuna da teoria social 261
A fundação do reducionismo e o colapso da autonomia
  do estético 287
Reducionismo e escassez 293

Conclusão 317

Posfácios à 2ª edição
    Um projeto para o futuro? Relendo o jovem José
    Guilherme Merquior
        por João Cezar de Castro Rocha 346
    Arte e Sociedade em Benjamin, Adorno e Marcuse
        por Sérgio Tapajós... 356
    A Crítica da Cultura segundo José Guilherme Merquior
        por Regina Zilberman... 358

Referências Bibliográficas.. 377
Índice Onomástico 385
Índice Analítico 393

ARTE E SOCIEDADE EM MARCUSE, ADORNO E BENJAMIN

APRESENTAÇÃO

Günter Karl Pressler (UFPA)

No início da pesquisa sobre a recepção de Walter Benjamin, no Brasil, em 1989, vi a capa amarelada do livro *Arte e Sociedade*, de 1969. Ao folhear aquele papel meio grosso, próprio daquela época, senti um impacto forte; as letras ficaram quase como no leito da casca de madeira macia. Memorizei o tempo da militância política, em Bremen, Frankfurt e Berlim, quando queríamos discutir com todos, com a família e os amigos e as amigas, com os professores e com os trabalhadores, sobre o mundo injusto. Livros na mão, na cabeça, embaixo do braço, imaginando um punho reto no ar; com o verso de Baudelaire *afrontar os vendavais* agora aquele punho na capa deste livro. O impacto foi imediato.

Anos depois, consegui o segundo exemplar que guardei bem, pois o primeiro foi o exemplar de estudo e de trabalho, sublinhado, marcado em cores e sempre visível na estante, mas quase se dissolvendo, pois para o assunto da recepção de Walter Benjamin, José Guilherme Merquior foi/é uma referência vital. No estado avançado da tese, comecei com uma série de entrevistas com benjaminianos da primeira hora, Haroldo de Campos, Flávio Kothe, Leandro Konder, Sergio Paulo Rouanet, Roberto Schwarz, entre outros. Infelizmente José Guilherme Merquior faleceu precocemente. Visitei Hilda Merquior e foi uma longa conversa, no bairro do Jardim Botânico, mas somente semanas depois quando ouvi e transcrevi a fita, com a amiga Regina, compreendi o espírito de convivência do casal e da família. Foram também perceptíveis a amizade e o respeito intelectual na entrevista com Leandro Konder, que tinha feito um dia antes.

Somente depois do movimento estudantil, na segunda metade e no final da década de 1960, pode-se falar de uma recepção internacional da obra de Walter Benjamin, além do pequeno círculo de especialistas, e sua relação particular com a Escola de Frankfurt. A identificação do movimento estudantil, na Alemanha, com o pensador censurado do Instituto de Pesquisa Social, libertou uma energia criativa e, ao mesmo tempo, melancólica no calor da luta nas ruas contra o capitalismo e as ideologias que se adaptaram. Nessa energia cabia também um Herbert Marcuse e seu apelo da *Grande Recusa*, mas não tinha lugar para Theodor W. Adorno que estava no outro lado, criticado pela posição durante o movimento estudantil, em 1969, pouco antes da sua morte. Enquanto, no mundo acadêmico que, inevitavelmente, associava os nomes de Benjamin e Marcuse a Escola de Frankfurt, Adorno e Habermas foram as referências mais importantes. Nas ruas de Berlim e de Paris, ao lado de Che Guevara, Marx, Trotsky e Ho Chi Minh surgia, surpreendentemente, a fotografia do crítico cultural, marxista-messiânico, amigo de Bertolt Brecht e Gershom Scholem, não partidário, fumador de haxixe e teórico do cinema. Marcuse bem representado pela figura emblemática daquele momento, Angela Davis.

Figuras singulares naquela época da República de Weimar, Benjamin e Marcuse, como a do jovem diplomata e ensaísta-filosófico, não acadêmico de uma universidade, no Brasil da década de 1960, que lançou, depois do maio de 1968, o livro *Arte e Sociedade em Marcuse, Adorno e Benjamin* com aquela capa amarela e a escolha de autores extraordinários naquele momento político-cultural. Podemos constatar afinidades eletivas do jovem estudioso com seus autores em tempos e situações políticas semelhantes, mas com decisões e destinos diferentes. Naquele instante político, uma proposta quase precoce.

Revendo os conceitos e a forma de escrever teoria e crítica literária, Merquior desdobra-se sobre os textos, exatamente desses autores, da Escola de Frankfurt, dando maior atenção à configuração do pensamento epistemológico, partindo da questão da *intencionalidade* do sujeito, observação central da estética nas primeiras décadas do século (a partir da fenomenologia de Husserl e da fundamentação teórica da literatura de Roman Ingarden), identificou a alegoria e a questão do fragmentário como conceito-chave: *No ensaio-como-forma, radicalização filosófica e aguçamento da crítica social não se distinguem mais.* E Adorno, no seu entendimento, *vaticina a falência da arte pela razão oposta: pela incapacidade de aguentar a alienação* e, continua Merquior, *a teoria de Adorno é crítico-empírica quando analisa as obras, mas é idealista quando profetiza a queda da arte.* Em Benjamin, ele observa bem a *radicalidade crítica*, que *não consiste em arvorar os temas e motivos notórios da crítica social; consiste numa radicalização filosófica*. O olhar perspicaz do jovem estudioso e sua forma aguda e direta de expressar vontade e inquietação de pensar, sem parafrasear em rodeios de eloquência erudita, incomodaram bastante, pois a situação política do país exigia outras questões e outros posicionamentos.

O termo de *reprodutibilidade técnica da obra de arte*, de Benjamin, foi decisivo para aquela geração e entrou no debate exatamente no momento-chave da segunda mudança de toda a estrutura tecnológica e empresarial dos meios de comunicação com o mundo televisivo e da propaganda política dos *mass media*. Com a revolta estudantil e o renascimento da esquerda, constituiu-se uma oposição política e intelectual que expressou uma subjetividade ameaçada em prol da manipulação comunicativo-técnica, político-imperialista e totalitarista. Nos estudos sobre a cultura brasileira, a identidade nacional e, no fim, sobre a *moderna tradição brasileira*, Renato Ortiz, em 1988, lançou um olhar analítico-retrospectivo sobre esta questão importante daquela época, pois *a consolidação de um mercado cultural somente se dá entre nós a partir de meados dos anos 1960*.

Como analisar o perigo da *consciência unidimensional* e enfrentar a realidade de censura e manipulação que atingia os meios de comunicação e a sociedade diante da dialética negativa e do pessimismo de Adorno? Uma resposta foi lançada com *Arte e Sociedade*, infelizmente só em português, quatro anos antes do estudo de Martin Jay, *The Dialectical Imagination* (1973), em inglês, considerado o primeiro livro no mundo sobre a Escola de Frankfurt. O livro de Merquior expressa a reflexão imediata de um crítico engajado de traje lukácsiano ao analisar a situação cultural-social contemporânea com um rigor e uma vontade epistemológica ímpar no meio universitário das importações das ideologias da Europa.

Merquior aborda a teoria crítica social e a crítica da cultura do século XX, focalizando nos três autores *neo-hegelianos* a ligação entre a arte e a sociedade. A linha geral da crítica de Merquior em cima da Escola de Frankfurt, particularmente, sobre o *freudo-marxismo* de Marcuse, está explícita já nos primeiros capítulos. A teoria crítica da Escola de Frankfurt não avança para uma aplicação revolucionária, constata Merquior. O *pensamento negativo* está fatigado pela *inoperância da dialética*. Consequentemente, essa teoria encontra seu abrigo na famosa tese da *Grande Recusa* (Marcuse). No fundo, o *pensamento negativo* conhece alternativas para a sociedade atual – *a sociedade lúdica, a tecnologia humanizada* –, mas se petrifica numa oposição pura e num protesto absoluto contra a sociedade capitalista e, assim, não desenvolve uma práxis que implicaria mudanças sociais. Daí porque a *razão que não mais decola do processo visível, a luta do sujeito humano que não encontra apoio no universo objetivo, é a linha geral*.

Em Benjamin, o jovem estudioso, apaixonado pelo conhecimento (só tinha 28 anos), encontrou o que não viu em Adorno nem em Marcuse. *A vítima do nazismo é muito menos magoada nos seus escritos do que os pensadores emigrados aos Estados Unidos*, diz Merquior. Os elementos de esperança brotam para redefinir a relação entre o pensamento dialético-filosófico e a religião na busca da origem, compreendida como uma flecha direcionada ao passado da história para atingir o futuro em forma de utopia melancólica. Neste contexto, Merquior comenta as *Teses Sobre a Filosofia da História* – a consciência da temporalidade é inseparável do comportamento de esperança, e esse *mistério da esperança escapa a Adorno e Marcuse*. Com a ênfase no conceito benjaminiano de *esperança*, Merquior reconquista uma atitude dialética de pensar, em relação aos polos otimismo/pessimismo. Sua visão, valorizando a teoria lukácsiana sobre a alienação do homem moderno, achou em Benjamin um crítico radical da Modernidade. O que enternece até hoje, Merquior não podia encontrar estudos feitos, em língua portuguesa, pois só tinha textos traduzidos de Benjamin em francês, inglês e espanhol. Com sua *imaginação e vocação crítica* (Antonio Candido, João Cezar de Castro Rocha) e seu conhecimento filosófico, ele conseguia chegar a uma leitura própria não só da poesia (o livro anterior), mas também do discurso teórico em campos diferentes.

Assim, finalizando o reencontro com este livro, me impressiona ainda hoje a capacidade do jovem pensador ressaltar, neste segundo livro, as palavras-chave e a atualidade das obras de Benjamin, Marcuse e Adorno em comparação com o debate do seu tempo. Merquior apresenta um mapeamento das palavras-chave e da sua recepção, no momento-chave do movimento estudantil de 1968: alienação e alheamento, alegoria, ensaio como forma, a obra de arte na Modernidade, o conceito de *origem* na filosofia da história e da linguagem. Ele toma posição em favor da alegoria, mas critica Benjamin pela simplificação da questão, a *politização da arte*. Porque, junto com outro *Leitmotiv* de Benjamin, a *denúncia do mito*, visível já nos seus primeiros artigos, a reflexão crítica e alegórica permitiria uma compreensão profunda das forças históricas da Modernidade e da Pós-Modernidade.

A reedição deste livro deve estimular uma nova leitura dos textos, tanto de Benjamin, Adorno e Marcuse como de Merquior e adequar o debate atual à interpretação reflexiva daquele tempo de fervura da busca de compreender o mundo com a bagagem do passado. Ler *Arte e Sociedade* significa – na hora certa – abrir o guarda-volumes esquecido na estação do trem daquele tempo e compreender o discurso teórico do autor como *dêixis anafórica* não no sentido da verdade sobre o mundo, mas como contribuição autêntica do discurso político e filosófico no final da década de 1960, no mundo e no Brasil, e seu valor para a leitura de hoje.

DUAS PALAVRAS

Os três autores de que este livro se ocupa principalmente, Herbert Marcuse, Theodor W. Adorno e Walter Benjamin, se dedicaram ao que se convencionou chamar "crítica da cultura". Como se define, e que valor possui, essa crítica da cultura?

Desde a Revolução Francesa, nós nos habituamos à ideia da atitude de crítica *social*. Naturalmente, a humanidade sempre conheceu a experiência de repor em questão o tipo de sociedade em vigor e, até mesmo, a consciência teórica desse fenômeno; porém, dos meados do século XVIII para cá, a *teoria* crítica da sociedade se tornou incomparavelmente mais explícita e mais constante. A presença da aliança entre o impulso de conhecer a sociedade e a aspiração a transformá-la passou a ser uma característica da cultura moderna.

A partir da metade desse período, isto é, desde 1850, uma forma de crítica social se consolidou: a que visa primordialmente à análise da organização social e econômica, ou seja, "grosso modo", do sistema das classes sociais e da estrutura de produção da sociedade. O prestígio do estudo dessas dimensões chegou a fazer com que a expressão "crítica social" se identificasse com ele.

No entanto, a sociedade contém *outras* dimensões, até certo ponto independentes do funcionamento da organização social e econômica. Às vezes, esses outros domínios recebem a vaga qualificação de "culturais": a religião, a arte, alguns aspectos da vida política, os costumes menos restritos a certas camadas sociais, a linguagem em geral, os elementos de visão do mundo e as práticas partilhados em média pelo conjunto dos "socii" (dos membros da sociedade) integram essa área que a sociologia, a psicologia social, a antropologia e a crítica reivindicam, alternadamente, para sua respectiva consideração.

Ora, algumas experiências profundas de transformação social do nosso tempo – deliberadas ou inconscientes, revolucionárias ou puramente evolutivas – forçaram a teoria crítica da sociedade a inclinar-se com maior minúcia sobre essas dimensões. Em particular, o fato de que, uma vez alterado o regime social e econômico de determinadas nações, toda uma série de problemas tivesse continuado a embargar o atingimento dos ideais de justiça e de felicidade que haviam animado os movimentos de mudança alertou vivamente os analistas mais sensíveis para a complexidade e o relevo assumidos, na totalidade do processo social, pelos elementos propriamente "culturais".

Ao lado da "crítica social" em sentido estrito, perfilou-se a "crítica da cultura", que vinha complementar (e, em certos pontos, corrigir) os resultados da primeira e, como esta, se nutria de várias teorizações precursoras, dispersas ao longo da História, mas, ainda aqui, concentradas de forma mais típica após o advento da Revolução Industrial.

Por suas origens históricas, a crítica da cultura se define como *radicalização* da crítica social *latu sensu*. Pouco importa se alguns de seus representantes se opuseram a tendências políticas consideradas progressistas. Muita observação objetivamente válida das imperfeições da sociedade moderna – da sociedade industrial urbana – proveio de espíritos "reacionários". Não se pode deixar de buscar as ligações entre os juízos dos vários "críticos da cultura" e suas motivações biográficas, mas essa pesquisa não deve nunca dispensar a avaliação mais importante, que é a do grau de correspondência entre esses juízos e a realidade objetiva da cultura.

Frequentemente, as análises da cultura moderna modificam algumas ideias tradicionais da crítica social – especialmente em sua variante marxista – problematizando, de maneira aguda, certas fórmulas de reconstrução social. Como qualquer ideologia atuante, o marxismo pode assimilar ou rejeitar essas contribuições, mas é lógico que a assimilação implica uma cadeia de revisões de consequências difíceis de antecipar, a não ser uma: a metamorfose do marxismo clássico, ainda que refinado, num *novo* tipo de teoria crítica da sociedade – e, muito possivelmente, numa *nova* concepção do esforço prático de renovação social. Pessoalmente, penso que o marxismo, em seu conjunto, tem manifestado uma disposição inquietamente débil e esporádica para realizar aquela assimilação e arriscar-se a essa metamorfose.

Mas o marxismo não é, naturalmente, a *única* versão possível de uma teoria crítica da sociedade. Outras são possíveis, mesmo que ainda sejam anônimas. Talvez se articulem, pouco a pouco, cem anos depois da publicação de O *Capital*, quase duzentos anos depois da morte de Rousseau, entre a guerra do Vietnã e a ocupação de Praga, nos interstícios dos vários ramos do saber que a cultura do Ocidente reuniu e, simultaneamente – já que nenhum conhecimento verdadeiramente crítico nasce apenas da contemplação –, do ânimo dos homens deste tempo e de sua não pequena miséria.

O leitor verá que nem sempre, ao expor as teses dos críticos da cultura estudados aqui, estou de acordo com elas. Não obstante, a argúcia e a determinação com que eles contribuíram para firmar e desenvolver o trabalho de aprofundamento da crítica social através da análise da cultura são mais do que merecedoras de consideração.

Tanto quanto possível, procurei separar a exposição do julgamento. Sendo as obras desses autores, em sua maioria, desconhecidas no Brasil, valia a pena consagrar mais espaço à divulgação dos seus conceitos. Dei relevo especial aos problemas de estética, porque todos os pensadores em causa se interessam bastante por eles, sendo que Adorno e Benjamin são figuras de primeiro plano na crítica e na teoria de arte contemporâneas. Além disso, a arte ocupa sempre um lugar de peso no conjunto da crítica da cultura. Ela focaliza, com nitidez perfeita, a crise da civilização. Mas, além disso, dispõe de um estatuto peculiar – como se o homem, contemplando na obra de arte as distorções da sua imagem, reencontrasse, de certo modo, a plenitude do seu espírito e da sua capacidade de integração no universo. A expressão "arte e sociedade" no título deste ensaio deve ser lida com isso em mente: a verdadeira arte reflete a sociedade e a cultura, porém não é, absolutamente, prisioneira do "social" em sentido transitório, nem da sua crise.

No último terço do presente estudo, os nomes de Marcuse, Adorno e Benjamin desaparecem quase inteiramente. Usando da liberdade expositiva própria ao gênero ensaístico, preferi realizar a avaliação crítica de seu pensamento através de uma evocação das tendências filosóficas a partir das quais procurei julgá-los. Tentei compreender as limitações de Adorno e Marcuse do ponto de vista da *superação de suas raízes ideológicas*. Creio que, em última análise, as origens da insuficiência da crítica da cultura – e da estética – professada por esses autores remontam a alguns elementos básicos da tradição hegeliano-marxista. Consequentemente, procurei não só caracterizar esses elementos (especialmente nas seções finais sobre a formação da teoria social e sobre a natureza do *reducionismo*), como apresentar, sinteticamente, as correntes teóricas que nos permitiriam adotar, com vantagem, outra perspectiva sobre o homem e o universo, insuscetível de levar aos impasses adorno--marcusianos. Tal é o sentido das três seções consagradas à "destruição" da metafísica de Heidegger, ao substrato antimetafísico da doutrina de Kant, a Rousseau, e aos pressupostos filosóficos da antropologia estrutural.

Para terminar, uma palavra sobre certas dificuldades de leitura que possam ser eventualmente suscitadas. Tanto ao expor como ao criticar os autores tratados, fiz tudo para assegurar a lógica e a clareza do texto – mas não tentei absolutamente *nada* para "simplificar" os problemas que ele analisa. Proceder de outro modo teria sido desrespeitar a complexidade do homem e da realidade, que são os temas essenciais deste livro, e desprezar, ao mesmo tempo, o trabalho intelectual que eles impuseram a todos esses pensadores. Por conseguinte, creio que estas páginas reclamam um esforço de atenção um pouco maior que o usual. Como, na quase totalidade do ensaio, a minha prosa é tão somente o veículo de algumas das mais estimulantes posições ideológicas do mundo moderno, acredito que esta exigência, se atendida, remunere o leitor. De qualquer maneira, trata-se de um esforço reservado à disciplina da inteligência – e não a esse "brilho" superficial que o Brasil tem o péssimo hábito de reverenciar como "genialidade". Na maioria dos casos, esse tipo de "gênio" consiste no que o inglês chama de "jumping to conclusions", isto é, na alegre corridinha do espírito rumo às conclusões precipitadas, saltitando para a proclamação acrítica de sedutoras "ideias gerais", sem se dar ao incômodo de verificar nem qualificar coisa alguma. Que este ensaio não possa servir de pretexto a esse frívolo esporte é uma das minhas esperanças.

Por outro lado, segundo consta, Marcuse é hoje o nome da moda, o profeta, mais citado do que lido, dos simpatizantes entusiásticos das "revoluções culturais". Pois é.

J. G. M.

Parte I

ARTE E SOCIEDADE EM MARCUSE E ADORNO

Do pensamento negativo

A chamada escola neo-hegeliana de Frankfurt (originalmente composta de Max Horkheimer, Theodor W. Adorno, Herbert Marcuse e Siegfried Kracauer) é uma das mais sugestivas formações ideológicas do nosso tempo. O nazismo e a guerra, que lhe dispersaram o grupo inicial, não lhe destruíram a unidade de espírito. Ela pode ser definida nos termos do que Marcuse, em sua obra sobre Hegel, designa como *pensamento negativo*. No impulso dialético que nega continuamente o dado e o existente, no passo rebelde e crítico da destruição criadora, Marcuse descobre a medula da posição de Hegel. Para Adorno, o princípio da mediação obedece à mesma inspiração antipositivista; em *Sobre a Metacrítica da Gnoseologia*, ele observa que o conceito de mediação não é uma afirmação sobre o ser, mas "um rumo dado à consciência para que não pare em tal positividade [...] a exortação a conduzir adiante, concretamente, a dialética". Aqui está o fundamento do neo-hegelianismo de Frankfurt. Na mola da negatividade dialética, Marcuse revela como as aspirações libertárias se fundem no cerne da conceituação especulativa de Hegel. Liberdade e reflexão filosófica realizam seu grande encontro histórico. A essência criadora do homem se assimila ao pensamento do negativo. No ato crítico de recusa do existente, o indivíduo ascende ao plano da universalidade.

De Hegel a Marx

Como se vê, Marcuse, nesse *Reason and Revolution* (1941), anterior em apenas oito anos ao grande livro de Ernst Bloch dedicado a Hegel, não parece nada assombrado pela ideia do "filósofo do Estado", enaltecedor do regime prussiano, antiliberal bismarckiano *avant la lettre*. Bloch e Marcuse não esquecem que, em Hegel, o estado é sempre uma das dimensões do "Espírito objetivo"; ora, as formações do espírito objetivo, na visão idealista, recebem suas determinações da esfera do "Estado absoluto", isto é, do espírito consciente de si e encarnado na arte, na religião e na filosofia. O estado não é, portanto, senhor de seus próprios fins. Daí Hegel poder, sem contradição, exaltá-lo precisamente contra os piores reacionários de seu tempo, os inimigos das liberdades burguesas, os feudalizantes juristas da escola histórica, que tentavam impedir a instauração, na Prússia, da sociedade liberal baseada no direito civil modelado pelo Código Napoleônico. O estado hegeliano não é totalitário. A despeito disso, porém, Marcuse o considera um conceito envelhecido. O estado não é totalitário, mas é ele – por oposição ao jogo da competição econômica – que assegura para Hegel universalidade às ações humanas. É bem conhecido o ataque de Marx a essa tentativa de salvar o universal, o essencialmente humano, sem deixar de defender a sociedade burguesa e seu feroz individualismo. O estado garante a cada minuto o que a "astúcia da razão" resgata a longo prazo: a transformação do ato puramente egoístico em acontecimento racional. Mas isso é, de certo modo, confessar que o indivíduo do capitalismo ainda não é capaz de alcançar por si a verdadeira universalidade. Marcuse se põe do lado de Marx: em nome do negativo e da sua incansável tarefa crítica, é forçoso denunciar o estado como opressor, ultrapassando as liberdades burguesas e conquistando para a humanidade inteira a gerência dos meios de produção. O negativo se aplica ao próprio Hegel.

Para o "manchesteriano" Marx, o assenhoreamento dos meios de produção é o limiar indubitável da era do universal, ou seja, da reconciliação do homem consigo mesmo e da inauguração da felicidade. Nos *Manuscritos Econômicos e Filosóficos*, a natureza humana parece consistir no *homo faber*; a negatividade se dá concretamente no produzir incessante do ainda-não-produzido. O homem é indústria; o maior erro do capitalismo seria não permitir o desenvolvimento integral dessa disposição fáustica. A concepção da época do *O Capital* já é bem mais complexa. Sugere-se que o homem começa a ser humano onde o trabalho termina, onde o reino da necessidade fica abolido. Mas agora a atenção de Marx não está primordialmente voltada para o conceito de humanidade; o verdadeiro tema em foco é a dinâmica na passagem de um a outro estágio histórico, e a possibilidade de reduzi-la a uma lei científica. Não nos interessa nem um pouco examinar o fracasso ou o sucesso da análise de Marx. O que importa é que, em qualquer das fases de sua evolução, Marx não chegou a duvidar de que, dadas certas condições, a felicidade seria atingida pelo homem. No seu bíblico utopismo, o verdadeiramente problematizado é o atingimento, não a meta a ser atingida. Mesmo depois de ter deixado de ser um *humanista* no sentido de partir de uma visão determinada da natureza do homem, ele continuou a sê-lo, queira ou não Althuser, no sentido de acalentar sem desfalecimento a miragem consoladora dessa esperança. Depois de ter constituído a essência da natureza humana, a práxis passou a ser condição prévia da humanização.

Além de Marx, via Freud

Aqui Marcuse se separa de Marx. Para ele, o problema persiste *após* a socialização da produção. Nascido quinze anos depois da morte de Marx (1883), ele assistiu ao advento do novo regime social, sem a sonhada realização da verdadeira conciliação. Mas o seu abandono da confiança na práxis não vem apenas do espetáculo da sua contrafação, do desengano com a experiência socialista. De maneira muito mais radical, vem de não ver nada, no horizonte contemporâneo, que possa nutrir seriamente a sua exigência de um reino humano. Com uma lógica cruel, o seu ceticismo localiza no caráter mais pronunciado da nossa civilização – o aspecto tecnológico – a fonte da sua nocividade aos valores humanos. A práxis não é só abandonada como arma liberadora; numa sombria lembrança da origem fabril desse conceito em Marx, o seu valor chega a ser invertido. O mundo do *homo faber* é considerado destrutivo. A tecnologia é condenada como agressora da humanidade autêntica.

Ressurreição pura e simples do protesto romântico contra os males da industrialização nascente? É cedo para responder. Vejamos antes onde Marcuse, transformado em ideólogo da modernidade sem perspectivas, vai ancorar seu pessimismo. Despojado de toda esperança marxista, ele tentará uma brilhante freudianização do pensamento negativo. Por que Freud? Porque, segundo Freud, o conflito entre a aspiração individual à felicidade e a organização social não conhecerá nunca uma solução definitiva. A contradição entre o princípio do prazer e o princípio da realidade é eterna. As únicas melhorias admitidas são graduais: atenuação da moral sexual, relativo alívio do indivíduo através da conquista da consciência exata da natureza da neurose. Mas o fundo da visão freudiana é um pessimismo sem consolo: Édipo pode adquirir sabedoria, mas não felicidade. Partindo de sua própria desilusão social, Marcuse encontrou a estoica resignação de Freud, resignação que contém a revolta e exclui o compromisso. Em *Eros e Civilização*, Marcuse analisa a teoria freudiana numa dimensão confessadamente filosófica. Pouco ou nada lhe interessa o alcance científico, a verificabilidade factual da doutrina psicanalítica. O livro se situa nos antípodas da identificação entre psicanálise e psiquiatria. Mas coloca-se igualmente contra tudo o que possa afetar a pureza trágica da concepção original de Freud sobre a luta sem saída entre a libido e a sociedade: esta é a origem da polêmica marcusiana contra Erich Fromm, antigo colaborador do grupo de Frankfurt, e contra os demais "neofreudianos" ou psicanalistas "culturais". O projeto de Fromm é conciliar Marx e Freud por meio da perspectiva de uma sociedade integrada, onde as contradições sociais seriam resolvidas na medida em que o indivíduo superasse seus conflitos interiores e assumisse um caráter maduro, altruístico, pelo exercício de uma fecunda "arte de amar". Marcuse o julga nada menos do que uma traição à carga revolucionária do pensamento negativo. O paradoxo de Fromm – o requisito da inserção do indivíduo maduro no ambiente, para que se possa efetuar a transformação da sociedade – é denunciado como falácia conservadora. A socialização da psicanálise é arguida de infidelidade tanto ao ânimo combativo de Marx como ao austero ceticismo de Freud em relação às chances de felicidade individual. A freudianização de Marx, metamorfose pessimista, condena a marxianização de Freud, metamorfose otimista.

Mas como é possível que Marcuse, que descobrira a força do pensamento dialético em sua capacidade de absorver a motivação concreta da vida social, derive agora para a incorporação de uma filosofia tantas vezes tachada de *psicologismo* instintivista, como a de Freud? A resposta de Marcuse a esta objeção é bastante perspicaz. Ele nos observa que "a psicologia de Freud penetra numa dimensão do aparelho psíquico onde o indivíduo continua a ser a espécie". A libido é uma força biológica, e não somente um impulso individual. O conflito entre a libido e a sociedade, entre Eros e civilização, não tem por alvo (inatingível) apenas o bem-estar do indivíduo, mas a saúde psíquica da raça inteira. Por isso, o que o pessimista Freud elaborou é uma teoria social, tanto quanto – embora em outra perspectiva – a crítica sociológica de Marx.

A incorporação da psicanálise à teoria social requer a *historicização* do conteúdo dos conceitos psicológicos. Quando a interpretação da cultura em termos psicanalíticos esquece as diferenças histórico-sociais, e advoga a abolição indiscriminada de todas as formas do princípio de realidade; quando a decifragem do sentido simbólico instintual das formas sociais despreza a especificidade da sua aparência e da sua função *político-social*, Marcuse se levanta imediatamente contra esse psicologismo abstrato: daí a sua crítica à mistificação da psicanálise da cultura no *Love's Body* de Norman O. Brown (reproduzidas no volume *Negations*, 1968). Para Marcuse, a análise psicológica da cultura se enquadra sempre na consciência da evolução histórica da sociedade, na atenção ao caráter particular dos vários períodos do *continuum* da civilização.

De acordo com Freud, a civilização começa com a inibição sistemática dos instintos primários. A inibição da sexualidade possibilita a organização durável do grupo social; a inibição dos instintos de destruição faculta o domínio dos homens e da natureza, a implantação da hierarquia e da técnica. Assim a sociedade se fundamenta na contenção simultânea dos dois grandes impulsos de vida e de morte, de Eros e de Thânatos. Mas o sacrifício exigido à libido é feito em favor da própria preservação do impulso vital; na economia do conjunto, ele concorre para garantir a vantagem de Eros sobre o instinto de morte. A luta decisiva, tal como Freud a descreve em O Mal-Estar na Civilização, se trava entre a astúcia de Eros, que consegue conter a agressividade dos indivíduos através de um freio *interiorizado* (o sentimento de culpa) e essa propulsão destrutiva existente no homem, a raiz predatória, aniquiladora e antissocial: o *homo homini lupus*. Entretanto, o preço da vitória de Eros é o aumento da sublimação e da agressividade reprimida. Em consequência, Eros vive na perpétua ameaça da repressão e do desencadeamento das forças destruidoras; a civilização engendra o perigo da própria ruína.

Essa é a ideia básica que Marcuse vai buscar em Freud: a de *interiorização da repressão social*. Na arquitetura do pensamento marcusiano, este ponto precede até mesmo o elemento "pessimista" há pouco indicado, a noção de incompatibilidade entre a vida comunitária e a plena satisfação do indivíduo. No prefácio de *Kultur und Gesellschaft* (que corresponde ao volume em inglês *Negations*, de 1968), Marcuse declara que o objeto dos seus estudos é a "interpretação de algumas das ideias dominantes da cultura intelectual – da ideologia". No campo econômico, Marx analisou o processo de transformação do passado liberal da economia capitalista nas tendências monopolísticas que deveriam redundar na liquidação do sistema. A ambição de Marcuse é rastrear uma evolução paralela no terreno da cultura (e especificamente na filosofia); ele se propõe demonstrar como as aspirações de liberdade e de satisfação embutidas na tradição ideológica do Ocidente se perderam com a implantação da sociedade de massa. Mas a sociedade de massa não reprime essas aspirações por meio da coação externa, da violência física; ela as recalca através de uma dissimulada e sofisticada regulamentação das próprias atividades da mente – numa espécie de "brain washing" em escala coletiva. O procedimento repressivo da sociedade tecnológica é eminentemente *psicológico*; a sua polícia consiste em colocar a interiorização a serviço de finalidades repressivas. A primeira frase do prefácio de *Eros e Civilização* é "neste ensaio, empregam-se categorias psicológicas, visto que se tornaram categorias políticas". Ora, essa estratégia repressiva exige que a crítica social recorra a uma psicologia dinâmica, elaborada em termos de conflito entre os impulsos naturais do homem e os obstáculos que a sociedade lhes opõe. Logicamente, a análise das estruturas sociais deve desdobrar-se em psicanálise; a teoria de Marx deve ser complementada pela de Freud.

De Marx a Hegel

O foco da obra de Marcuse é a revelação do sentido repressivo das formas culturais, na perspectiva da "autoliquidação da cultura" processada na sociedade tecnológica. A sociedade tecnológica segrega o que Marcuse chama de "repressão-extra" (surplus-repression), isto é, uma dose de repressão *dispensável* do ponto de vista do crescimento e da preservação da civilização, porém requerida pelas forças interessadas na manutenção do *establishment* – da estrutura insatisfatória da sociedade.

Segundo um dos últimos textos de Marcuse, "A Agressividade na Sociedade Industrial Avançada" (incluído em *Negations*), a repressão suplementar operava, historicamente, através do funcionamento normal do processo social, que obtém a submissão dos indivíduos por meio de mecanismos objetivos, como o receio de perder o emprego ou o status, etc. Entretanto, na sociedade industrial moderna, o divórcio entre os modos de vida e as verdadeiras aspirações humanas é tão grande que um novo gênero de repressão suplementar se faz necessário: a moldagem da psique. A própria vida subjetiva se torna objeto de manipulação e controle, sobretudo no nível do inconsciente. De maneira simétrica, os agentes da repressão-extra não são necessariamente indivíduos conscientes da sua ação coatora; são *tendências sociais*, muitas vezes inconscientemente encarnadas pelos indivíduos.

Em virtude de exigir a manipulação do psiquismo individual, a repressão na sociedade tecnológica implica o assenhoreamento de formas ideológicas antes poupadas (ainda que relativamente) em sua autonomia. A principal forma ideológica que Marcuse interpreta evolutivamente nesse sentido é a tradição filosófica do Ocidente: a forma favorita de Adorno será a história da música. Ao examinar a tradição metafísica, Marcuse conclui que o seu legado englobou constantemente conceitos que resumiam as aspirações humanas de prazer e de liberdade, contestando, implicitamente, a ocorrência ininterrupta da repressão.

Os ensaios marcusianos da segunda metade do decênio de 1930 – por exemplo, "O Conceito de Essência", "O Caráter Afirmativo da Cultura", "Filosofia e Teoria Crítica", "Sobre Hedonismo"[1] são consagrados à tarefa de desvendar o sentido *utópico* dos grandes conceitos da cultura ocidental, ou seja, o seu valor de índice das potencialidades do homem. Vistos deste ângulo, as essências platônicas simbolizam a possibilidade de uma harmonização entre a realidade e uma ordem ideal; o cogito cartesiano representa a conexão, produzida pela Idade Moderna, entre o ideal da justiça e os valores do sujeito e da liberdade; o Espírito de Hegel constitui o redimensionamento da liberdade humana em termos históricos; enfim, a filosofia

---

[1] Originariamente publicados no *Zeitschrift für Sozialforschung*, e mais tarde reunidos em *Kultur und Gesellschaft*, 1965, e, em inglês, em *Negations*, 1968. [No Brasil, ao serem traduzidos, esses textos receberam os títulos "O Conceito de Essência", "Sobre o Caráter Afirmativo da Cultura", "Filosofia e Teoria Crítica", "Para a Crítica do Hedonismo" na edição *Cultura e Sociedade*. vol. 1. São Paulo, Paz e Terra, 1997.]

de Marx é a sede teórica da revelação do caráter concreto da luta pela satisfação e pela autonomia do homem.

Numa seção da nossa terceira parte ("Raízes Ideológicas do Pessimismo Frankfurtiano"), reencontramos esse panorama do utopismo metafísico (dialeticamente justaposto à sequência dos elementos *repressivos* dessa mesma tradição) no pensamento maduro de Marcuse: na fase de *Eros e Civilização*. Mas esta última obra foi precedida pelo livro que fornece a moldura filosófica da posição marcusiana e da sua personalíssima "incorporação" da psicanálise à teoria social: *Razão e Revolução* (1941). A moldura é, evidentemente, o utopismo marxista, entendido como sucessão autêntica do historicismo de Hegel. Sob outro aspecto, porém, *Razão e Revolução* marca o desenvolvimento e o aperfeiçoamento dos ensaios de crítica ideológica dos anos 1930. Por isso, os estudos incluídos em *Negations* contêm a pré-história da freudianização de Marx, empreendida por Marcuse no seu texto mais famoso.

A recuperação do sentido utópico dos conceitos fundamentais da história da filosofia supõe que esta seja "algo mais do que ideologia" (Marcuse). Já bem antes do livro sobre Hegel, Marcuse se esforça por analisar as grandes contribuições da tradição filosófica, equidistantemente do reducionismo vulgar – que vê na filosofia uma simples projeção da situação socioeconômica – e do comentário ingênuo – que ignora a significação social (se bem que não exclusivamente reflexa) das produções ideológicas.

A motivação social da sua própria empresa exegética é reconhecida por Marcuse. *Filosofia e Teoria Crítica* vincula o interesse pelo passado utopístico da filosofia à necessidade de lutar contra o totalitarismo fascista. Em guerra contra o sistema capitalista, Marx denunciara o pensamento burguês como dissimulação da realidade social. Combatendo a violência názi e a sua sofisticada sucessora: a civilização tecnológica repressiva, Marcuse se sente obrigado a revalorizar os ingredientes humanísticos desse mesmo pensamento burguês (e das suas fontes pré-burguesas). Tais ingredientes culminam em Hegel. Em consequência, *de acordo com o espírito de Marx*, *mas ultrapassando o conteúdo literal da crítica marxista*, a Kulturkritik marcusiana remonta de Marx a Hegel. O recuo dialético é nitidamente análogo à exaltação lukacsiana do classicismo de Weimar e do romance realista como tradições humanísticas, como passado "nobre" da sociedade de classe – apto a servir de barreira contra o desencadeamento da barbárie nazista e a perigosa "desorientação" da cultura contemporânea.

A AGRESSIVIDADE NA CULTURA CONTEMPORÂNEA

Freud supõe que a civilização, reclamando a repressão dos instintos, nutre em seu seio o perigo da sua própria ruína. A vitória de Eros sobre Thânatos se consuma ao preço de uma precária contenção dos impulsos destrutivos. A tese de Marcuse consiste em afirmar que, na sociedade de massa, definitivamente formada no século XX, esse potencial de destruição se acentua enormemente. Já em *Psicologia das Massas e Análise do Ego*, Freud esboçara a interpretação da sociedade contemporânea em termos da tendência à redução da autonomia do ego e ao retorno à horda primitiva, baseada na obediência irracional ao *Führer*. Marcuse acha que a transição da livre concorrência à competição organizada, o reforço da estrutura burocrática de poder, a produção em série, o consumo em massa e a extensão do controle social a um número crescente de atividades antes privadas – em suma: o advento da sociedade de massa – requerem a construção de um conceito não previsto pela psicanálise, o de sociedade sem pai.

O colorido fortemente patriarcal das concepções freudianas não deixa lugar para a ideia de uma sociedade cujo princípio retor não seja encarnado em alguma(s) pessoa(s); porém, Marcuse pensa que a sociedade contemporânea se dirige para um tipo de controle *impessoal*, não mais mediatizado pelos superegos individuais.

As projeções pessoais da publicidade moderna – as vedetes das campanhas políticas, as *stars* do *show business* – já seriam, pelo próprio fato da sua fungibilidade, da sua extrema substituibilidade, simples funcionários de uma autoridade realmente impessoal: o aparelho de produção. Freud havia apenas vislumbrado a hipótese da substituição do líder por uma "tendência coletiva". A sociedade atual se encaminharia para a sinistra experiência de uma coletividade onde os indivíduos, libertos da ligação afetiva ao pai e à sua função de consciência moral, seriam presas de uma agressividade sem limites. Na sociedade sem pai, a imposição direta do princípio de realidade (representado pelo sistema de produção) ao ego enfraquecido acarretaria a debilitação decisiva do instinto vital, em decorrência de um aumento incalculável das reservas de agressão. O feroz maniqueísmo da situação política internacional já seria sintoma do crescimento do impulso de destruição.

A ideia do apogeu da repressão na sociedade tecnológica enseja a Marcuse algumas das suas melhores observações sobre os avatares da agressividade na cultura contemporânea. Em "Agressiveness in Advanced Industrial Society", ele aponta como principais fontes da agressividade moderna: a desumanização do processo de produção – o qual é muito mais "humano" hoje do que no tempo de Marx, no que se refere ao esforço físico do trabalhador, porém permanece alheio a todo estímulo à iniciativa pessoal –; a desumanização correlata do processo de consumo, dominado pela arbitrariedade publicitária e sem conexão com necessidades vitais; e a ameaça à "privacy" representada pelas condições de superpopulação, ruído e coletivização forçada da sociedade urbana, que, devido a sua expansão tentacular, tende a absorver o minguante sossego rural.

Descrevendo as formas características da agressividade contemporânea, Marcuse cunhou o conceito de *agressividade tecnológica* – aquela em que o ato de agressão é fisicamente executado por um mecanismo altamente automatizado, muito mais possante do que o indivíduo que o aciona e lhe determina o alvo. O exemplo extremo desse tipo de veículo de agressão é o míssil bélico; o mais corriqueiro, o automóvel. Marcuse sugere que, psicologicamente, a agressão cometida através desses instrumentos induz à frustração. Com a "delegação" do ato agressivo à coisa, o instinto de agressão fica frustrado e procura compensar-se com a repetição indefinida dos seus ataques: aumentando a velocidade na estrada, "escalando" os bombardeios na guerra, etc. Ao mesmo tempo, o sentimento de culpa se reduz (uma vez que foi o objeto, e não o sujeito, que executou a agressão) ou se dispersa, deslocando-se do contexto efetivo da agressão para contextos secundários (grosseria, incompetência sexual, etc.). Como é lógico, a redução do sentimento de culpa contribui, por sua vez, para a reincidência da conduta agressiva.

Esse gênero de agressividade por trás do comportamento habitual, "normal", socialmente aprovado – equivalendo, assim, cada vez mais, a uma verdadeira institucionalização da violência; e essa institucionalização da violência corresponde, sinistramente, ao próprio estilo funcional dos *mass media*, em seu emprego propagandístico e publicitário. A "repetição compulsiva" (Freud) é uma característica comum à agressão mediatizada do automobilista e – por exemplo – aos anúncios de televisão, que saturam o espectador com sua mórbida reiteração. Freud associou o processo de repetição compulsiva à nostalgia regressiva do ventre materno e a tendência ao autoaniquilamento do eu.

A OPOSIÇÃO DA ARTE E DA FILOSOFIA

A civilização tecnológica prefigura a sociedade sem pai. Ela é altamente repressiva. Dominada pelo culto da performance, da eficácia, ela tende a transformar a realidade; como a arte e a filosofia, a ciência tecnológica busca o possível além do real. Mas o espírito fáustico, a sanha transformadora da técnica, discrepa fundamentalmente da metamorfose artística e da visão filosófica de uma verdade superior, acima dos fatos; porque o possível da arte e da filosofia é qualitativamente diverso do real, enquanto o possível tecnológico se limita a consagrar a ordem estabelecida. Podemos medir, a esta altura, a considerável distância entre a crítica social de Marcuse e a exaltação manchesteriana do *homo faber* em Marx; entre a infância da tecnologia moderna e a sua atormentada adolescência no século XX. A "irrealidade" da imagem estética e da ideia metafísica provém do seu poder de contestação. A arte é uma técnica, tal como o sabiam os gregos, mas o produto da técnica artística se assemelha a uma realidade inconfundível com a existente. Quanto à filosofia, Marcuse propõe, em *One-Dimensional Man*, a inversão da lei positivista dos três estados: a metafísica, contestação da ordem atual, sucederia à época da ciência e ao sentido conservador da transformação tecnológica.

Arte e filosofia – a "cultura", a dimensão não prática da ação humana – são para Freud o resultado da sublimação dos instintos. Marcuse, porém, rastreia no próprio Freud (em *Psicologia das Massas*) a ideia não desenvolvida de uma sublimação não repressiva e de uma cultura não mais produto da repressão, mas sim da liberação da libido. O caráter de oposição da arte e da filosofia se enquadra perfeitamente nessa alternativa, pois é claro que, na vigência da sociedade repressiva, a sublimação não coatora não pode deixar de ser excepcional, incompleta e *contrária* à esfera da utilidade social definida segundo padrões repressivos.

A DESSUBLIMAÇÃO A SERVIÇO DA REPRESSÃO

Aceita a concepção marcusiana da civilização tecnológica como repressiva, como explicar que essa mesma sociedade desenvolva tão amplas manifestações de *dessublimação*? Como conciliar a ideia de repressão aguda com a crescente liberdade dos costumes, notadamente no domínio sexual, ou com o acesso cada vez maior da massa às formas superiores da cultura? Marcuse responde com a convicção expressamente freudiana de que Eros se opõe ao instinto gregário. O impulso vital chega a ser também, como vimos, uma força social, mas nem por isso se identifica com o simples fenômeno gregário. A horda-massa lhe repugna. Deste modo, a dessublimação da sociedade de massa não pode ser imputada a uma vitória de Eros; ao contrário, trata-se de um conformismo oculto. Através de uma atitude permissiva em relação à pseudoliberdade do beatnikismo, das inversões sexuais e de tantos outros tipos de "extravagância", a sociedade repressiva degrada o verdadeiro erotismo em práticas dirigidas e, assim, lhe subtrai, precisamente, a dimensão de revolta irredutivelmente individual contra a desumanidade da ordem estabelecida. O testemunho ruidoso da liberdade aparente ajuda a disfarçar a opressão real.

A SÍNTESE DE PESSIMISMO E ANTICONFORMISMO EM FREUD

Dentro da civilização tecnológica, Marcuse não divisa nenhuma promessa de reorientação no sentido da felicidade; não enxerga nada que prepare um futuro humano. Por isso, quando concebe a desintegração do *statu quo*, a imagem da paralisia do sistema repressivo não é política, mas puramente "cultural". Perto do fim de *One-Dimensional Man*, Marcuse se detém diante da hipótese da suspensão do funcionamento dos *mass media*: "The non-functioning of television and the allied media might thus begin to achieve what the inherent contradictions of capitalism did not achieve – the desintegration of the system".[2] Esta frase conduz não só à obsessão marcusiana

---

[2] Na tradução brasileira desta passagem: "O não funcionamento da televisão e dos meios estranhos de informação pode, assim, começar a conseguir o que as contradições inerentes do capitalismo não

por um aspecto básico da sociedade tecnológica, a existência de veículos de comunicação de massa, quanto ao sentido mais profundo da incorporação do pensamento de Freud a uma teoria social que conservou a combatividade marxista, depois de haver perdido o seu conteúdo de esperança política. A tensão característica da teoria de Marcuse nasce do casamento do desencanto com a práxis com a decidida recusa da alternativa de aceitação do sistema em vigor. Os dois temas até certo ponto contraditórios que ele retoma de Freud: de um lado, a concepção pessimista da ação da cultura; de outro, a hipótese de uma sociedade não repressiva, fornecem dois suportes ideológicos admiravelmente adequados a uma posição em que o ceticismo quanto à evolução da história se conjuga com a inabalável decisão de prosseguir na crítica da sociedade atual. Desta maneira, a rica ambiguidade dos últimos escritos de Freud com relação à cultura e ao destino humano alimenta a tensão que permeia a crítica de Marcuse. O bifrontismo dessa visão se contrapõe claramente ao chato otimismo dos neofreudianos, e daí a violência do ataque dirigido de Marcuse contra eles.

O pessimismo cultural acompanha em todos os seus períodos o pensamento de Freud. Mesmo quando, nos anos de fastígio do fascismo, sua visão do homem se ensombrece e se "hobbesianiza", e a cultura passa a ser encarada como um corretivo à agressividade natural, ele não estima possível uma vitória completa ou sequer definitiva da sociedade contra o lobo humano. Já a ideia de uma civilização não repressiva, que entra em fértil contradição com esta, frequenta apenas as suas obras tardias (por exemplo, *O Ego e o Id*, *O Mal-Estar na Civilização*) ligadas à problemática estabelecida em torno da introdução do conceito de Eros. Eros oscila entre a função de

---

conseguiram – a desintegração do sistema". *A Ideologia da Sociedade Industrial. O Homem Unidimensional*. Trad. Giasone Rebuá. 4. ed. Rio de Janeiro, Jorge Zahar, 1973, p. 226. *Allied media* pode ser traduzido como meios associados, isto é, outros meios de comunicação. "Meios estranhos de informação" é uma tradução pouco feliz. No fundo, trocou-se *allied* por *alien*...

um instinto biológico distinto da sexualidade e a função de ampliação da velha força libídica. Em *Psicologia das Massas e Análise do Ego*, Freud abre a especulação sobre a possibilidade de uma sociedade não repressiva, ao propor a tese de que a libido se apoie sobre a satisfação das grandes necessidades vitais. Até então, para Freud, entre a luta pela existência e o livre curso dos instintos, existia uma incompatibilidade fundamental. A admissão de que a libido possa agir de acordo com os objetivos vitais básicos subverte essa ótica. Marcuse se agarra à nova teoria, para reforço da própria ideia de autossublimação da sexualidade. Mas antes de ver, com maior precisão, em que consiste a autossublimação da libido, vale a pena observar que a sedução marcusiana pelas novidades de *Massenpsychologie und Ich Analyse* tem um preço: o afastamento do contexto teórico freudiano, mesmo no caso dos últimos ensaios. E por quê? Simplesmente porque o mestre, nesse período final, não chegou a decidir-se por nenhuma entre as várias faces de Eros. Paul Ricoeur, ao fechar a parte expositiva do seu livro sobre Freud, não hesita em dizer que ele não alcançou a unificação ideológica entre a sua antiga visão do mundo, calcada na luta entre a libido e o princípio da realidade, e a sua nova inteligência da vida, articulada em termos de um combate entre Eros e Thânatos, entre o amor e a morte. Mais ainda, em *O Mal-Estar na Civilização*, Freud se afasta muito da hipótese de uma continuidade entre a libido individual e a construção da cultura. Agora, a sociedade "representa os interesses de Eros" (Ricoeur) contra o fundo de agressividade individual. A sociedade contraria o indivíduo, impõe-nos uma certa "perda de felicidade" (Freud) através da atuação do sentimento de culpa. Freud se separa nitidamente da presunção de uma bondade originária da criatura humana, e não se afasta menos do mito da sociedade sem repressão. Contudo, seria igualmente errôneo julgar simplesmente abolida a revalorização da libido: pois no último Freud, a repressão não é dirigida propriamente contra a libido, mas sim contra a agressividade, contra a encarnação individual do instinto de morte.

Em última análise, o sentimento de culpa não é freio a Eros, mas a Thânatos; sentido como uma coação do eu, ele não reprime no indivíduo senão aquilo que o levaria, a ele e à sociedade, à destruição ativa e passiva. Consequentemente, entre a libido e a cultura não deixa de existir um vínculo, embora indireto: um vínculo mediado pelo paradoxo aparente de uma saudável repressão. Mas é aqui, exatamente aqui, que o libertarismo radical de Marcuse o impele para longe da dialética freudiana, e lhe permite atribuir tonalidades unívocas ao claro-escuro conceitual de Freud: a hipertrofia da ideia da sociedade não repressiva violenta o seu contexto psicanalítico de origem.

A utopia marcusiana: a sociedade sem repressão

A utopia de Marcuse se situa além de toda história visível, mas ela existe: é, naturalmente, a sociedade sem repressão. Ela pressupõe a abolição do trabalho e a inauguração de uma sociedade *lúdica*. A experiência livre e universal não começa, como em Marx, com a *libertação* do trabalho (em sentido de genitivo subjetivo) mas sim com a libertação *do trabalho* (como genitivo objetivo). A condenação marcusiana ao império tecnológico não é, portanto, uma censura passadista; o poder liberador da tecnologia é explicitamente reconhecido. Na sociedade onde o trabalho for substituído pela expansão sem-fim da fantasia e do jogo, a necessidade e a escassez não mais existirão. Que dizer da sexualidade? Ela sofreria então uma transformação essencialmente diversa da sublimação repressiva: a libido *se autossublimaria*. Reportando-se a um conceito originariamente devido a Sándor Ferenczi, Marcuse fala de uma libido genitófuga, isto é, uma libido descarregada de tensões extremas, e refluindo do objeto ao corpo, ao organismo como um todo jubilosamente erotizado. Mas, no erotismo autodistanciado da função simplesmente genital, acentua-se a índole social da sublimação. "Uma neurose isola, uma sublimação une" (Géza Róheim). A autossublimação é um processo coletivo. Na raiz formadora da civilização não repressiva, indivíduo e grupo não se opõem: exigem-se. Nem é somente o polo individual que reclama o social; não há fraqueza do ego diante do coletivo. Em *O Mal-Estar na Civilização*, Freud aponta o "senso oceânico" do ego, o colorido narcisista do sentimento de identificação do mundo. Em *O Ego e o Id*, adianta a ideia de que a sublimação é um processo narcisístico. Colocado no centro de um passo decisivo da reorientação do pensamento de Freud, o narcisismo já não é mais exclusivamente encarado como manifestação egoística e doentia; no fenômeno do *narcisismo primário*, o ego absorve harmoniosamente o mundo. O eu se revigora ao contato da coletividade. E assim como, na autossublimação, eu e mundo se fundem, instinto e razão se encontram: é a "dessublimação da razão", o impulso da forma que desce do plano das arquiteturas transcendentalistas para surgir paralelamente à libido que se autossublima.

A "DIMENSÃO ESTÉTICA" E O PROBLEMA DO ESTETICISMO

Qual é o estilo de vida da sociedade sem repressão entrevista por Marcuse? Como opera a utopia lúdica? Não há dúvida de que o reino de Eros inverterá a hierarquia dos valores. Jung chegou a recear que o impulso do jogo trouxesse consigo uma nova barbárie, uma "catástrofe da cultura". Para Marcuse, disposto a aceitar o risco da subversão axiológica, o reino de Eros é a "dimensão estética". Não convém tomar a expressão em sentido técnico; não se trata de análise da arte e do belo, mas antes da estetização da existência, na tradição da educação estética de Schiller, explicitamente invocada. O homem utópico é herdeiro da "alma bela" do classicismo de Weimar. Marcuse, autor de uma reinterpretação positiva de Hegel, ignoraria deliberadamente a crítica hegeliana ao esteticismo da alma bela, àquela "consciência do vazio", frágil diafaneidade da pura moral de mãos limpas, incapaz de "suportar o ser", porque carece "da força de alienar-se" (*Fenomenologia do Espírito*, VI, C, c)? A utopia de Marcuse será uma última versão do esteticismo político? Só mais tarde responderemos a esta dúvida, porque nossa resposta não abrangerá apenas a posição de Marcuse. Por enquanto, nós nos limitaremos a seguir a schillerianização do pensamento marcusiano, sem deixar de problematizar alguns aspectos da própria teoria de Schiller.

Não se pode negar que Marcuse enfrenta o problema do esteticismo. Seu desafio consiste em querer demonstrar que o contraste entre a dimensão estética e a vida efetiva é ela própria um produto da repressão. A redenção começaria com o surgimento da estética de Kant: os sentidos, inferiorizados durante a ditadura do racionalismo repressivo, voltariam a ser valorizados por meio da compreensão do papel da percepção sensorial no fenômeno estético. A função mediadora atribuída por Kant ao juízo estético reconcilia o homem com a natureza: a lei moral com a legalidade física. Mas os sentidos não são apenas órgãos de conhecimento: são também os veículos do prazer, promessa de felicidade. O espírito de revalorização do sensível não tardaria a sonhar com uma nova sociedade, onde o homem não mais dividido reencontraria a pureza natural. Schiller tentou aplicar a faculdade estética ao plano político; seu esforço visava "dissolver a sublimação da função estética" (Marcuse). Nas *Cartas sobre a Educação Estética da Humanidade* (ver a edição brasileira, S. Paulo, ed. Herder, 1963, em tradução de Roberto Schwarz com introdução e notas de Anatol Rosenfeld), o impulso do jogo tem "por objetivo a beleza, por meta a liberdade". Schiller procura simultaneamente politizar a arte, e não a desfigurar. As *Cartas* preparam a nova humanidade, mas afirmam que o estado estético é pura contemplação; não foi esquecida a tese do "desinteresse" estético solidamente entronizada por Kant.

A moralidade não se impõe ao artístico; a arte *enquanto arte* promoverá a moral. No fim das *Cartas*, o universo estético é declarado superior ao reino da moralidade. A ambivalência é típica da crítica social tingida de ceticismo político, para a qual a "república estética" é, ao mesmo tempo, esplendor utópico e refúgio da desilusão. A obra de Schiller é em parte o resultado das suas decepções com a Revolução Francesa, do seu desejo de recuar da ação imediata à prudente linha germânica da literatura pedagógica, que substitui o horizonte revolucionário pela "educação da humanidade". Marcuse faz das atividades de contemplação o traço definidor do comportamento humano na sociedade não repressiva. Saúda em Orfeu e Narciso os heróis que sucederão ao "ativo" Prometeu; anota uma ideia de Hans Sachs, na qual a ausência de um notável progresso tecnológico na cultura grega é relacionada a elementos narcisísticos, como se o amor helênico do corpo tivesse sido tão forte que houvesse impedido a mecanização. A autossublimação da libido nada tem de titanicamente empreendedora. A sociedade sem repressão conhece uma lânguida, sábia preguiça. Até onde ela deixa de ser o corretivo da cega trepidação moderna, para espelhar o imobilismo político de Marcuse?

Diferença entre a estética de Kant e a de Schiller

Em vez de responder a uma suspeita sem pouso possível, examinemos brevemente a estética schilleriana adotada por Marcuse, mas limitando o exame à sua validez como estrita teoria da arte, não como estética *doublée* de teoria ético-política. Ela oferece perigos não de todo desprezíveis para um correto entendimento do fenômeno artístico. Grande parte desses riscos resulta da transformação dos pontos de partida kantianos realizada por Schiller. Em Kant, o juízo estético é concebido como um termo médio (*Mittelglied*) entre a ciência e a moralidade, a razão teórica e a razão prática, o sensível e o suprassensível. Por isso, a doutrina da *Crítica do Juízo* não é apenas uma analítica do belo ou da arte, mas uma construção central no pensamento de Kant, a qual contém o vínculo entre as duas margens do "grande abismo" reconhecido nas outras *Críticas* como intervalo insuperável entre o terreno da causalidade e o reino dos fins morais. Dito isto, é preciso refrear qualquer arroubo entusiástico diante da possibilidade de uma vitória cognitiva sobre o áspero dualismo entre a ciência e a liberdade. O próprio filósofo, falando do abismo, declarou com todo o rigor que é teoricamente ilícito pensar em lançar "uma ponte entre um e outro domínio". Para ele, o juízo estético não é cognitivo. Mediando entre as faculdades cognitivas, *jogando* com elas, o juízo estético, sempre experimentado por nós como universal, e não obstante sempre referido a algo particular e sensível, faz pressentir uma harmonia secreta – sem captação teórica possível – entre o homem e a natureza. O juízo estético *relaciona* conhecimento e moral, mas não os funde; não desvenda o sentido último do ser, a região oculta da coisa em si; neste sentido, a terceira *Crítica* não discrepa em nada da exemplar sobriedade metafísica das suas irmãs mais velhas. Não é preciso dizer mais para demonstrar que se torna impossível, a partir de uma delimitação tão severa, "estetizar" a realidade nos termos da teoria de Kant.

Tanto ou mais importante do que esta função harmonizadora dentro do criticismo, porém, é o valor da estética de Kant enquanto fundação sistemática da teoria do belo e da arte. Assim, quando a estética subsequente quiser fugir ao rarefeito formalismo kantiano, e devolver à obra de arte a faculdade cognitiva, terá o cuidado de distinguir taxativamente o conhecimento artístico das outras formas do conhecer. Da mesma maneira, o sentido da irrealidade do estético passou da análise de Kant ao consenso geral. Ao separar-se, a um só tempo, do empirismo e do moralismo estético, Kant demonstrou que a satisfação proporcionada pela experiência do belo é diversa do prazer causado pelo agradável ou pelo bom. Na satisfação apetitiva, ou na moral, não é só a representação do objeto que nós apreciamos: nós nos interessamos igualmente pela *existência* da coisa (objeto de apetite) ou da ação (objeto do sentimento moral) desejadas. Ao contrário, o juízo estético é "indiferente à existência do objeto", é totalmente desinteressado (*Crítica do Juízo*, pár. 5).

O jogo estético, o enlace harmonioso das faculdades anímicas isoladas, está situado, em Kant, fora do mundo real, no campo daquela "distância estética" que a boa teoria da arte não esqueceria nunca mais. Schiller deseja respeitar-lhe este caráter, mas conferir-lhe paralelamente uma incumbência que pode virtualmente lesá-lo: a de criar uma nova humanidade. O estético, como tão bem disse Anatol Rosenfeld, torna-se uma "práxis educativa e mesmo política". Está claro que a criação de uma nova humanidade não pode ser um processo "indiferente à existência de seu objeto". A pedagogia utopista de Schiller se vê obrigada a retornar ao plano empírico e recair na área dos juízos de realidade. Expressamente, Schiller resguarda a autonomia do "estado estético" e o aspecto puramente ideal da sua sociedade lúdica. No entanto, subterraneamente, as suas *Cartas* restituem o estético à vizinhança deformadora da realidade. Kant se mantivera no âmbito da fenomenologia da consciência estética; com Schiller, o conceito de impulso lúdico, notavelmente ampliado, invade a região da antropologia e da filosofia da história. A suspensão dos juízos ontológicos deixa de atuar. Não deve ter sido casual o fato de que Schiller, embora leitor direto da *Crítica do Juízo*, se tenha valido das obras de Reinhold para o estudo de Kant.

Reinhold, que abandonara a Universidade de Iena no ano em que Schiller se tornou seu professor (1794), foi um pensador volúvel e menor, mas seus escritos do período em que se dedicou à interpretação da filosofia crítica têm um interesse seguramente mais largo do que a subestimação usual nas histórias da filosofia moderna faria supor. Cassirer, que o resgatou em grande parte dos maus-tratos de historiadores como Windelband, creditou-lhe o mérito de um saudável antissubstancialismo (ver *O Problema do Conhecimento*, vol. III). A psicologia "elementar" de Reinhold, descritiva e antigenética, lembra efetivamente a psicologia fenomenológica. Por outro lado, a sua concepção da coisa em si em termos de ser impensável *nihil negativum*, só concebível enquanto horizonte de negação de todos os entes, é curiosamente moderna, de talhe francamente pré-heideggeriano. É bem compreensível que a tradição historiográfica (inclusive Cassirer) a tenha denegrido: com os olhos postos no triunfo da metafísica no idealismo pós-kantiano, preferiu-lhe, sem hesitar, a leibnizianização de Kant realizada por Maimon. Mas, na verdade, essas tendências bem atuais convivem em Reinhold com um esforço arcaizante, o de dar "sistematicidade" ao pensamento de Kant, arranjando um "princípio arquitetônico" para a *Crítica da Razão Pura*. O cogito articulado por Reinhold, o conceito da representação, deslizou desde cedo para vários retrocessos metafísicos. Esquecendo-se das suas próprias intenções não substancialistas, Reinhold transforma determinações simplesmente analíticas de Kant: sujeito e objeto, espontaneidade e passividade, em entidades objetivas. A representação passa a ser considerada como palco do encontro de dois impulsos objetivamente dados, o impulso formal, livre e determinante, e o impulso material, vinculado ao sensível e, portanto, determinado.

O impulso lúdico elaborado por Schiller tem por alvo a harmonização dessas duas forças reinholdianas. O que para Kant era uma peculiaridade de juízo estético altera-se em processo real-ideal, no estilo dialético do idealismo. De pressentimento (intraduzível em conceitos) da ordem do universo, o estético se muda em princípio gerador da realidade. Mas de uma realidade transcendente, ainda não atingida, e que se confunde com a aspiração suprema do espírito humano. Por isso o belo não é para Schiller um dado da experiência, mas "um imperativo". O sabor ético desse conceito não precisa ser sublinhado. É ele que confere às *Cartas* a sua constante ambivalência ético-estética. Durante toda a vida, Schiller pretendeu quebrar o rigorismo da moral de Kant, aquela oposição puritana entre o dever e a inclinação, contra a qual escreveu, na mesma época das *Cartas*, o ensaio *Sobre a Graça e a Dignidade*; e durante toda a vida, jamais conseguiu libertar-se inteiramente deste mesmo eticismo que combatia. No próprio relacionamento do impulso lúdico com as duas funções que lhe compete fundir, observa-se uma assimetria que se deixa ler como uma verdadeira denúncia da eticidade que se recusa a ser dominada. Segundo se expõe nas *Cartas*, se a sensibilidade é determinação passiva, e a razão, determinação ativa, ambas as funções são precedidas de um estado em que o espírito é inteiramente determinável; porém, para Schiller, o estado que recebe as manifestações da sensibilidade é uma determinabilidade passiva, e, por conseguinte, é com o seu oposto, isto é, com a determinabilidade *ativa* que precede a razão, que se identifica o impulso estético. É evidente que o mediador "medeia" no rumo preferencial da razão; se o respeito não nos impedisse, nós parafrasearíamos a anedota célebre, dizendo que o impulso lúdico pode casar com quem entender, desde que case com a razão...

Em Kant também já era assim: a mediação estética, e não só no sublime, confortava os homens com um aceno ao primado do suprassensível, entrevisto na própria natureza. Contudo, proibindo-se qualquer projeção ontológica, Kant se limitava a estimular a especulação sobre um substrato transsubjetivo da humanidade – sobre o operar de um espírito universal de modelo estruturalista, capaz de requerer a universalidade da função estética sem exigir nenhum troco metafísico. Schiller, desobedecida a fronteira do desinteresse estético, se arrisca a tratar a arte por conceitos: nada menos do que o que lhe valeu a censura discreta mas certeira de Hegel, no pórtico da sua *Estética*. A tentativa de objetivar o conceito do belo, gêmea do projeto de superação da severidade ética de Kant, acabou na íntima adulteração do estético em nome dos imperativos da moralidade e do reformismo pedagógico de Weimar. E, assim como a literatura "amoral" do "favorito dos deuses", Goethe, revelou-se mais rica do que a obra eticista do poeta Schiller, assim também a estética sóbria e rigorosa de Kant sobrepujou, em poder analítico e em fidelidade ao irredutivelmente artístico, a nobre e ambígua visão do impulso lúdico de Schiller pensador.

A problemática de Eros:
prazer e satisfação

Temos de cortar caminho para voltar a Marcuse. Em essência, Marcuse condena a razão tecnológica porque ela exige a separação entre o ego e os instintos. A sociedade tecnológica, coextensiva a toda história humana (a partir do início da dominação efetiva da natureza), baseia-se na repressão, porque se apoia na consideração científica do mundo. Ora, a ciência, ao contrário da magia, não procede por familiaridade e semelhança com a natureza; ao contrário, edificada em abstrações, em "signos" do real – e não em imagens dele – ela supõe um afastamento crescente do seu objeto. O progresso no domínio tecnológico, aplicação e meta da ciência, implica o aumento da separação entre o homem e a natureza. Porém, o ego deve afastar-se não só da natureza objetiva, do universo exterior, mas igualmente da sua natureza íntima: daquilo que em seu próprio espírito é *natural*, e que se verá degradado ao cárcere tenebroso dos impulsos inconscientes pela tirania da razão – desde Platão e da Bíblia ao triunfo do cartesianismo. O instinto, anatematizado como demoníaco, será apontado como o reino do caos: precisamente por conter, em potência, uma ordem rival do domínio da razão científica, um cosmos alternativo em relação à autocracia do tecnológico. Resíduo da natureza, ele se torna objeto e vítima da repressão. Assim, o princípio da realidade, definido como sufocação necessária dos instintos em nome da paz social e da possibilidade do convívio humano, não é, para Marcuse, senão a máscara do princípio da eficiência, da religião da eficácia, da fúria tecnológica a cujo serviço o homem aliena as suas "chances" de felicidade.

Schiller atrai Marcuse exatamente em virtude da sua crítica ao rigorismo de Kant: Schiller é o profeta da sociedade sem repressão, da moralidade que não tolhe mais as inclinações do instinto. Por isso, o moralismo subjacente de Schiller não é problematizado em Marcuse. No fundo da desilusão marcusiana com a práxis, e de sua dramática tentativa de preservar assim mesmo um norte utópico, a necessidade de dar uma resposta ética ao problema social se conjuga tão intimamente com o sonho de uma sociedade áurea, que a força da aspiração a um estado harmônico, ético-estético, é suficiente para velar todas as fraturas e contradições da crítica de Schiller ao puritanismo de Kant. A ética da alma bela – o esteticismo moral de Schiller – não é discutido por Marcuse; tampouco a estética do impulso lúdico, isto é, o moralismo estético *pendant* do esteticismo moral. A Marcuse não interessa analisar os elementos do composto schilleriano, porque o que lhe seduz é justamente a sua síntese – não importa quanto seja ilusória. Na sociedade sem repressão, a arte passará à vida, e a vida será uma obra de arte. A existência humana fluirá dos instintos livres.

Para Freud, porém, prazer e satisfação se encontram em relação de algum modo inversa: o valor psicológico do desejo diminui conforme se aproxima o instante da saciedade. A repressão seria cúmplice do prazer? Marcuse aceita a ideia de uma incompatibilidade fundamental entre o prazer e a satisfação, mas simultaneamente a submete a uma transformação: se os obstáculos com que o instinto depara são inerentes ao sentimento do prazer, bastará que eles não sejam artificiais – impostos por uma sociedade de índole repressiva – para que essas barreiras virem *autodeterminações do próprio instinto*. Na caça a uma satisfação que é necessário adiar para poder usufruir, a libido cria livremente conflitos para si mesma. Mas uma livre determinação da libido é uma ética em tudo e por tudo diferente da moral repressiva de Freud. Nesta, a formação da personalidade resulta da rendição do ego aos ditames coativos do superego, projeção da figura paterna. Marcuse acolhe então a tese de um "outro" superego, o "superid" de Charles Odier, agente de uma "moral libídica" onde o princípio da realidade *não* se opõe ao impulso do prazer. Na experiência da intimidade libídica com a mãe, e nas sucessivas evocações desse vínculo depois da separação, o ego vive uma ordem real não dominada pela repressão. É o narcisismo primário, o reino da harmonia entre a personalidade e o mundo. Segundo Marcuse, Freud teria pecado por unilateralismo, sob a forma de preconceito "patriarcal", ao valorizar o esforço do superego para combater a nostalgia da unidade perdida e retratá-la como ameaça à sobrevivência da personalidade. A "proteção" paterna do ego inclinado ao retorno e à anulação na mãe é suspeita aos olhos do partidário de uma moral do prazer. O narcisismo primário é contemplado como fonte psicológica de uma cultura livre da repressão.

Eros se candidata a construir a sociedade humana a partir da livre manifestação do instinto libídico. No entanto, Marcuse ainda não considera viável a sua utopia. Um último resíduo repressivo parece impedi-la: a morte. O inevitável sentimento da morte reintroduz a coação no prazer; a violência dessa angústia mina qualquer felicidade. Quando a consciência da inanidade da vida ajuda a esquecer a promessa de uma existência feliz, o fluir do tempo se transforma em aliado da reação. Esquecer permite viver, mas significa igualmente "perdoar": resignar-se à ferida do tempo e abandonar a revolta justíssima contra a obstrução do prazer, contra o furto da concebível felicidade. A ambivalência do esquecimento corresponde à da memória: o instrumento de inculcar deveres opressivos, ela se torna arma da revolução, motor da negatividade criadora, no instante em que o Espírito revive seu calvário (Hegel) ou em que o paciente recorda os traumas originários da sua neurose (Freud). A memória restitui ao passado as esperanças que ele continha, e que lhe foram roubadas pelo triunfo da opressão, pelo que a outra memória, a sinistra amnésia da felicidade, institui como imagem sempre presente para tormento e submissão dos homens. Por isso a libertação supõe o retorno impossível do tempo, o desejo magnífico de interromper a marcha desmoralizante das Horas, o progresso do câncer fatal: *vulnerat omnes, ultima necat*.[3] Na primeira tarde da Revolução de 1830, disparou-se, ao mesmo tempo, de vários pontos independentes da cidade, contra os relógios das torres de Paris. Contudo, a meta do instinto da morte não é bem o fim da vida, mas o fim da dor – a cessação do estado de tensão, de necessidades dolorosamente inatingidas. A emergência de uma moral libídica aponta para a conciliação entre Eros e Thânatos. Onde os obstáculos ao prazer não podem ser experimentados como aflição, porque são produtos livremente erigidos do próprio prazer. Eros se dá como objetivo possível da aspiração ao Nirvana, ao refúgio da vida enquanto combate dilacerador.

Da "dimensão estética" à redefinição das necessidades sociais

De Eros que se autodetermina, da libido que se autossublima, Marcuse espera que se eleve a sociedade ideal. Pela adoção eufórica da utopia de Schiller, ele acredita conciliar os inconciliáveis de Freud. *Eros and Civilization* contém a sua visão do paraíso. Em *One-Dimensional Man* (1956), o tom é bem mais sóbrio. Este livro não desenha o perfil psicológico de uma utopia, mas fala na urgência de uma "redefinição de necessidades", na supressão do superdesenvolvimento e na redução demográfica, que permitiriam a instalação de uma tecnologia pacífica no lugar da mobilização repressiva dos dias de agora. Não fornece nenhuma minúcia com respeito à natureza da redefinição proposta, que o autor se apressa em distinguir de qualquer ideia de retorno à "saudável pobreza" do ontem dos países ricos e do intoleravelmente ainda-hoje dos subdesenvolvidos. Por outro lado,

---

[3] Sentença latina alusiva às horas: "Ferem todas, a derradeira mata". In: Napoleão Mendes de Almeida, *Dicionário das Questões Vernáculas*. São Paulo, Caminho Suave, 1981, p. 341.

Marcuse persiste na maior descrença política. Chega a reconhecer que a massa contemporânea é um elemento de "coesão social" e não um agente de mudança. E termina por apelar para os *outsiders*, os perseguidos raciais, os sem emprego, enfim: a solução *de fora*, única saída para este desesperado da práxis.

O DIVÓRCIO ENTRE NEGATIVIDADE E PRÁXIS

Com Herbert Marcuse, o pensamento negativo, que concebe a felicidade humana, não reconhece os seus germes em nenhum traço visível contemporâneo. A dialética, ensina Marcuse, ao compreender o real, transcende-o rumo à definição de possibilidades históricas; mas a realização destas possibilidades reside na prática que responde à teoria, "e, atualmente, a prática não dá essa resposta". A inoperância da dialética representa um estágio na história da crítica social. "The critical theory of society was, at the time of its origin, confronted with the presence of real forces (objective and subjective) *in* the established society which moved (or could be guided to move) toward more rational and freer institutions by abolishing the existing ones wich had become obstacles to progress."[4] Deste fundamento empírico derivava a teoria, dominada pela ideia de "liberação de possibilidades *inerentes*". Em nosso tempo, "liberation of inherent possibilities no longer adequately expresses the historical alternative". A produtividade, o progresso tecnológico da sociedade repressiva "determinam não só as utilizações reais, mas igualmente as possíveis". Em consequência, "the critical theory of society possesses no concepts which could bridge the gap

---

[4] Passagem assim traduzida: "A teoria crítica da sociedade defrontou, ao tempo de suas origens, com a presença de forças reais (objetivas e subjetivas) *na* sociedade que se movia (ou podia ser guiada para se mover) para instituições mais racionais e livres pela abolição das existentes, que se haviam tornado obstáculos ao progresso". In: *A Ideologia da Sociedade Industrial. O Homem Unidimensional*, op. cit., p. 233.

between the present and its future; holding no promise and showing no success, it remains negative. Thus it wants to remain loyal to those who, without hope, have given and give their life to the Great Refusal".[5] *One-Dimensional Man* termina com uma nota de combatividade amarga, uma frase escrita por Walter Benjamin no limiar da era fascista: "É só em nome dos desesperançados que a esperança nos é dada".[6] A negatividade já não é mais o motor da criação histórica. Ela conhece alternativas – a sociedade lúdica, a tecnologia humanizada – mas elas só lhe aparecem sob a luz abstrata de configurações inalcançáveis, indedutíveis do presente e do real. Não havendo ponte alguma entre o que é e o que seria verdadeiramente diverso do que é, a crítica social, para não cair na abjeção do compromisso, severamente se devota ao duro exercício da Grande Recusa. Assim o sonho da alma bela se exala do mais rebelde pessimismo, da última sobrevivência de uma enorme esperança, asilo final do humanismo sem transigência. O pensamento negativo já não constrói a sociedade. Puro e limpo de toda aderência ao mundo, ele se torna uma nua resistência, um protesto absoluto, e em protestar sem recompensa coloca a inteira dignidade que ainda seja possível ao ser humano.

A dialética da desilusão conduzida pelo professor Marcuse termina em sentido oposto ao otimismo revificado do Lukács de *História e Consciência de Classe*, para não falar na teoria do utópico de Ernst Bloch e na confiança que Gramsci depositara no impulso criador da práxis. A razão que não mais decola do processo histórico visível, a luta do sujeito humano que não encontra apoio no universo objetivo, é a linha geral do pensamento crítico da escola de Frankfurt. Talvez o abandono da

---

[5] "a teoria crítica da sociedade não possui conceito algum que possa cobrir a lacuna entre o presente e o seu futuro; não oferecendo promessa alguma e não ostentando êxito algum, permanece negativa. Assim, ela deseja permanecer leal àqueles que, sem esperança, deram e dão sua vida à Grande Recusa". Ibidem, p. 235.

[6] Em alemão: "Nur um der Hoffnungslosen willen ist uns die Hoffnung gegeben".

práxis não se enquadre mal no ritmo predominantemente lento, para uns desanimador, do processo social dos últimos decênios. Dedicaremos a parte final deste ensaio ao julgamento dessa atitude filosófica, que em Marcuse se expressa com especial nitidez. Agora, convém examinar a visão estética construída sobre a do pensamento negativo divorciado da práxis.

A ESTÉTICA DO PENSAMENTO NEGATIVO: T. W. ADORNO

Dessa posição, que aplicação estética se pode fazer? Alguns dos membros da "escola" escreveram textos notáveis sobre arte; nenhum deles deixa de interessar-se pelo terreno artístico. Kracauer é autor de um penetrantíssimo ensaio sobre cinema, *From Caligari to Hitler*. Mas o grande representante do grupo em estética é o musicólogo Theodor W. Adorno; sua *Filosofia da Música Moderna*, seus ensaios sobre Wagner e Mahler, ou aqueles reunidos no volume *Dissonâncias* são, entre outras peças, discussões em profundidade do fenômeno musical por um especialista que, sem desprezo da análise técnica, aprecia a música do ângulo da problematização da cultura. Vejamos, portanto, de modo muito sumário, como Adorno concebe a arte, principalmente através da música.

DIALÉTICA DO ILUMINISMO

O esforço teórico de Adorno não se restringe ao domínio estético. Na obra capital publicada em colaboração com Horkeheimer, *Dialética do Iluminismo* (1947),[7] ele amplia consideravelmente o tema da cultura tecnológica.

---

[7] Uma das edições mais recentes e mais difundidas leva o nome *Dialética do Esclarecimento*. Trad. Guido Antonio de Almeida. Rio de Janeiro, Jorge Zahar, 1985.

Iluminismo não é para Adorno apenas um movimento intelectual da era moderna; é antes a direção fundamental do espírito humano expressa na visão científico-utilitária da realidade, e imposta desde o ingresso da humanidade nos tempos históricos. Iluminista é o ânimo de assenhoreamento da matéria, é o imperialismo da vontade humana que atua apoiada na abstração do real desenhada pela ciência. Opõe-se ao espírito mágico, à ação ainda baseada na imitação da natureza. (O leitor deve conservar *este* significado original de "iluminismo" em mente no decorrer das próximas páginas.) O verdadeiro objetivo iluminista não é tanto o conhecer quanto o agir da produção industriosa: o conhecimento como poder. Um dos calços do ensaio adorniano é a reveladora opinião de Bacon – pai do pragmatismo tecnológico – de que "o conhecer é uma felicidade estéril e lasciva".

O iluminismo realiza a abolição dos deuses; em sua marcha cientificista, solapa a construção mitológica, na qual o homem é visto como joguete de forças externas divinizadas, para lidar com uma "natureza desencantada", no sentido de Max Weber. Contudo, para Adorno, a demolição crítica do iluminismo não ultrapassa efetivamente o estágio da angústia ante as ameaças externas. O desmascaramento científico nasce do próprio desamparo do homem no universo, de um desabrigo agora oculto na fúria de dominação deste mesmo universo. Na inquieta atividade de Fausto ainda ressoa o grito do pavor primitivo, e se espelha a insegurança do velho animal humano em face dos mistérios do mundo. "O iluminismo é angústia mítica radicalizada."

O espírito de domínio tecnológico da natureza não assegura uma existência verdadeiramente humana. A agressão da técnica, disfarce industrial da angústia, é uma força intimamente desorientada: o "o espírito sem finalidade". A civilização mais atenta a seus recursos, a sociedade mais lúcida quanto a seus meios, é cega na essência de sua ação. Ela é a cultura que trabalha na ignorância dos fins humanos, no esquecimento dos interesses da felicidade. O iluminismo triunfante é infeliz.

Destruindo as ilusões e os mitos, não chega a substituí-los por uma ordem amena; o homem iluminista permanece hostil ou estranho ao remanso da totalidade, à euforia da integração no cosmos.

O iluminismo é a um só tempo dominação e crítica. Adorno diz de Nietzsche que ele contemplava no iluminismo ora "o movimento universal do espírito soberano", ora a força do niilismo, hostil à vida; já se observou que a atitude de Adorno em relação ao iluminismo, também é, no fundo, ambivalente; uma tensão entre a apologia do espírito crítico da negatividade libertadora, e a denúncia do imperialismo da razão tecnológica. A razão tecnológica, de instrumento à disposição do homem, se transforma numa investida tirânica contra a natureza e contra o próprio homem. O instrumento, elevado a finalidade suprema, passa a usurpar os verdadeiros fins, esquecidos e ausentes.

Com Adorno e Horkheimer, a crítica iluminista se desdobra em desconfiança quanto ao próprio iluminismo. A experiência do nazismo demonstrara quanto a razão pode ser inútil diante das forças da barbárie; o exílio nos Estados Unidos acabaria de persuadir os professores de Frankfurt, europeus enojados pelos aspectos imbecilizantes da sociedade de massa, da irracionalidade da razão tecnológica. As desventuras e ameaças do iluminismo moderno obscurecem a imagem de todo o seu passado. A história adorniana da razão vai ganhando cores sombrias; o seu último quadro – a era contemporânea – representa o câncer da desumanização. Na cultura de massa o pensamento negativo vive o seu momento mais perigoso. O poder da repressão chega ao máximo. A tirania do irracional, a justificação do inumano *statu quo* já não necessita sequer de coberturas ideológicas. Quando a revolta social desaparece do horizonte das massas e o conformismo se torna a regra da vida, a realidade existente ocupa a função das antigas construções ideológicas. O mundo visto pela televisão é um universo de coisas reais – e, não obstante, carregadas de sentido ideológico. A realidade nua já é cúmplice da repressão, do inculcamento nos homens das normas da sociedade irracional. Esta tese, inscrita nos *Excursos Sociológicos* editados pelo Instituto para a Pesquisa Social de Frankfurt em 1956, revela que a sociedade de massa constitui para Adorno, exatamente como para Marcuse, uma espécie de insulto final da repressão ao espírito humano. O truculento desprezo com que a sociedade trata a mente crítica – a segurança brutal com que ela negligencia até mesmo o uso de máscaras ideológicas – é o correlato perfeito da extrema desumanização da era contemporânea. O insulto ao espírito e a injúria à felicidade são duas faces da mesma miséria.

A ARTE CONTRA O ILUMINISMO: A DILACERAÇÃO DE ULISSES

Qual o papel da arte no reino da mente iluminista, que afinal se confunde com a trajetória da civilização? É, em parte, uma função de compensação e, até mesmo, por via da memória, uma tentativa de restaurar um outro cosmos, um mundo essencialmente diverso do da razão tecnológica. A sociedade tecnológica estende a divisão do trabalho ao campo da linguagem: enquanto signo, a palavra pertence à ciência; enquanto som e imagem – sem pretensão ao conhecimento verdadeiro – pertence à arte. Assim, a repressão tolera a arte, com a condição de que ela funcione como puro deleite, como um prazer gratuito e cego. "Como signo, a linguagem deve limitar-se a ser cálculo; para conhecer a natureza, deve abdicar da pretensão de assemelhar-se a ela. Como imagem, deve limitar-se a ser cópia; para ser inteiramente natureza, abdicar da pretensão de conhecê-la." Mas a palavra-imagem relembra a magia, a relação com a natureza destronada pela razão-iluminista. Na arte e na magia, prevalece a imitação do real. O parentesco se estende: do mesmo modo que, no cerimonial mágico, o recinto de ação das forças sagradas era cuidadosamente definido e isolado dos lugares profanos, o âmbito da obra de arte se destaca da realidade. A experiência estética exige a irrealização, a desrealização do mundo: o "desinteresse" de Kant.

Se o parentesco é amplo, é também profundo. O iluminismo impõe à arte a renúncia ao conhecimento efetivo e à ação externa; em tese, isso parece diferenciá-la seriamente da magia. Contudo, na imagem separada do real, envolta na distância estética, a arte fabrica um substitutivo quase perfeito do objeto mágico. Em ambos existe a solicitação da totalidade. A magia invocava o mana, a unidade divina; a arte evoca o todo, "pretende o absoluto". Adorno não pode deixar de citar Schelling. A vocação da totalidade modela cada verdadeira obra de arte, tal como, outrora, cada simples gesto mágico. O roçar do todo, a presença da sua ausência, cerca as obras de sua "aura". Walter Benjamin já havia vinculado aura e culto, distância estética e ritual propiciatório.

A arte se faz herdeira da magia. Ela recolhe igualmente a lembrança do que, para a cisão espiritual iluminista, só pode aparecer como memória da felicidade. A mais bela passagem da *Dialética do Iluminismo* é a reinterpretação do encontro entre Ulisses e as sereias (*Odisseia*, c. XII). Sendo o canto das sereias uma atração mortalmente bela, Ulisses, que navega ao seu encontro, ordena que seus companheiros tapem os ouvidos, enquanto ele próprio se faz amarrar ao mastro. O canto das sereias, diz Adorno, representa a tentação de perder-se nas origens, na "vida natural" anterior à civilizada. Sua música é para Ulisses uma terrível atração, porque ela evoca a possibilidade do prazer, a hipótese de viver em consonância com os instintos. Ulisses, o "herói astuto", o arquétipo da humanidade empreendedora e calculista, defende o seu ego da destruição acenada pelas sereias; mas se defende igualmente da felicidade. "A humanidade teve que submeter-se a um tratamento pavoroso, a fim de que nascesse e se consolidasse o ego, o caráter idêntico, prático, viril do homem, e alguma coisa de tudo isso se repete em toda infância." Ulisses escapa à tentação das sereias. No entanto, ao sortilégio do seu coro, ele não pode opor nenhuma indiferença. Por que não se recusa simplesmente a escutá-lo? Porque a lembrança que as sereias lhe trazem é a recordação de um bem muito caro, de um anelo irreprimível, que é preciso ouvir, ainda que sem poder atendê-lo. Ulisses, preso a seu mastro, é o *homo technologicus*, que só se permite a experiência estética sob a forma de uma contemplação distante, uma audição sem efeitos práticos. O iluminismo isola a arte, a perigosa herdeira da magia, a promessa de participação na natureza. No meio do canto, Ulisses não resiste mais: dominado pela mais acerba nostalgia, roga enfim aos tripulantes que o desatem. Porém os tripulantes não ouvem nada. Conhecem o perigo daquela música, mas nada sabem de sua beleza. O apelo de Ulisses morrerá no próprio canto que o provocara. Ele ouvirá até o fim o som insuportavelmente mavioso do bem de que se privou. A práxis tecnológica só é capaz de usufruir a arte em estado de nostalgia incurável. "O pensamento de Odisseu (é) igualmente hostil à própria morte e à própria felicidade."

Estilo e ruptura

Diante da sociedade iluminista que a contempla, a arte figura a conciliação, a identidade homem-natureza. A experiência estética é nostalgia dessa união. Mas no interior da obra de arte, essa figuração também não passa de um desejo: para Adorno, a verdadeira obra de arte é a que exibe as feridas da luta sempre vã por alcançar a unidade. A arte autêntica mostra vivas e nítidas as contradições do real. O seu estilo não pode ser harmônico, porque a harmonia seria mentirosa; ele deve ultrapassar a cisão, impelir-se com toda a energia para além da fratura entre o atual e o possível e, não obstante, oferecer simultaneamente o próprio corpo da obra como reflexo da maldição, como imagem da dolorosa falha do mundo. O estilo é ruptura: "o momento, na obra de arte, pelo qual ela transcende a realidade, é efetivamente inseparável do estilo; porém não consiste na harmonia realizada, na problemática unidade de forma e conteúdo, interior e exterior, indivíduo e sociedade, e sim nos traços em que aflora a discrepância, na necessária falência da tensão apaixonada para a identidade". A essência do estilo é o fragmento rebelde: o pedaço irredutível onde a hipócrita homogeneidade da forma, cúmplice da ordem social, é denunciada pelo anticonformismo da arte.

O estilo é ruptura porque a homogeneidade é suspeita, na medida em que reflete, na obra, a tirania do idêntico. O pensamento negativo abomina o Mesmo; a crítica é sempre diferenciação inovadora. O estilo é ruptura não só por autenticidade estética, mas, principalmente, por autenticidade ontológica. Quando, no prefácio da *Fenomenologia do Espírito*, Hegel declara o seu projeto de conciliação do Absoluto com as exigências do saber científico, o programa de afirmação da substância através de suas determinações concretas, ensina que "a substância viva é o ser que é *sujeito*", isto é, "é o ser que é efetivamente real"; mas isto, enquanto a substância "é o movimento de pôr-se a si mesmo", "a mediação entre si e seu próprio torna-se outra".

A identificação de substância e sujeito tem por pressuposto a cognoscibilidade da substância suprema, ou seja, o Absoluto. O Absoluto que consiste em "pôr-se a si mesmo", isto é, em desdobrar-se ante a consciência, é o que Hegel chama Espírito. Mas o Espírito não consiste apenas nesse processo de autodiferenciação, de autodivisão em vários momentos (numa série infinita) oferecidos à contemplação da mente, como fases de uma realidade dinâmica. Não só o Espírito existe para um sujeito que é o homem, como é, ele próprio, *sujeito*. Isto significa que O Espírito se torna objeto, *aliena-se*, sem deixar de ser consciente desse mesmo processo. A autodiferenciação do Espírito é ativa e refletida. O Espírito é a um só tempo desdobramento e *reflexão*. O Espírito se torna *outro, para si próprio*. Por isso, a despeito de ser a substância de todos os seres, ele só *é*, em grau superior, nos seres dotados de reflexão; e por isso a *Fenomenologia* é a crônica da vida do Espírito enquanto ele se confunde com os diversos estágios da consciência e da história da humanidade.

Hegel é essencialmente um pensador de raízes teológicas. É ele mesmo quem o diz: "a filosofia só se explica enquanto explica a religião e, ao explicá-la, explica-se a si própria". Entretanto, embora sua doutrina nunca deixe de constituir uma filosofia da religião, a natureza reflexiva do Espírito dá a sua teoria do Absoluto um sabor profundamente imanentista; sua visão do ser está indissociavelmente ligada ao terreno da experiência humana. O seu Absoluto é pura Manifestação, e o lugar dessa manifestação não é outro senão o espírito dos homens. Sua teologia, medula do seu pensar, é fundamentalmente uma "cristologia", no sentido exato em que Cristo é por excelência o deus revelado: a tal ponto manifesto, que se fez homem. Para Ernst Bloch, a questão essencial por trás do pensamento teológico de Hegel é "*Cur Deus homo?*" – o problema da humanização de Deus. Na *Filosofia da Religião*, o filósofo não poderia ter sido mais explícito: "[...] a história do conteúdo de Deus é também, essencialmente, história da humanidade, o movimento de Deus em direção ao homem e do homem em direção a Deus".

Compreende-se porque o pensamento negativo – a teoria crítica da sociedade – pode considerar-se herdeiro do teologismo imanentista de Hegel. A Manifestação hegeliana, incessante comparecimento do Espírito que se altera, que surge sempre *outro*, prenuncia a vocação de novidade, o impulso de fuga ao dado e ao já existente que anima o pensamento negativo. Paralelamente, a exaltação frankfurtiana da dignidade da consciência crítica reconhece no Absoluto que se transforma consciente da sua transformação um claro e ilustre ancestral.

Assim Adorno reencontra Hegel quando afirma que também na obra a verdade é o Outro – a brecha que contesta pela diferença, a opressão da sociedade. Todo grande artista prefere a ruptura à falsa harmonia da forma identificante, assimiladora, igualitária. Este foi o desafio de Mahler, em cuja obra a "ruptura se torna lei formal", e de Kafka, cuja forma era "negada" pelo conteúdo da sua narrativa. O preço da autenticidade da obra é a impossibilidade de realização formal completa, a privação da plenitude "clássica". A verdadeira obra é *maneirística*; deve conter aquele arrevesamento estilístico em que se mostra a intransigência da arte diante da invasão aplainadora do veneno social. O estilo que testemunha a desumanização não pode transmitir o naturalmente humano, o valor e a qualidade que a repressão destrói ou neutraliza. O estilo que presencia a violência é ele próprio vítima da tortura: é como forma amaldiçoada e retorcida *que se recusará a dizer*, numa última resistência, num protesto tão raivoso quanto inútil contra a falta de sentido do real. O estilo se torna maneirismo quando se consagra à sabotagem da sociedade por meio da obstrução da obra. No ensaio sobre Mahler, o maneirismo é definido como "a cicatriz deixada pela expressão numa linguagem que não está mais em condições de realizar uma expressão". A ruptura do estilo é uma forma de guerrilha, uma estratégia de subversão estética inspirada no anelo desesperado da subversão real.

Não é preciso mais para que se apreenda a extensão da diferença entre a estética de Adorno e a visão marcusiana da arte. A "dimensão estética" de Marcuse não se limita, como vimos, ao terreno estrito da experiência artística. A dimensão estética, nos termos de Schiller-Marcuse, não concerne à arte, mas à vida transformada em arte. Em Adorno, porém, a interpretação do fenômeno artístico, conquanto focalize especialmente o seu significado cultural e o seu aspecto de oposição à tendência do processo social, refere-se invariavelmente ao campo próprio da arte – não a uma projeção do estético em outros planos da atividade humana. Esta diferença é importantíssima, mas não única. Por não ser, a rigor, uma simples estética, e sim uma ética utópica modelada artisticamente, a teoria de Marcuse expõe sempre uma arte triunfante, baseada na expressão tranquila e plena de uma harmonia superior. A vida na sociedade sem repressão é uma obra de arte "clássica". Em contraste com esse esteticismo glorioso, a arte segundo Adorno é a encarnação do desespero, da revolta e da dilaceração. A arte adorniana é "heautontimorumênica", carrasco de si própria. Ao contrário da estética radiosa de Marcuse, fonte e produto de uma sociedade conciliada, a obra de arte antropofágica de Adorno só entretém com a paz e com a felicidade a relação de uma nostalgia incurável; mas o seu desejo quase selvagem de um acordo impossível, o seu repúdio indomável da falsa ordem do universo, é a força que a constrói como linguagem rancorosa da ruptura.

A arte culinária

O estilo da ruptura "explode" a forma comprometida com a disciplina da opressão. Mas é preciso não tomar todo desvio formal, todo afrouxamento da estrutura da obra por uma ruptura legítima. Em *Dissonâncias*, Adorno fala de um tipo de desintegração que não traduz mais nenhuma revolta: os fragmentos isolados proporcionam apenas um deleite vulgar; diante deles, o prazer estético cede à baixa sensualidade do simplesmente "agradável". Esta forma de fragmentação caracteriza as obras de arte em que o enfraquecimento da estrutura serve ao predomínio do que Adorno chama de sentido *culinário*. O culinário em arte representa a vitória do "gostoso" sobre a profundidade emotiva e a carga intelectual do verdadeiro processo estético. O culinário está intimamente vinculado à procura virtuosística de "efeitos", à valorização dos aspectos puramente materiais da obra de arte. O vício do "truque" e o apetite por uma concepção gustativa da arte definem o seu campo de operação.

Adorno pensa sobretudo na música. A ilusão de que o material "possa falar por si próprio", o afastamento de toda pretensão a *focalizar* expressivamente a matéria sonora e a utilizá-la como veículo de uma significação por natureza transcendente em relação ao meramente físico, constitui para Adorno uma invasão do gosto culinário na própria esfera da música de vanguarda. Nos sucessores de Schoenberg, ele descobre o perigo de um envelhecimento expressivo. O alcance da revolução cultural imposta por Schoenberg ao desenvolvimento da música teria sido neutralizado nos seus epígonos; a purificação do material sonoro teria passado a obedecer a um impulso estreitamente tecnocrático; a metamorfose final da rebelião de Schoenberg teria dado em honesta gerência das novas sonoridades – em artesanato consciencioso, mas "bonzinho", perfeitamente integrável no mundo tentacular da repressão iluminista.

A renúncia da vanguarda à expressão crítica se encaixa no estágio atual de intensificação psicológica da repressão (o horizonte da "sociedade sem pai" de Marcuse). O abandono da expressão, o amor humilhante à pura materialidade derivam do incremento da insegurança: "a angústia extrema torna insuportável a sua imagem". Todavia, candidatando-se ao comportamento tecnocrático e positivista, à manipulação cientificista de seus recursos, a arte acaba por autoeliminar-se. A sedução do iluminismo significa o suicídio da arte. O estilo se entrega a uma patológica identificação com o seu próprio agressor, que é o avanço iluminista rumo ao domínio absoluto sobre o homem e a natureza. Deste modo, a música de vanguarda, hipnotizada pelo iluminismo, prepara "cientificamente", através da exploração tecnocrática do universo sonoro, o enterro sistemático da autonomia da arte e do seu maior significado social – o de combate incessante contra o império da desumanização. A música desce da dignidade metafísica de revelação do ser para ocupar-se das *gourmandises* da pseudocultura; trocando Schopenhauer por Brillat-Savarin, a vanguarda assume o papel de planificação sofisticada do paladar musical. O valor culinário expulsa o sabor crítico. A arte, como prêmio de boa conduta, virará competentemente a sobremesa do iluminismo.

A FILOSOFIA DA MÚSICA MODERNA

O centro da estética musical de Adorno é *A Filosofia da Música Moderna* (1949). No prefácio do livro, datado dos últimos tempos do seu exílio nos Estados Unidos, Adorno o considera "uma digressão à *Dialética do Iluminismo*". Portanto, o processo da música moderna será julgado em ligação com o destino da cultura. Em 1938, no ensaio "O Caráter de Fetiche na Música", o objetivo já era o estudo das "transformações internas sofridas pelos fenômenos musicais com o seu enquadramento na produção comercial de massa". O pensamento negativo deverá: a) rastrear os efeitos da reificação até mesmo no campo da arte "pura", erudita, aparentemente subtraída ao reino do estandartizado; e b) localizar aqueles efeitos no plano da estrutura da composição musical, e não na sua periferia psicológica, sociológica, etc... A estética adorniana pretende assim reunir, num único tipo de análise, o juízo de crítica social e a investigação minuciosa da forma artística.

Para Adorno, desde a metade do século XIX, a música enquanto arte separou-se do consumo. Deu-se uma cisão entre o gosto do público (que deixou de restringir-se aos círculos de *connaisseurs* para formar a plateia numerosa e anônima das salas de concerto) e a qualidade das obras. Estas só se impunham pelo conselho dos últimos "peritos": os críticos. Então, a crítica chegou a viver a sua época áurea: porque a produção da vanguarda oitocentista ainda era suscetível de ser apreciada contra o pano de fundo das obras tradicionais, das realizações "clássicas" do passado (por exemplo, Wagner podia ser analisado a partir da diferença entre o estilo de *Tristão* e o estilo sinfônico dos compositores clássicos) – ao mesmo tempo que o desaparecimento de uma linguagem musical universal (o cromatismo de *Tristão e Isolda*, para ficarmos no nosso exemplo, não era um idioma sonoro geral, como o dos clássicos), obliterando os antigos padrões fixos de julgamento, garantia aos críticos a faculdade de decidir originariamente do apuro técnico das obras.

Com a música radical de hoje, a situação é outra. O público continua ignorante – efetivamente, como observa Adorno, do ponto de vista da musicalidade, não compreende melhor uma sonata juvenil de Beethoven do que um quarteto de Schoenberg – mas a elisão definitiva do peso da "herança" clássica enquanto painel de referência acabou por desorientar a própria crítica. A vanguarda oitocentista era "evolutiva" e, portanto, analisável por contraste com um *background* visível, embora sob contestação. A vanguarda contemporânea é radical: ela rompe a tal ponto com a tradição, que poucos elementos comuns podem servir de medida comparativa, a não ser num plano de alta generalidade, muito alta e muito vaga para permitir pontos de apoio ao trabalho regular de apreciação.

Se a crítica perdeu suas últimas balizas, o público (os "ouvintes domesticados pelo rádio") sente a vanguarda radical como agressão a seus pendores "culinários". A sonata beethoveniana ainda pode ser ouvida na base da assimilação epidérmica de "trechos", de associações e de "atmosferas"; a música clássica ainda pode ser experimentada como música de programa, gustativa e caricatural. Adorno acha que o estilo de execução hoje em moda (inclusive para música de câmara), tendendo ao "brilhante" – ao bernsteinianismo, diríamos nós –, está comprometido com o impulso culinário. Ora, a "oposição" da vanguarda começa pela sua irredutibilidade a essa caricatura da verdadeira apreciação musical. O quarteto schoenberguiano *irrita*, porque não é capaz de provocar a *rêverie* pateta em que o ouvinte massificado se delicia quando ouve (sem escutar) música. A corrupção do gosto, conduzida pela forma suprema do iluminismo, a sociedade de massa, incorpora e deforma as obras tradicionais – mas esbarra diante da aspereza estética da música radical.

Como a áspera vanguarda não se rende ao culinário, sofre a acusação de intelectualismo. A música moderna seria "cerebral", sem coração, feita para ler e não para ouvir. Adorno rebate essa censura liquidando o seu falso pressuposto: a ideia de que a linguagem tonal é algo "natural", alheio ao calculismo e ao geometrismo das composições de vanguarda. Mas o sistema tonal não é natureza, e sim história: é uma formação de três séculos, consolidada através de uma íntima afinidade com a civilização mercantil. Os elementos tonais são tão fungíveis quanto os bens da sociedade mercantil, mediados pelo valor quantitativo do dinheiro. A totalidade fechada, estrutura desse sistema, é homóloga – para usar a expressão de Lucien Goldmann – da dinâmica própria do capitalismo: "A música não conhece o direito natural". A seleção e a organização dos sons é um processo histórico. Num texto posterior à sua *Filosofia*, Adorno o afirmou com toda a clareza: "em todo material musical está implícita toda a história da música, a sociedade inteira".

A ira contra a vanguarda usa o cerebralismo como pretexto. Na verdade, o que não se perdoa à nova música é a sua resistência à manipulação culinária. Na sociedade industrial desenvolvida, o peso da repressão interiorizada leva o público a buscar na arte o antídoto da desumanização. O homem mecanizado procura na experiência estética a pastoral compensadora da robotização. Assim, a recusa da música a assumir esse papel de "bálsamo" decepciona profundamente. Mas a vanguarda sabe quanto é inútil entoar o canto das sereias para um Ulisses que quer apenas gozá-lo, sem entregar-se à sua mensagem verdadeira, sem mudar revolucionariamente de vida. Em vez de fornecer a pastoral desejada, a vanguarda planta na cara da lei do alegre consumo o insolentíssimo enigma das suas formas estranhas. A música radical permanece obscura, porque a "clareza" da sociedade vigente, o esplendor da razão iluminista, não é uma luz autêntica, e sim um disfarce das trevas: "Quanto mais a poderosíssima indústria cultural faz seu o princípio clarificador, e o adultera em manipulação da humanidade, para prolongar o 'escuro' – mais a arte se coloca como o contrário da falsa clareza, opõe, ao onipotente estilo da luz néon, configurações daquela obscuridade que se deseja eliminar, e só serve à clarificação na medida em que convence a consciência do mundo, aparentemente tão luminoso, da sua própria escuridão".

É claro que Adorno fala aqui muito mais de um ideal de vanguarda, excepcionalmente encarnado num Schoenberg, do que do vanguardismo real. Este partilha do desprezo do público, enquanto "cerebralismo" impermeável ao paladar literário-associativo, porém, conforme vimos, pode conhecer uma outra forma, mais sutil, de rendição ao culinário: aquele abandono da expressão crítica, encontrável nos epígonos do próprio Schoenberg. A queda do espírito rebelde na vanguarda exemplifica bem uma convicção básica de Adorno: a de que a música, a despeito do seu "abstracionismo", é tão suscetível de utilização ideológica quanto as outras artes. Mas a visão adorniana, também neste ponto, é dialética. Por um lado, a música desafia toda tradução conceitual, toda leitura diretamente ideológica; com isso, conseguiu resistir melhor ao assalto da produção iluminística. A produção de música como artigo de massa custou mais a surgir do que o processo de estandartização das obras literárias ou das artes plásticas. Por outro lado, a música, em sua própria essência, não figurativa, foi a mais dócil de todas as artes no que concerne à aceitação das convicções formais, representantes da ordem social. A música obrigava a tendência à uniformização de todos os seus elementos, à ilusória conciliação do particular com o "universal", da forma niveladora. Para realizar a fraude da conciliação, a forma necessitava da extensão no tempo. O desenrolar-se no tempo, não para a vitória da diversidade, mas para a sucessiva absorção formal de cada peça sonora, é o fundamento da música, desde o fim do século XVIII. O fragmentarismo de Schoenberg, a sua capacidade de contrair a expressão em frases brevíssimas, instantâneas, é interpretado por Adorno como prova da rebeldia ao esquema *extensivo*, à cumplicidade do tempo no processo convencional de uniformização repressiva. A linguagem de choque proíbe a sucessão contínua, destrói o fluxo harmônico, a linha melódica ininterrupta, a diferença entre o tema e o desenvolvimento. Com a ruína do idioma tonal, tudo passa a conspirar contra o tranquilo discurso da forma antiga, a enganosa convenção da identidade final de todos os instantes.

A ANTINOMIA DA MÚSICA RADICAL

Adorno parte do princípio de que, apesar de toda a sua "pureza", a música não escapa à reificação, à adulteração iluminista. Dessa desconfiança, ele evolui para outra, bem mais sombria: a de que até mesmo na tentativa de defender-se da alienação, de preservar a sua integridade, a música pode sofrer o envenenamento da sociedade repressiva. Esta suspeita está no pórtico da *Filosofia*, e constitui o cerne da sua introdução. Mas como pode a obra rebelde e crítica compactuar com a repressão?

A obra radical deve isolar-se da sociedade; mas, por isso mesmo, ela padece, no seu isolamento, a maldição do que repudia. "O isolamento social, que não pode ser superado pela arte sozinha, torna-se um perigo de morte para o seu próprio êxito." A música, e particularmente a polifonia ("médium necessário da música moderna"), originou-se nas execuções *coletivas* do culto e da dança. A música polifônica fala na primeira pessoa do plural. No entanto, esse "nós", hoje refugiado no ideal do artista que se opõe ao mundo existente, alimenta uma contradição de raiz entre o solipsismo real da obra autêntica e a natureza originária da música. A incoerência decisiva da situação da música radical não é apenas o divórcio entre a orquestra e a plateia vazia, e sim o vácuo de uma composição destinada a ser voz coletiva, mas sufocada como pura fantasia individual. Esta é a antinomia da música moderna, um avatar da "consciência infeliz" de Hegel (*Fenomenologia do Espírito*, IV, B). A consciência (do compositor) venera um "nós" inatingível; mas este polo inaferrável, como o Cristo que os cruzados buscavam no sepulcro, só pode ser roçado pelo sentimento, sem ser captado pela mente. Assim, a consciência que se sub-rogou ao além recairá em si própria e, no desespero de não poder alcançar seu objeto, viverá infeliz e culpada. O remorso da música radical é o preço da sua solidão. Mas a origem da sua solidão não está nela, e sim na cultura a que ela não pode deixar de ser esquiva sem se abastardar. Da mesma forma que o Deus do sepulcro e do além não tem conteúdo que se conheça – e tampouco a consciência que o adora, que toda se anula na adoração desse conceito vazio –, assim também a nova música, ao dedicar seu conteúdo a uma coletividade apenas sonhada, termina por endurecer-se no seu próprio vácuo interior. A *desumanidade* passa a ser o miolo da expressão artística. Só apresentando à cultura envenenada a imagem do deserto de todos os valores humanos, a música é capaz de manter-se viva como crítica e condenação. A desumanidade é a imagem – *o negativo* – da aspiração à humanidade.

Todavia, esse mesmo "endurecimento", produto da maldição social, forma do protesto solitário, facilmente se transforma em insensibilidade pura e simples. A infelicidade desliza para a agressão. No próprio centro da sua posição autêntica, a música sofre o risco de se falsificar. O endurecimento tornado insensível começa a ceder à alienação; a vanguarda domesticada vira artesanato hermético e inexpressivo. A desumanidade dialética – desumanidade em nome do humano – termina levando à desumanização.

Schoenberg ou o progresso

A *Filosofia da Música Moderna* compõe-se de uma introdução e dois capítulos: o primeiro se chama "Schoenberg e o Progresso"; o último, "Stravinsky e a Restauração". A *Filosofia* não é uma história da música contemporânea, mas uma consideração filosófica da sua essência através da focalização de dois "extremos" antitéticos: os estilos de Schoenberg e de Stravinsky.

Tanto a introdução como os dois capítulos estão encimados por epígrafes hegelianas. Elas servem de norte ao argumento de cada parte; a introdutória, naturalmente, rege o livro inteiro. A epígrafe do primeiro painel do díptico (Schoenberg) lembra que "a pura intelecção é a princípio sem conteúdo, ou, antes, pura dissipação do conteúdo; porém, mediante o movimento negativo contra o seu negativo, a intelecção se realizará e se dará um conteúdo". Essa ausência de conteúdo – essa indeterminação e vazia identidade que só é superada pelo movimento paradoxal dos contrários, a dialética – é o caminho do pensamento negativo. Schoenberg é a encarnação musical do pensamento negativo, da mediação que constrói na e pela destruição do existente, na e pela "dissipação do conteúdo". Sua revolta contra o vazio (contra a inautenticidade da música tradicional historicamente esgotada) não o impele a camuflar o deserto, e sim a denunciá-lo, a afirmá-lo e a vencê-lo por essa mesma afirmação. O positivo resulta da fidelidade à visão negativa.

Poucos anos antes da morte de Hegel, Niépce inventou a fotografia. É difícil resistir à tentação de comparar alguns aspectos da negatividade dialética com o "negativo" fotográfico. Schoenberg representa o pensamento negativo, a arte crítica, ao apreender em sua música o retrato natural da sociedade repressiva, da cultura sem fins humanos. Sua música equivale ao negativo da sociedade iluminista, não só porque, na veracidade do seu desenho, ela precede todo e qualquer retoque embelezador, como porque *inverte* o espaço luminoso da ordem social. A arte crítica põe escuro o que o iluminismo vê como claro – a comunicação entre os homens – e põe claro o que era oficialmente apontado como sombra – a margem de angústia e infelicidade na vida contemporânea. O iluminismo sofre esse resíduo sombrio, esse poço de neurose, como um limite à sua ação. Mas a crítica social reconhece nessa "mancha" a maior prova da falência moral da razão tecnológica e, portanto, a área central de uma problemática cuja simples existência reclama a superação do iluminismo.

O coração da experiência musical de Schoenberg é uma dialética da solidão. Ele leva ao paroxismo a concepção da música como expressividade, como canto da alma, insufocável – e tragicamente incompreendido. O sistema sonoro não é mais do que o veículo do impulso de expressão. A dodecafonia "degrada o material sonoro, antes que ele seja estruturado por meio da 'série', a um substrato amorfo, em si absolutamente indeterminado, ao qual o compositor imporá seu sistema de regras e leis". O compositor só obedecerá ao material nas suas determinações mais genéricas, mais abstratas; em tudo o mais, será senhor dos sons, e dará largas à vontade de domínio da "natureza" na música.

A dodecafonia "resolve a essência mágica da música em racionalidade humana". Parece que nos afastamos, sem querer, da nossa velha censura à separação iluminista entre o natural e o social. Longe da magia, a arte não fica isolada da natureza? Na verdade, Adorno não pretende aqui elogiar a dominação *expressiva* do natural. A degradação schoenbergniana da matéria sonora não é antinatural, simplesmente porque, como já vimos, nenhum material sonoro é "natureza". A organização dos sons carrega consigo a história da cultura. A abstratização do material não se faz contra a natureza, e sim em favor da autenticidade da expressão.

Mas a contradição vai muito além dessa aparência intrigante. Amorfo, degradado, escravo das regras seriais, o material passa a contrapor-se ao argumento musical. O argumento "não se encontra" no fenômeno físico da música. A libertação do material, em sentido objetivo, torna-se material liberado: libertação *do* material em sentido subjetivo. Mais do que nunca, a força da totalidade repressiva, da forma uniformizante, depara com a ruptura libertadora. Na música negativa, a liberdade da expressão é cúmplice da livre emergência da matéria. O estilo e o som se unem contra a forma totalitária. À dessensibilização do som corresponde a maior pureza sonora. Por isso, o Schoenberg dodecafônico, tal com o último Beethoven, pode ser julgado ao mesmo tempo acentuadamente subjetivo ou acentuadamente objetivo. A expressão não nasce do despótico desdobramento de uma forma homogênea, mas dos interstícios dos sons paradoxalmente amorfos e livres.

A dodecafonia é o apogeu, não a negação, do expressionismo de Schoenberg. Ela garante maior distância ante o que as obras expressionistas potencialmente não evitavam: o perigo da falsa "humanização", de um "sentimento" ainda manipulável pela sociedade repressiva. Na sucessão imediata de Schoenberg, esse risco invadirá a obra de Alban Berg, mas, desta vez, se servirá da própria técnica dodecafônica. A tentação oposta será a de Webern: em vez de submeter a série dodecafônica à expressão, Webern ensaiará fazer da própria série uma expressão. Ele será o Mondrian da Escola de Viena, o estilo da renúncia a tudo o que não seja a linguagem arquipura do próprio material elementar. Depois dessa pureza, a confiança nos sons resvala facilmente para o materialismo culinário, o êxtase positivista diante da matéria como túmulo sem memória da expressão humana.

Tanto nas obras dodecafônicas como nas peças ainda estruturadas em princípios tonais, antes ou depois do definitivo estabelecimento da técnica serial em 1924, a essência da música schoenbergniana consiste na capacidade de contínua rejeição das "aquisições" estilísticas. No dizer de seu discípulo Walter Goehr, Schoenberg reencontra quase todos os grandes problemas da história da música; mas sabe recuperá-los na sua raiz problemática, na sua inaugural condição de possibilidades em aberto – jamais como soluções armadas, expressões *figées*, articulações dubiamente incorporadas pela sociedade. Ao fim de seu capítulo, o que Adorno mais elogia em Schoenberg é a sua "força de esquecer", a constância extraordinária com que ele assumiu a "revolta contra o caráter de possessão da experiência". A ruptura com o passado assegura a autenticidade da crítica social, embutida em toda verdadeira produção artística. A estética do pensamento negativo exalta e justifica o espírito prospectivo da vanguarda.

Stravinsky ou a restauração

A epígrafe hegeliana do capítulo sobre Stravinsky contém um dos vários ataques do filósofo contra o restauracionismo dos românticos. Adorno contempla em Stravinsky o impulso de retorno, o gesto inútil de fugir à crise moderna pela revivência imaginária do paraíso arcaico. Stravinsky seria um Eliot superlativo. Schoenberg é a consumação da atitude romântica, da *psicofania*, que vê nos recursos artísticos apenas o instrumento de expressão da vida subjetiva; com Stravinsky, a música declara guerra à expressão e se prepara para abolir toda mensagem individual. O "classicismo" stravinskyano não é uma fase da sua evolução; é, tal e qual o seu primitivismo anterior, uma forma de cancelamento da expressão. Do ponto de vista da superfície da história da música, o "subjetivo" Schoenberg ainda está ligado à tradição; o formalista Stravinsky é quem faz figura de revolucionário. Porém, do ponto de vista da história profunda da cultura musical, onde a verdadeira inovação se identifica com a retomada da expressão autêntica, Schoenberg é o único realmente moderno. Schoenberg é "a solidão como estilo"; Stravinsky, a alienação como estilo, no duplo sentido de só se encontrar na forma alheia e no de se perder fora de si. A autenticidade que Adorno descobre nele é precisamente o caráter de consequência total, absoluta, de ímpeto de alienação. Stravinsky é frontalmente alienado. Sua obra reúne a essência da música voluntariamente despida de poder crítico; é o corpo sonoro de alienação em estado puro.

O repúdio da expressão é o paralelo da ebefrenia; da frieza e indiferença do esquizofrênico em relação à vida exterior. A "frieza" tem seu momento de validez enquanto crítica da motivação individualística da expressão, do fundo egoístico de que se possa nutrir a necessidade de "calor humano"; mas ela se rende à violência, ao nivelar todos os indivíduos através da exaltação do coletivo. Adorno interpreta os ideais ritualísticos, coletivistas de

Stravinsky, como culto da horda, e não como aspiração a uma sociabilidade superior. O indivíduo "frio" origina a imagem musical da passividade. A torrente rítmica de Stravinsky não lhe sugere um movimento criador, mas antes o automatismo puramente mecânico de um aparelho motor alienado: "o seu comportamento rítmico é um tudo bastante próximo do esquema das condições catatônicas". A agitação mecânica fotografa impiedosamente as condições reais da vida social. O estilo "esquizoide" é um naturalismo. A assimilação stravinskyana da música vulgar, da melodia do mercado (por exemplo, em *Ragtime*), é outra componente do retrato da alienação composto pela arte que se esgota nesse mesmo retratar.

Aparentemente, a renúncia à expressão consubstancia a antítese da música "literária". Stravinsky, o enaltecedor da objetividade artesanal pré-romântica – e não Schoenberg, o expressionista da linguagem romântica –, baniria a praga da literatura em música. No entanto, Adorno pensa que o estilo de Stravinsky é basicamente literário, no sentido de *livresco* (assim como o de Eliot, insistimos nós); porque esse estilo se apoia constantemente, estruturalmente, na citação. "A sua música tem o olhar constantemente voltado para uma outra música." Adorno reconhece que a citação é, de certo modo, uma fatalidade inerente ao domínio do sistema tonal. As leis da tonalidade reduzem sensivelmente as chances de invenção melódica. Na era clássica, essa redução não preocupava tanto os compositores, dado que a forma era ainda muito mais valorizada do que a ideia melódica. Com a emancipação romântica do *melos* subjetivo, em pleno império do *Lied*, em plena competição pela conquista do novo público musical, as limitações estruturais do sistema tornam-se ostensivas e angustiantes. A tentação de citar se amiúda. A "música ao quadrado" de Stravinsky é a culminância do hábito de remissão. Só em Schoenberg, na destruição do sistema e na reorganização do mundo sonoro, existe a passagem para longe da fatalidade remissiva.

Mas Stravinsky, é bem sabido, não se limita a citar: distorce o que cita. Suas evocações são pastiches, paródias, sátiras. Adorno não se desarma: lembra que o caráter autoritário tem sempre um comportamento ambíguo em face da autoridade. Se a índole da música stravinskyana é a restauração, e, portanto, a repressão, não se pode admirar que suas citações sejam sarcásticas e deformantes. O verdadeiro valor da alienação reprodutiva reside somente na sua própria obstinação "literária", na afirmação implícita de que todo gesto musical é história, e não natureza: exatamente o que a alienação mais pudica do neoclassicismo alemão, dos mestres "artesanais" tipo Paul Hindemith, pretende disfarçar, na sua ingênua fidelidade à tradição.

Stravinsky configura finalmente um novo uso cultural da experiência do tempo. O impressionismo introduzira em música o sentido da expectativa decepcionada. Em Debussy, todo o curso da música parece um preâmbulo a um cume que não chega nunca, um preludiar sempre insatisfeito. A obra de Debussy só deixa de "decepcionar" quando se compreende a sua estrutura como não cumulativa, sem preparação de descarga, e se valoriza o sucessivo, do ponto de vista do significado, como simultâneo. Desta observação de Adorno é possível deduzir que, com Debussy, a música partilha com a ficção e a pintura a experiência do tempo como descontinuidade – a separação dos "instantes felizes" do fluxo natural dos minutos – que está no centro dos estilos impressionistas, entre a época da Comuna (1871) e os anos da Primeira Guerra Mundial. Desde o livro de Henri Bonnet sobre Proust, ficou fácil distinguir o anelo impressionista de um êxtase simbolicamente atemporal da exaltação Belle Époque da *durée*, da continuidade do tempo anterior. A diferença explica não só a capacidade de penetração crítica das obras de arte do impressionismo, em contraste com o aspecto francamente "ideológico" da "filosofia da vida", como o próprio índice de sobrevivência dos autores desse período: atualmente, Bergson tem sobretudo um valor histórico, ao passo que Monet, Debussy ou Proust estão bem "vivos". Sendo todos representantes de uma fase cultural ainda tão próxima, em tanta coisa ainda presente, não seria o caso de justificar aquela diversidade de permanência com a simples ideia de que a arte possui uma universalidade ignorada pelas construções filosóficas.

Mas voltemos a Adorno. A natureza *adinâmica* da música de Debussy seria a única forma da tendência ao estático (e extático) no estilo musical do fim do século XIX? Reportando-se a uma análise do "insaciável dinamismo" de Wagner feita por Ferruccio Busoni, Adorno revela um elemento mecânico, puramente repetitivo, nas famosas "ondas" de intensificação dinâmica tão frequentes em Wagner. Segundo ele, o estilo wagneriano, tal como o próprio Wagner, substitui a história pela re-evocação permanente. Trata-se da música da burguesia bismarckyana, que nega o processo histórico; as "ondas" de Wagner prenunciam a *tristesse* resignada do impressionismo e a eliminação stravinskyana do movimento da expressão. Contudo, em Wagner e Debussy, se o tempo é ilusório ou decepcionante, o estatismo ainda não é total. Os complexos tímbricos ainda são "ligados"; em Debussy, os sons ainda se "refletem" uns nos outros, como as cores de um quadro impressionista. Stravinsky liquida esses resíduos dinâmicos, assimilando a música, não à pintura impressionista, mas à cubista; e o que é mais, à *vocação* mesma de toda pintura. Adorno, em termos fortemente lessinguianos, pensa que a pintura visa ao *ser*, por oposição ao devenir, alvo da música. A última das traições de Stravinsky à natureza dionisíaca da arte musical é a sua submissão ao caráter estático do mundo da pintura, a "abdicação" da música pseudomorfoseada em pintura. Esta pseudomorfose nada tem a ver com a rejeição schoenbergniana do esquema distensivo, "desenvolvido", da música tradicional. Na contração de Schoenberg, a tensão entre música e tempo se acentua, em benefício da energia expressiva – enquanto em Stravinsky essa tensão desaparece, e o tempo é vítima de um furto arquitetado pelo estatismo da composição.

A espacialização se torna absoluta. O aspecto "atmosférico", em que a música impressionista abrigava o símbolo do tempo subjetivo, retira-se da obra. Com os vestígios da temporalidade autêntica, morre a expressão. Se o estilo de Schoenberg se define pela magnífica faculdade de esquecer as convenções, a marca do estilo de Stravinsky é o reverso dialético do poder liberador do esquecimento: a proibição desumanizante de recordar. Já vimos que a memória é uma força ambígua: ou evocação revolucionária da possibilidade de ser feliz, ou lembrança opressiva dos deveres da servidão. No universo desindividualizado do "primitivo" Stravinsky, a memória é duramente interditada. O tempo fica abolido para que nele não se projete a imagem da felicidade futura. Como diz o *raisonneur* na *Histoire du Soldat,*

> One can't add what one had to what one has
> Nor to the thing one is, the thing one was.[8]

A restauração consolida o seu domínio servindo-se da própria arma do progresso.

Crítica da estética de Adorno, contendo uma crítica da estética de Lukács

Do ponto de vista da análise do fenômeno artístico, a passagem da utopia estética de Marcuse ao pensamento de Adorno representa um notável avanço descritivo. Os conceitos adornianos têm grande poder interpretativo; não se reportam a uma arte ideal, que seja ao mesmo tempo a norma da vida de uma cultura imaginária, mas sim às obras e aos estilos reais, cuja estrutura iluminam e penetram. Particularmente, no caso da sua radiografia da arte de vanguarda, a riqueza analítica da visão de Adorno é inestimável. A vanguarda é compreendida e justificada, mas a atitude crítica não tropeça em nenhuma louvação unilateral. Não só são fixados critérios de distinção entre

---

[8] *L'Histoire du Soldat* é uma obra musical de Igor Stravinsky e do autor suíço Charles-Ferdinand Ramuz. Sua estreia ocorreu em 1926. O libreto foi escrito em francês.

o vanguardismo autêntico e a "novidade" intimamente ligada aos vícios da tradição (distinção exemplificada no tratamento dos "extremos" Schoenberg-Stravinsky), como se institui um verdadeiro sistema crítico de alarme em relação às possíveis conversões da vanguarda à repressão (dentro da mais enganosa aparência de revolta). O aprofundamento da descrição analítica resulta do senso dialético com que Adorno forja e aciona seus conceitos.

No entanto, a própria comparação com a "dimensão estética" de Marcuse é inviável. O paralelo realmente válido deve ser estabelecido com outra importante teorização estética, e não com a dimensão ideal de uma fantasia utópica. Adorno é autor de uma das maiores construções estéticas inspiradas numa disposição radical de crítica social – a única a rivalizar com a doutrina de György Lukács. Recordar as grandes linhas de estética lukacsiana ajudará bastante a formular um juízo crítico sobre a teoria de Adorno.

Lukács explica a relação entre a obra de arte e a realidade através da categoria de reflexo-reflexão (*Widerspiegelung*). A obra de arte reflete *o* mundo e, ao mesmo tempo, reflete *sobre* o mundo. A princípio, Lukács situava o fundamento dessa noção na epistemologia que Lênin opusera à de Mach: a realidade cognoscível global é a soma da realidade exterior com a realidade da consciência; ultimamente, prefere situá-lo no sábio conceito aristotélico de mímese. Na sua *Estética*, publicada em 1965, a mímese se identifica com a "formação qualitativa" do "material da vida". Mas o reflexo-reflexão, avatar da velha ideia da literatura como "espelho" (*speculum consuetidinis*, dizia Cícero falando da comédia), acabaria, em Lukács, reproduzindo apenas uma determinada faixa do real, frequentemente definida em termos não estéticos, mas sociopolíticos. A arte, no entender de Lukács, deve espelhar o *típico*. A categoria de tipo, derivação da particularidade hegeliana, mediadora entre o singular e o universal, passa a constituir a medula da sua estética. Porém, se o tipo encarna uma tendência social – na verdade, o rumo mesmo do movimento social –, seu reflexo abrange não só o presente, mas também, ou sobretudo, o futuro. Nem toda a realidade é socialista, já lembrara Albert Camus. Nos *Ensaios sobre o Realismo*, Lukács chega a considerar o típico uma "figura profética". Entretanto, de onde vem a determinação sobre o valor profético do tipo, se não do espírito político, do messianismo da teoria marxista? O critério de avaliação da representatividade estética reside fora do estético – e fora até mesmo do existente. Não admira que Lukács, depois de ter dado tamanha elasticidade ao conceito de reflexo, termine recaindo numa visão política da arte. Os seus tipos ideais são todos construídos à base da ficção realista do século XIX, onde a presença do sociológico e do político no foco da ação romanesca é uma constante. Até porque uma das características exigidas por ele do tipo literário é a "autoconsciência" – incomodamente vizinha da simples lucidez política de um *engagé* progressista. O conceito de tipo subtrai a Lukács a possibilidade de compreender verdadeiramente gêneros como a poesia, ou formações estilísticas inteiras, como a moderna literatura de vanguarda: são célebres as suas condenações de autores modernos, mesmo à altura de Brecht, Kafka ou Joyce. A vanguarda é sumariamente vinculada à "decadência da burguesia", da qual a literatura só se salvará pela adoção tonificante do "realismo socialista", reminiscência das formas oitocentistas, em cujos produtos sovados e mofados a arte cede lugar à propaganda.

O conceito de tipo emperra a capacidade analítica do pensamento de Lukács. Vale a pena lançar os olhos sobre a sua configuração, no terreno favorito da crítica lukacsiana – a interpretação do romance – e no livro largamente considerado como a obra melhor e mais orgânica de seu autor: *O Romance Histórico* (1938). Antes de aderir ao marxismo, na brilhante *Teoria do Romance* publicada em 1920, Lukács vira no romance a mediação dialética entre duas formas literárias historicamente anteriores: a épica e a tragédia. O espírito da epopeia seria o sentimento de comunhão do homem com o mundo; o espírito da tragédia, a denúncia da desarmonia entre o indivíduo e a comunidade, entre o humano e a ordem social. Definido em relação a ambos esses polos, o romance representaria *a solidão na comunidade*. Solidão, porque o herói romanesco, tal como o protagonista da tragédia, procura valores que inexistem na sua sociedade. Mas a solidão acompanhada de uma certa ligação com a coletividade, porque esta, tanto quanto o herói à procura deles, desconhece os valores qualitativos, as normas autênticas da vida. Herói e sociedade compartilham a privação dos valores autênticos. O herói só opõe ao mundo enquanto os busca, porque a sociedade não o segue nessa caça axiológica.

O leitor que se lembre um pouco da caracterização adorniana da arte como "dialética da solidão", ilustrada no fenômeno chamado de "antinomia da música radical", logo compreenderá que Adorno, em seu ensaio sobre Lukács integrante das *Notas de Literatura II* (1961), comece pelo elogio da *Teoria do Romance*. Em *O Romance Histórico*, em vez de conservar a visão do romance como solução dialética da oposição épico-trágico, Lukács, numa separação de gêneros de pruridos lessinguianos, estabelece uma clara distância entre romance e drama, ao mesmo tempo que continua a exemplificar a forma dramática através da tragédia. Quanto à relação romance-épica, pode-se dizer que os dois termos se identificam. Tanto assim que Lukács aplicará ao romance a definição hegeliana de conteúdo do epos: "a representação da totalidade dos objetos". O romance, epopeia moderna, oferece a imagem da vida – enquanto o drama representa (em outra definição hegeliana) "uma ação essencialmente feita de conflitos". Nem mesmo o romance exibe a "totalidade dos objetos" no sentido de uma representação exaustiva; a arte não pode ser fotográfica. Porém, dentro da seleção artística, em relação à ação narrada ou interpretada, o romance expõe muito mais amplamente os vários aspectos da realidade social, ao passo que o drama se limita a reproduzir a substância dos conflitos que nela se dão. Por isso, o melhor drama se concentra nos períodos de transformações revolucionárias, quando o novo enfrenta o velho numa luta crítica, até que a pressão das novas estruturas sociais irrompa vitoriosa, como a quantidade de que nasce a qualidade. O universo romanesco é menos tenso: nele se espelha a evolução, e não o auge das crises. Em *Teoria do Romance*, a problemática de Lukács ainda era o dissídio clássico entre o mundo antigo e a experiência da ausência de valores humanos na época moderna: de onde o conceito de romance ainda apresenta feições dramáticas. No livro de 1938, motivado – anota Cesare Cases – pela necessidade de criação de uma aliança do socialismo com o humanismo burguês, diante da ameaça fascista, Lukács revaloriza as tradições da burguesia, e desenvolve a análise *no interior* da evolução histórica dessa classe.

Mas por que o conceito de tipo se configura definitivamente neste livro? Porque o tipo é a representação artística do "indivíduo histórico-universal" de Hegel, a personalidade que resume em sua vida uma etapa decisiva na história universal. Ora, o que opõe a noção de indivíduo histórico-universal ao culto romântico e carlyleano do "herói" é precisamente o fato de que ele não "contém" a história em si; ele apenas dá forma e manifestação aos impulsos sociais, até então ocultos. O indivíduo excepcional se apoia nos homens médios, nas tendências obscuramente atuantes na comunidade. O tipo é, portanto, o foco desses movimentos evolutivos; ele reflete os cursos diversos da transição social. Além disso, o romance é um gênero burguês. Na sociedade burguesa, as relações do indivíduo com o grupo são bem mais complexas do que nas formas sociais anteriores; em particular, aparece uma fronteira entre a esfera da vida privada e a atividade profissional. Em consequência, a representação de personagens "neutros" ou "indiferentes" às questões sociais se torna possível. O indivíduo pode manter-se, até certo ponto, afastado dos conflitos. A vida do personagem deixa de ser vista como ocasião constante de confrontos dramáticos, para ser um ângulo de contemplação da totalidade objetiva do mundo social. É claro que, no drama, os conflitos representados não são necessariamente os acontecimentos históricos, as batalhas públicas; os conflitos são *simbólica*, e não literalmente, sociais. Ainda assim, a lógica imperiosa dos conflitos é suficiente para perturbar a posição de indiferença dos personagens. Contribuindo para ilustrar a teoria de Lukács, poderíamos sugerir que, como ocorre nas peças de Tchekhov, a própria neutralidade acaba transformada em elemento de conflito dramático, arrastada para o meio do *ágon*, do combate sem o qual o drama não atinge a emoção pela iluminação da verdade da vida.

Ao assimilar gradualmente o conceito do tipo ao personagem do romance histórico, Lukács prepara a entronização crítica do realismo não dramático. Depois da distinção hegeliana entre epos e drama, ele recorre à célebre diferenciação da estrutura da temporalidade no drama e na narrativa, feita por Goethe e Schiller ao termo de longa discussão sobre os gêneros literários. "O poeta épico narra o fato como completamente passado, o poeta dramático o representa como completamente presente." Em consequência, o romance é mais *histórico* do que o drama. Ao historicismo abstrato da essência dos conflitos, o romance contrapõe a historicização concreta de todas as manifestações da vida. O romance alcança o seu apogeu quando Balzac aprofunda o senso histórico de Walter Scott, realizando a captação artística do *presente como história*, isto é, da sociedade de 1830 vista *sub specie historiae*. Para Lukács, enamorado da dimensão diacrônica, a capacidade de apreendê-la prevalece até mesmo sobre a energia da crítica social: Balzac, o cronista da evolução histórica, é de certo modo superior a Stendhal e a seu repúdio apaixonado da sociedade de seu tempo.

Mas na motivação da preferência por Balzac, em detrimento de Stendhal, se esconde o ponto de articulação entre a estética do tipo e o desvio sociologista que tanto enfraquece a visão crítica de Lukács. No ensaio "A Polêmica entre Balzac e Stendhal", três anos anterior a *O Romance Histórico*, o realismo balzaquiano é declarado maior do que o de Stendhal, essencialmente porque Julien Sorel ou Fabrice del Dongo encarnam destinos "excepcionais", enquanto Rastignac ou Rubempré são tipos socialmente muito mais representativos da evolução real da sociedade burguesa na primeira metade do século XIX. Os heróis stendhalianos não são apenas casos individuais, mas tampouco refletem a vida histórica de uma classe social. Rebeldes "napoleônicos", não chegam nunca a aceitar as regras do jogo burguês; Fabrice não segue a lição do Conde Mosca como Rastignac seguirá a de Vautrin. O progressista Stendhal ainda é, no plano da obra, parcialmente um romântico; mas o reacionário Balzac, no romance, é mais perspicaz, e já não se prende à nostalgia da vida heroica; já não alimenta *ilusões* fatalmente *perdidas*.

Podemos afirmar que a comparação de Balzac com Stendhal precedeu não só cronológica, mas logicamente a teorização do ensaio de 1938. Qualificando Balzac de mais realista que Stendhal, Lukács insinua difusamente uma aproximação entre o conceito estético de tipo e a realidade sociológica. Embora combatendo a arte fotográfica e a preocupação naturalista com a descrição da média do comportamento social, contrapondo a grande narrativa stendhaliana e balzaqueana às pretensões cientificistas de Zola – veja-se "Narrar ou Descrever?" (1936) –, Lukács faz da representatividade sociológica o critério final de apreciação estética. Isso esclarece bastante vários aspectos-chave do seu conceito de romance histórico: especialmente a valorização da colocação do protagonista em segundo plano, antes como espectador e mediador do que como ator, para garantir espaço à pintura do maior número possível de elementos sociais, grupos, ambientes e tendências que de Scott a Balzac recenseiam abundantemente o cenário histórico da intriga. A "representação da totalidade dos objetos" se transforma sutilmente em inventário sociológico, ainda que estilizado e *indireto*, em contraste com o chato descritivismo do método naturalista. Resistindo a considerar a arte de um ponto de vista puramente documental, Lukács elabora noções estéticas não obstante vulnerabilíssimas à miopia do sociologismo, porque derivadas de uma preocupação extraliterária com a exatidão do reflexo, na obra, das linhas da realidade histórico-social. A literatura passa a ser "traduzida" sem maior cuidado em termos de análise sociológica, da mesma forma que a distinção weimariana entre epos e drama, originalmente situada em nível descritivo, *fenomenológico*, seria cruamente incorporada aos interesses da exaltação do romance como forma entre todas apta à apreensão da realidade histórica.

O vício propriamente estético do conceito de tipo (a facilidade para sucumbir às taras sociologísticas) paralisa o gosto lukácsiano para a compreensão de enorme parte da literatura de elite posterior, ponhamos, à morte de Balzac (1850). Porém não devemos restringir a censura a Lukács ao estreitamento do seu juízo estético e ao empobrecimento de sua galeria de valores literários. Talvez a maior lacuna da sua teoria esteja numa incapacidade paralela, a de descobrir e de entender o significado crítico – na área de uma *crítica da cultura moderna* – das grandes obras da literatura ocidental desde o segundo Oitocentos aos nossos dias. Em *Notas de Literatura II*, Adorno condena justamente a mania lukácsiana de avaliar a produção artística através da ideia de fases da evolução social: ascensão burguesa até 1848, decadência, surgimento do socialismo. Essas diferenciações "nada dialéticas" (Adorno) permeiam os livros em torno da noção de "realismo crítico", isto é, consagrados ao humanismo burguês (*O Romance Histórico*, os vários volumes de ensaios sobre o romance do século XIX; *Thomas Mann*; *A Significação Atual do Realismo Crítico*) quanto os trabalhos de teoria literária do decênio de 1930, cujo horizonte doutrinário é a categoria de realismo socialista. Em correlação com essas épocas, verdadeiras camisas de força para a periodização literária, Lukács emprega os duvidosos rótulos de "arte sadia" ou "arte doentia", "decadente", etc. É sabido o nenhum peso analítico dessas classificações medicinais, que valeram a Goethe o seu desentendimento perfeito do romantismo alemão. O que nelas merece atenção é a sua significativa inépcia em relação ao reconhecimento de uma arte *crítica*, seja na sociedade burguesa, seja no reino socialista. Efetivamente, nem mesmo o realismo crítico – a linha de Balzac a Thomas Mann – representa, a rigor, uma arte de denúncia social. Expressão do "humanismo burguês", o realismo crítico não é tanto um protesto radical: é antes uma secreção da burguesia, na medida em que o seu papel histórico ainda possui justificativas. É a literatura do passado heroico, das boas tradições da burguesia. Quanto ao realismo socialista, sempre sofreu de um excesso de teor apologético sobre qualquer conteúdo crítico. Balzac vale por seu retrato objetivo da sociedade; Gorki, porque sua obra supera o fragmentarismo alienado da visão da decadência. Em ambos os casos, ficamos *antes* ou *depois* da crise da cultura. A única possibilidade que Lukács não concede é a de que surja, no tempo da "doença", no interior da cultura podre, uma arte autêntica e um estilo de crítica radical. A arte crítica radical da era moderna, Flaubert, Baudelaire, Mallarmé, Joyce, Kafka, o expressionismo, as derivações surrealistas, tantos outros autores e movimentos – não arrancam do severo guardião da continuidade entre o progressismo burguês e a redenção socialista nenhuma página de real compreensão. Só um ensaio sobre Dostoiévski paira acima do desprezo lukacsiano pelas flores da decadência... ao passo que Thomas Mann, o eterno cultor do equilíbrio, em quem, há poucos anos, o sábio e sensível germanista Ladislao Mittner via um "decadente longevo", veste o espartilho de "humanista clássico" na interpretação generosa, mas simplificante, de Lukács. O crítico se desinteressa da mais dialética das incumbências, que é a leitura do radicalismo literário, entre Baudelaire e Gottfried Benn, como refração cheia de sentido da problemática do homem contemporâneo. A sensibilidade lukacsiana não se rende à pureza ferozmente esteticista (mas não formalista!) com que essa arte, para melhor exercer sua visão e seu combate, quis fugir a toda formulação sociopolítica, ideologicamente (nos termos dessas obras) exterior. À profundeza dessa literatura crítica, porém não "social", à ruptura constante que ela operou nas fachadas maquiladoras da civilização industrial, ao estímulo detonador que ela conserva para nós, Lukács opõe seu rígido conceito de tipo, de anêmicas feições evolutivas, infiel à realidade da arte, indefeso ante a oca transparência dos dogmas.

Mas a insuficiência da noção de tipo para ultrapassar o plano da constatação documental-sociológica, para perceber na obra literária a irrupção sempre latente de uma imagem revolucionária do homem, não pode, em última análise, espantar. A própria origem do conceito nada tem de radical. A categoria de *tipo* nasce na crítica idealista, e de certo modo substitui a velha concepção de *caractère*, que viera ganhando crescente concretização sociológica, desde o seu uso ainda clássico, puramente moral, em La Bruyère, até a teoria dramática de Diderot e, sobretudo, de Lessing. Para Schelling, "tipo" é o universal-concreto de proporções míticas, como Hamlet, Fausto ou Dom Quixote. Mais tarde, aparece a ideia de "tipo social", no sentido do prefácio da *Comédie Humaine* (1842). Seu aperfeiçoamento crítico pertence a um dos radicais russos, Dobrolyubov, o primeiro a caracterizar o tipo como foco da visão social da obra, independentemente das intenções conscientes do autor. Mas os críticos radicais russos, exceto em algumas páginas excepcionais como o estudo do herói de *Pais e Filhos*, de Turgueniev, feito por Pisarev, tomavam a categoria de tipo em sentido desindividualizado e documental. O personagem virava puro símbolo sociológico. Seria preciso que os direitos do individual fossem restabelecidos, na história literária, na madura síntese de Francesco de Sanctis. René Wellek distingue na *Storia* de Francesco de Sanctis o resultado da fusão do historicismo hegeliano com a valorização romântica da autonomia da arte. A fusão chegou mesmo a superar a deficiência dos elementos, a casca metafísica que gravava, em formas diversas, tanto o hegelianismo quanto a estética schelegeliana.

Não devemos ter medo de *parecer* alienados se dissermos que, para o crítico literário, a publicação da monumental *Storia* de Francesco de Sanctis em 1870 é pelo menos tão importante quanto a vizinha sublevação da Comuna de Paris. Em certo sentido, é uma pena que Lukács, embora constantemente confesse o seu respeito pela especificidade do fenômeno artístico, erija critérios sociopolíticos em instância decisiva do julgamento estético. O que há de particularmente inviável no seu conceito de tipo é a docilidade com que ele assume uma face sociologística – e não o seu esforço de divisar uma interação entre o significado da obra e outros domínios da realidade. A análise sociológica é sempre válida; o que é condenável é a sua versão megalomaníaca, isto é, o juízo sociologístico. Nós não rejeitamos grande número dos estudos lukacsianos em nome de nenhum credo formalista. Ao contrário, ao lamentar a sua incompreensão de todo um elemento fundamental de produções literárias, da vanguarda que foi Flaubert até a vanguarda que foi Kafka, lamentamos principalmente uma injustiça para com obras cujo papel na crítica da cultura, na revolução mental do mundo moderno, é para nós tão incontestável quanto valioso. As preferências do nosso gosto coincidem todas as vezes com a problematização mais profunda, menos simplista, da história da sociedade contemporânea. Se o conceito de tipo não "integra" *Madame Bovary* ou *O Castelo* (nem mesmo depois da lucidez genial da interpretação de *L'Education Sentimentale* na *Teoria do Romance*), desconfiamos de que a culpa não vem dos livros, e sim do instrumento de análise. É bom terminar aqui a alusão à origem da categoria de tipo. A noção lukácsiana é ciente da sua ancestralidade setecentista e oitocentista; parcialmente, ela é a reunião da ideia romântica de vultos míticos, criaturas excepcionais, com a observação analítica presente na noção de tipo social. Até nisto se revela o amor balzaquiano de Lukács: seu *tipo* convém às maravilhas aos personagens simultaneamente visionários e representativos da *Comédie*. Mas a ascendência imediata da categoria lukácsiana não está no universo romanesco nem na tradição crítica; está na bem conservadora *Filosofia da História* do *velho* Hegel. O perigo do sociologismo descende de uma concepção linear da história. Agora é fácil entender por que a infidelidade à arte se acompanha, em Lukács, de uma cega desatenção àquela literatura em que a contestação da sociedade ganhou formas a um só tempo mais puras e mais radicais.

György Lukács é um dos mais eminentes pensadores da nossa época. Mesmo sem sair do terreno dos seus escritos estéticos, é forçoso reconhecer a grandeza da sua contribuição teórica. Com ele, a estética marxista ganhou sistematicidade. Mas isso apenas torna ainda mais melancólico que a sua evolução, depois da fecundíssima fase inicial, tenha redundado numa das grandes vitórias da insensibilidade ante as formas artísticas da tradição moderna. Seu sociologismo *engagé*, seus tipos representativo-proféticos são uma versão sofisticada da velha mania de subordinar a expressão artística a exigências em que transparece a não menos velha desconfiança moralística em relação à arte. Nada mais natural, portanto, que os próprios artistas solidários com a posição político-ideológica de Lukács se recusem a acompanhar a estreiteza do seu gosto. A polêmica epistolar com Anna Seghers (junho de 1938-março de 1939) publicada em *Essay über Realismus* (1948; em italiano, no volume II de *Marxismo e la Critica Letteraria*) é um documento excepcionalmente revelador: o dogmatismo do projeto lukacsiano de reviver o estilo clássico-realista do período ascensional da burguesia para substituir o "decadentismo" do estilo moderno recebe uma firme – e politicamente insuspeitíssima – negativa da parte da notável escritora. Na arte moderna, que Lukács acusa de decomposição, Anna Seghers contempla uma tentativa legítima e impetuosa de "enfrentar um novo conteúdo" – o significado complexo do presente. Por isso, ela receava que o academismo do teórico húngaro viesse a comprometer "a riqueza e a variedade" da literatura alemã. Trinta anos depois, essas cartas ainda colocam György Lukács na mais constrangedora das situações para um crítico: a de ser, com razão, repudiado pelos artistas criadores que era sua função compreender.

Do sociologismo sofisticado ao método imanente: de Lukács a Adorno

Se Lukács realiza a eliminação do sociologismo vulgar por meio de um reducionismo muito mais sofisticado,

Adorno representa a denúncia dos próprios refinamentos sociologísticos. Com Lukács (cujo ponto de partida, neste particular, é a famosa carta de Engels sobre Balzac – "reacionário" como cidadão, mas progressista como autor) se consuma o abandono do sociologismo primário e do seu vício de nascença: a falácia biográfica. Para a *Filosofia da Música Moderna*, a origem social dos compositores, a sua posição de classe, é "indiferente". As tendências sociais relevantes são determinadas pelo exame da obra, e não da vida, dos autores. A obra de arte não pode ser assimilada ao gesto político; as *Notas de Literatura III* atacam a apologia sartriana da prosa *engagée* no esquematismo de *Qu'est-ce que la Littérature?*. A fronteira entre arte e vida não poderia ser mais bem sublinhada.

Mas Adorno vai mais longe do que Lukács. Não tem nenhuma fixação nos modelos clássicos ou realistas da época de Weimar ou do romance de 1830, e está livre da incessante tentação lukácsiana de transformar o "reflexo-reflexão" da categoria de tipo em documento sociológico. Em consequência, analisa com muitíssimo mais objetividade e finura as formas de arte contemporânea. O "formalismo" desta não lhe repugna; ele sabe distingui-lo da mera incapacidade de penetração crítica, porque "o realista moderno não tem alternativa senão ser um formalista". Se "formalismo" é a distância em relação à aparência do mundo real, Adorno insiste em que *esse* "mundo real" não passa de uma superfície e de uma deformação, de uma cena falsa, onde os verdadeiros problemas sociais nunca surgem com nitidez. O aspecto "caótico" dos monólogos interiores da ficção moderna os faz *mais* realistas – no sentido autêntico – do que a lógica epidérmica das narrativas comerciais. A ilusão de uma "objetividade" postiça é cúmplice da repressão; a sociedade alienada condena como "abstrata" – quando não neutraliza como simples jogo ornamental – a arte que ousa revelar o seu vazio humano. Na aguda conferência de 1954, "A Posição do Narrador no Romance Contemporâneo", Adorno contradita energicamente o credo "balzaqueano" de Lukács: "Se o romance quer permanecer fiel à sua herança realista e continuar dizendo como as coisas são na realidade, tem que renunciar a um realismo que, ao reproduzir a fachada, não faz mais do que pôr-se a serviço da fraude agenciada por esta última". A guerra entre a nova arte crítica e a cultura repressiva é em princípio mais forte do que qualquer aproximação. Já que a verdade da cultura se concentra nas suas falhas, já que a autenticidade humana é uma ferida oculta sob a ordem aparente da sociedade, a arte não é mais o espelho do social – é antes o *negativo* da sociedade. A deformação é o verdadeiro realismo.

Assim, Adorno resgata a arte moderna da incompreensão de Lukács. A história dos estilos não é a única a beneficiar-se desta expansão do gosto estético. O conjunto dos gêneros literários também é "indenizado". Uma das três grandes formas da literatura, a lírica, era invariavelmente desprezada ou maltratada pela teoria lukácsiana, em parte em função da inadaptabilidade natural do conceito de tipo à análise da poesia. A frieza diante do poético chega em Lukács a paroxismos de uma injustiça quase cômica; basta recordar aquela caracterização do "tipo de poeta especificamente burguês", de "Verlaine a Rilke" do ensaio sobre *As Ilusões Perdidas*: "o poeta como uma harpa eólica ao sabor dos ventos sem rumo e das tempestades da sociedade, como um desarraigado, à deriva, um embrulho hipersensível de nervos". O Goethe de Lukács sempre foi o romancista, dramaturgo e pensador – bem mais do que o fundador de uma nova lírica.

A crítica da cultura adorniana não se limita a ultrapassar a estética puramente literária, penetrando no domínio tão "formal" das obras musicais; dentro mesmo da literatura, restaura a importância da poesia. No *Nascimento da Tragédia*, Nietzsche afirmara – contra Schopenhauer – que a lírica não é um fenômeno exclusivamente individual e subjetivo. Imitando o espírito da música em suas imagens apolíneas, o poeta evoca a dor trágica da imersão na Unidade, evocada pelo conteúdo dionisíaco da arte musical. Embora sem referir-se a este precedente célebre, Adorno parece retomar a tese de Nietzsche no seu ensaio "Lírica e Sociedade" (1957, incluído em *Notas de Literatura I*). A *ruptura* é para ele um fenômeno definidor do poético, da separação entre a voz lírica e a coletividade; mas essa mesma distância, ao dar corpo à solidão do indivíduo, aponta para o problema da individualidade como drama social. O isolamento lírico – a literatura na primeira pessoa – não é puro "evasionismo", e sim evasão crítica. O reino do canto solitário problematiza a falsa sociabilidade vigente. Neste sentido, o ego poético é mais social do que o "social" a que opõe: "precisamente o que não é social no poema lírico tem que ser seu elemento social". A resistência contra a pressão da sociedade não é simplesmente individual, porque, hegelianamente, a individualidade é mediada pelo universal. E o paradoxo da experiência lírica reflete no relevo absoluto assumido pela *linguagem* no texto poético: pois a língua, *medium* da expressão mais rigorosamente pessoal, instância da *fala* que a reativa sem cessar, é simultaneamente, como sistema de conceitos, a sede do universal, a vinculação imediata do indivíduo ao grupo inteiro.

Adorno partilha com Lukács a consideração da arte como agente da crítica social. Não obstante, sua concepção legitima os estilos combatidos e as formas descartadas pelo autor de *História e Consciência de Classe*. Qual é a base dessa divergência? Evidentemente, ela reside na maneira de entender a *natureza* da oposição à cultura que é desempenhada pela arte.

Em Lukács, o critério decisivo de avaliação da obra de arte é um *ideal social*: a obra será tanto melhor quanto mais acompanhe a *saúde* da sociedade. A obra reflete a realidade social em função desse norte crítico. É essa normatividade que transparece no adjetivo da noção-chave de "realismo crítico". A arte só é, na verdade, "realista" por mostrar a tendência histórica de uma época – e a tendência histórica é o horizonte da longa aproximação do paraíso socialista. Todas as épocas estão justificadas enquanto etapas desse caminho e desses degraus de sua meta. Por isso, não há contradição entre o acento normativo da estética lukácsiana e o impulso de revalorização do documental, de recaída no sociologismo. Necessidade histórica e ideal socialista sempre foram conceitos aliados, porque na perspectiva do "sentido da História", a realidade histórica é vista ao mesmo tempo como erro e como verdade incompleta. Os burgueses de Balzac são criticáveis do ponto de vista do humanismo marxista, mas são legítimos enquanto demolidores necessários do universo *Ancien Régime*. De modo que representá-los em sua verdade sociológica significa descrever uma fase da "autoconsciência histórica da humanidade" em sua marcha para a justiça.

Em consequência desse normativismo, a arte para Lukács não pode nunca aparecer como verdadeira expressão de uma *crise* de valores. A arte só reflete o real projetando nele o ideal, isto é, verdade do Bem. O realismo crítico manifesta o ideal na sua gênese – na sociedade burguesa que engendrará o socialismo; o realismo socialista, seu herdeiro amadurecido, manifesta o ideal na sua fase de plena realização. Em ambos os casos, o valor da arte se confunde com a *saudável* realidade que ela apresenta. A obra não revela o verdadeiro em si, revela o ideal. Toda arte em que falte o ideal é, para Lukács, *naturalismo*: baixo e incompleto realismo incapaz de perceber no real o movimento que o depura, elevando-o a instante da escala de aperfeiçoamento histórico. Quando a arte, no esquema de Lukács, denuncia crises, já o faz a partir de um degrau superior: as crises são representadas na perspectiva de sua solução futura. *A expressão da crise é acessória em relação à expressão do ideal social*. Longe estamos da *Teoria do Romance* e da ideia de romance como tragicização do epos, ou seja, como instalação da consciência-da-crise no seio da narrativa épica.

Com Lukács, portanto, a arte deixa de ser fundamentalmente problematizante, porque o que ela problematiza já é passado e resolvido aos olhos do ideal. O realismo lukácsiano é um estilo baseado na construção de *tipos*, e os tipos – não esqueçamos – são "figuras proféticas": prefigurações do paraíso, vislumbres da futura harmonia social.

Com Adorno, a estética se despede deste gênero de confiança no porvir. Nas suas "Notas sobre Kafka" (1953), lê-se que "em toda grande arte [...] domina a ascese frente ao futuro". A obra deixa de valer como signo de saúde social: oposição à crise, ela se situa no mesmo plano do que combate. Rebelião imanente à crise da cultura, não provém de antes dela (como o "realismo crítico", sobrevivência das "boas tradições" da burguesia) nem se nutre da certeza não comprovada da sua superação (como o realismo socialista). A expressão da crise de valores não é mais secundária: torna-se a essência mesma da obra artística. Arte é fundamentalmente problematização da realidade social.

Com isso desaparece do estético toda qualidade heroica, toda feição idealizante. O classicismo lukácsiano é uma decorrência do predomínio do critério de ideal social. A história dos estilos segundo Lukács pressupõe uma continuidade espiritual entre humanismo, classicismo alemão, realismo de 1830 e realismo socialista. A ruína do ideal social na estética de Adorno cancela toda idolatria dessa gloriosa linhagem. A arte mais prezada é agora a que apresenta o real sem idealização. Representar agressivamente a sinistra in-significação da realidade sem a luz de um novo mundo, eis a base do projeto crítico-artístico de Adorno.

> (É curioso observar que a concepção idealizante do mundo da arte também se encontra em Marcuse, não só na "dimensão estética" de *Eros e Civilização* – que não é arte propriamente dita, e sim experiência social – mas igualmente nas passagens sobre a "grande arte burguesa" do ensaio de 1937 "Sobre o Caráter Afirmativo da Cultura", onde o artístico é antes de tudo uma harmoniosa, classicista, schilleriana "imagem da felicidade".)

Conforme vimos na seção "A Dialética do Iluminismo", a repressão contemporânea prescinde do encobrimento ideológico. Quando a revolta social não surge mais como possibilidade objetiva, a cultura repressiva desdenha defender-se com máscaras aliciantes, e insulta o espírito, fazendo da realidade nua uma força efetiva de persuasão.

A publicidade televisionada dispensa a elaboração ideológica de conceitos. As coisas seduzem por si. O ensaio de abertura de *Prismas* (1955), que fornece o subtítulo do volume, define a morte da ideologia em sentido clássico: "Ideologia é hoje a sociedade como fenômeno".

Mas neste ponto se reúnem arte e repressão, crítica e violência: pois a repressão dispensa a cobertura ideológica no mesmo período em que a arte rompe com a idealização. Numa ironia infame, a repressão impinge o mundo real como se fosse ideal – caricatura cruel da antiga idealização estética; simultaneamente, em simetria perfeita, a arte inverte a velha nobilitação ideológica, ao pedir ao realismo, à figuração desidealizada da realidade – que cumpra a tarefa de convencer os homens não do valor, mas sim da *miséria* do presente.

O marxismo crítico sempre soube que a ideologia não era pura mentira, porque essa mesma mentira apontava a precariedade da ordem social; a necessidade da "falsa consciência" provava o ilegítimo da repressão. A supraestrutura, ao exalar a ideologia, denunciava a irracionalidade da base social. Hoje, porém, que a vitória da repressão se consuma, as expressões "ideológicas" saem dessa penumbra dialética: ou viram *positivismo*, isto é, registro neutro dos fatos, tão despido de propaganda quanto de avaliação crítica, ou viram *recusa*, isto é, "negativo" do real pela inversão da sua imagem axiológica – enegrecendo o que se consome como bom e iluminando o que não se percebe como inumano.

Lukács acusa a arte moderna de "naturalista", porque ela se obstina a não se orientar pelo ideal social; Adorno a justifica exatamente na medida em que, fiel à realidade da crise, ela rejeita toda aparência lógica e humana, a fim de não trair a representação da nossa miséria. Para um, a arte moderna é má, por não beber do ideal; para outro, este é precisamente o seu maior valor. Neste sentido, Adorno resgata a nova arte da condenação de Lukács *sem modificar-lhe o conteúdo*: o que Lukács descreve, ao condenar, é justamente o que Adorno aprova. Por exemplo: na ficção moderna, o que é subjetivismo para Lukács – o enfraquecimento do molde "biográfico", a desindividualização do herói, o fim da atitude olímpica do narrador, a redução da "distância estética", o caos do monólogo interior – é para Adorno um triunfo do realismo contra as ilusões do romance convencional. Adorno parte da *Teoria do Romance*, e não do Lukács posterior, para cunhar o conceito da nova ficção como *epopeia negativa*: como "testemunho de uma situação em que o indivíduo se liquida a si mesmo e depara o pré-individual, assim como, em outra época, parecia garantir um universo cheio de sentido". A linguagem "coisal" – a "prepotência" das coisas no monólogo interior, tão verberada por Lukács – assinala a situação ambígua dentro da qual o homem contemporâneo se divide entre o declínio do individualismo clássico e a emergência de um novo tipo de personalidade. Segundo Adorno, o aparente "subjetivismo" de Joyce não passa da robusta forma de um novo realismo.

O valor da obra de arte na teoria de Lukács repousa num ideal social. Não pode admirar que a sua análise literária termine com frequência no reducionismo, na imputação à obra do significado de seu meio. Stendhal paga pelo bonapartismo nostálgico, Kafka não transcende a agonizante Áustria-Hungria. Adorno consegue liberar o juízo crítico da ditadura do projetismo revolucionário – com a inestimável vantagem de suprimir o reducionismo em nome do *método imanente*, da análise atenta ao interior específico de cada obra. "A referência ao social não deve afastar-nos da obra de arte, mas, antes, introduzir-nos mais profundamente nela." No segmento da introdução da *Filosofia da Música Moderna* consagrado à definição do método crítico, este se distingue, simultaneamente, da adoção do "partido da Totalidade" – para o qual a arte é apenas índice do social – e da mística objetivista, técnica descritiva pura, incapaz de construir um juízo de valor. Tanto o reducionismo quanto o formalismo analítico ignoram o principal: o fato de que o valor de uma obra nasce da *peculiaridade* da sua vinculação ao processo da verdade, isto é, à verdade que é processo social.

O já mencionado ensaio da abertura de *Prismas*, "A Crítica da Cultura e a Sociedade", retoma o segmento metodológico da introdução da *Filosofia*, através da noção de *crítica imanente*. Desta vez, porém, a censura ao partido da Totalidade se desdobra num esplêndido ataque à "insuficiência da maioria das contribuições socialistas à crítica da cultura". A crítica socialista, declara Adorno, por "carecer de experiência do objeto de que se ocupa", tende a rejeitar a cultura burguesa em bloco, desenvolvendo assim uma "certa afinidade com a barbárie". Constitui-se então num gritante anacronismo: o de uma ingênua crítica "ideológica" dos produtos supraestruturais, precisamente na época em que, devido ao triunfo da repressão, a função persuasora desdenha as antigas fórmulas de cobertura ideológica, passando aos simples gestos por cujo intermédio a realidade repressiva se reproduz a si própria. Mas a crítica imanente se nega a responder à ingenuidade da crítica ideológica por um não menos *naïf* e generalizado "culto ao espírito". Experiente das obras, mas sem fetichizá-las, o pensamento negativo evita juntamente o atentado em bloco e o louvor maciço, dispondo-se a julgar *cada* distância da cultura pela natureza irredutivelmente própria da sua relação com o processo social. Na passagem do critério normativo de Lukács para a crítica imanente adorniana, arte e obra de arte recuperaram seu direito a uma fisionomia específica. Por isso, a análise objetiva das formas artísticas do nosso tempo, e da sua tradição oitocentista, deve incomparavelmente mais a Adorno do que a György Lukács.

Limites da estética de Adorno

Voltando ao campo favorito da crítica de Adorno, o da interpretação da arte musical, é lícito considerar que a sua discussão das relações entre música e cultura descende de *O Nascimento da Tragédia*. Não é à toa que ele se opõe ao injurioso tratamento infligido por Lukács a Nietzsche, arrogantemente contemplado *ex cathedra* como "precursor do fascismo". Mas também seria possível achar que Adorno segue *demais* o esquema de Nietzsche, ao demonstrar o significado cultural da música. Em que se fundamentaria essa opinião?

A novidade de O *Nascimento da Tragédia* consistira em "furar" a visão winckelmanniana da Grécia, a apologia classicista da "nobre simplicidade e tranquila grandeza". Nietzsche monta o contraste entre a Hélade olímpica e a dilaceração da individualidade da experiência dionisíaca do Todo. A exaltação adorniana do estilo como ruptura engata perfeitamente nessa valorização do dionisíaco.

Entretanto, em Nietzsche, a arte não é uma expressão direta da sombria experiência da totalidade, e sim o resultado de uma dialética entre o impulso apolíneo (ou plástico) e o sentimento vital, mas aniquilador, do dionisíaco. Todo o importantíssimo capítulo 21 do ensaio sobre a tragédia fala desse comércio entre a forma e o caos, entre a ilusão cênica e o mundo dos sons. Na tragédia, o mito "nos protege da música" ao mesmo tempo que nela busca uma significação filosófica. O drama mítico torna possível a verdade atingida pela música. A revelação musical é mediada pelo drama. Só através da ilusão apolínea os mortais são capazes de enfrentar a realidade trágica, a condição arquifrágil da nossa finitude. Assim, "Dioniso fala a língua de Apolo, mas Apolo termina falando a linguagem de Dioniso". O verdadeiro contrário do dionisismo não é o apolíneo, é o *socrático*; não é a forma, e sim a *hybris* teórica, divorciada do sentido da autenticidade da vida.

Ora, em Adorno, o excessivo apreço pela ruptura nos afasta, às vezes, do equilíbrio dinâmico dessa dialética. Em Nietzsche, entre o apolíneo e o dionisíaco há conflito *e* cooperação; a sua luta é um entendimento. A arte alia maliciosamente os impulsos adversários; ao passo que Adorno enaltece desproporcionalmente o papel do fragmento, da "cicatriz deixada pela expressão" a expensas da organização formal – e com isso desfigura, em grande parte, o ágon de Apolo de Dioniso. Sua paixão pela ruptura é uma revolta romântica. Porém, Nietzsche não se limitava a "contradizer" Winckelmann e o senso da forma: a "entente" secreta do deus do plástico e do deus do caos primitivo não representa o contrário da valorização da forma – representa uma *unidade superior de forma e não forma*, um espaço teórico *maior* (e não apenas oposto) em relação ao de Winckelmann.

Na autocrítica publicada quinze anos depois do *Nascimento da Tragédia*, Nietzsche desaprovou o "hegelianismo" da sua primeira estética. Não deixa de ser curioso que o neo-hegeliano Adorno desdialetize a teoria do *Nascimento da Tragédia*... Mas este paradoxo pertence à história íntima do hegelianismo no século XX. Para nós, o decisivo é que se pode ver, nessa desdialetização de Nietzsche, o germe de uma instabilidade caracteristicamente adorniana: a *tensão* entre a análise crítica do método imanente, aberta e flexível diante da multiplicidade dos estilos e das obras, pondo sempre a "experiência do objeto" acima de qualquer juízo exterior apriorístico – e a concepção adorniana da arte, exageradamente apegada à ideia, bem menos flexível, do "estilo como ruptura", do fragmento-cicatriz como depositário do valor estético.

O motivo nietzschiano do nascimento, da morte e ressurreição da tragédia representou, em seu tempo, uma historicização da estética de Schopenhauer. O "espírito da música", encarnação da autenticidade do estético, passava a ser visto em termos de filosofia da história da cultura, de Ésquilo a Wagner, do apogeu da civilização grega à promessa do "renascimento germânico". Adorno quer historicizar o que ainda resta de supratemporal no esquema de Nietzsche: a própria essência do estético. Nietzsche falava de períodos estéticos e períodos anestéticos, isto é, períodos dotados e períodos desprovidos da experiência autêntica do artístico. O estético em si mesmo fica à margem da sucessão de eras plenas e eras de privação. Mas Adorno não focaliza a idade contemporânea sob o ângulo de uma "privação do estético", e sim do ponto de vista do *ocaso de um certo tipo de experiência cultural*. É aqui que ele incorpora a ideia de uma dissolução da experiência estética tradicional, contida na teoria do "declínio da aura" de Walter Benjamin.

A tese benjaminiana do declínio da aura é uma versão aprofundada da análise do comportamento na sociedade urbano-industrial praticada pela "filosofia da vida", e particularmente por Simmel, no final do século XIX. Em poucas palavras, ela se enuncia do seguinte modo. Antes da formação da grande cidade – da Londres e da Paris dos meados dos Oitocentos –, a experiência individual em relação às pessoas e aos objetos culturais lhe emprestava um ar quase sagrado. O contato com desconhecidos conservava o privilégio da surpresa; a contemplação da obra de arte lhe conferia um sabor misterioso. Reminiscência dos objetos do culto, as obras de arte apareciam como *únicas* e *longínquas*. Sua contemplação reportava o espírito a uma longa trama de associações históricas e culturais. O espectador penetrava na obra através de um mergulho inconsciente na sua herança cultural. Este modo de surgir do objeto artístico, esse "halo" encarnado na *distância* do conjunto de associações percorrido pela mente em face da estátua no museu, é o que Benjamin denomina *aura*. Aura é "a aparição única de uma realidade longínqua" – por mais próxima que esteja, materialmente falando. Essa enobrecedora distância das pessoas e das obras, essa aparência de impalpabilidade, experiências modernas, como a viagem diária em veículos coletivos, ou a reprodutibilidade (pela gravura, e sobretudo pela foto e pelo filme) das obras de arte, minaram em definitivo. Antigamente, a obra exposta no museu vivia do prestígio da sua unicidade. Sua "aura" a colocava mais perto das imagens religiosas – que, na Idade Média, nem sequer precisavam ser inteiramente visíveis para cumprir sua função de representação do sagrado – do que das manipulabilíssimas e devassadíssimas imagens dos tempos modernos, as quais, sendo múltiplas, estão, sem nenhuma distância, ao alcance de todos. Benjamin sugere que a implantação da arte sem aura equivale à degradação das relações humanas. A convivência forçada dos indivíduos, norma da vida urbana, institucionaliza um contato inquietante, *uma suscetibilidade ao choque*, que Simmel faz datar do advento dos transportes coletivos. Esse convívio constrangedor e conflitivo poderia ser definido com o auxílio da fenomenologia do *regard* de Sartre (*L'Etre et le Néant*, III, cap. 1, seção 4); quando olhamos alguém, essa pessoa se nos apresenta a princípio como objeto. Mas basta que esse alguém também nos olhe, para que nos sintamos igualmente objeto. Reconhecemos, então, que o "outro" nos escapa e que, tão livre quanto nós, constitui ele também uma consciência livre, inapreensível como simples objeto – e como tal, um perigo para a nossa própria autonomia. Ora, esse comportamento baseado na expectativa do choque envenena as qualidades de respeito e deferência nas relações humanas. Esse tipo de olhar alheio nos ignora ou nos ameaça – jamais nos quer bem. Com ele, tanto quanto as obras, as pessoas perdem todo sabor "positivo" de distância. O declínio da aura afeta o convívio social na mesma medida em que abala a contemplação estética.

Houve um momento de sua reflexão (consubstanciado no célebre ensaio de "A Obra de Arte na Época da sua Reprodutibilidade Técnica", 1936), em que Benjamin se inclinou pelo epitáfio sem lamento dos modos tradicionais de experiência, louvando a técnica moderna (especialmente o cinema) e as possibilidades de "politização da arte" que ela contém. Já o seu ensaio sobre Baudelaire (1939) é muito menos confiante. O enfraquecimento dos velhos tipos de vivência é encarnado como um processo cheio de riscos (contra o qual se defende o poeta no limiar da lírica moderna); a rarefação do sentimento da aura parece confundir-se com uma redução da autenticidade da experiência.

Adorno, que pinta o cinema – e*m Minima Moralia* – como uma das faces mais gritantes do triunfo da repressão na sociedade contemporânea, não hesita em transformar a perplexidade de Benjamin – que se mostra no estado inacabado do seu juízo sobre a evolução das formas de vivência no mundo moderno – num acentuado *ceticismo* em relação ao poder de sobrevivência da arte autêntica em nossos dias. A constatação da queda da aura vira um prognóstico sem grandes dúvidas quanto à qualidade da arte presente. A *Filosofia da Música Moderna* soa como um réquiem da arte humana e autêntica: "Hoje não existe música que não possua em si algo da violência do momento histórico, e que portanto não se mostre embotada pela decadência da experiência, pela substituição da 'vida' por um processo de adaptação econômica dirigido pela violência dominadora da economia concentrada". O ocaso da subjetividade na música é inevitável, em meio à crescente reificação da humanidade.

Para Hegel, o tempo da grande arte chegara a seu fim com o crepúsculo da Grécia. Adorno funde a sua historicização da estética dionisíaca com uma afirmação similar sobre o fim da possibilidade do artístico. A historicidade estética de Adorno, com a História de Hegel, dispõe de um término à vista. Mas na declaração da "morte da arte" não se fala mais de obras singulares, de estilos individualizados ou da experiência estética *in concreto*; fala-se da *Arte* como princípio abstrato da atividade humana. A tensão adorniana entre o exame objetivo da obra e a rígida noção de uma essência do estético assume a forma de uma indecisão entre o apego ao mito idealista e romântico da Arte como princípio abstrato, momento do Espírito, e o moderno repúdio desse monolito apriorístico, rejeitado em favor da análise desmistificante da variedade concreta das manifestações artísticas. O caminho da nova estética vai da fidelidade à ideia de Arte à apreciação crítica da(s) arte(s). Medida por esse itinerário, a superstição do fragmento é um resquício romântico.

A teoria de Adorno é crítico-empírica quando analisa as obras, mas é *idealista* quando profetiza a queda da Arte. A concretização dessa dubiedade no discurso crítico acaba tornando ambíguo o seu próprio julgamento sobre a arte da vanguarda. Adorno, que salva a arte moderna do moralismo sofisticado da estética sociológica, comete ao mesmo tempo o paradoxo de reaproximar a vanguarda da repressão que ela – segundo ele mesmo

– intransigentemente combate. O salvador se volta contra o que salvou. Vejamos rapidamente como a vanguarda vira regressão na *Filosofia da Música Moderna*.

Enquanto a música tradicional se regia por normas eminentemente restritivas, o compositor contemporâneo goza de uma enorme liberdade na manipulação do material sonoro. Com ele, a perspectiva da música como livre domínio da natureza chega ao apogeu. As diversas dimensões da música tonal do Ocidente (melodia, harmonia, contraponto, forma e instrumentação) desenvolveram-se até a atualidade, na maior desordem, "como uma vegetação selvagem". O estilo moderno veio disciplinar essa *jungle*: em Schoenberg, todas as dimensões musicais se desenvolvem por igual, sem subordinação de umas às outras. É a "organização total dos elementos", já prevista no conceito wagneriano de *Gesamtkunstwerk*, mas que só se realizaria plenamente com o expressionismo transformado em dodecafonia. Nesta última, culmina a vontade de superar o "contraste dominante da música ocidental: aquele entre a natureza polifônica da fuga e a natureza homofônica da sonata". A oposição à nova equivalência recíproca entre as dimensões do material sonoro é característica dos "reacionários" como Stravinsky ou Hindemith, que preferem à organização total dos elementos à elaboração artesanal de dimensões isoladas.

As convenções hoje destruídas tiveram seu período de funcionalidade; todavia, mesmo na música tradicional, a luta pela livre organização da matéria consistia em contestá-las. No início do século XVIII, o "desenvolvimento" – a reflexão subjetiva do tema – era apenas uma pequena parte da sonata. Com Beethoven, torna-se central. Em estreita conexão com a nova autonomia do desenvolvimento, a *variação* muda de status. Procedimento antigo, ela fora longo tempo considerada como simples disfarce de uma matéria mantida idêntica. Em ligação com o novo papel do desenvolvimento, o significado desta identidade passa a ser visto como não identidade. A fidelidade ao tema impõe a consciência da sua incessante alteração formal. Com isso, a música funda uma nova relação com o tempo: o tempo é agora o transcurso de uma contínua transformação, e, não obstante, a música, sustentando-se "idêntica" a cada mudança, deixa de ser sua escrava. Mas, para que essa liberdade não se mude por sua vez em pura identidade, é preciso que o desenvolvimento não seja total. Uma "coisa-em-si" musical tem que escapar à sanha da livre organização dos sons. Por isso as obras clássicas, como a *Heroica*, limitam o desenvolvimento, a despeito do seu vigor. Em Brahms, os diques transbordam: o desenvolvimento toma posse da sonata inteira. O fortuito, garantia do subjetivo, que vive da diferença, vê-se banido do espaço musical. Deste modo, o que nasceu como *expressão* (da individualidade), como irredutível à convenção, termina sufocando toda nova emergência do diferente.

Na era da homofonia, as convenções harmônicas eram o princípio de organização. As harmonias perfeitas equivaliam às mediações abstratas da sociedade reificada. No *Wozzeck*, de Alban Berg, o acorde perfeito de dó maior ressoa toda vez que se fala de dinheiro... Com a revogação das convenções harmônicas coincidente com a ruptura do sistema tonal, "todo som que entra na formação de um acorde é casual, até que se justifique em função do andamento das partes, ou seja, polifonicamente". O último Beethoven, Brahms e Wagner empregaram a polifonia "para compensar a perda da potência formadora da tonalidade, o seu enrijecimento em fórmulas". O acorde dissonante, "polifônico", conserva a diversidade dos sons e os articula sem destruí-las. Na moderna música da dissonância, a aspiração à direta afirmação de si, da individualidade em sua diferença, eleva-se a princípio de organização. Nova vitória da liberdade? Sem dúvida – mas, igualmente, nova conversão da liberdade em repressão. Pois, continua Adorno, na música em que "cada som está determinado pela estrutura do conjunto", o apriorismo se torna completo. Na dodecafonia, "o fenômeno musical não se apresenta mais como um fato evolutivo". Na opinião de Adorno, a captura organizacional de todos os momentos musicais revela a cumplicidade da nova música erudita com o jazz (que, como é fácil deduzir, não passa, para ele, de uma flor genuína do "culinário" na senda da repressão tecnológica...); nos dois casos, ocorre a anulação do tempo como reserva de novidade. "A música desenha a imagem de uma constituição do mundo que [...] não conhece mais a História."

A inversão dialética é tipicamente adorniana: a "organização total dos elementos" leva a uma situação em que a dodecafonia "aprisiona a música ao liberá-la". O indivíduo impera sobre a música "mediante o sistema racional, mas sucumbe a este último". No elogio de Josquin des Prés pronunciado por Lutero, "senhor das notas musicais que tiveram que fazer o que ele queria, ao passo que os outros mestres devem fazer o que as notas desejam" – Adorno descobre uma antecipação do culto spengleriano da autoridade. *De acordo com a fatalidade da maldição iluminista, o domínio sobre a natureza termina na supressão da liberdade.* No entanto, "a música é o inimigo do destino". Orfeu se opõe ao decreto do *fatum* mítico. Recusando-se a admitir a perda de Eurídice, rebela-se contra a negação da felicidade. Ao consumar a evolução da música ocidental como progressivo domínio sobre a matéria, Schoenberg e seus sons seriais reencontram Stravinsky e seus alienados acordes tonais: o "progresso" dá as mãos à "restauração". O maestro Adorno, conselheiro técnico de Thomas Mann durante a redação do *Doktor Faustus*, passa a ver na música de vanguarda o demônio da repressão iluminista, a figura da traída promessa de felicidade. A arte da ruptura é agora uma "falência necessária".

"Quem ama as estrofes ama igualmente as catástrofes", disse uma vez Gottfried Benn. A posição adorniana em face da arte parece dar razão à tese do vínculo necessário entre a estética e a desgraça. "Só no seio de uma humanidade pacificada e satisfeita a arte cessará de viver." Como, então, supor que o artístico possa escapar ao contágio da repressão? "Nenhuma obra de arte pode prosperar numa sociedade baseada sobre a força sem servir-se, por sua vez, da violência; mas, deste modo, entra em conflito com a sua própria verdade, e não está mais em condições de representar uma sociedade futura que não conheça a força e dela não precise."

Será que Adorno renuncia agora à sábia teoria da "ascese frente ao futuro"? É claro que não. Esta passagem constitui apenas um dos instantes mais tensos do pessimismo frankfurtiano. A amargura de não contemplar nenhuma perspectiva de redenção da sociedade recai sobre a arte na forma de uma injustiça generalizadora. É o desespero de Adorno que o induz ao idealismo: é por descrença que ele abandona a consideração concreta da arte pelo augúrio funesto sobre o destino da essência Arte. Quando o pessimismo de Frankfurt domina e entrava o senso do especificamente estético, a arte vira o paraíso inalcançável de Marcuse ou a forma autofágica de Adorno.

Só então, no pensamento adorniano, a Verdade se levanta na sua tão velha quanto ilegítima desconfiança em relação à liberdade da arte. Essa arcaica agressão já se oculta na dicotomia hegeliana com que Adorno epigrafa a introdução da *Filosofia da Música Moderna*: "[...] na arte, não lidamos com um jogo meramente aprazível ou útil, mas [...] com um desdobrar-se da verdade". Sem dúvida, esta frase da *Estética* é antes de tudo um louvável descartamento das limitações do hedonismo e do moralismo setecentistas; mas ela não é igualmente precavida em relação aos perigos do intelectualismo idealista. Adorno nem sempre escapa a esses riscos; a prova disso é a infeliz citação da mesma *Estética* com que ele – ainda na introdução da *Filosofia* – pretende reforçar a sua refutação da suspeita de "cerebralismo" lançada contra a música moderna. "O sentimento é, entre todas as regiões do espírito, aquela obscura e indeterminada." Sem nem por um instante defender o sentimentalismo pseudoaristotélico que Hegel condena aqui no "iluminismo caseiro" da *Popularphilosophie*,[9] não se pode compreender que a

---

[9] Movimento da segunda metade do século XVIII, na Alemanha, que advogava a necessidade de desenvolver uma linguagem filosófica acessível a leigos. Na mesma época, destacou-se ainda o *Volksaufklärung*, que pretendia levar os princípios do iluminismo a todas as camadas da população.

censura ao sentimentalismo não venha acompanhada das necessárias qualificações, nem explicitamente dissociada de uma simples – e tão infundada quanto o patetismo pré-hegeliano – incapacidade de reconhecer o papel do elemento afetivo na totalidade da experiência estética.

"Com a hostilidade à arte, a obra se aproxima do conhecimento." Certas fórmulas de Adorno, mesmo matizadas pelo contexto, são rudemente pejadas de uma desconfiança ante o lúdico que não faz honra às tendências mais maduras da estética contemporânea, embora se explique facilmente como ressaibo idealista. O desespero social distila uma periódica falta de simpatia para com a natureza própria do fenômeno artístico, na criação como na contemplação. Na contagem final, é preciso separar esses assomos passadistas da teoria adorniana da sua fecunda contribuição à análise imanente das obras, e, em particular, das obras modernas. Essa triagem é que permite considerar Theodor W. Adorno como um dos maiores críticos do nosso tempo, e como um pensador em quem a constância da preocupação social não impediu que se manifestasse, alerta e vivo, o senso dos valores estéticos.

Quanto aos limites da teoria de Adorno – tributo a concepções ultrapassadas –, não deixaremos, a seguir, de examinar os seus fundamentos, já *fora* do terreno da estética. Tanto mais que, como se viu através do exemplo da "conversão" da música vanguardista e do seu construtivismo em arte repressiva, a base da sua suspeita quanto à sobrevivência autêntica do estético é uma posição extraestética: a atitude ambivalente ante o domínio da natureza, a convicção de que o iluminismo é cúmplice da repressão. O tema forte da "maldição iluminista" em Adorno corresponde, cem por cento, à crítica marcusiana da sociedade tecnológica. Neste sentido, os fundamentos últimos da "dialética do iluminismo" e as raízes da teoria de Marcuse são idênticos; portanto, ao discutir as fontes filosóficas do pessimismo estético de Adorno não mais o dissociaremos do seu antigo aluno e companheiro de Frankfurt, Herbert Marcuse.

Antes, porém, de encetar essa discussão, focalizaremos o pensador que foi, a nosso ver, de todos os membros do efêmero grupo de Frankfurt, o mais rico do ponto de vista teórico: Walter Benjamin. Em certas diferenças entre a sua obra e a de Adorno, acreditamos encontrar vários elementos (*a um só tempo* estéticos e filosóficos) para uma "correção" dos desvios idealistas do autor da *Filosofia da Música Moderna*. Prontos a tentar a crítica final de Adorno e Marcuse, é justo que nos detenhamos diante do pensamento de Frankfurt como ele talvez se tivesse imposto, caso Benjamin não houvesse morrido, bem antes da consolidação do renome internacional de seus dois amigos.

Consagraremos seis seções a Walter Benjamin, apreciando respectivamente: (1) a sua variante particular da noção hegeliana da alienação; (2) o conceito-chave da sua estética – o de alegoria; (3) a forma específica do seu método crítico, o *ensaio*, e seus pressupostos ontológicos; (4) a sua interpretação da arte moderna; (5) as diferenças entre a sua estética e a de Adorno; e (6) o fundo filosófico do seu pensamento, especialmente em relação ao seu conceito da História.

Parte II

WALTER BENJAMIN

Walter Benjamin ou a verdade como morte da intenção

Walter Benjamin nasceu em Berlim, em 1892, seis anos antes de Marcuse, e onze anos antes de Adorno. Ligado ao grupo de Adorno e Horkheimer desde o fim dos anos 1920, só passou a integrar o "Institut für Sozialforschung", o organismo centralizador da "escola" de Frankfurt, quando este, devido à instalação do nazismo no poder, se transferiu para a França. Suicidou-se em 1940, para escapar à Gestapo, a quem acreditava que a polícia espanhola dos Pirineus o iria entregar. Foi, sem dúvida, a personalidade mais sofisticada e a cultura mais poliforma dos componentes da "escola". Exerceu enorme influência sobre seu primo Adorno, que publicou postumamente vários de seus ensaios.

Benjamin não chegou a conhecer a experiência que, juntamente com a ameaça da bestialidade nazista, iria contribuir decisivamente para a coagulação do pessimismo frankfurtiano: o exílio nos Estados Unidos, onde Adorno, Marcuse e Horkheimer, esses refinados burgueses europeus, encontrariam o arquétipo da sociedade tecnológica plenamente desenvolvida. Para os três exilados, a cultura americana não é senão o último e mais sutil avatar da repressão: da repressão de tal modo triunfante, que dispensa todas as suas formas físicas e diretas, contentando-se com a moldagem universal das consciências, executada pela onipotência dos *mass media*, em pleno regime de liberdade. A repugnância pelo "american way of life" é o traço psicológico que está na origem do ceticismo adorno-marcusiano diante das chances de humanização da sociedade tecnológica. Ela chega a eliminar todo reconhecimento do exilado pela sociedade que, bem ou mal, veio a abrigá-lo. Veja-se como Adorno contempla a hospitalidade americana em "Aldous Huxley e a Utopia" (em *Prismas*), escrito em 1942: "O Novo Mundo recebe o intelectual de outra margem do oceano declarando-lhe inequivocamente que a primeira coisa que ele tem que fazer, se quer conseguir algo (se quer ser admitido entre os empregados da vida convertida em supertruste), é extirpar-se como ser independente e autônomo. O que resiste, o que não capitula e não entra na fila de corpo e alma, sucumbe ao trauma que aquele mundo 'cósico' cristalizado em blocos gigantescos, impõe a todo aquele que pretende não se coisificar".

Devido ou não a essa diferença biográfica, o fato é que a apreciação benjaminiana da tecnologia é muito mais matizada do que a de seus amigos; mas – e isto é o mais importante – essa é apenas *uma* das implicações de uma visão do mundo que, a despeito das lacunas seladas pela morte prematura, oferece dimensões bem mais amplas do que o pessimismo de Frankfurt.

Comecemos, no entanto, pelos pontos de contato: pelo "hegelianismo" de Benjamin. Para ver de onde ele parte em Hegel, lembremos até onde Hegel chegou, esquematizando o itinerário do idealismo pós-kantiano. Fichte se decidira pela afirmação do Eu como princípio da realidade. Transpondo a consciência moral da *Crítica da Razão Prática* para o plano ontológico, fizera da moralidade, do dever-ser, o fundamento do real. Porém – a observação é de Nicolai Hartmann –, "não se podia entender por que o homem, enquanto ser espiritual (isto é, enquanto Eu moral), se acha transplantado num universo de coisas e acontecimentos que se opõem à sua ação". O "idealismo ético" de Fichte deixa isso em suspenso. É aqui que Schelling entra em cena. Sua solução consiste em recusar o primado ontológico do Eu, pondo a Natureza antes da consciência. Agora, a consciência é somente o termo de uma série que abrange desde a matéria amorfa até o homem: o "espírito inconsciente". Hegel sancionará sem hesitar esse reconhecimento do *ser-fora-de-si* do Espírito. O próprio do Espírito é *alienar-se*, é projetar-se no exterior à consciência. O isolamento do Eu de Fichte é vencido.

Mas, para Schelling, o princípio ontológico que ora reúne homem e natureza, consciência e inconsciente – o Absoluto – é inapreensível pelo pensamento conceitual.

O Absoluto escapa à inteligência discursiva; só pode ser alcançado por uma inefável "intuição intelectual", que Schelling, para encantamento dos românticos, adjudica à arte. É claro que esta última, feita senhora do Absoluto, passa a assinar-se com maiúscula, em nova e excelsa dignidade: o romantismo, com boa dose de desprezo pelas vicissitudes prosaicas do fenômeno artístico concreto, realiza a entronização da *Arte*. Mas o fato é que, com a sua "intuição intelectual", Schelling recua em relação a Kant, que evitara firmemente pronunciar-se pela sua possibilidade efetiva.

Hegel rejeita decididamente esse Absoluto indiferenciado e esse "conhecimento" intuitivo e inverificável. Ele quer falar do Todo *em termos conceituais*. De que modo? Substituindo a ideia de um Absoluto como princípio – necessariamente abstrato e inaferrável – pela ideia do Absoluto como *resultado* de um processo, como *mediação* infinita, numa espécie de realização "seriada". Segundo o prólogo da *Fenomenologia do Espírito*, "o verdadeiro é o todo. Mas este só é uma essência completa através do seu desenvolvimento. Do Absoluto deve dizer-se que é essencialmente um resultado; que o que ele verdadeiramente é, só o é no final; e sua natureza consiste [...] em *chegar a ser* ele mesmo". Não basta admitir a existência do ser-fora-de-si do Espírito; é necessário analisá-la, em sua infinita variedade, mediante a linguagem e o conceito.

Sabemos que o processo do Absoluto, a marcha do ser-fora-de-si do Espírito, não era para Hegel senão a experiência histórica da humanidade. É pela incorporação da história da cultura à reflexão filosófica que ele ultrapassa o sistema de Schelling. Pois bem: o tema de Benjamin serão sempre os produtos culturais. Benjamin é um filósofo que se ocupa dos dados culturais, "dessa segunda natureza" – relações humanas objetivadas nas criações da cultura – que Hegel integrou na crítica filosófica. O que ele focaliza – a obra de Hölderlin, Goethe, Keller, Baudelaire, George, Proust, Kafka ou Brecht; a tragédia barroca; a pintura de Klee; o cinema e a fotografia; a linguagem ou a tradução; o jogo de azar e a Paris do barão de Haussmann – são sempre instâncias do movimento da alienação no sentido hegeliano, resultados das exteriorizações do nosso espírito.

Entretanto, depois de Hegel (ou *desde* Hegel, sobretudo quando se leva em conta a sua crítica da "consciência infeliz" ou da "alma bela"), "alienação" tornou-se um conceito mais oblíquo. Os grandes desmascaradores do fim do século XIX e do começo do século XX, Marx, Nietzsche, Freud, esmeraram-se na denúncia das incongruências entre a intenção exteriorizante e o produto final da exteriorização. Por isso, a "alienação", nos escritos do jovem Marx, recupera o significado doloroso do emprego teológico da palavra. A alienação volta a ser "maldita". O "espírito objetivo" já não pode ser rastreado de maneira muito confiante na transparência da intenção que animou os seus passos. Em seu ensaio "Caracterização de Walter Benjamin" (1950), incluído em *Prismas*, Adorno relaciona essa nova malícia da análise cultural com a estratégia de "redução da distância" da crítica ao objeto, utilizada por Benjamin. O método microscópico de Benjamin aspira a uma "desmedida entrega ao objeto", porém essa crescente aproximação da coisa pelo pensamento torna o espaço objetivo *estranho*, estranho à própria intenção que se pensara fundá-lo: só assim a crítica descobrirá os segredos da realidade subterrânea da cultura.

Semelhante procedimento interpretativo lembra muito as minúcias da antiga exegese dos textos sacros, o escrúpulo sempre perplexo e curioso, característico do comentário dos livros cifrados. Heidegger (por exemplo, na conferência de 1938 "A Época das Concepções do Mundo"[1]) considerou a noção de "correspondência" (*Entsprechung*) de *analogia entis*, o "traço fundamental

---

[1] José Guilherme Merquior refere-se ao ensaio "Die Zeit des Weltbildes". Há uma tradução disponível em português: "O Tempo na Imagem do Mundo". Trad. Alexandre Franco de Sá. In: *Caminhos da Floresta*. Lisboa, Gulbenkian, 1998. Provavelmente, Merquior consultou a edição francesa, "L'Époque des Conceptions du Monde". Trad. Wolfgang Brokmeier. In: *Chemins qui ne Mènent Nulle Part*. Paris, Gallimard, 1962.

do ser existente" tal como este era pensado durante a Idade Média. O império epistemológico da correspondência e do analógico só decaiu quando a filosofia racionalista da era barroca instalou um novo tipo de compreensão do real, baseando-se no princípio da autonomia do *método* e erigindo a *representação* – as "idées claires et distinctes" de Descartes – em critério da verdade dos seres. Em *Les Mots et les Choses*, Michel Foucault – (singularmente, sem fazer o menor registro da fonte heideggeriana, não obstante bem divulgada na França, designa por "ressemblance" o princípio da "episteme"[2] medieval e renascentista, e por "représentation", o eixo da episteme "clássica", isto é, dos séculos XVII-XVIII.

A exegese de Benjamin, o hábito crítico de tomar o texto (ou o objeto cultural de maneira geral) por um microcosmo, por um *speculum mundi*, provoca uma significativa ressurreição metodológica. Benjamin parece pertencer ao universo analógico dos intérpretes medievais ou renascentistas. "Arcaísmo" perfeitamente explicável, quando se repara no fato de que ele se nutre alternadamente da teoria da literatura romântica, do marxismo, da "filosofia da vida", da psicanálise e... da mística hebraica, da hermenêutica talmúdica e da tradição cabalística. O senso benjaminiano da alienação toma a forma de um método anacrônico. Mas a sua exegese fora de moda está comprometida com um impulso liberador. Metida por entre a trama do texto, no ir-e-vir das palavras ao mundo e do mundo às palavras (ou que outros significantes sejam), ela exuma os gestos incompletos que a humanidade deixa inscritos em suas obras.

"A verdade é a morte da intenção." Com essa perspectiva, a crítica de Benjamin tenta reviver a obra de arte no seu significado propriamente *atual*. A compreensão da obra "em relação ao seu tempo" é apenas uma etapa na interpretação e no juízo; não poderá nunca explicar a universalidade do estético e o seu interesse contemporâneo.

---

[2] Isto é, do substrato "arqueológico" da visão-do-mundo de determinado período, subjacente a todas as suas variantes ideológicas.

Marx o viu com toda a clareza, numa passagem famosa da quarta parte da introdução à *Crítica da Economia Política*: "[...] a dificuldade não está em compreender que a arte e a épica gregas estão ligadas a certas formas de desenvolvimento social. O difícil é explicar por que, ainda hoje, elas nos proporcionam prazer estético e atuam, a certos respeitos, como norma e modelo inigualável". Benjamin elabora uma variação interessantíssima: "O problema não é apresentar as obras literárias em conexão com seu tempo, mas sim *tornar evidente, no tempo que as viu nascer, o tempo que as conhece e julga*, ou seja, o nosso".

Pela tese da "morte da intenção", teoria benjaminiana da alienação, é possível transitar em dois sentidos. A incongruência entre intenção e significado serve para desmascarar a motivação real subjacente ao gesto artístico, um pouco no sentido de Kenneth Burke e da sua análise da "ação simbólica", ou ainda no de revelar o *conteúdo* da obra nos termos da definição de Peirce: "conteúdo é o que a obra deixa transparecer sem mostrar". Entretanto, o ensaísmo de Benjamin não se limita a contemplar na cultura uma projeção do homem: ele se apaixona precisamente pelo que a cultura tem de fossilizado, de prescrito, de caduco e até de morto. Quanto mais enigmático, quanto mais longínquo em relação às intenções conhecidas, quanto menos "humano" em sua aparência de pura coisa, mais o objeto cultural seduzirá o crítico – porque é no limite da insignificação que a sua tenaz leitura fará surgir o sentido. Benjamin é um intérprete do não familiar, um comentador do que se tem habitualmente por não comentável. Onde a cultura aparece como natureza, o ensaísta entra em contato com a obra, para fazê-la confessar o que nela ficou submerso – e que, na carícia lúcida das mãos que o decifram, reviverá como potencialidade de uma conduta humana. Aqui, o desmascaramento convive com o amor; a inserção da obra no seu tempo, para além do que ela "julgara" dizer, se transforma num enriquecimento de nós mesmos, através das possibilidades encerradas na cultura do passado, e que nos convidam a atualizá-las.

O CONCEITO DE ALEGORIA, CHAVE DA ESTÉTICA MODERNA

O veículo natural da verdade desprendida da intenção é *alegoria*. Benjamin começa a segunda parte do seu escrito capital, *As Origens do Drama Barroco Alemão* (1928), por uma contraposição entre o conceito clássico-romântico de símbolo e o conceito de alegoria. O símbolo tem uma natureza "plástica", porque é condensação imediata da ideia na forma adequada; a alegoria, em vez disso, é "temporal", porque sempre exprime algo *diverso* do que se pretendia dizer com ela. Cifras do passado esquecido, as alegorias são a marca da História vista como "Paixão do mundo": como dolorosa e inacabada, significativa apenas na medida em que se arruína. As alegorias "correspondem, no reino das ideias, ao que as ruínas são no reino das coisas". As alegorias pressupõem a fungibilidade do particular: no mundo alegórico, cada objeto pode representar um outro. O universo concreto aparece desvalorizado: seus elementos valem uns pelos outros; nada merece uma fisionomia fixa. Mas essa mesma alusividade dos objetos os torna mágicos e atraentes; o mundo indiferenciado se converte num tesouro de sentido. A alegoria manifesta uma atitude ambivalente em face da realidade. Dentro de um novo espírito, a arte moderna – exemplificada pelo estilo de Kafka, estudado por Benjamin – assimila a ambivalência psicológica do homem barroco ante o mundo profano, expressa nas tragédias seiscentistas que são o tema de *Origens do Drama Barroco Alemão*.

A revalorização da alegoria é a chave da estética de Benjamin. É necessário, portanto, definir melhor o conteúdo desse conceito e, para isso, precisar os elementos da contraposição, que lhe é inerente, o conceito de símbolo. Que significam, a rigor, a "natureza temporal" da alegoria e a "natureza plástica" do símbolo? A guerra entre os partidários do símbolo e os defensores do alegórico é um dos grandes acontecimentos do período de fundação da literatura moderna. Em 1797, Goethe, num ensaio destinado a influenciar enormemente o movimento romântico, traçou, pela primeira vez, uma clara distinção entre ambas as formas de representação. Conforme a sua tese, a representação por *símbolo* implica: a) uma captação do Todo no particular; b) a coincidência entre o sujeito e o objeto; c) a harmonia entre homem e natureza; d) um efeito comunicativo direto, que prescinde de comentário decifrador; e) o amor ao aspecto sensível, concreto, do representado; e f) a revelação de algo em última análise inexprimível, pois o símbolo, por mais significativo que nos pareça, contém sempre uma inesgotável reserva de sentido. Com estas características, o símbolo contrasta, ponto por ponto, com a alegoria, que não procede por fusão do subjetivo com o objetivo nem do homem com o meio natural, não dispensa exegese, é abstrata, desinteressada do sensível, e se cristaliza em conceitos, sem nenhum sentido inesgotável.

Tal é o símbolo como "universal concreto" de Goethe, que Schelling e os românticos se apressariam a adotar. Em Coleridge, símbolo é o produto da "Imagination", da imaginação criadora, enquanto alegoria é apenas a obra da "fancy", da imaginação puramente associativa e limitada, fantasia mecânica e inferior. Todas essas dicotomias são bem conhecidas. Mas a alegoria revalorizada por Benjamin *não corresponde em tudo* à vituperada alegoria da estética clássico-romântica. Desta, ela guarda, principalmente, um aspecto: o de fazer frente àquela "coincidência entre sujeito e objeto" que é a marca do símbolo. A "fixação imediata da ideia na forma adequada" é totalmente estranha ao alegórico benjaminiano. Reflexo da sua viva consciência de alienação, a alegoria é, para ele, o contrário dessa fusão perfeita: é precisamente a representação em que há *distância* entre significante e significado, entre o que está dito e o que se quis dizer.

A esta diferença se soma uma segunda, igualmente decisiva. O símbolo, universal concreto, exprime sempre uma mediação universal, uma visão da totalidade. Por isso, a equivalência entre o símbolo e tipo, sugerida por

Goethe, reaparece no centro da estética de Schelling. Na noção hegeliana e lukácsiana de tipo, voltamos a encontrar o "indivíduo histórico-universal" – o universal-concreto de Goethe. E pela mesma razão, Lukács, nos seus *Prolegômenos a uma Estética Marxista* (1957), designa enfaticamente o pensamento goethiano como precursor da categoria, central na estética marxista-hegelianizante do próprio Lukács, de "particularidade", isto é, da mediação entre o singular e o universal.

A alegoria é estranha a esse tipo de atingimento direto do universal. O objeto alegórico é representação de outro, e até de vários outros, mas não do todo. A alusividade da alegoria é *pluralista* e não monista: ela remete à diversidade, não a uma suposta unidade do diverso. Ao postular a representação da totalidade, a estética do símbolo é compelida a definir o símbolo como "revelação do inexprimível" – já que, conforme observamos a propósito do Absoluto de Schelling, não é possível representar o Uno senão como vário. Mas a estética da alegoria desconhece a mediação universal, porque não se candidata à representação da totalidade. *Sua maneira de reportar-se ao todo consiste em aludir sem cessar ao outro.* O repúdio clássico-romântico, goethiano e schellinguiano da alegoria tem um fundo acusadamente monista.

Num ponto, porém, a condenação vinda de Goethe ainda seduz o espírito moderno: aquele em que se combate o caráter *abstrato* da alegoria, o seu desinteresse pelo sensível e concreto. No entanto, Benjamin nos mostra que desvalorização do mundo terreno na alegoria é apenas uma face de um movimento essencialmente ambíguo, onde essa tendência se associa ao seu contrário – ao apego à realidade concreta. Uma comparação entre a ideia benjaminiana de alegoria e a noção de *figura* de Erich Auerbach talvez contribua para afastar o preconceito que vê no alegórico algo necessariamente abstrato e, em consequência, antiestético.

Auerbach foi, como se sabe, um emérito romanista. Seu primeiro grande livro, *Dante als Dichter der irdischen Welt* (*Dante como Poeta do Mundo Terreno*,

1929; ed. americana, 1961; ed. italiana, 1963)[3] inspira-se de uma página da *Estética* de Hegel em que se diz que Dante "mergulha o mundo vivo do agir e do sofrer, e, em particular, das ações e dos destinos individuais, numa existência imutável". Assim, o Poeta é considerado no seu poder de atribuir um valor eterno ao individual, de encarar a sorte humana concreta como uma experiência portadora de formas universais. No maduro esplendor da *Commedia*, a Europa medieval recolheu o segredo da representação individualizadora do epos antigo e completou o impulso concretizante da escultura gótica. Ao mesmo tempo, o universo dantesco vincula esse apego ao concreto-individual a dois elementos básicos da visão cristã: (1) o senso do *histórico, valorizado pelo caráter real, acontecido*, da Revelação, dada sob a forma da presença histórica de Cristo entre os homens; e (2) a dimensão problemática da vida, a ideia da existência constantemente oscilante entre a salvação ou a perdição, a felicidade ou a desgraça.

Dante constrói a representação histórico-sensível do universal-problemático. Daí seus personagens serem simultaneamente individualizadíssimos e exemplares. Mas qual o fundamento poético dessa representação? A resposta de Auerbach está contida num ensaio decisivo de 1938, intitulado *Figura*: o fundamento da arte dantesca é a interpretação *figural* da realidade, que prevalece, na Idade Média, contra as tendências puramente espiritualistas e neoplatonizantes (isto é: as tendências abstracionistas). Como se define esse tipo de interpretação do real? "A interpretação figural estabelece entre dois fatos ou duas pessoas um nexo no qual um deles não significa apenas a si próprio, mas igualmente o outro, enquanto este compreende ou 'realiza' o sentido do primeiro. Os dois polos da figura são separados no tempo, mas se acham ambos no tempo, como fatos ou figuras reais; ambos estão contidos [...] na corrente da vida histórica." Na

---

[3] Ver *Dante – Poeta do Mundo Secular*. Trad. Raul de Sá Barbosa. Rio de Janeiro, Topbooks, 1997.

plasmação figural, o significado de algo ou de alguém é iluminado por outra coisa ou pessoa de caráter mais geral e espiritualizado – assim como a figura de Adão se realiza no Cristo ou a de Eva, na Igreja – porém essa coisa ou pessoa são dadas como encarnações concretas, tanto quanto os seus "sinais" terrenos. Auerbach não se cansa de vincular a espiritualidade presente na interpretação figural ao dogma da ressurreição da carne, ao senso do histórico-sensível característico da escatologia cristã. Deste modo, a visão figural é a base do *realismo*, a que ele dedicou seu *magnus opus*, o célebre volume *Mimesis* (1946). O realismo implica a revogação da *Stiltrennung*, ou seja, do princípio clássico da separação dos "níveis de estilo" (estilo elevado, estilo médio e estilo baixo) através do qual a literatura clássica e classicista de gênero elevado (isto é, sério-problemático) demonstrava suas tendências abstratos-universalizantes, antirrealistas e anti-historicistas. Sendo essencialmente alheia ao princípio da separação dos estilos, utilizando, em vez dele, a *mescla estilística* (*Stilmischung*) – onde o sério-problemático pode ser expresso pela linguagem corrente e pode versar sobre situações e estratos sociais considerados "vulgares" – a literatura medieval fez-se ela própria uma espécie de *figura* do realismo. Dante antecipa Balzac.

A caracterização auerbachiana da literatura clássica por meio do princípio da separação de estilos provocou vivas controvérsias, notadamente da parte de Ernst Robert Curtius. No nosso contexto, interessa apenas verificar como Auerbach encara as relações entre a representação figural e a alegórica. Ele admite que a figura "faz parte das formas alegóricas na sua acepção mais lata". Afinal, Dante denominava "significado alegórico" precisamente o que Auerbach chama de "figural". Mas, se a figura é alegoria, nem toda alegoria é figura. Esta é "claramente distinta da maior parte das formas alegóricas conhecidas, em virtude da idêntica historicidade *tanto* da coisa significante *quanto* da significada". Em outras palavras, *figura é a alegoria histórico-sensível, concreta*, em oposição às alegorias abstratas. A poesia de Dante é alegórica, mas concreta: ela continua o combate da patrística contra as correntes neoplatônicas puramente espiritualistas. O que Santo Agostinho repelia enfaticamente no domínio da interpretação da Bíblia – o vezo de "deshistoricizar" a narrativa sagrada, escamoteando qualquer consideração pelo aspecto histórico-factual dos acontecimentos – Dante baniu da poesia, ao *concretizar*, linguística e psicologicamente, o universo ainda abstrato do "dolce stil nuovo".

O conceito de figura em Auerbach esclarece muita coisa sobre a natureza da alegoria em Benjamin. Em particular, a mais séria das acusações clássico-românticas à alegoria, a alegação do seu "abstracionismo", é destruída pela análise da alegoria-figural. É bem significativo que Auerbach, ainda no ensaio de 1928, distinga a figura das "formas simbólicas". A despeito de ocorrerem todos os dois "no âmbito das esferas religiosas ou afins", símbolo e figura se diferenciam justamente quanto à historicidade: a visão figural "reporta-se à interpretação histórica, e é essencialmente interpretação de um texto, ao passo que o símbolo é uma interpretação imediata da vida e, em sua origem, sobretudo da natureza". Será exagero pensar que, com toda a probabilidade, Benjamin endossaria essa distinção?

A visão figural, no entender de Auerbach, contraria os nossos hábitos mentais, em dois pontos: no seu aspecto polissêmico, e na maneira de conceber os acontecimentos terrenos. *Polissêmica*, a figura representa a um só tempo mais de uma coisa. Mas não era exatamente isso o que Benjamin dizia do alegórico? Não foi exatamente aí que ele encontrou a peculiaridade do estilo de Kafka? Nesse caso, a figura ou a alegoria não se afastam tanto assim na concepção moderna, mas antes de concepções que o espírito contemporâneo começa a abandonar. Impressão que se reforça quando se reflete sobre o segundo ponto de divergência: a maneira de pensar o acontecido. Auerbach diz do acontecimento figural que ele é descrito em toda a sua realidade, mas permanece sempre "aberto e dúbio" quanto à sua significação. A atitude dos homens diante desse evento é feita de *esperança*, porque o sentido dos fatos depende do futuro. Simultaneamente, contudo, a "direção geral da interpretação" é dada pela fé. O acontecimento será iluminado pelo porvir, embora, no conjunto, sua compreensão já esteja garantida pelo quadro das convicções religiosas. Portanto, o evento figural é o contrário de um *fait accompli*. Por seu sentido provisório, difere profundamente da ideia científica de *fato*. Difere, inclusive, da noção evolucionista de fato-fase, porque a sua provisoriedade não se torna objeto de uma elucidação progressiva e linear, e sim de uma interpretação "vertical": os sucessos figurais não são contemplados em sua ligação; são *destacados*, e só então, comparados a um terceiro evento, ainda futuro. Para o evolucionismo, o fato possui o seu sentido assegurado; a interpretação é que poderá ser incompleta. Para a mente figural, o fato depende de uma interpretação que, esta sim, é garantida em suas linhas gerais, porque se confunde com os artigos de um credo religioso. O acontecimento é significativo, mas seu pleno significado, prometido pelo futuro, não é "dado" de uma vez por todas – e enquanto não o é, o acontecido significa mais de uma coisa. Em consequência, significado aberto e polissemia coincidem.

A alegoria é efetivamente "anacrônica", mas o seu anacronismo se compromete com o futuro e não com o passado. A verdadeira diferença entre a visão alegórico-figural de Dante e o pensamento da nossa época reside naquela certeza relativa à "direção geral da interpretação", isto é, ao conteúdo fixo do enquadramento semântico do universo. Este seria o lugar em que Benjamin (e nós com ele) se separaria do espírito crente e convicto que traçou as figuras da *Commedia*.

Com o conceito de alegoria, polissêmico, aberto, histórico, hostil a todo gênero de monismo na interpretação da realidade, Benjamin explorou o mundo de Kafka (esse "código de gestos", como ele genialmente percebeu), da montagem surrealista e da tragédia barroca. Sua análise do drama barroco é do maior interesse para o estudo de um dos mais intrigantes problemas da história da cultura ocidental: o da convivência, no século XVII, da mentalidade racionalista com a arte alegórica. Se o drama barroco (e não somente o alemão: pense-se em Tirso ou em Calderón) se filia à episteme-correspondência, como explicar que tenha sido produzido na época da episteme-representação? Tanto mais que o enigma se adensa, porque o problema transborda do campo da literatura dramática: basta pensar na contradição entre o estilo de Vieira e o cartesianismo do ambiente europeu de seu tempo. Não podendo desenvolver essa questão aqui, aludiremos somente a uma linha de explicação – a tese que postula o reconhecimento da índole intrinsecamente *anestética* do racionalismo e do empirismo seiscentista. A visão do mundo da filosofia barroca *não tinha lugar para o estético levado a sério*, mas somente para arte ornamental, ou para a arte compreendida como *vis cognitiva* inferior. Daí a sobrevivência, na alta literatura, de formas anteriores e estranhas aos moldes baconianos e cartesianos, sobrevivência desaparecida somente no século XVIII, isto é, na época em que a impermeabilidade do substrato filosófico ao fenômeno estético terminaria por ceder. A luta pela reconquista da dignidade da experiência estética foi muito longa. Os seus principais momentos, até as vésperas da autonomia proclamada por Kant, podem ser acompanhados em textos de grande importância para a história da cultura moderna; entre outros, em *A Filosofia do Iluminismo* (1932) de Cassirer (cap. VII, 6), em *The Seventeenth-Century Background* (1934) de Basil Willey (caps. 5, 10, 11 e 12), na "Introduction aux Problèmes d'une Sociologie du Roman" (1936) de Lucien Goldmann e no já citado *Les Mots et les Choses* (1966) de Michel Foucault (cap. IV, 7).

Mas a fecundidade do conceito de alegoria não para no domínio da análise histórica. Como face artística da consciência da alienação, do *senso da alteridade*, a polissemia alegórica que Benjamin esquadrinha na arte contemporânea (em secreta cumplicidade com as expressões estéticas do passado) questiona os próprios fundamentos idealistas do saber atual. Uma obra monumental como *A History of Modern Criticism* de René Wellek é declaradamente regida pelo conceito clássico-romântico de símbolo. Caberia indagar se essa titânica avaliação do pensamento literário dos últimos duzentos anos – que não se ocupa de Hölderlin, e considera polidamente a poética de Mallarmé como um caso de "abstracionismo" extremado – tem condições efetivas para estimular a vanguarda da reflexão contemporânea, além dos limites da acurada e erudita reconstituição histórica.

Quando esses mesmos fundamentos idealistas se associam ao moralismo marxista, a infamiliaridade da estética do símbolo em relação ao projeto radical da arte moderna vira franca oposição à estética do alegórico. Num ensaio escrito em 1955, "A Visão do Mundo Subjacente à Vanguarda Literária" (publicado no volume *A Significação Atual do Realismo Crítico*), Lukács se levanta contra a teoria de Benjamin. A descrição benjaminiana da nova arte como alegórica recebe elogios, mas isso não nos espanta, dado que Lukács *condena*, a um só tempo, a alegoria e a arte moderna de vanguarda. "A alegoria moderna", diz ele, "suprime o típico." Para Lukács, num universo cheio de sentido (isto é, onde o movimento da Humanidade rumo ao paraíso do socialismo é a "realidade" por excelência) "nenhum detalhe pode ser substituído arbitrariamente por outro". Tal como suspeitávamos, a alegoria não tem cabimento no império da totalidade... Lukács não ignora sequer a conversão dialética apontada por Benjamin, aquela transformação do desprezo do mundo terreno em apaixonado agarrar-se ao concreto – metamorfose inerente à alegoria. Ele não quer saber desse amor ao concreto; a seus olhos, ele vive em suspeitíssima ligação com a "arbitrária" polissemia do alegórico. O concretismo da alegoria só lhe serve como testemunho em favor de sua tese principal contra a vanguarda – a de que os aspectos "naturalistas" da arte contemporânea não passam de máscara do seu "abstracionismo", da sua vocação basicamente irrealista. Os resultados da análise benjaminiana mudam de sinal: o que era positivo, Lukács vê como negativo. A fenomenologia do alegórico é requisitada – e deformada – pela denúncia do estilo contemporâneo.

Na sua excelente introdução à edição italiana (*Angelus Novus*, Einaudi, 1962) de *Schriften*, o volume póstumo publicado por Adorno, Renato Solmi (cuja posição lukácsiana não prejudica a objetividade da sua exposição das teses de Benjamin) lembra que Lukács caracteriza a arte de vanguarda, o estilo alegórico, como arte *simbólica*, porém no sentido hegeliano dessa palavra, e não no sentido (exatamente oposto) da estética clássico-romântica. Com efeito, "arte simbólica" era para Hegel a arte oriental antiga, em que a Ideia se manifestava insuficientemente, sem nenhuma fusão de significado e forma, e sem que a multiplicidade da natureza surgisse investida do conteúdo espiritual. As acusações de Lukács contra o complexo abstrato-naturalístico da arte moderna partem da mesma exigência: o que o incomoda no estilo do nosso tempo é a *falta do ideal*. O banimento da alegoria é, no fundo, um moralismo disfarçado de análise, um utilitarismo político que se apresenta, envergonhado de falar por si, como defesa da "saúde" da arte. Mas a resposta da crítica consciente do valor da produção artística da primeira metade do século (um dos mais ricos e renovadores períodos da história das artes) só pode consistir em dispensar essa preocupação com o patológico e esse "tratamento" forçado da arte moderna; no caso, seria preciso falar não do doente (que não há), mas de *médico* imaginário...

O ENSAIO COMO FORMA E AS IDEIAS-CONSTELAÇÃO

... é o título do primeiro texto de *Notas de Literatura I*, e nele Adorno mostra que a alegoria não foi para Benjamin apenas um objeto de interpretação: o seu próprio método de análise era alegórico. Pois seus ensaios filosóficos partiam sempre de obras tomadas como exemplo de um problema, sem deixar de ser examinadas por si. A característica do ensaísmo benjamino-adorniano é precisamente esta. A reflexão ensaística emana dos produtos-dados da cultura. Mais uma vez, tocamos no *jovem* Lukács, que em 1911, no livro *A Alma e as Formas*, construíra o conceito do ensaio: "O ensaio fala sempre de algo já formado ou [...] de algo que já foi, em outra ocasião; pertence à sua essência não extrair coisas novas do vazio, mas ordenar, de maneira nova, coisas que em algum momento, já foram vivas. E como se limita a reordená-las, em lugar de dar forma a algo novo partindo do informe, acha-se vinculado a essas coisas, tem que dizer sempre 'a verdade' sobre elas e exprimir a sua essência".

Seduzido pelas obras, adstrito a alcançar o universal através da reflexão sobre a sua particularidade, o ensaio "ergue-se contra a doutrina, arraigada desde Platão, segundo a qual o mutável, o efêmero, é indigno da filosofia". Apaga-se com ele a distinção entre uma "filosofia primeira" e uma sempre secundária "filosofia da cultura". Mas se o ensaísmo se fundamenta como prescrição dos objetos da cultura, e só como tal se permite chegar à reflexão filosofante, nem por isso se subordina ao ideal equívoco da pura descritividade. Benjamin não compartilha de modo algum da tendência fenomenológica a reconciliar a apodicticidade das essências com o concreto. Renato Solmi vê nessa atitude o sinal da hostilidade às "tradições irracionalistas do pensamento burguês", pensando principalmente em Scheler e em Heidegger – objetos de violenta antipatia por parte de Adorno. A nosso juízo, esta não é a raiz mais importante do antifenomenologismo de Benjamin. Já surpreendemos Adorno em pecado de unilateralismo intelectualístico; nada mais natural do que encontrar um lukacsiano na mesma falta... Como a maioria das execrações do "irracionalismo", esta passa ao largo da objetividade. Seria, aliás, curioso que Benjamin fosse reprovar em Husserl – se bem que em potência – um anti-intelectualismo exagerado, porque um dos aspectos essenciais da moderna crítica filosófica ao fundador da fenomenologia é justamente o seu excessivo... intelectualismo. A restauração husserliana – a grandiosa tentativa de dar caráter de necessidade – de tornar "essências" – o conteúdo das vivências, valorizadas pela "filosofia da vida" – naufraga precisamente porque, em virtude de um obstinado intelectualismo, condena-se a permanecer incapaz de levantar o problema central do pensamento contemporâneo: a necessidade de repensar a questão do ser no horizonte do tempo. Por excesso de teorismo e de intelectualismo – e não por inclinações "irracionalistas" –, a fenomenologia ficou no plano de uma "fundamentação do saber", em vez de remontar ao nível em que legitimação do conhecimento e autentificação da existência e da ação humanas deixam de ser questões separadas, passando a surgir como duas faces do mesmo problema fundamental. Nessa perspectiva, o que separa Benjamin da fenomenologia não são posições opostas no falso prélio entre duas insuficiências, intelectualismo e anti-intelectualismo; o que os separa é a atrofia do senso crítico no projeto husserliano, em sua forma de impotência ante os requisitos de radicalização da problemática filosófica.[4] O que o ensaísmo benjaminiano é – e a análise fenomenológica não – é a *descritividade crítica*. Diferença que – ao contrário do que se poderia crer – absolutamente *não* se resume no fato de que o pensamento de Benjamin apresente um conteúdo de crítica "social". A radicalidade crítica de Benjamin, em comparação com a descrição fenomenológica, não consiste em arvorar os temas e motivos mais ou menos notórios da crítica social; consiste numa radicalização *filosófica*. E se entre esta última e a verdade do social em seu sentido mais profundo não existe contradição alguma, entre ela e a imagem corriqueira da "crítica social" há distinções que não podem deixar de ser marcadas.

O ensaio é reflexão filosófica porque é descrição crítica. Os temas de Benjamin são as obras; os seus problemas são os da tradição da filosofia. Mas o ensaio se afasta desta última por sua animosidade ao espírito de

---

[4] Sem poder desenvolver aqui o tema da crítica da posição fenomenológica, remeto o leitor ao meu trabalho *Le Structuralisme comme Pensée Radicale*, excursus F: "Elements d'une Critique de la Phénoménologie". [Texto que permaneceu inédito e que pretendemos traduzir e publicar na "Biblioteca José Guilherme Merquior".]

sistema. O sistemático lhe aparece como "fechado"; em vez de impor a continuidade da "teoria" ao objeto que a repele, o ensaísmo se volta a uma autorreflexão infinita, a uma sempre aberta revisão de si. Desta maneira se dá – novo traço em comum com a alegoria – como *fragmento*. Mas o fragmento é aqui a garantia de maior objetividade e de maior rigor crítico. O caminho ensaístico desobedece às regras do método cartesiano, mas se aproxima do "método progressivo" dos românticos (não foi por acaso que Benjamin, aos 26 anos, se laureou, em Berna, com uma tese intitulada *O Conceito de Crítica de Arte no Romantismo Alemão*). Aberto do ponto de vista da vigília crítica, severamente autocontido no que concerne à revelação do objeto de que se ocupa, "o ensaio é simultaneamente mais aberto e mais fechado do que agrada ao pensamento tradicional". Não deve nunca derivar pronto e perfeito da "teoria", isto é, do sistema, parente do dogma – exatamente o erro que Adorno encontra no ensaísmo tardio de Lukács. Porém, quando evita a desnaturação do sistemático, quando abole o preconceito da filosofia contra a vária multiplicidade das produções da cultura, pela síntese enérgica de poder descritivo e audácia problematizadora, o ensaio irrompe, fiel ao real e tão móvel quanto o próprio espírito, como "a forma crítica por excelência". Para Adorno, seu mestre inigualado na modernidade foi Walter Benjamin. No cerne do ensaísmo de Benjamin e da sua liberdade reflexiva, deparamos com uma nova espécie de relação com o Todo: "o ensaio tem que conseguir que a totalidade brilhe por um momento num traço parcial escolhido ou alcançado, porém sem afirmar que essa mesma totalidade está presente". Como o processo da alegoria, que ele reproduz no plano crítico, o ensaio não se submete à ideia da mediação universal, "que em Hegel e Marx funda a totalidade". Para Benjamin, explica Adorno, "interpretar fenômenos materialisticamente significava não tanto explicá-los a partir do todo social, quanto referi-los imediatamente, em sua individualização e isolamento, a tendências materiais e a lutas sociais". Quando a crítica não mais dispõe de uma dada imagem do Todo, quando o movimento da mediação não mais aparece num fenômeno determinado (como a reificação lukácsiana, o fetichismo da mercadoria em Marx, ou o seu reverso e destruidor, a práxis do proletariado), a "totalidade" é apenas um clarão, uma intermitência, uma razão jamais explicitada em seu próprio conteúdo. A totalidade que o ensaio atinge não é uma "explicação do todo", mas apenas o horizonte móvel a que cada objeto é referido, quando a crítica que o descreve ilumina dialeticamente a sua especificidade como *relação*: a verdade de cada objeto *nas suas fronteiras com o outro*.

Este era, efetivamente, o motivo anti-idealista no pensamento de Hegel: a determinação de cada objeto mediante a comparação acabada das suas características com as de outro(s) – os limites do objeto revelados no que fosse *diferente* dele. O princípio spinoziano *omnis determinatio est negatio* é a arma do pluralismo moderno em seu combate contra a ditadura do indiferenciado. E como o objeto a definir aparece, inicialmente, como uma negação dos objetos conhecidos, o não-ser se torna parte integrante do conhecimento em seu progresso. O pensamento negativo, figura da liberdade ante o dado e da insatisfação ante o feito, se legitima também do ponto de vista epistemológico. O senso da negação se dá como senso do específico, noção da totalidade como classe aberta de diferenças. Pensamento negativo e pluralismo se identificam. A liberdade que o pensamento negativo defende, na reflexão ética, corresponde à consciência do diverso, no plano ontológico; desde o *Sofista*, o não ser se define como *héteron*: como *diverso*.

Aqui se encontra o fundamento filosófico do ensaísmo de Benjamin, a força inteira do seu anti-idealismo. A "introdução metodológica" às *Origens do Drama Barroco Alemão* adverte que as ideias não são suscetíveis de representação direta; só são apreensíveis por meio dos conceitos e das coisas reunidas sob eles. "As ideias não se representam em si mesmas, mas unicamente numa ordenação de elementos reais no conceito, quer dizer, como 'configuração' ou constelação destes elementos."

As ideias não refletem em si próprias os objetos, nem mesmo as leis do mundo objetivo: "as ideias estão para as coisas assim como as constelações para as estrelas"; elas não são "nem o conceito, nem as leis das coisas".

Mas as ideias são o objeto da filosofia. Essa arrumação das coisas que permite falar delas sem reduzi-las a nenhuma fórmula exaustiva garante, de qualquer modo, o saber objetivo. A vantagem está em que se trata de um saber objetivo mais disposto que qualquer outro a corrigir-se – ciência que traz a abertura ao exterior e o respeito pela realidade inscritos em seu próprio método.

Na sua forma extrema, o ensaio antitotalitário (em que fidelidade ao diferente-específico e senso do objetivo são uma só coisa) abandona a exposição corrida por uma técnica de *montagem*. Os nexos lógicos não se dissipam, mas se ocultam por trás de uma verdadeira engenharia da *citação*. O plano de Benjamin para seu livro *Paris, Capital do Século XIX* (que ele não chegou a compor) é o melhor exemplo dessa técnica. Fragmentos sobre Fourier e Daguerre, Baudelaire e Haussman, a Monarquia de Julho e o Segundo Império deveriam justapor-se, na mais antiacadêmica das apresentações. A urbanização de Paris, as exposições internacionais, a construção de ferro, o *footing* e a moda, a prostituição e a fotografia, ao lado da atmosfera político-social e da grande arte literária... Originalmente, o ensaio sobre Baudelaire fazia parte desse plano. Esse álbum ideológico – onde os bulevares de Haussmann surgem a um só tempo como vias de circulação rápida e instrumento destinado a impossibilitar a armação das barricadas (profético, esse prefeito!...) – adota em suma o estilo surrealista: renuncia a toda interpretação explícita, deixando que o material justaposto fale por si. O ensaio-montagem dá corpo ao princípio enunciado por Benjamin em *Rua de Mão Única*: as citações são "como bandidos que saltam na estrada para roubar ao leitor as suas convicções". Violentando o falso saber corriqueiro, implantado desde a primeira escola, o ensaio, a "forma crítica por excelência" destrói a mitologia da repressão – revelando, por via do choque, a "pré-história da modernidade". No ensaio-como-forma, radicalização filosófica e aguçamento da crítica social não se distinguem mais.

A TRADIÇÃO DA ARTE MODERNA SEGUNDO BENJAMIN

A aspiração do ensaio como álbum eloquentemente mudo de citações é equiparar-se ao estilo da arte moderna. Pois Kafka também escolheu essa estratégia. Frente à violência do mundo, diz Adorno (calcado numa ideia de "O Narrador", de Benjamin), "Kafka não pregou a humildade, mas recomendou a atitude mais eficaz contra o mito: a astúcia. Para ele, a única, débil, mínima possibilidade de impedir que o mundo tenha, finalmente, razão consiste em dar-lha". Diante disso, o poder é obrigado a confessar-se como tal. Aqui se vê, com toda a clareza, por que a função crítica da arte em Benjamin e em Adorno não reside, como em Lukács, na exibição de um rumo ideal, de um "sentido positivo da realidade" – e sim na penetração com que se expõe a miséria do existente. No coração da estética *expressionista* de Adorno e Benjamin mora a esperança de que, se o mundo for mostrado com toda a sua sinistra carga de violência, o choque resultante leve à revolta contra a injustiça. Esta é para eles a verdadeira contribuição da arte à libertação dos homens.

Se os homens forem confrontados com as ruínas do humano, talvez se recordem das promessas da felicidade. O verdadeiro objeto da alegoria é o esquecido. Portanto, decifrar a alegoria é remontar ao olvidado, para salvá-lo do longo e cruel esquecimento. A arte nos põe frente a frente com o *déjà-vu*. O que o surrealismo nos mostra nos estilhaços de suas montagens são os cacos da... "vida inteira que poderia ter sido e não foi". Ideia que pertence ao miolo da estética de Benjamin, legada a Adorno. Nas palavras deste último, "toda arte especificamente moderna poderia ser interpretada como uma tentativa de conjurar a dinâmica da História para mantê-la em vida, ou como o desejo de converter em *choque* o espanto produzido pelo enrijecimento, e levá-lo a uma catástrofe na qual o a-histórico assuma repentinamente o aspecto do passado" (em "Spengler depois do Ocaso", 1938, recolhido no volume *Prismas*). A arte do tempo da repressão em massa é uma questão de memória. Benjamin foi um magnífico tradutor de Proust.

No ensaio sobre Baudelaire, Benjamin parte da correlação entre memória involuntária e consciência, estabelecida por Freud em *Além do Princípio do Prazer* (1921). O núcleo da correlação é o fato de que, nos termos de Freud, os resíduos da memória "são, frequentemente, mais intensos e mais duradouros quando o processo que os depositou (na mente) não chegou a atingir o limiar da consciência". Os elementos constituintes da memória involuntária se acham sempre entre "o que não foi expressa e conscientemente *vécu*, o que não pertenceu à vivência (*Erlebnis*) do sujeito". Mas qual é o fundo dessa distinção? É que, nota Freud, "para o organismo vivo, é quase mais importante proteger as sensações que recebê-las. O organismo dispõe de um certo estoque de energia e deve tender, sobretudo, a proteger as formas particulares de transmutação energética que nele se realizam contra a influência niveladora, e por conseguinte destrutiva, das energias muito intensas que atuam do exterior".

A ameaça representada por essas energias externas se faz sentir sob a forma de *choques*. Quando estes são registrados pela consciência, seu efeito traumatizante fica reduzido. O choque vira estímulo. A ausência desse registro pode levar à neurose. Os sonhos de acidentados de guerra que constituíram o ponto de partida desse livro de Freud – dos mais importantes na evolução do seu pensamento – denotavam precisamente um esforço pela reconquista do domínio dos estímulos e da proteção da consciência, em face das agressões do universo exterior. Lionel Trilling chamou a atenção para o parentesco entre esses sonhos (desligados dos objetivos meramente hedonísticos do princípio do prazer) e a função *catártica* na última parte de "Freud and Literature" (incluído em *The Liberal Imagination*, 1950).

Benjamin demonstra que Baudelaire elevou esse aparar-os-golpes-do-mundo-exterior a princípio cardinal de sua poética. Situando a mônada energética de Freud no quadro da História da cultura e, em especial, do espaço urbano dos primórdios da sociedade de massa, ele analisa, em Baudelaire, o aprofundamento da apologia do papel da consciência na criação poética, em constante associação com o senso da realidade cultural. As *Fleurs du Mal* inauguram a lírica moderna unindo a lucidez compositiva de Poe e de Gautier à capacidade de apreender o sentido histórico e humano no "declínio da aura", isto é, daquela transformação dos modos de experiência constitutiva da "pré-história da modernidade".[5] O traumatófilo Charles Baudelaire se dedicava sistematicamente a fazer com que a reflexão transformasse os acontecimentos em vivências. Com isso, a luta da poesia contra a situação do homem moderno – "o homem enganado na sua experiência" – deixa o campo da gasta idealização romântica pelo do exercício da crítica da cultura.

O cinema encarna, aos olhos de Benjamin, a possibilidade democrática de ampliar o valor humano do combate de Baudelaire. "O cinema é a forma artística que corresponde à vida cada vez mais perigosa prometida ao homem atual." Enquanto a pintura convida à contemplação, à suave associação de ideias a que nos entregamos ante o quadro, o filme faz com que as imagens se sucedam mais rápidas do que os pensamentos. Em lugar de "passear" pelas associações, recebemos choques. "A percepção traumatizante passa a valer como princípio formal." Porém, "como tudo o que choca, o filme não pode ser captado sem o esforço maior de atenção" ("A Obra de Arte na Época de sua Reprodutibilidade Técnica").

O cinema revoca a aura do ator. No teatro, a aura de Macbeth é inseparável da aura do ator que lhe

---

[5] Ver, na seção "Limites da estética de Adorno", a evocação sumária da teoria do declínio da aura.

desempenha o papel; mas diante da câmera, a "performance" não conhece mais aquele mistério da respiração suspensa, a distância mágica criada pelo convívio mesmo, *hic et nunc*, de público e intérprete. A nova situação muda por completo a estrutura mesma da representação. A rigor, como notara Rudolf Arnheim, o ator cinematográfico não representa: mostra-se. As diferenças são essenciais; e a questão de saber qual é o meio preferível, se o cinema é melhor que o teatro ou vice-versa, é de uma tolice fundamental: precisamente porque o palco e a câmera não estão, de modo algum, na mesma linha. A questão da preferência entre os dois *media* quer comparar o incomparável.

Pudovkin sublinhou o fato de que o desempenho de um ator em conexão com um objeto é uma das maiores possibilidades expressivas do cinema. Benjamin julga que o filme "é o primeiro veículo artístico capaz de mostrar a reciprocidade de ação entre a matéria e o homem", e insiste no valor crítico e libertador dessa visão materialista: "Nossos cafés, as ruas de nossas metrópoles, nossos escritórios e nossos quartos, nossas estações e fábricas pareciam aprisionar-nos sem esperança de liberação. Foi então que chegou o cinema, e, graças à dinamite de seus décimos de segundo, fez explodir esse universo de concentração; de modo que agora, abandonados no meio das suas ruínas projetadas longe, empreendemos viagens cheias de aventura. Graças ao panorâmico, o espaço se alarga; com a câmera lenta, é o movimento que ganha novas formas [...]". A arte *traumatizadora* rasga novas fronteiras para o realismo.

O louvor das virtualidades do cinema está fortemente ligado à esperança depositada por Benjamin nos efeitos da expansão da tecnologia. O epílogo de "A Obra de Arte" acusa o nazismo de desviar para a guerra a direção democrática contida na tecnologia moderna. Esta seria, em si, uma possibilidade objetiva de maior produção, desde que modificado o sistema social vigente. Esta perspectiva otimista coloca subitamente Benjamin nos antípodas da desconfiança total em relação aos "milagres" do tecnológico partilhada por Adorno e Marcuse. A partir desse traço utópico, Benjamin considera positivos até mesmo os aspectos inconscientes da atuação do cinema. Contrasta a experiência das artes "puras" – contemplação em que o espectador "penetra" na obra, como no caso de um quadro – com a recepção *através do uso*, de que a arquitetura é o melhor exemplo. Neste segundo gênero de experiência artística, é a *obra* que nos penetra, e não o contrário. O cinema é capaz de atuar assim. O choque nos adapta, tanto quanto nos adaptamos a ele. No texto sobre Baudelaire, Benjamin vincula esse fenômeno à observação do *Capital* sobre a influência da industrialização mecânica na vida sensorial; a produção capitalista, "em lugar de ajustar as condições de trabalho ao trabalhador, ajusta o trabalhador às condições de trabalho". Em "A Obra de Arte", essa transformação chega a ser valorizada. Na síntese da experiência cinematográfica, o novo tipo de percepção faz de cada espectador alguém simultaneamente ativo e passivo. "O público das salas escuras é um examinador, mas um examinador que se distrai." O sonho de Benjamin é o ajustado-liberto, a vítima-do--choque-por-isso-mesmo-tornada-mais-consciente.

A crença benjaminiana nos benefícios da massificação e nos efeitos salutares da tecnologia não contém apenas elementos ingênuos, mas é, sem dúvida, insuficientemente defendida. Ela consegue relativizar o pessimismo tecnológico de Adorno e Marcuse, mas *não* é no seu âmbito que o conceito de arte em Benjamin exibe toda a sua riqueza. Mesmo antes de ter adotado essa visão otimista, o elogio da contemplação ativa, o tema da "resposta armada" aos nivelamentos impostos pela vida cotidiana moderna fora elaborado no magnífico ensaio sobre Baudelaire. Adorno recolherá dele a sua justificação da hostilidade da nova arte ao comportamento passivo tanto do autor como do receptor. Opondo-se à coisificada divisão do tempo da sociedade tecnológica, com sua mecânica partilha entre horas de trabalho e horas de relaxamento, a arte moderna requer dos instantes "livres" um trabalho que contradiz a impessoalidade reificada do trabalho profissional.

Para ódio dos filisteus, para gana dos que "só querem se divertir" – sem ver a que ponto traçam com isso a caricatura do prazer autêntico – a "difícil" arte moderna exige o emprego da inteligência para, em troca, premiar a sensibilidade. Da música de Schoenberg,[6] Adorno disse que "ela oferece tanto menos ao ouvinte quanto mais lhe dá", solicitando-lhe a colaboração ativa, e atribuindo-lhe "uma práxis em vez de uma simples contemplação". "A música de Schoenberg faz ao ouvinte a honra de não fazer-lhe nenhuma concessão." A arte se esmera em decepcionar as expectativas de facilidade alimentadas pela indústria cultural.

Os efeitos do declínio da aura também operam no campo da ficção. A queda da experiência aurática, celebrada em "A Obra de Arte...", mas acolhida numa atitude ambígua, onde os modos de vida da modernidade são a um só tempo "assumidos" e denunciados, no ensaio sobre Baudelaire, fornece igualmente o tema de outro escrito benjaminiano de 1936, "O Narrador". Oficialmente consagrada à obra narrativa de Nicolau Leskov, este ensaio contém a "teoria do romance" de Benjamin. Mas "conter" é realmente o verbo exato, porque a análise não se restringe ao romance, nem mesmo à literatura. Ela parte da constatação da decadência de um comportamento tradicional: a arte de narrar. "[...] uma experiência quase cotidiana [...] nos diz que a arte de contar está em vias de perder-se. É cada vez mais raro encontrarmos pessoas que saibam narrar uma estória. E se, por acaso, em sociedade, alguém exprime o desejo de escutar uma narrativa, um constrangimento cada vez mais ostensivo se faz sentir na assistência. Parece que perdemos uma faculdade que podíamos julgar inalienável, e que considerávamos a menos ameaçada: a faculdade de trocar nossas experiências."

Tal é o argumento-premissa de "O Narrador". "A cota da experiência baixou", nota Benjamin; a transformação

---

[6] Em escrito logo após a sua morte, em 1951, incluído em *Prismas*, e onde, por sinal, o tema da "conversão" da música da liberdade em arte repressiva não tem mais o peso do capítulo da *Filosofia da Música Moderna*.

do mundo moral na época moderna parece ter sido tão ampla quanto a metamorfose do universo material. Ao contrário do que normalmente se esperaria, os combatentes da Primeira Guerra Mundial voltaram do *front* mais *pobres* – e não mais ricos – de experiência *comunicável*. Ora, a fonte "onde beberam todos os narradores" é a "experiência transmitida de boca em boca". Os dois protótipos do narrador são o viajante, que conta de ações e eventos situados além do raio existencial dos seus ouvintes, e o velho sedentário, que recolhe num só lugar a tradição oral e a comunica às novas gerações. O marujo mercador e o camponês preso à gleba representam esses protótipos. Os costumes corporativos da Idade Média causaram a interpenetração dos dois gêneros de narrador. Os mestres sedentários trabalhavam com aprendizes e "companheiros" ambulantes; e eles próprios, como ex-aprendizes, eram ex-nômades.

Um traço característico da vivência narrativa tradicional é o senso prático dos narradores. O fundo da narração é a "experiência vivida", aquele "saber feito de experiências". Narrador é o que conjuga o relato do *maravilhoso* – do extraordinário, "das cousas nunca vistas" que justificam a narrativa como novidade e mistério – com a capacidade de tirar uma *lição* do narrado, uma regra de vida para si e para os ouvintes. Toda narração destila uma certa *sagesse*. *Sagesse*, para Benjamin, é "o aspecto épico da verdade". Deste ponto de vista, os provérbios são ruínas de velhas estórias. Esse vínculo entre o comunicar-se e a experiência individual faz da narração "uma forma por assim dizer *artesanal* de comunicação". A narração não visa transmitir o acontecimento em si; ela não é reportagem nem *compte rendu*; pertence à sua natureza "fazer penetrar a coisa (narrada) na vida mesma do narrador", imprimindo sobre o relato a marca do contador, do mesmo modo que o ceramista deixa a marca de seus dedos no vaso de argila. Valor artesanal (vínculo entre a narrativa e o narrador) e valor exemplar (vínculo entre a narrativa e o ouvinte) convivem na narração. O ocaso do comportamento narrativo na era moderna coincide com a desaparição de vários costumes ligados ao sentido exemplar da vida individual. Benjamin cita um deles: o antigo hábito de assistir à morte. A morte era um "ato público", que a higiene burguesa transformou num acontecimento oculto e discreto. Da morte-espetáculo da Idade Média, quase nada subsiste na nova sociedade urbana, onde não mais se morre no lugar em que se vive. Tornada antisséptica, a morte inclui entre suas vítimas a sua própria significação didática, o seu rosto de morte-exemplo.

A narração tradicional é a base da epopeia "primitiva", mas os seus elementos naturais estão ausentes do romance. "O lugar de nascimento do romance é o indivíduo solitário, que não pode mais traduzir numa forma exemplar o que existe nele de mais essencial." O romance vive do desaparecimento da comunicabilidade e da *sagesse*. Dom Quixote, cuja existência não tem nenhuma tradução prática, e de cuja sabedoria não se extrai nenhuma "lição", é o seu primeiro grande herói. Benjamin endossa o conceito da *Teoria do Romance* do moço Lukács, segundo o qual "somente no romance ocorre uma separação entre sentido e vida"; e como a *Teoria*, seu ensaio registra a inconsistência estética do único gênero romanesco definido pelo objetivo de apresentar-se como manual de *sagesse* – o *Bildungsroman*, o romance educativo tipo *Wilhelm Meister*.

Ao contrário da epopeia, o romance é indissociável do livro. É, por natureza, independente da tradição oral e, efetivamente, não se desenvolveu senão depois do advento da imprensa. Como o herói, o leitor de romance é também um solitário. Até mesmo o leitor de um poema lírico sente a tentação de recitá-lo para um ouvinte eventual; mas o leitor de romance típico desconhece essa veleidade. A situação do leitor de romance, unido ao *seu* volume, é paralela à do leitor do jornal moderno. Este último, tirado aos milhares de exemplares, se destina ao leitor individual, tornando gratuita toda transmissão oral das notícias. De resto, o apogeu do romance é contemporâneo da grande imprensa: ambos são fenômenos surgidos no meio do século passado.

Hyppolite de Villemessant, o fundador de *Le Fígaro*, dizia que, para seus leitores, um incidente doméstico no Quartier Latin era mais interessante que uma revolução em Madri. Benjamin interpreta essa frase como confissão inconsciente do exílio a que a imprensa noticiosa submeteu o maravilhoso – a alma da narração tradicional. A notícia cultiva a novidade, porém como algo plausível e verificável, não como algo extraordinário e longínquo. Mas a informação não afeta menos o valor "artesanal" da narrativa e seu *pendant*, que é o contato virtual entre o acontecimento narrado e a experiência individual do ouvinte. O ideal do estilo jornalístico: a brevidade e a "objetividade" com que as notícias são dadas, *sem correlação umas com as outras*, na página do jornal – tende a isolar a informação da experiência pessoal, tanto da do narrador (cujo estilo se torna perfeitamente anônimo) quanto da do leitor. Cada indivíduo passa a ler, sozinho, a notícia que não o envolve, assim como não envolveu quem a relata.

A informação é a antinarração. Ela pressupõe a dissolução do conteúdo harmônico do fluxo das vivências individuais. Comunicação jornalística e comunicação humana divergem, para não dizer que se ignoram. Karl Krauss insistira nos efeitos esterilizantes e imbecilizantes da grande imprensa. Spengler (cuja força de observação supera, não poucas vezes, o fundo irracional da sua "filosofia da cultura") caracterizou-a muito certeiramente como processo de "arregimentação" dos leitores, agindo sob a máscara da "liberdade de opinião". Hegel, que não chegou a conhecer a grande imprensa, disse uma vez que a leitura matinal dos jornais era a prece do homem moderno. No entanto – se a prece valia como gesto individual de comunhão com o Todo – três decênios depois de sua morte, sua observação já teria repercutido como puro sarcasmo.

O romance – entendido (lukácsianamente) como procura de valores autênticos na sociedade inautêntica – aspira àquela comunhão ética que ressoava no mundo do epos. Ele se coloca naturalmente entre a narração e a informação, entre o antigo universo da *sagesse* e o moderno império da "neutralidade" noticiosa. Por isso, os progressos da nova imprensa são causa da crise da estrutura romanesca.[7] O jovem Lukács, fazendo crítica da cultura no âmbito puro das formas literárias, confrontara o romance com a epopeia e a tragédia. Benjamin substitui esse confronto homogêneo (entre formas literárias) por um modelo *heterogêneo* de comparação (entre as formas literárias e não literárias): define o romance contra a narração (literária ou não) e a informação jornalística. Aceitando o conceito lukácsiano de romance como síntese épico-trágica, reaproxima a ficção moderna (de Cervantes para cá) da narração, cujos valores comunitários ela se esforçaria por recriar. Deste ponto de vista, "O Narrador" demonstra, às vezes, certa indulgência crítica em relação a ficcionistas menores, do tipo de Leskov (tema titular do ensaio), Poe, Stevenson e Kipling. Mas o seu argumento central se aplica indubitavelmente à grande tradição da novelística moderna. No ensaio sobre Baudelaire, Benjamin considerará a obra de Proust como uma tentativa de restauração do "rosto do narrador". E, na verdade, as suas fecundas observações sobre o declínio da aura no comportamento narrativo reafirmam e ampliam o trabalho pioneiro de Lukács na elaboração do conceito de romance.

Na ficção e na lírica, na tradição da literatura moderna, Benjamin discerne o combate do artista pela autenticidade da existência. No cinema, arte social e musa do século, ele chegou a pensar que essa luta encontraria chances de transformar-se em vitória. Em todos os casos, porém, a valorização da obra de arte como agente da crítica da cultura não degenerou, em sua análise, em nenhum requisitório contra a incapacidade da arte diante da sobrevivência dos fatores de repressão e desumanização. Diferentemente de Adorno, Benjamin não veio a desconfiar da criação artística.

---

[7] Na mesma perspectiva, Roberto Schwarz, no ensaio sobre a ficção de Malraux incluído no agudíssimo volume *A Sereia e o Desconfiado* (Rio de Janeiro, Civilização Brasileira, 1965), desenvolve uma interessante contraposição entre *récit* jornalístico e autenticidade estética da narrativa.

De Benjamin a Adorno

"Alguém devia ter caluniado Joseph K, porque, sem que tivesse feito nada, um belo dia foi preso." A propósito da primeira frase de O Processo, muitos comentadores ainda preferem falar da "inocência" de Joseph K. Na realidade – observa Ladislao Mittner em *Kafka senza Kafkismi* (1954), aquela frase inicial "não contém um relato objetivo do autor, mas um '*discours vécu*', um comentário polêmico e sarcástico do protagonista, que já se considera em pé de guerra com o tribunal invisível". Kafka não parece partir, humanística e unilateralmente, da defesa do homem contra a opressão (social, burocrática, religiosa, etc.); um aforisma seu declara que "o pecado original, o antigo delito praticado pelo homem, consiste na censura incessante que ele faz, ao sustentar que uma falta foi cometida contra ele, e que o pecado original foi dirigido contra ele". Kafka põe em questão tanto o indivíduo quanto o que o oprime. Joseph K não fez nada. Quem sabe se, por isso mesmo, não é culpado? Kafka procura *legitimar* o estar-no-mundo. Assim, por trás de toda denúncia que o seu narrar encerre, existe uma atitude não menos básica de *aceitação*. Efetivamente, ele não nos fala do além; limita-se a apresentar o próprio mundo real como se fosse transcendente, isto é, a vida que de fato possuímos como algo inalcançável...

Mas, neste caso, a aceitação faz parte da crítica. A arte que protesta contra o inumano modula a sua revolta até fazê-la harmonizar-se com o reconhecimento de alguns dados objetivos, inseparáveis da nossa condição. Sem perder seu teor crítico, a arte se recompõe de certo modo com o real. Na estética de Benjamin, o elemento de sóbria aceitação convive com o registro do inumano. Não há melhor maneira de dizê-lo: em Benjamin, existe o senso do trágico. Ele conhece algo mais do que a rebelião. Seu ensaio sobre as *Afinidades Eletivas*, seu interesse em Hölderlin, são testemunhos dessa amplitude do seu conceito de arte. Uma passagem do texto sobre o romance de

Goethe afirma que a obra de arte não surge do nada, mas do caos – isso, porém, mediante uma reminiscência mágica: a fórmula. O que vive na obra é pura beleza, pura harmonia que inunda o caos. Contudo, dar forma ao caos não o anula: na realidade, o fluir da harmonia sempre conhece o risco de tornar-se mera aparência; é preciso que o inexprimível ouse interrompê-lo. Cortando a palavra a uma mulher que recorre a desculpas, podemos arrancar-lhe a verdade na sua expressão fisionômica subsequente ao ato de interrupção. Benjamin se serve deste símile para evocar o modo de aparição da verdade na obra de arte: porque a harmonia ainda é "uma herança do caos", um "*faux-semblant*" para fazer o caos suportável. De modo que o que salva a obra da condição de simples aparência é precisamente o que a rompe.

Todo esse dialeticíssimo argumento nos conduz naturalmente a Nietzsche. Trata-se aqui da "justificação da existência" pelo estético, onde impulso da forma e sentimento do caos se enfrentam e se aliam para tornar possível que a arte chegue à verdade. "Até mesmo o feio e o inarmônico são um jogo estético que a Vontade, na eterna plenitude do seu desejo, joga consigo própria." Essa tese não marca a supressão da beleza, e sim a sua capacidade para integrar no estético a face da discórdia. A estética trágica enuncia o condomínio de forma e conhecimento, de distância estética e valor cognitivo, na obra de arte. Se a beleza é um "véu necessário de alguma coisa para nós", esse véu é justamente *necessário*. Neste ponto, Benjamin está mais perto das grandes intuições do *Nascimento da Tragédia* do que do "terrorismo da ruptura" de Adorno. Adorno não pode reprimir sua aprovação diante de Schoenberg, quando o compositor, no início da tirania názi, afirmou que "sobreviver é mais importante do que a arte". Sem dúvida, e as circunstâncias contribuem largamente para fazer compreender essa frase. Mas o que vale como grito de angústia não tem o mesmo valor como acuidade teórica. A declaração de Schoenberg se explica, mas a aprovação de Adorno não se justifica; porque o verdadeiro problema só surge quando se pergunta: sobreviver, *para quê?*

O "terrorismo da ruptura" que está no cerne da estética de Adorno tende a neutralizar-lhe a argúcia e a cancelar o reconhecimento da especificidade da arte em nome de uma obsessão: a obsessão dos aspectos desumanizantes da cultura moderna. O comprovado amor adorniano pelo artístico, pelo autenticamente artístico, não consegue vencer o predomínio do sentimento de repugnância pela sociedade contemporânea. A "verdade" monolítica desse repúdio prevalece contra a capacidade de discernir e julgar a presença múltipla do estético no corpo da produção moderna. E como essa verdade é por natureza insuportável, o único nexo entre ela e a arte passa a ser a conversão de toda obra em signo de quase exclusivo *protesto*. O valor de revelação da arte – o seu poder de conciliação com a realidade, fora do qual seu sentido crítico-objetivo se perde – é engolido pela exasperação da atitude de protesto. A contestação se afasta crescentemente da análise. O retrato crítico do vínculo entre a captação do histórico-epocal e o destino trans-histórico da obra de arte se desequilibra. Amargurada, a crítica se impermeabiliza. Os valores de combate preponderam desproporcionalmente sobre os valores de penetração. Por fim, porque pertence à essência desse protesto crispado – da teoria rendida ao dáimon da contestação por si, da recusa inobjetiva e absoluta – saber que o seu próprio clamor não basta, e que a realidade continua imóvel apesar dele, a estética do protesto acaba na autodevoração. O conceito da obra como pura e ineficaz contestação termina na *suspeita em relação à arte*. Numa lógica perversa, a saturada repugnância pela cultura se volta contra a dimensão que ela incumbira de resistir às forças repressivas. *A estética do desespero desespera do estético*. O estilo da ruptura rompe consigo mesmo.

Mas rompe consigo na mente do crítico, e não na obra efetiva. A ideia adorniana de Schoenberg se destrói, mas a música de Schoenberg permanece. A ruptura da arte moderna *não* se absolutiza. Seu protesto se insere na cultura, porque a *sua* forma de repelir é sempre uma aliança entre o conhecimento do mal e o conhecimento dos limites do mal. Na arte, a "ascese frente ao futuro" não desemboca em negação indiscriminada do presente. Se ela é o "negativo da cultura", se se concentra na iluminação da sua miséria, é porque ela, arte, pode ser "revelada". Circunscrever a miséria é reduzi-la a um certo controle. A lucidez não é um ganho gratuito. A ruptura interrompe também o monólogo da tirania; susta em alguns pontos – coágulos, constelações – a fluência da repressão. O protesto vence como revelação.

Na arte, a ruptura conquista uma parte da realidade. Na teoria de Adorno, a ruptura se reconcilia com a opressão. A única vitória que se lhe concede é uma vantagem subjetiva: a escolha da própria morte. Assim, segundo Adorno, Valéry logra retardar o processo da reificação, erigindo a poesia em *disciplina* e evitando com isso o triunfo total da linguagem anônima e mercantil. Valéry põe seu intento em contrariar a expectativa do leitor reificado, que espera choques e sensações, e receberá em vez disso um irritante convite à dificuldade da reflexão. A ruptura se dá como ascético rigor. Segundo as *Notas de Literatura*, em Valéry, o princípio do *art pour l'art* se exacerba até fazer da especialização do artista – produto da repressão iluminística – um potencial contraofensivo contra a decadência da individualidade e a retirada das energias construtivas. Daí o sujeito estético em Valéry não ser um epígono da "genialidade" romântica, porém um verdadeiro "lugar-tenente do sujeito social e total", ou seja, do homem liberto da mutilação repressiva. O construtivismo aparece como resistência à desumanização.

No ensaio sobre a apreciação dos museus em Valéry e em Proust, recolhido em *Prismas*, Adorno contrapõe a ideia da ruptura-como-disciplina ao conceito de arte como abertura à experiência. Mas em que sentido? Segundo ele, o construtivismo valéryano, embora válido, não deixa de ser ingênuo, ao pressupor a "pureza" da arte; ao passo que a receptividade de Proust – a sua equiparação da experiência artística às outras vivências, como se fossem conversíveis (Adorno poderia lembrar Swann e sua associação de Odette a uma das filhas de Jetro no afresco botticelliano da Sistina) – supera essa *naïveté*, mas ao preço de suprimir as diferenças de qualidade estética, fazendo, às vezes, das obras uma simples projeção subjetivista dos *états d'âme* individuais.

Observemos bem: a arte como notação da experiência é uma hipótese considerada insuficiente, e seu defeito é justamente a sua debilidade *crítica*; quanto ao purismo construtivista – a arte *menos* ocupada com a dimensão cognitiva – ela partilha de uma ingenuidade fundamental e a propósito do ser da cultura. Sua defesa contra a reificação é, portanto, muito precária. Essa arte evita as formas abjetas da coisificação, mas não impede o êxito final da repressão. O construtivismo se nega a fazer o jogo no mundo, mas não pode escapar ao destino global da cultura. Qual um bom estoico romano, ele se limita a eleger entre os meios de uma perdição fatal...

Arte é protesto, e o seu protesto é ineficaz: em termos esquemáticos, este é o fundo da estética de Adorno, toda a vez que analisa a arte, em vez de estudar as obras – e algumas vezes, *inclusive* quando analisa as obras. Arte é *expressão* da digna, porém inútil, revolta do indivíduo contra o roubo dos seus direitos à felicidade. Os fragmentos do estilo-ruptura são a metáfora da mutilação do ego no reino da repressão tecnológica.

Onde encontrar a fonte dessa tese central? Nós diríamos que a origem mais profunda do conceito de arte do neo-hegeliano Adorno está no expressionismo, ou melhor, *numa síntese* de *expressionismo* e *hegelianismo*. Protesto e disciplina (contestação e construtivismo) é uma parelha típica da arte expressionista. Ladislao Mittner estudou a literatura do expressionismo alemão (da primeira à terceira década do Novecentos) sob o duplo mote de "berro e geometria", pathos e estilização, angústia e reconstrução abstrata andaram juntos na poesia, no teatro e na pintura do expressionismo.

No hegeliano Adorno, quando se trata do conceito de arte, a preponderância do protesto esmaga o senso do objetivo. *A arte faz sentir o objetivo como intolerável.* O estético se anula como verdade, para valer – por um instante – como grito de angústia inconformista. Hegel pôde pensar o ocaso da arte, motivado pela sua desmedida grecofilia, mas, principalmente, pelo seu amor antirromântico pela "prosa da vida" – pela realidade apoética da era burguesa. Adorno vaticina a falência da arte pela razão oposta: pela incapacidade de aguentar a alienação. O medíocre versejador, Hegel, se pronuncia contra a sobrevivência histórica da cultura estética (sucedida, no seu esquema, pelo espírito religioso e pela mentalidade filosófica) *em nome do senso da exterioridade*: o sensibilíssimo musicólogo, Adorno, profetiza a rendição do estético *em nome do martírio da subjetividade*.

Quando se pondera o conteúdo dessa convergência – essa autópsia (tão precipitada quanto dogmática) de uma das mais constantes manifestações humanas – aquela passagem do texto consagrado a Valéry nas *Notas de Literatura*, em que Adorno restringe a "alta compreensão da arte" aos donos "do conceito" ou aos senhores "da técnica", isto é, aos filósofos, ou aos próprios artistas, ganha um colorido irresistivelmente irônico: pois tanto o filósofo Hegel quanto o homem do *métier* (*doublé – et pour cause* – de professor de filosofia) Theodor W. Adorno são, no caso, precisamente quem transforma a "alta compreensão" da arte no seu inaceitável enterro prematuro.

Porém, se Hegel liga o desaparecimento da arte ao predomínio da consciência da exterioridade, como aceitar, sem contradição, que Adorno realize a mesma supressão *em consequência do oposto* – ou seja, da revolta do subjetivo? Como pôde a defesa da expressão chegar ao mesmo resultado que o antiexpressivo apreço pela "prosa da vida"? Como se explica que seja precisamente o elemento *não* hegeliano em Adorno o que o leva ao encontro de Hegel, na profecia negativa sobre o destino da arte? A contradição radica na ambiguidade com que Adorno julga o individual, isto é, o *separado* do Todo.

Em Hegel, a vontade individual nunca vale por si. A *Filosofia do Direito* recusa expressamente ao arbítrio individual a capacidade de conciliar o interesse particular com o interesse universal. Entregue a si mesmo, o indivíduo hegeliano não se distingue do homem lupino, da mônada predatória de Hobbes. Não há ligação direta entre o indivíduo e o universal. Em *Reason and Revolution*, Marcuse indica até que ponto essa desvalorização do indivíduo como fundamento originário da moral e da sociedade depende da união íntima estabelecida por Hegel entre liberdade individual e *propriedade*. Historicamente, essa "volta a Hobbes", à depreciação do indivíduo como valor em si, é o penhor de um debate capital entre o pensamento hegeliano e a teoria de Rousseau. Rousseau resgatara o indivíduo da condenação hobbesiana, sem deixar de admitir a degradação do *"amour de soi"* – complemento dialético da *"pitié"* e, portanto, do amor ao universal – em *"amour propre"*, isto é, em egoísmo antissocial. É extremamente significativo que, neste ponto decisivo, Hegel, o "primeiro filósofo *histórico*", parta da equação abstrata indivíduo = cupidez, enquanto Rousseau, tão acusado de "moralismo abstrato" por certo juízo tradicional (e leviano) de inspiração marxista (com a nobre exceção de Rodolfo Mondolfo) descreve uma genealogia da moral em termos histórico-concretos. É na *Filosofia do Direito*, e não no *Discurso sobre a Desigualdade*, que o conceito do indivíduo é abstrato, a-histórico, e – quanto à sua estrutura interna – adialético.

Se passarmos agora à *Estética*, veremos essa desvalorização hegeliana do "separado", do individual, reproduzida na noção de arte. Isto é bem visível no conceito da tragédia (*Estética*, IV, 3, C). A tragédia não só é considerada como síntese do épico e do lírico, da escultura e da música, como constitui a realização estética mais lograda do período de apogeu do artístico – a Grécia antiga. Hegel analisa a *Antígona* sofocleana (retomando a interpretação da *Fenomenologia*) como o exemplo mais perfeito do modelo trágico. Na tragédia, os indivíduos representam pontos de vista em conflito. Antígona encarna a lei do sangue; Creonte, a lei do Estado. Mas Antígona – diz Hegel – é a sobrinha de Creonte e noiva de Hêmon, seu filho; ela está ligada àquele mesmo a quem se opõe. Quanto a Creonte, sendo ele próprio pai e esposo, não pode ser de todo alheio ao respeito pelos deveres do sangue, que animam

Antígona. Assim, os princípios em luta são, de per si, insuficientes e unilaterais. *Aquilo contra o qual cada um se rebela lhe é imanente*. A solução trágica deve consistir na supressão do que há de unilateral nas ações em conflito. A tragédia é conciliação harmônica de insuficiências individuais. O Todo é sempre mais sábio que o singular.

Adorno absolutamente não partilha dessa desvalorização do individual. Herdeiro da crítica de Marx ao ilusório otimismo social da *Rechtsphilosophie*, prefere tratar do problema da felicidade individual do que da "conciliação da Totalidade". Seu conceito de arte reflete essa advocacia dos direitos do indivíduo, não no sentido utopístico do liberalismo, mas no sentido mais profundo da problemática de valores e da crítica da cultura. O estilo do fragmento é a forma estética desse retorno crispado às aspirações do indivíduo; ele representa um novo abandono da visão hobbesiana. Aqui, Adorno se torna expressionista e se levanta contra o integracionismo de Hegel.

No entanto – ato contínuo –, a fé sombria na maldição do iluminismo restabelece a desconfiança ante o indivíduo. Adorno nunca dissociará inteiramente a separação individual do universo racional-tecnológico. Ora, o domínio sobre a natureza é repressão da natureza humana e sequestro da felicidade do indivíduo. De modo que, num giro final, a expressão pessoal se identifica com a repressão. O estilo do fragmento materializa a "falência necessária" da arte no reino (inescapável) do Todo repressivo. O paradoxo se esclarece: a defesa do indivíduo acaba condenando a arte à morte, reunindo-se, agora, à profecia de Hegel. Apegando-se à tese da maldição iluminística, o "expressionista" Adorno vira o que já fora: um esteta hegeliano convencido do "fim da idade artística".

DA ESPERANÇA E DA ORIGEM

O mais original nas contribuições de Benjamin à crítica moderna consiste no aprofundamento da vinculação entre o nível descritivo (a análise estilística) e o conteúdo das obras de arte enquanto expressões da problemática da cultura. Adorno, ao revelar seu augúrio quanto à falência da arte, altera o equilíbrio dinâmico da estética benjaminiana, onde a atenção à obra e a referência aos problemas sociais têm pesos equivalentes. Na tese adorniana da conversão do progresso em repressão, a preocupação com o estado da sociedade monopoliza a mente crítica. O desgosto ante a marcha da cultura, que já circunscrevera a obra de arte como protesto, em sensível detrimento das suas características cognitivas, termina por condenar globalmente a arte. Esta fica, implicitamente, responsabilizada pela sua incapacidade de redimir a cultura. O reconhecimento do direito da obra à "ascese frente ao futuro" se apresenta agora como descabida exigência de salvação do presente. Não basta que o estilo denuncie a repressão; arrastado pela força diabólica da má sociedade que ele criou, o homem terá que assistir à ruína das próprias criações que comprovam a possibilidade de sua recuperação, ao exibir a sua consciência dos seus erros. O desespero fala mais alto do que o senso de contradição. A importância maléfica das sombras no projeto de felicidade humana faz esquecer que elas não constituem uma escuridão total. O espírito, amaríssimo, começa a suicidar-se. A arte é intimada a responder pelo fato de não ter assegurado uma salvação que não lhe compete realizar sozinha.

No esquema de Benjamin, a arte reflete a luta contra a desumanização e seus aspectos essencialmente *históricos*, mas reflete, igualmente, certos limites da condição humana que, se não podem propriamente ser chamados "atemporais", pelo menos acompanham o homem em *todas* as fases do seu caminho histórico, desde que ele se reconhece como tal. A estética de Benjamin conjuga a noção dos universais da conduta humana com a consciência das raízes históricas da arte. A teoria de Adorno não tem lugar para esse primeiro elemento. Ela relativiza, em sentido historicista, todos os componentes do significado da obra de arte – sem relativizar, contudo, essa própria relativização. Benjamin sabe que a História contém ela mesma o trans-histórico; Adorno, não. Por isso, o pensamento de Benjamin (e não apenas na sua dita fase "teológica") especula sobre a dimensão da *origem*, ao passo que Adorno permanece essencialmente alheio a esse motivo.

O tema dos universais da conduta humana fornece a ossatura de uma das teorizações na aparência, mais arcaicas, na verdade, mais atuais, da obra de Benjamin: a sua filosofia da linguagem. O escrito da mocidade "Sobre a Língua em Geral e sobre a Língua dos Homens" não descende apenas de algumas concepções pré-românticas (especialmente de Hamann); sua maior fonte inspiradora é o conceito de uma "língua fundamental" como reflexo da natureza espiritual do mundo, característico da Cabala (um dos contatos intelectuais mais importantes para a formação do pensamento de Benjamin foi a longa amizade de Gerhard Scholem, o historiador da mística judaica). Mas essa moldura ideológica tradicional é reavivada numa perspectiva provocantemente moderna – e em última análise, constitucionalmente *antimetafísica* – pela reflexão de Benjamin.

Benjamin começa pelo postulado de que "toda manifestação da vida espiritual do homem pode ser concebida como uma espécie de língua". Neste sentido, é lícito falar de uma "língua" da música ou da escultura. Mas é, além disso, possível estender o significado de "língua" a *toda* a realidade, até mesmo fora das dimensões de expressão do espírito humano. Todo acontecimento e toda coisa na natureza, animada ou não, participam da língua: não podemos conceber nenhuma coisa sem atribuir-lhe uma certa linguagem. Nenhuma significação escapa à linguagem.

A essência espiritual que se comunica na língua não é a própria língua, e sim algo distinto dela. Não obstante, essa essência espiritual se comunica *na língua e não através dela*. "Precisamente porque nada se transmite através da língua, o que nela se transmite não pode ser delimitado ou medido do exterior; por isso, é própria a toda língua uma infinidade incomensurável e específica." Deste modo, o espiritual não se reduz à linguagem ("o ser espiritual só se identifica com o ser linguístico *enquanto é comunicável*"), mas tampouco se coloca fora da linguagem. Esta o contém, mas não o resume.

"A essência linguística das coisas é a sua língua"; aplicado ao homem, isto quer dizer: a essência linguística do homem é a linguagem. Contudo, somente a língua humana *denomina*. Será, portanto, que a comunicação humana é diversa da comunicação da natureza? Sem dúvida; mas Benjamin se apressa a evitar as conclusões antropomorfísticas: "se a lâmpada, a montanha e a raposa não se comunicassem com o homem, como poderia este último denominá-las?".

Uma vez, porém, que a natureza se oferece à comunicação, o homem a denomina. E como o ser espiritual (enquanto comunicável) se equipara ao linguístico, quanto mais profundo, mais real e efetivo é o espírito, mais exprimível, e mais expresso. O que é linguisticamente mais incisivo, é também o mais espiritual. Assim, na Revelação, o Verbo surge como prova e condição suficiente da divindade que nele se exprime. "A criação divina se completa quando as coisas recebem seu nome da parte do homem." Segundo o *Gênese*, Deus criou todos os seres imediatamente *pela palavra* ("E Deus disse – e assim foi"); todos os seres, *exceto o homem*. O homem foi feito "de terra". Esta é a *única* referência, em toda a história da Criação, a um *material* empregado pelo Criador. Ora, a esse único ser não criado pela palavra, é justamente conferido o dom da linguagem. "Deus repousou quando confiou a si mesma, no homem, a sua força criadora."

O que, no entanto, não significa que a língua humana simplesmente se substitua ao verbo divino. "O nome equivale tão pouco ao verbo quanto o conhecimento à Criação." Tanto assim que, onde a língua humana mais se aproxima do Verbo, é exatamente onde ela é *menos* conhecimento: nos nomes próprios. Benjamin recusa ao mesmo tempo a ideia de que a relação entre a linguagem e a realidade é pura matéria de convenção, e a ideia de que a linguagem revela diretamente a essência do real. Herdeira do Verbo, a palavra não pode ser apenas um signo convencional. A teoria da natureza convencional do signo linguístico é um pragmatismo burguês. Numa nota intitulada "Sobre a Faculdade Mimética", Benjamin considera a linguagem como cânon apto a elucidar o conceito de "semelhança imaterial", desde que se submeta a explicação onomatopeica "a uma compreensão mais profunda". A tese prenuncia fortemente a noção de *mímese linguística* inspirada no conceito peirceano de *diagrama* e apresentada expressamente como aprofundamento da teoria onomatopeica no célebre ensaio de Roman Jakobson sobre a essência da linguagem.

Mas a linguagem não nos dá tampouco a essência das coisas. "[...] As coisas em si não têm palavra: são criadas pelo verbo de Deus e conhecidas, em seu nome, segundo a palavra humana." Esse conhecimento-pelo-nome não se confunde com uma criação espontânea: "o nome que o homem dá às coisas depende do modo pelo qual elas se comunicam com ele". No nome, a palavra de Deus "não permaneceu (só) criadora, tornou-se em parte *receptiva*". A natureza inteira é uma "língua muda", resíduo do verbo criador, que se comunica com o homem *mediata* e *infinitamente*. A palavra humana não é um simples signo, mas tampouco uma imagem direta e perfeita da realidade. Os "nomes próprios das coisas" só são articulados por Deus. Na linguagem dos homens, as coisas são *hiperdenominadas*.

A finitude do conhecimento na língua dos homens (em contraste com a infinidade da sua tarefa) é o fundamento da pluralidade das línguas e, portanto, do conceito de *tradução*. Quando o homem, depois do pecado original, deixou a convivência com a "língua das coisas" conforme fixada pelo Verbo divino, perdeu automaticamente a unidade linguística. Desde então, cada língua, em seu esforço mais genuíno, aspira a traduzir todas as outras, isto é, tentar restabelecer o idioma originário, o falar de Adão, a língua do Éden. Na tradução, receptividade e espontaneidade linguísticas se unem indissoluvelmente. A tradução não é sequer apenas intralinguística: toda língua humana traduz a fala muda da natureza. Acima da mera fidelidade à letra original, que só pode partir de uma atitude passiva ante a sua própria língua, o tradutor deve exercer uma liberdade baseada no "interesse da linguagem em estado puro". A tradução se compromete com o desígnio do esforço utópico – mas atuante – de alcançar a "reconciliação das línguas". Por isso, todo grande tradutor recria o seu próprio domínio idiomático. Ao verter a Bíblia, Lutero funda a moderna prosa alemã. Benjamin foi também um excelente tradutor – de Baudelaire e de Proust. O conceito central da sua interessantíssima teoria da tradução faz parte do ensaio "Sobre a Língua", mas o desenvolvimento dessas ideias foi exposto num texto de 1923, "A Tarefa do Tradutor", que serviu de prefácio à versão alemã dos *Tableaux Parisiens* de Baudelaire.

    O esboço benjaminiano de filosofia da linguagem oferece uma curiosíssima textura ideológica. Certo tipo de leitor poderá estranhar esse composto de Cabala, análise estilística da Bíblia, filologia pré-romântica e prelúdios à linguística post-saussuriana – sobretudo o tipo de leitor em quem a rejeição de preconceitos religiosos, ou simplesmente idealistas, tenha assumido a forma de... preconceitos quanto a *toda* manifestação ideológica de fundo religioso. Existe uma crítica "iluminista" viciada em esquecer – a partir de certo momento – o próprio impulso crítico; tomando a nuvem por Juno, certo preconceito "racionalista" se priva da possibilidade de compreender a reflexão religiosa, ao colocar, *a priori*, fora da lei da razão, *todo* fenômeno envolvido na noção de sagrado. Na realidade, a meditação teológica de Benjamin não se baseia em nenhuma ideia acrítica da transcendência; sua reflexão sobre a essência da linguagem não se inspira em nenhum credo ingênuo ou autoritário. Longe disso: ela é a primeira a contestar a veleidade mística de promover a língua humana a uma Revelação. O conceito da distância entre o Verbo divino e a denominação humana é um dos centros do ensaio de Benjamin. Essa distância não é usada para oprimir o homem pela ênfase na insuficiência da sua linguagem, mas sim para assegurar o caráter inesgotável da realidade, e o dinamismo incessante do espírito humano, em sua tentativa de captá-la. Se, em suas notas sobre a mímese linguística, Benjamin antecipa a revogação por Jakobson da tese saussuriana do significante puramente convencional, em sua insistência na ideia de tradução dinâmica e criadora, ele retorna a Humboldt e à concepção da língua como *enérgeia*, como atividade produtora. Mas o projeto de recuperação da teoria humboldtiana da linguagem como produção – em contraste com o hábito de concebê-la como um "depósito", transformando a análise linguística numa espécie de "inventário" – é, sem tirar nem pôr, o projeto mais avançado da linguística moderna: o da gramática generativa de Noam Chomsky. Em *Current Issues in Linguistic Theory*, o próprio Chomsky se encarrega de apresentar sua posição como um estruturalismo "humboldtiano". Em consequência, a teofilologia de Benjamin coincide com a linguística moderna em pelo menos duas das suas teorizações mais estimulantes e mais promissoras: a nova perspectiva sobre o problema das relações entre linguagem e realidade, e a concepção da linguagem como dinâmica produtora. A vanguarda da análise estrutural da linguagem se reconhece sem dificuldade na atualização da linguística da Cabala.

Principalmente, a utopia do retorno à língua edênica representa em Benjamin um modo de conceber a origem *que não se opõe ao senso histórico*. Língua originária e diversidade da experiência humana aparecem como conceitos complementares. *Origem e diferença* deixam o campo da simples negação recíproca. A forma dessa nova aliança é, no pensamento benjaminiano, a fusão de análise histórica e motivos teológicos. Ela se explicita nos *Prolegômenos a uma Crítica da Violência* de 1921, e no "messianismo" das *Teses sobre a Filosofia da História*.

O messianismo benjaminiano é dirigido contra a concepção linear de progresso. Na ideia *cumulativa* do progresso, cara à Filosofia das Luzes e à social-democracia, Benjamin discerne uma contrafação da historicidade. "O progresso, tal como se delineava no pensamento dos social-democratas, era, antes de tudo, um progresso da própria humanidade (e não apenas das suas capacidades e dos seus conhecimentos). Em segundo lugar, era um progresso interminável (correspondente a uma perfectibilidade infinita da humanidade). E era, em terceiro lugar, essencialmente incessante (como se percorresse espontaneamente uma linha reta ou uma espiral). Cada um desses predicados é controvertido, e de cada um deles a crítica poderia partir. Contudo, uma crítica séria deve remontar a algo de comum a todos eles. A concepção de um progresso do gênero humano na História é inseparável da do processo da própria História como percurso de um tempo homogêneo e vazio. A crítica da ideia desse processo deve constituir a base da crítica da ideia de progresso como tal" (Tese 13).

A esse tempo mecânico, "homogêneo e vazio", Benjamin contrapõe a ideia de uma historicidade essencialmente *heterogênea*, feita de cortes e de rupturas no *continuum* da História. "A consciência de fazer o *continuum* da História é própria às classes revolucionárias no átimo da sua ação" (Tese 15). A História como ruptura exige a revogação do conceito do presente como simples "passagem": o presente criador-revolucionário se dá como momento de fundação do tempo, como tempo *originário*. Significativamente, a Revolução Francesa instituiu um novo calendário. A irrupção revolucionária não é apenas o horizonte da História; é também o ponto de equilíbrio onde o tempo como simples decurso parece sustar-se, dando lugar ao tempo-criação. Por isso, segundo uma expressão de Karl Krauss aposta em epígrafe à Tese 14, "*a origem é a meta*".

Quando o presente não mais se descaracteriza como mera passagem – quando o tempo-em-linha é destruído pelo tempo-em-ponto, pelo Kairós e pela Decisão, o presente se apodera do futuro e *redime o passado*. "Na ideia de felicidade [...] vibra indissoluvelmente a ideia de redenção." "O passado leva consigo um índice temporal que remete à redenção. Existe um entendimento secreto entre as gerações passadas e a nossa. Nós fomos esperados sobre a Terra" (Tese 2). Como seu amigo Ernst Bloch (outro grande conciliador de marxismo e teologia), Benjamin não ignora que "os mortos sempre retornam".

A contração do presente-ruptura realiza os sonhos do tempo passado. Tanto no drama barroco como na arte contemporânea, o estilo alegórico também vive da "espera incessante do milagre". A dialética da memória (opressão/redenção) ligada à análise da consciência da morte em *Eros e Civilização*[8] é uma "reprise" do complexo alegórico-messiânico no ensaísmo de Benjamin. Felicidade em ruínas e esperança de redenção constituem os polos de uma nova visão do tempo. Visão nova que, como quase todo grande motivo do pensamento benjaminiano, se confunde com a reativação recriadora de substratos ideológicos ancestrais da cultura ocidental.

Cada vez que se cumpre o sonho de redenção que a esperança acalenta, a experiência humana deixa o círculo da repressão. Contudo – no impulso mais característico da sua teologia antimetafísica – Benjamin considera a força que realiza a redenção como se ela fosse, também ela, uma *violência*: só que violência *divina*, de expiação, por natureza abolidora de toda forma repressiva do violento. Os fundamentais *Prolegômenos a uma Crítica da Violência* – jogando dialeticamente com as múltiplas acepções de *Gewalt*: violência, força, autoridade, poder – desenvolvem uma distinção capital, talvez a distinção capital do pensamento benjaminiano: a diferença entre *violência mítica* e *violência divina*.

Na lenda de Níobe, ferida por Apolo e Diana, a violência dos deuses, tal como a compreendiam os antigos, aparece na sua forma pura. A ira dos deuses-irmãos contra Níobe não visa propriamente puni-la por uma infração que ela houvesse cometido, mas sim "fundar um direito"; fundá-lo como pura manifestação do poder dos deuses sobre os homens, fixando as fronteiras entre estes e aqueles. A violência mítica não é conservadora de direito, é *constitutiva* de direito. Mas esse direito é, na verdade, imposição. Benjamin descreve na violência mítica a antecessora primitiva do direito, desde que se contemple, no domínio jurídico, a institucionalização de relações de *força*.

---

[8] Ver a seção "A Problemática de Eros: prazer e satisfação".

Para fazer entender o campo do direito como império da força, Benjamin realiza a crítica radical do jusnaturalismo. A teoria do direito natural legitima o uso de meios violentos a serviço de fins justos. Aplicada ao terreno político, ela pinta o contrato social como o ato pelo qual os indivíduos sub-rogam ao Estado o poder que eles têm de usar a violência. Essa legitimação da violência como instrumento é inerente ao jusnaturalismo que nisso prenuncia o darwinismo social. Uma vez "desmascarado" o jusnaturalismo, todo direito surge como expressão de uma violência; Benjamin se aproxima de Sorel, que proibia o movimento revolucionário de instituir *qualquer* norma jurídica.

O direito absorve a violência mítica, mas a violência divina abole o direito. Enquanto a primeira é repressiva, a segunda é reconciliadora. A violência mítico-jurídica é *sacrifício*; ela se dirige contra o simples fato de viver. A violência divina, ao contrário, vive do *acordo*: se golpeia o homem, não é nunca contra o vivente em si, e sim em nome do seu valor espiritual. Ora, a violência divina se confunde com o impulso revolucionário. Ela quebrará "o círculo mágico das estruturas jurídicas de caráter mítico". Porém, não é possível determinar as circunstâncias precisas em que ela se dá, porque a "força purificadora da violência só se apresenta aos homens no escuro". A revolução não é datável nem reconhecível *a priori*. A violência divina remete à essência aberta do futuro e à fé-sem-certezas da esperança.

Que significa essa impalpabilidade da "violência divina"? Benjamin se limitaria a suprimir a redenção do horizonte humano, definindo-a de maneira puramente irracionalista? Não nos precipitemos a dizê-lo. A incapacidade da redenção é *relativa*. O que Benjamin quer indicar, ao sublinhá-la, não é a irracionalidade da justiça; é, isso sim, a indeterminabilidade essencial da própria experiência humana, a sua forma sempre inacabada, a sua infinita suscetibilidade de enriquecer-se. A esperança é apenas uma confiança *real* no *verdadeiro* futuro, isto é, num futuro sempre maior e sempre diverso do que o pudéramos supor. É o senso desse futuro que faz com que o instante do acordo, a hora da reconciliação, soe como uma surpresa, como uma dádiva inesperada. Nesse ponto, a violência redentora com que sonha o homem moderno não é nada diversa do que São Paulo afirmava sobre o dia do Senhor, na primeira Epístola aos Tessalonicenses: "[...] mas não é preciso, caros irmãos, que eu vos escreva a respeito dos tempos e dos momentos; pois vós sabeis certamente que o dia do Senhor virá *como um ladrão dentro da noite*". A autêntica redenção só pode ser pensada na perspectiva da novidade radical do tempo originário.

A consciência da temporalidade como origem é inseparável da atitude esperançosa. Mas a esperança, promessa de redenção, é por natureza estranha ao culto ingênuo do progresso da História. A tendência a crer no aperfeiçoamento automático da humanidade, que está por trás das ideologias do progresso, é uma das modernas faces míticas da alienação. Aquele que acredita – consciente ou inconscientemente – que a História caminha por si é um homem autodemitido das suas responsabilidades. O fato de que iluminismo e crença no progresso estejam intimamente relacionados é um dos mais poderosos argumentos a favor da tese adorniana sobre o fundo desumanizante do iluminismo.[9]

É peculiar à esperança a repulsa pela dicotomia otimismo/pessimismo. Estritamente fiel ao sentido *aberto* do tempo e da História, o espírito da esperança não sabe deslizar para o predomínio da euforia antecipadora, mas tampouco é capaz de render-se à prefiguração da catástrofe. O contexto pessimista em que Marcuse emoldura aquela frase de Benjamin – "É só em nome dos desesperançados que a esperança nos é dada" – não diz bem com a própria fonte da citação. Esta frase é o epílogo do

---

[9] Ainda que, para Adorno, "iluminismo" indique um tipo de cultura bem mais amplo e mais antigo que o iluminismo setecentista, este último pode ser facilmente concebido como limiar do apogeu do "iluminismo" (i.e., do domínio tecnológico da natureza como eixo cultural fundamental) de Adorno.

ensaio benjaminiano sobre as *Afinidades Eletivas*. Mas o significado profundo da dimensão trágica na maturidade de Goethe não é um "pessimismo", e sim a *reafirmação da existência através da própria impossibilidade de ser feliz*. A triste delegação do direito de ser feliz, que se enuncia na frase de Benjamin sobre o romance de Goethe, não contém apenas amargura. O exercício da esperança pode valer como felicidade autêntica – com a condição de que o homem atue e reflita num nível mais elevado que o hedonístico, social ou não.

O mistério da esperança escapa a Adorno e a Marcuse. Por uma ironia da sorte, Benjamin, a vítima da guerra e do nazismo, é muito menos amargo que os sobreviventes... Mas a esperança é o correlato do pensamento da origem. Se em Marcuse e Adorno não se encontra esperança, se os seus apelos à redenção são tão crispados e raros, é porque neles falta igualmente o redimensionamento filosófico representado, em Benjamin, pela aliança entre dialética e teologia, e cujo conteúdo último é o pensamento da origem.

Não obstante, também Adorno parece às vezes pensar a origem. Sua polêmica contra certas interpretações contemporâneas da obra de Bach é um exemplo. Contra os defensores do purismo da "reconstituição histórica" na execução da música de Kantor, Adorno parte da ideia de que cada obra musical "requer por princípio a interpretação", e de que, portanto, "sua lei formal reside na tensão entre o texto da composição e sua aparência sensível", isto é, entre partitura e interpretação (em "Defesa de Bach contra seus Entusiastas", 1951, recolhido em *Prismas*). Se cada execução criadora restabelece, em sua própria especificidade, a força da pauta originária, também aqui a "origem é a meta".

Podemos dizer que a mais "formal" das artes, a música, revela no plano *sensível* a lei da comunicação de toda obra de arte – a sua renascença em cada instante autêntico de leitura ou de contemplação, tal como nela mesma o gosto de cada época a muda... no eterno retorno do idêntico por meio do diverso. O que a música traz inscrito na sua própria forma de manifestação, a interpretação, representa a essência do fenômeno da comunicação artística; e este é, por sua vez, o lugar onde se dá, em forma pura, a dialética entre a origem e a diferença. Na música e no teatro, texto e interpretação, pauta e performance exibem essa dialética de *maneira imediatamente sensível*. Por isso, idealmente, no que se refere à experiência da historicidade originária, a música e o drama são as artes mais abertas: mais *estruturalmente* inclinadas à renovação do tempo criador. E foi, talvez, em razão dessa afinidade que drama e música só se reuniram, de maneira decisiva, no começo e no fim do grande espaço histórico (1600-1900) da cultura esquecida da origem – a cultura dominada pela ideia do progresso, calcada no avanço linear da ciência. Pois os maiores momentos da reunião de música e drama se situam na despedida do esforço de pensar a origem através da emulação criadora: na cultura florentina do início do barroco – e no começo do ocaso da época do esquecimento da origem: na cultura europeia da segunda metade do século XIX. Em outras palavras, na ópera de Monteverdi e na ópera de Wagner.

Mas Adorno não desenvolve a sua episódica, ocasional consciência da dialética da origem. A seus olhos, o pensamento da origem, encarnado na reflexão heideggeriana, não passa de uma ideologia de submissão, apologia miticizante e mistificante da Autoridade celebrada como Ser. Ele não hesita em assinalar a índole repressiva da nostalgia da Ordem dos adoradores de Bach – hostilidade a toda efusão subjetiva – à voga da filosofia do Ser. Bachmania e nova reflexão ontológica são apresentadas como duas faces de um mesmo impulso regressivo.

Não ocorre a Adorno que o pensamento da origem possa ser dialético. No entanto, a rigor, foi precisamente na era burguesa que o entendimento da origem se despiu desse caráter; só na era burguesa a aliança entre a origem e a diferença foi rompida. Mas quando ela se rompe, a teoria da origem degenera em *primitivismo*. O século XVIII, ao formular o tema revolucionário da igualdade, valorizou a *uniformidade* da "natureza humana" às custas da riqueza das diferenças entre as culturas. O deísmo na religião e o classicismo em arte, tal como a "história das ideias" de Lovejoy o demonstrou, partilhavam a mesma atitude básica: a entronização de um "mínimo denominador comum" forçosamente abstrato: da *religio generis humani* que se reduz à crença em sua expressão mais simples, ou da *Raison* e da *Nature*, sempre iguais em todos os homens, acima de todo conteúdo diferenciados. Daí não se tardou a deduzir que, sendo os homens sempre os mesmos, os mais antigos defensores entre eles têm o mesmo valor que os recentes, se não mais – na medida em que, mais perto da pura razão e da pura natureza, os "primitivos" ainda não as haviam ocultado sob a montanha histórica dos artifícios e das convenções sociais. Deste modo, deísmo e classicismo se transformaram em primitivismo. Voltaire declarava que o deísmo "reinou sobre a face da terra até o Dilúvio", enquanto os classicistas acreditavam que cada gênero literário tinha atingido a perfeição praticamente ao surgir. A afirmação iluminista do progresso num tempo homogêneo e linear foi preparada pela concepção da origem como imutabilidade. O século das Luzes desprezou a essência do tempo de duas maneiras: ou pelo amor exclusivo ao "permanente", ou pela ideia da História como acumulação mecânica e previsibilidade absoluta. Para pensar a origem, era necessário banir a História como irrupção da *diferença*.

No seu ensaio decisivo de 1923, *The Supposed Primitivism of Rousseau's Discourse on Inequality*, Lovejoy revelou até que ponto Rousseau, a maior fonte do pensamento anti-iluminista, se afastou desse modelo abstrato e uniformista de entender a origem. A fundação da crítica social, no sentido moderno, coincidiu com a rejeição simultânea da idolatria do progresso e do primitivismo. O pseudoprimitivismo de Jean-Jacques foi, no essencial, o primeiro a recusar (afora a isoladíssima figura de Vico) a anti-historicidade inerente ao iluminismo – sem que isso o impedisse de aspirar ao retorno à natureza e de cantar a harmonia primitiva da *"jeunesse du monde"*. A dialética origem/história se gera no pensamento de Rousseau.

O reativador do velho topos da "idade de ouro" traçou a primeira genealogia da moral em termos *históricos* – e contribuiu, mais que ninguém, para a instalação da mente moderna no mito do retorno à origem.

Filosoficamente, a dupla forma de esquecimento da origem é uma teoria da *substância*, ao passo que a concepção que arranca de Rousseau é uma teoria da relação essencial *entre ser e tempo*. O pensamento da origem remete a uma *nova* teoria do ser, a uma ontologia; ele põe em questão nada menos do que a inteira história da metafísica. Mas nós atribuímos o pessimismo de Adorno e o de Marcuse – a ausência do motivo benjaminiano da esperança em suas posições fundamentais – ao fato de que neles não se elabora (diferentemente do que acontece em Benjamin) a reflexão dialética sobre a origem. Em consequência, antes de indicar como a nova ontologia, expressa pelo pensamento da origem, realiza a crítica radical da história da metafísica, é conveniente verificar como Adorno e Marcuse tendem a apreciar a mesma história da metafísica. A maneira pela qual o "pensamento negativo" de Adorno e de Marcuse se situa diante da tradição da filosofia revela as verdadeiras raízes ideológicas da coloração pessimista da sua crítica da cultura.

Parte III

RAÍZES E LIMITES DO PENSAMENTO NEGATIVO

Raízes ideológicas do pessimismo frankfurtiano

As causas imediatas do pessimismo de Adorno ou de Marcuse não são difíceis de apontar. Já deparamos com elas ao tratar de Marcuse, na seção "O Divórcio entre Negatividade e Práxis". A "crítica da cultura" da escola de Frankfurt é uma forma intelectual de luta contra a sociedade vigente. Não distinguindo, nas condições atuais, nenhuma força capaz de assegurar a reestruturação completa da sociedade, os representantes dessa crítica da cultura derivam, logicamente, para o pessimismo. A práxis social não trabalha em favor dos ideais do pensamento negativo. A era contemporânea não é só o apogeu da repressão: é também a idade da "preguiça" da práxis.

Mas é claro que a práxis "preguiçosa" não decepcionaria os críticos da cultura, se o ideal deles não fosse a luta social. E em nome de que a valorização da luta revolucionária é adotada pelos críticos da cultura? Em nome da aspiração de felicidade. A crítica da cultura aspira ao fim da repressão, isto é, ao advento de um mundo em que a felicidade individual não só seja possível, como esteja em harmonia com o bem coletivo. De modo que o pensamento negativo, enquanto vanguarda da filosofia, considera toda a história da metafísica sob o prisma desse combate: toda a tradição filosófica do Ocidente é vista como um equivalente intelectual da luta histórica pela conquista da felicidade.

Este é precisamente o tema do "*intermezzo filosófico*" com que termina a primeira parte de *Eros e Civilização*. Tal como verificamos na seção "Além de Marx, via Freud", Marcuse endossa a ideia freudiana de que o preço da civilização é uma contenção simultânea da libido e do instinto de morte. A cultura se elabora através da inibição conjunta da sexualidade e dos instintos de destruição. A esse custo, Eros vem a triunfar do instinto de morte: o princípio da vida subjuga o impulso de autossupressão. Ainda assim, a vitória de Eros repousa na repressão, porque depende de um crescente esforço sublimatório. Portanto, de certa maneira, Eros, para vencer, trabalha contra si próprio. Ao impedir a satisfação dos instintos, a cultura engendra, inevitavelmente, um sério coeficiente de agressividade; e quanto mais a cultura se expande, quanto mais o domínio do homem sobre a natureza se amplia, tanto mais agressividade a cultura produzirá.

A incapacidade de Eros para assegurar a satisfação acarreta o esforço das tendências destrutivas. "O fracasso de Eros [...] aumenta o valor instintual da morte." O progresso contém a regressão. Mas, deste ponto de vista, as manifestações regressivas recorrentes na cultura não exprimem apenas a persistência de resíduos do instinto de morte derrotado por Eros, *exprimem também o protesto de Eros contra o seu próprio fracasso*. A regressão lembra a promessa que não foi cumprida: a conquista do prazer. A revolta contra a cultura e o seu fundamento, o princípio de realidade, se transforma em luta pela felicidade.

A essa altura, segundo Marcuse, a psicanálise se encontra com a tradição da filosofia ocidental: pois o progresso da filosofia enquanto interpretação racional do universo significou um avanço correspondente na consciência da contradição básica da cultura. Num primeiro plano, a metafísica espelhou a natureza *repressiva* do Ego civilizador. Os aspectos *naturais* do homem passaram a ser objeto de um controle despótico por parte da Razão. A partir de Platão, o mundo dos sentidos e da afetividade é rebaixado, escravizado pela índole autoritária do *nous*, do elemento racional. O processo chega ao seu cume com a filosofia moderna. O cogito cartesiano submete sem quartel a natureza a seus ataques: é um sujeito erguido *contra* os objetos, vocacionalmente orientado para uma dominação imperialística de toda realidade natural: fora do homem e dentro dele. Depois de ter incorporado ao seu esquema de história da filosofia a crítica de Nietzsche ao intelectualismo socrático-platônico, Marcuse aproveita a tese de Scheler, de acordo com a qual o fator básico da relação do indivíduo moderno com a existência é a tendência a dominar a natureza. A tradição metafísica faz a apologia do cogito repressivo.

Entretanto, num segundo plano, a metafísica reflete a nostalgia da satisfação. A partir do *nous theos*, do deus de Aristóteles, a metafísica postularia sempre a existência de um ente incondicionado, determinado apenas por si próprio. *O ser supremo escapa a toda repressão*. Mas, na metafísica como na realidade, o princípio repressivo cobra um alto preço por semelhante isenção. O *nous theos*, o incondicionado e autorrealizado, é puro *pensamento*. O "primeiro motor" "move" o universo como meta de todas as enteléquias, mas ele próprio é imóvel. O modo-de-ser colocado além da repressão é inteiramente exilado do terreno prático-real. *A imagem da satisfação não pertence ao mundo sublunar*. O custo da evocação da liberdade e do prazer é a projeção desses ideais num "outro mundo".

A contradição entre os dois planos da aventura da metafísica – entre o retrato do ego repressivo e o anelo da liberdade – alcança sua forma mais elevada com Hegel. A Razão que se desenvolve em perfeita coincidência com o itinerário da experiência histórica do homem assume as características de um sujeito agressivo e belicoso. O atingimento da autoconsciência é, para Hegel, inseparável da negação do *outro*. Para afirmar-se, o eu depende do reconhecimento alheio; mas o reconhecimento resulta de uma verdadeira *imposição* do indivíduo. "A relação entre duas autoconsciências se constitui de modo tal que elas experimentam a si mesmas e às outras por meio de uma luta de vida ou de morte." Como vimos anteriormente (no fim da seção "De Benjamin a Adorno"), a individualidade hegeliana é naturalmente dominadora e predatória. Mas, por outro lado, o Ser, a Razão, a "substância tornada sujeito" só se perfaz enquanto Espírito absoluto, isto é, enquanto *puro conhecimento*. Assim, o calvário do Espírito na História chega ao sossego da autocontemplação. Como no *Fausto*, o dinamismo do fazer vai cedendo cada vez mais ao gozo do contemplar. O mundo, que era o palco da Razão, vira espetáculo tranquilamente rememorado. Ao dia a dia na História sucede a noite do Espírito-que-se-sabe, sabendo-se o fim da História. "O mocho de Minerva só levanta voo depois que começam a cair as sombras da noite", diz o prólogo da *Filosofia do Direito*. O momento final da vida do Espírito é essa quietude puramente reflexiva. Mais uma vez, a repressão condena a liberdade a viver fora da realidade concreta.

Marcuse pensa que, depois de Hegel, "a corrente principal da filosofia ocidental se extingue". A metafísica como Logos da dominação repressiva se consuma no idealismo hegeliano. As grandes contribuições filosóficas posteriores – Schopenhauer, Nietzsche, Freud – não pertencem aos quadros acadêmicos; e a essência do ser "não é mais concebida como Logos". Com Schopenhauer, o ser já é compreendido como *vontade*, mas a sua caracterização ainda obedece ao modelo repressivo; por isso, o Nirvana, princípio do prazer, "exige o sacrifício da felicidade terrena", e a individualidade é considerada como erro. Como na antiga apresentação do Ser como Logos, na ideia do Ser-como-vontade a satisfação ainda é expulsa deste mundo: a experiência da felicidade é um "orgasmo de renúncia".

Nietzsche ocupa, aos olhos de Marcuse, uma posição ambígua. Sua acusação ao Logos como perversão da vontade-de-poder não lhe permitiu compreender que o próprio Logos – o ser-como-razão da herança metafísica, do platonismo até Hegel – representava uma máscara da subjetividade repressiva; mas o seu culto do terrestre, o esforço de transformar o gozo da eternidade em algo de *imanente* à vida concreta do homem vale por uma poderosa legitimação dos instintos vitais, e prefigura um novo – não repressivo – princípio de realidade. O imanentismo de Nietzsche inaugura a "lógica da satisfação" resgatando o universo do instinto. O próximo golpe decisivo na ideologia da repressão já seria dado por Freud: a psicanálise completa a justificação dos instintos, desenterrando do pensamento de Platão – do primeiro grande metafísico "repressivo" – a ideia do Ser como *Eros*. O mundo dos sentidos e da afetividade reconquista seus direitos ontológicos, depois de um cativeiro milenar.

Como se explica que essa ressurreição não impeça o pessimismo de Marcuse? Por que a validação de Eros, a constituição de uma realidade não repressiva, não desemboca numa realização efetiva? Por que a "dimensão estética" – o universo da satisfação – permanece uma utopia? Por que a Grande Recusa não ultrapassa a amarga contestação, e não tem elementos para prevalecer, na prática, contra a sociedade repressiva? A resposta, nós já a conhecemos: o fim da repressão não é considerado como realmente possível *porque a práxis histórica não funciona no sentido de Eros*. A tendência da civilização contemporânea não se encaminha para a implantação da felicidade. A sociedade industrial avançada se afasta do horizonte da harmonia entre o princípio do prazer e o princípio da realidade. No final de "O Ensaio como Forma", Adorno diz que "para a felicidade, *que era sagrada para Nietzsche*, o ensaio não conhece outro nome senão o negativo". Em lugar de "ensaio", leia-se "Adorno". Para os críticos da cultura, a vitória sobre a repressão se restringe ao campo ideológico; não veem como ela possa passar ao da realidade. O movimento do século colabora com a repressão. As saídas estão barradas. O espírito de Frankfurt não conhece o gosto da felicidade. O protesto é amargo, porque a esperança não existe. O pensamento da ruptura, da pura negação, não tem lugar para o entusiasmo dionisíaco.

É claro que esse pessimismo dos críticos da cultura não os priva inteiramente da objetividade. As páginas de Marcuse sobre a repressão adicional, a evolução psicológica do proletariado em contato com a tecnologia avançada, o fenômeno da "agressividade tecnológica" ou a "dessublimação repressiva" são uma boa prova disso. Quanto a Adorno, pode-se dizer que, assim como o seu ceticismo em relação à sobrevivência da arte frente ao contágio fatal da repressão *não* anula o interesse analítico de suas apreciações sobre as coisas concretas, o seu pessimismo global – além do campo da estética – não suprime a acuidade de inúmeras das suas contribuições em filosofia ou em ciências humanas.

A esse respeito, a produção não estética de Adorno é um debate altamente estimulante com várias das principais figuras e tendências ideológicas dos dois últimos séculos. À parte Hegel, Marx, Freud (de que Marcuse se apropriaria de maneira mais sistemática) e Benjamin, o ensaísmo adorniano focaliza alguns dos maiores vultos da sociologia e da filosofia modernas. Em sociologia, ele discute Toennies e Simmel, Veblen e a escola de Durkheim, a sociologia do conhecimento de Mannheim e a orientação positivista da sociologia ianque. Em filosofia, seria suficiente citar o diálogo com a linhagem de Nietzsche, que é um dos aspectos fundamentais dos estudos adornianos, num vai e vem fecundo entre reflexão estética e análise filosófica. Por si só, o ensaio sobre Wagner (1952) representa um desenvolvimento crítico e uma atualização sociológica do célebre ataque nietzscheano à música tardo-romântica. A obra de Max Weber – que mereceu de Marcuse um dos melhores estudos de *Kultur und Gesellschaft*, e que os intérpretes modernos – notadamente Eugène Fleischmann – caracterizam como assimilação sociológica das teorias de Nietzsche – é uma das fontes mais importantes da sociologia da música adorniana. A ideia da relação entre a música tonal europeia e a tendência dominante da *racionalização* do processo social, inerente ao conceito adorniano de "iluminismo", procede diretamente de Weber[1] e foi retomada pelo weberiano Kurt Blaukopf.

Mas os textos de Adorno estão igualmente pontilhados de passagens consagradas à crítica das mais vigorosas correntes filosóficas do nosso tempo: fenomenologia, husserliana (ver *Sobre a Metacrítica da Gnoseologia*)[2] e post-husserliana (especialmente Scheler); as filosofias

---

[1] Ver o apêndice "Fundamentos Racionais e Sociológicos da Música" em *Economia e Sociedade*.

[2] Provavelmente, José Guilherme Merquior consultou a tradução italiana, *Sulla Metacritica della Gnoseologia: Studi su Husserl e sulle Antinomie Fenomenologiche*, publicada em 1964 (Milão, Sugar Editore) e com tradução de Alba Burger Loti. Em 2015, o livro foi traduzido por Marco Antonio dos Santos Casanova com o título *Sobre a Metacrítica da Teoria do Conhecimento*. São Paulo, editora da Unesp.

incoerentemente ditas "existencialistas"; o neopositivismo, etc. O neopositivismo é a *bête noire* dos críticos da cultura. Ele se define pela pretensão de eliminar a distância crítica entre pensamento e realidade em nome da ilusória "neutralidade" do registro factual, e se apoia nos vícios da especialização acadêmica, nessa "divisão intelectual do trabalho" que liquida o impulso crítico, ao mesmo tempo que se recusa a encarar o processo social do ponto de vista global. O neopositivismo como "taylorismo do espírito" é o antônimo perfeito do pensamento negativo. Mas a falácia da "neutralidade" não é a única a incorrer na repulsa de Adorno. A crítica antitecnológica, antissociedade de massa, de inspiração conservadora tampouco é poupada. Os ensaios de Adorno sobre Spengler e Huxley figuram entre os seus melhores. Abstenção de julgar e juízo passadista são igualmente rejeitados.

A indagação sociológica do Instituto para Pesquisa Social de Frankfurt demonstra quanto essa variada gama de interesses teóricos se reflete no terreno da análise de pontos específicos. Os *Excursos Sociológicos* (1956), de autoria do Instituto *au grand complet*, mas editados sob a orientação de seus diretores, Horkheimer e Adorno, abordam os temas sociológicos convencionais com rara capacidade de problematização. Já nos referimos à tese dos *Excursos* sobre a noção de ideologia. Salientemos apenas mais três ângulos, a título de pura indicação: indivíduo, família e fontes psicológicas do preconceito. O fundo da análise frankfurtiana do conceito de indivíduo leva a historicizar fortemente o *problema* da individualidade. "Precisamente porque (só) bem tarde, e sobretudo na era burguesa, a ideia de indivíduo chegou a ser formulada de maneira definida e a adquirir uma forma real, a socialização total assumiu aspectos que não podia possuir naquelas antigas épocas pré-individualistas." A socialização não atinge mais os homens "imediatamente", como seres naturais; ela "intervém numa situação na qual eles já tinham aprendido, há bastante tempo, a ter consciência de si como algo mais que simples elementos da espécie biológica". O que implica que os sacrifícios requeridos pela socialização se tornem mais pesados, e a necessidade de integração social revele, hoje, com agudeza muito maior, a urgência do estabelecimento de formas menos injustas de organização da coletividade.

Desde a publicação (em 1936) do volume coletivo *Autoridade e Família*, o Instituto situa a análise do grupo familiar num plano sociopsicológico. Uma das suas ideias centrais é o relacionamento da intimidade familiar, da atmosfera propriamente privada e protetora da família, com o desenvolvimento da sociedade burguesa. Em sentido intimista, o lar é uma criação moderna, que cumpria na cultura burguesa a função de "racionalizar" – especificamente através da figura do pai – o elemento de força, de *autoridade irracional*, que definia a ordem social. Como seu papel era "interiorizar" a estrutura repressiva da sociedade, a família foi conservada, na idade burguesa, como resíduo do "natural", isto é, do historicamente anterior ao reino dos valores burgueses. A "boa família" burguesa sempre imitou o comportamento aristocrático, tentando cercar-se de uma aparência "dinástica". Com a transformação da civilização capitalista em sociedade de massa, a função de interiorização pela família se enfraqueceu decisivamente. Como Marcuse, os *Excursos* endossam a tese freudiana da transição – altamente neurotizante – para uma "sociedade sem pai", onde a consciência do ego se debilita, e a consciência crítica individual acaba soçobrando. O pai é substituído por poderes coletivos. O apogeu tecnológico, o auge do consumo, é também o pináculo da repressão. Por isso, os *Excursos* contemplam com uma certa nostalgia a "velha" repressão da família tradicional, onde o indivíduo, na luta contra o *pater familias*, temperada pelo carinho materno, ainda encontrava chances de se modelar uma personalidade verdadeiramente própria. Esta conclusão não é inteiramente oposta à valorização do *foyer* como refúgio temporário das pressões sociais – das exigências constantes da sociedade, para a qual a família não passa de instrumento da sobrevivência do grupo – expressa por Claude Lévi-Strauss em "The Family" (em *Man,*

Culture and Society, ed. Harry L. Shapiro, Nova York, Oxford Univ. Press, 1956).

Ligado à análise do estatuto do indivíduo e da evolução da família, o estudo adorniano sobre as bases sociopsicológicas do *preconceito* – sobre o caráter autoritário – repercute nos *Excursos*, mas é desenvolvido numa obra coletiva de 1950: *The Authoritarian Personality*. Uma das mais valiosas lições desse estudo (onde se combinam, de maneira extermamente interessante, as técnicas da *enquête* sociológica e a interpretação psicanalítica) é a de que o caráter autoritário nem sempre coincide com indivíduos que professam opiniões políticas consideradas reacionárias. *A predisposição ao autoritarismo transcende, de muito, o domínio das filiações ideológicas.* Em consequência, a adoção de ideias tidas por intrinsecamente democráticas pode coexistir, em certos indivíduos, com um fundo psicológico altamente destrutivo e agressivo. O perigo social representado pelo autoritarismo se oculta até mesmo atrás das ideologias "humanísticas". Pode-se muito bem agredir em nome do humanismo.

Algumas das melhores observações sociológicas de Adorno aparecem sob a forma fragmentária, epigramática, legada ao seu estilo pelo exemplo de Benjamin. A coleção de aforismos *Minima Moralia* (1944-47), contemporânea da *Dialética do Iluminismo*, é a obra-prima da literatura "moralista" dialética. É com pesar que renunciamos a expor uma síntese de seus saborosos temas crítico-satíricos. Mencionemos, no entanto, o retrato crítico do culto contemporâneo do esporte (caricatura alienada da *kalokagathia* clássica) e o delicioso desmascaramento das formas de "sociabilidade" e "relações humanas" da sociedade de consumo, cujo amor pelos prazeres do convívio e pelos ideais de (falsa) tolerância é estigmatizado por uma das melhores máximas de Adorno: "o burguês é tolerante; o seu amor pelas pessoas como elas é ditado pelo ódio ao homem como ele deve ser". Igualmente inesquecíveis são a crítica do lazer alienado – a "psicologia das férias" – e, sobretudo, a denúncia do convencionalismo ético e erótico, não só na moral burguesa (que já virou lugar-comum) mas no vitorianismo da moral marxista. O puritanismo "revolucionário" passa maus momentos nas mãos de Adorno, que chega a ousar sugerir – ó blasfêmia! – que Jenny von Westphalen atraiu Marx mais por sua beleza do que por sua recatada virtude de *demoiselle* oitocentista... Somente a censura ao moderno hábito de viajar parece um tanto unilateral. A condenação do "turismo" só merece aplausos, mas a tendência a identificar o gosto pela viagem em geral com uma inclinação à crença a-histórica na uniformidade da natureza humana (e o correspondente elogio aos "filósofos sedentários" tipo Kant ou Spinoza) soa um pouco forçada. Adorno se deixa levar muito longe pela sua amarga contraposição entre os deslocamentos do exilado – o que "carrega a pátria consigo" – e uma curiosidade irresponsável do turista com fumos "antropológicos". Afinal, o neo-hegelianiano que ele é deveria lembrar-se de que o próprio Hegel aproveitava suas férias universitárias para viajar – fazendo da viagem uma outra forma de conhecimento. Pelo menos uma forma contemporânea de viagem – exatamente a antropológica – nem sempre funciona no sentido de aplainar as diferenças étnicas, restaurando o velho conceito de natureza humana – e sim no sentido *inverso* de alcançar a universalidade do homem *nas* e *pelas* diferenças de cultura, num comportamento tão válido moral quanto cientificamente.

Depois dessa digressão sobre a pertinência e a validade das análises dos críticos da cultura frankfurtianos, é preciso voltar ao nosso ponto conclusivo, que era o *pessimismo* final emanado da visão de Adorno e de Marcuse sobre o futuro da sociedade. Vimos que, para os críticos da cultura, a história da metafísica é o equivalente conceitual da luta humana pela satisfação. Marcuse chega a considerar que a ideia de Nietzsche da "domação do tempo", *ao incluir a dor*, revela-se ainda presa ao próprio ideal repressivo da renúncia, que o resgate nietzscheano do sensível e do instintivo visa desmascarar. A *Kulturkritik* aspira à satisfação do prazer *sem dor*. O abandono da metafísica significa, a seu juízo, a transposição desse ideal para o horizonte da experiência histórica concreta – a revogação definitiva da renúncia; e o seu pessimismo vem de que esse ideal, redefinido assim, não pareça, de nenhum modo, próximo de realizar-se neste meio do século XX.

É curioso: há poucas páginas, vimos que Adorno distinguia o pensamento de Frankfurt do de Nietzsche, exatamente porque este acreditava na possibilidade de atingir a felicidade; agora, Marcuse se separa de Zaratustra, porque o ideal de satisfação do super-homem não exclui – e sim integra ou enfrenta – a experiência da dor. Justapondo essas duas restrições dos críticos da cultura a Nietzsche, obtém-se uma ideia perfeita da posição dos frankfurtianos: ela consiste em defender um ideal puríssimo de felicidade – a satisfação absoluta, sem mácula, ou resíduo de nenhuma dor; em conceber esse ideal em termos *imanentistas*, isto é, como satisfação a ser usufruída concretamente pelos homens, em sua existência efetiva, *hic et nunc*; mas, ao mesmo tempo, em *não acreditar* na realizabilidade próxima ou previsível desse ideal. Herdeiros de Nietzsche, os críticos da cultura querem a satisfação *neste* mundo. Ao contrário dele, porém, *e porque não admitem que a felicidade possa conviver com a dor* para superá-la, não creem na possibilidade efetiva de chegar à felicidade. Com Adorno e Marcuse, a felicidade não está no "outro" mundo (como antes de Nietzsche), mas tampouco reside neste (como horizonte da vida atual) – a felicidade se refugia na mente dos críticos da cultura. Por isso mesmo é que ela surge como um ideal imaculado.

Aqui temos o direito de perguntar: será que o pessimismo não é, *a partir de semelhante ideal*, uma consequência inevitável? Em outras palavras, será que a natureza da aspiração – a satisfação absoluta – não determina necessariamente uma conclusão pessimista quanto às possibilidades do homem moderno? "É um erro entender a felicidade como um desejo satisfeito", observou certa vez Liévin a Anna Kariênina. Será realmente possível entender a felicidade de outra forma? Seria então possível interpretar a experiência histórica do homem ocidental – como no caso de Marcuse, através da sua imagem na tradição do pensamento filosófico – a partir de *outro* ideal crítico? Acreditamos que sim. Um dos mais tenazes esforços da reflexão filosófica do nosso tempo consiste precisamente nessa outra maneira de conceber a felicidade humana e o significado da história da metafísica, de Platão a Nietzsche: o autor desse esforço é Martin Heidegger.

A história da metafísica como imperialismo do ente (Heidegger)

Como concebe Heidegger o sentido da tradição metafísica? De que modo, ao examiná-la, ele situa o problema do homem moderno, e a perspectiva de superação da sua crise? O pensamento de Heidegger é uma das construções intelectuais mais densas do nosso tempo. Ainda que nos sobrasse (o que não é o caso) competência para abordá-lo, seria impossível expô-lo, em todas as suas teses e implicações, no perímetro de uma simples seção deste ensaio. Aqui, devemos resignar-nos a um registro ultraesquemático. Mas o esquemático não é necessariamente incorreto, nem a impossibilidade de dizer tudo significa que não possa transmitir pelo menos alguma coisa. Para facilitar a nossa tarefa, escolheremos *um* caminho determinado: o itinerário da metafísica visto por Heidegger, concentrando a nossa evocação nos seguintes textos: "A Doutrina de Platão sobre a Verdade" ("Platons Lehre von der Wahreit"); "A Superação da Metafísica" ("Die Überwindung der Metaphysik"); "A Época das Concepções do Mundo" ("Die Zeit des Weltbildes"); "A Palavra de Anaximandro" ("Der Spruch des Anaximander"); "A Questão da Técnica" ("Die Frage nach der Technik"). A estes cinco ensaios, somaremos dois estudos especificamente dedicados a Nietzsche: "O Dito de Nietzsche 'Deus morreu'" ("Nietzches Wort 'Gott ist Tot'") e "Quem é o Zaratustra de Nietzsche?" ("Wer ist

NietzschesZarathustra?").³ Como primeiro contato direto com a posição de Heidegger, recomendamos a *Carta sobre o Humanismo* (*Uber den Humanismus*); finalmente, para quem prefira ler uma exposição de conjunto sobre o seu pensamento, aconselhamos o precioso volume de Otto Pöggeler, *O Caminho do Pensamento de Martin Heidegger* (*Der Denkweg Martin Heidegger*).⁴

Heidegger discute a tradição metafísica de um ponto de vista bem delimitado: o problema do Ser. Metafísica é o discurso sobre a essência do existente, sobre a natureza última da realidade. Implantando firmemente a sua reflexão no terreno ontológico, Heidegger, num procedimento característico, indaga pelo sentido exato de *ser* na aurora da filosofia, ou seja, no pensamento grego. Ser (*einai*) quer dizer "estar presente". A essência do existente, a "substância" do que existe, dizia-se em grego *ousia*; mas a *ousia* era concebida como *parousia*, isto é, como *aparição*. O ser como estar-presente é algo que aparece, surge, chega, vem – para perto do homem. No desabrochar de uma flor, no tomar corpo de uma obra humana, algo se desoculta, se revela, e é conduzido para *diante* do nosso olhar: pro-duzido. O que Heidegger sublinha é o caráter *dinâmico* do ser. Estar presente é *tornar-se* presente. A essência do real é um aparecer. Mas o aspecto dinâmico desse conceito do ser não tarda a mostrar a sua índole dialética. Com efeito, se ser é sempre tornar-se presente, o mesmo ser supõe constantemente uma reserva *ainda não* revelada. O tornar-se presente implica a existência em si próprio de algo ainda não presente. Não se pode pensar a presença do ser sem o seu correlativo, que é essa *ocultação*. Por isso, "verdade" se diz em grego *alétheia*,

---

³ Este último ensaio apresenta em forma sintética o conteúdo de *Que Quer Dizer Pensar?* (*Was Heisst Denken?*).

⁴ Todos os textos mencionados podem ser lidos em francês nos volumes *Chemins que ne Mènent nulle Part* (*Holzwege*), *Essais et Conférences* (*Vorträge und Aufsätze*), *Questions II* – ed. Gallimard – e *Lettre sur l'Humanisme*, ed. Aubier, em traduções em geral aprovadas pelo próprio autor. A tradução do livro de Pöggeler, *La Pensée de Heidegger*, é também uma edição Aubier.

desocultação. O "*a*" de *alétheia* é um prefixo negativo; quanto a "létheia", é da mesma raiz do latim *latere*, que nós conservamos na palavra "latente", sinônimo de "oculto". Verdade, em grego, significava a-latência, ou seja, o processo de des-ocultação que implica o oculto *tanto quanto* o manifesto.

A verdade do ser consiste na fidelidade à dialética da desocultação. Ora, um pressuposto dessa dialética é que nenhum momento, nenhum estágio da desocultação esgota o ser. Em outras palavras: em nenhum instante, a face presente do tornar-se presente que é o ser é capaz de manifestar *toda* a realidade. De modo que qualquer fixação unilateral no presente levaria a esquecer a verdadeira natureza do ser. O presente não passa de um produto de presentificação. Basta que nos concentremos exclusivamente nele, para que se perca o sentido dinâmico, dialético do ser. "Quando a presença é denominada, já existe representação do presente." Representação do presente apenas – e não do presente no horizonte da presentificação.

A primeira característica do pensamento metafísico é justamente essa "traição" à natureza do ser, provocada pelo amor ao presente. Heidegger julga que ela se consolida pela primeira vez na filosofia de Platão. Analisando o mito da caverna no livro VII da *República*, Heidegger afirma que a "marcha da verdade", que ele simboliza, consagra em sua meta – a contemplação das Ideias – o esquecimento decisivo da verdade como desocultação: pois a Ideia platônica, termo da desocultação a que aspira a ascese do homem na caverna, não sugere nenhum desvendamento ulterior. A *idea* é a primeira representação do presente fora da perspectiva dialética da *alétheia*. O conceito de *idea* apaga toda lembrança da ocultação, sem a qual a verdade como *alétheia* não tem sentido; ele conduz diretamente à noção do ser como *presença constante*.

As considerações de Heidegger sobre a natureza do ser – a sua rememoração do entendimento da verdade do ser como vínculo dialético presença/ocultação – são mais fáceis de compreender quando as relacionamos com a análise da *finitude do homem*. Tentemos reconstituir o seu raciocínio básico. O homem é um ente que conhece outros entes, entes que ele *não* criou. Portanto, para que ele possa conhecer o real, é preciso que este se abra ao conhecimento humano, se torne presente a ele. Passando assim a conhecer o que existe, o homem discorre sobre o existente. Nem há sentido algum em falar sobre o existente fora do conhecimento que se tem dele: de modo que é possível afirmar que só falamos do que existe *enquanto este último está presente*. Se falamos do real, é porque ele se nos oferece. Contudo, isso não nos pode fazer esquecer que nós não criamos (toda) a realidade existente. Por conseguinte, a essência do seu existir nos ultrapassa. Ela não nos é dada, ou só nos é dada sob a forma de um *excesso* de ser em relação ao âmbito do conhecimento humano. Devido a tal excesso, existe sempre – no próprio terreno do nosso conhecimento – uma *diferença* entre o ser (o fundamento do existente) e o existente presente. Este não esgota aquele. A determinação positiva do *ente* (do que existe) não é aplicável ao Ser. Esta afirmação, que pertence ao primeiro parágrafo de Ser e Tempo (*Sein und Zeit*), o livro que celebrizou Heidegger, mostra a que ponto a nova indagação ontológica se baseia na ideia de que o Ser transcende continuamente os entes dados, para lembrar que *há sempre uma diferença entre o ser e o ente*. Do ente, o homem pode falar de modo positivo. Mas do Ser (fundamento último do ente), a única coisa que sabemos é que dele nada "sabemos" de forma determinada e positiva – a não ser que não o sabemos... Do ponto de vista da determinação positiva, só se pode considerar o Ser... como nada. O ser fora do ente é o nada. Por isso Hegel disse na *Lógica*: "o ser puro e o nada puro são, portanto, a mesma coisa". A maiúscula com que Heidegger grafa o Ser enquanto diverso de todo ente dado sublinha a essencial diferença entre ser e ente.

Agora podemos ver que a recuperação da noção de *alétheia* como verdade do ser em seu mostrar-se-e-esconder-se partiu dos dados da condição do homem como ente finito, existindo no mundo entre outros entes finitos.

A questão sobre a natureza do ser é uma rememoração crítica da finitude da condição humana. Embora isso tenha escapado à crítica de 1927, isto é, quando surgiu *Seit und Zeit*, e ainda hoje nem sempre seja compreendido, a verdade é que a analítica da finitude existencial de Heidegger (com o seu complexo de motivos "românticos": a existência inautêntica e impessoal, a angústia, a consciência da morte, etc.) se movia, desde aquela obra, no domínio da reflexão *ontológica*. Substituindo o tema "existencial" pelo tema ontológico no primeiro plano de seus escritos posteriores (*grosso modo*) a 1930, Heidegger se limitou a mudar de enfoque – com vantagem, no entanto, para a clarificação do verdadeiro caráter do problema *central* de sua filosofia, que não é o problema da existência e sim o problema do ser. Heidegger *não* é "existencialista".

Ora, a forma por excelência dessa segunda fase do pensamento de Heidegger é a discussão da tradição metafísica: pois "metafísica", a partir dos anos 1930, significa para ele o "olvido do ser" – a doutrina deslembrada da diferença entre o ser e o ente. A primeira elaboração sistemática desse esquecimento é, conforme vimos, a teoria das ideias de Platão. A *idea* como cancelamento da memória do aspecto dialético da desocultação inaugura o primado da visão do ente sobre o senso autêntico do ser. E implica, ao mesmo tempo, uma modificação profunda no conceito de *verdade*. Como a *idea* não mais se subordina à desocultação, a verdade, do ponto de vista do sujeito cognoscente, deixa de representar uma solicitude em relação ao mostrar-se-e-esconder-se do ser – para tornar-se *exatidão do olhar*. Verdade não é mais *alétheia*, nem abertura do homem ao ser; e sim *orthotes*, correção, *certeza* da percepção e da linguagem. Como concordância do conhecimento com o objeto (*adaequatio intellectus et rei*), a verdade passa a ser determinada a partir de uma disposição do espírito humano, e não a partir da relação originária entre o homem e o Ser. Desta maneira, a valorização unilateral do homem já está contida na metafísica enquanto doutrina do ente, e em seu conceito de verdade. "O começo da metafísica, que se observa no pensamento de Platão, é simultaneamente o começo do 'humanismo'."

"Humanismo" é a metafísica em que o homem ocupa o lugar absolutamente privilegiado de ente ao qual se referem todos os demais entes. Neste sentido, o humanismo se realiza e se explicita na Idade Moderna. Ao contrário, quando a Antiguidade concebia o homem como "medida de todas as coisas" (como no famoso dito de Protágoras), o que se queria acentuar não era que ele constitui a fonte e o centro da realidade, e sim o inverso, isto é, que a realidade ultrapassa o limitado "metro" humano. A sofística desembocava no ceticismo, e não na prefiguração da certeza – certeza de si e certeza do mundo através de si – do "cogito" cartesiano. A certeza do cogito realiza o humanismo virtual da verdade definida como *orthotes* de Platão. O idealismo moderno foi preparado pela experiência da fé cristã, na medida em que esta representava uma preocupação do homem com a *certeza* da *sua* salvação. Lutero, ao reorientar vigorosamente a fé na direção da autojustificação do crente, contribuiu para estabelecer os fundamentos da modernidade. Mas o apogeu da certeza-de-si como base da verdade só começa verdadeiramente com o advento do idealismo. Daí Hegel, numa passagem eufórica da *História da Filosofia*, ter declarado que em Descartes acabava a grande navegação, o longo circuito do pensamento antes de arribar à terra da autoconsciência: "a consciência de si é um momento essencial da verdade". O ente se torna *subjectum* como esteio indubitável de si mesmo: "*cogito ergo sum*".

A razão cartesiana instaura o ideal de certeza. Mas "o *certo* se revela como uma tese que declara que, simultaneamente com o pensamento do homem, ele próprio (o certo) está inquestionavelmente presente". O certo é o objeto representado. "*Representar* significa: a partir de si, colocar qualquer coisa à vista de si, assegurando-se de, confirmando e garantindo o que se fixou desta forma." E este garantir deve ser um *calcular*: porque "somente a calculabilidade garante uma certeza antecipada e constante do '*repraesentandum*', do que deve ser representado".

Aqui, a representação idealista se distingue da pura "presença constante" do ente da metafísica pré-cartesiana. A representação não se limita a contemplar o ente dado; ela o calcula, o *investiga*, dispõe dele com o gesto senhoril de quem o garante. O representado é confirmado pelo cogito que se correpresenta com ele. O conhecimento se torna ativo: a *cogitatio* é, na verdade, uma *coagitatio*.

Esta é a direção essencial da metafísica na Idade Moderna. A princípio, contudo, o cogito ainda é concebido como condicionado por um outro ente: o ser supremo, o *"summum ens"*, Deus. Só com o Espírito absoluto de Hegel a subjetividade passa a absoluta: o que condiciona a verdade de todos os entes não é mais condicionado por nenhum outro ente. Em *todo* o idealismo, porém, o ser é dado como presença constante, ou seja, como ente e não como Ser; eis porque todo o idealismo faz parte da metafísica. Mais do que isso: ele a conduz à consumação. É com o idealismo que se explicita outro sinal distintivo do primado do ente: o caráter *volitivo* do ente. O "presente constante" que faz esquecer a reserva não presente do ser é o ente enquanto obstinação em persistir, enquanto insistência irada contra a natureza *temporal* da verdade do ser. Como presença constante, o ente é pura vontade de autoafirmação, pura teima do já-dado em não ceder a vez ao ainda-por-ser. Compreendendo o ser como ente, a metafísica inteira assimila, conscientemente ou não, a observação de Schelling: "em última análise, não há outro Ser senão a vontade". Leibniz já indicara a essência voluntária do cogito, ao defini-lo como *"ens percipiens et appetens"*, interpretando a *enérgeia* (a "potência") de Aristóteles como *vontade* de autoafirmação do real.

A metafísica entroniza o primado do ente como presença constante, raivosamente erguida contra a equação ser/tempo. A confluência decisiva dessas duas características solidárias do primado do ente se situa na obra de Nietzsche. Heidegger propõe uma reinterpretação extraordinariamente "herética", mas não menos extraordinariamente penetrante, da filosofia de Nietzsche. Esta é para ele a mais plena realização da essência da metafísica.

A metafísica se consuma na visão de Nietzsche. Mas, para entendê-lo, é necessário desviar a atenção dos aspectos "literários" do seu pensamento, tão celebrados pelas interpretações correntes. Heidegger repele a apresentação psicologista de Nietzsche como pai da "filosofia da vida". A exaltação da energia vital não deve ser compreendida como panegírico irracionalista de uma "ebriedade" sem tradução filosófica e sem ligação com o corpo histórico da metafísica; ao contrário, a vontade-de-poder deve ser seriamente interpretada como avatar final do cogito volitivo. "O que pertence à vontade-de-poder é a supremacia absoluta da razão calculante, e não o aspecto vago e confuso das turvas agitações vitais." Heidegger procede a uma "desliteratização cartesianizante" de Nietzsche. Só então, lido contra o fundo da linhagem da metafísica, redefinida como teoria da obstinação do ente e do esquecimento do Ser, Nietzsche ressurge como realização suprema da metafísica.

A vontade de poder revela-se a herdeira do caráter volitivo e autoafirmativo do cogito clássico nisso em que ela não se dá como desejo de algo que lhe falte, aspiração ao que não possua – e sim como pura vontade de conservação e de aumento do que ela *já* é. A vontade de poder só quer a expansão de si mesma; ela só se ultrapassa para afirmar-se; ela é, a rigor, uma *vontade-de-vontade*. Assim, como essência do existente, a vontade de poder é a forma plenamente explícita da "obstinação do ente" que marca a ontologia metafísica. Ela encarna, de maneira acabada, a característica egoístico-volitiva do ente. *Mas Nietzsche consuma o desmascaramento da metafísica ao conceber a união íntima do conceito de vontade-de-poder e da noção de eterno retorno do idêntico.* Para Heidegger, a teoria do eterno retorno não passa da versão nietzscheana do tema metafísico da presença constante do ente. Pensada a fundo, a ideia de que o ser é presença constante reclama a noção de vontade de poder. No capítulo "Da Libertação", na segunda parte do *Zaratustra*, Nietzsche fala do "ressentimento da vontade em relação ao tempo e ao seu 'era uma vez'". Heidegger interpreta esta passagem como se Nietzsche nela confessasse a hostilidade da vontade-de-poder ao tempo; com efeito, o ressentimento da vontade é dirigido contra a transitoriedade do real, expressa naquela "era uma vez", naquele "existia (mas não existe mais)".

No entanto... não é verdade que o projeto de Nietzsche é *livrar-se* de tal ressentimento? Seu desígnio não consiste precisamente em incitar-nos a enfrentar o tempo como ele é, sem refugiar-nos nas ilusões do supratemporal, aceitando, enfim, a caducidade da vida como um *valor*, e não apenas como um dano? Não é a essa reconciliação com a fugacidade do mundo terreno que anela o título do capítulo: "Da Libertação"? Sem dúvida; mas Heidegger pensa que "este *sim* dito ao tempo é o desejo de que o passar permaneça e não seja rebaixado a um estado de nulidade". Ora, o passar só pode "permanecer" de uma forma: *voltando*. O "eterno retorno do idêntico" aspira a domar o tempo *contra o tempo mesmo*, recuperando o passado na curva da sua volta. A vontade se libera do seu ressentimento contra o tempo transformando o devir em repetição. A quintessência do pensamento de Nietzsche estaria na frase inicial da nota 617 de *A Vontade de Poder* (escrita em 1885, logo após a terminação de *Zaratustra*): "Imprimir ao devir o caráter do ser – esta é a mais alta vontade de poder". A vontade-de-poder-como-eterno--retorno é a expressão nua e direta do conceito do ser como ente-que-se-obstina-em-perdurar-como-constante--presença, negando a ocultação do ser e a abertura radical do tempo. A "vida" "reconciliada" com o passar do tempo que Nietzsche enaltece contra o ser "estático" da metafísica tradicional é apenas uma desenvolta agressão à natureza autêntica da temporalidade, fora da qual o ser deixa de ser pensável, tornando-se encoberto pelo ente. A guerra de Nietzsche contra o "platonismo" – contra a metafísica do suprassensível – não deve fazer esquecer que, na medida em que sua própria filosofia realiza a consumação do primado do ente em detrimento da consciência da dialética ser/tempo, ele mesmo, Friedrich Nietzsche, é, na verdade, "o último dos platônicos".

A metafísica começa a consumar-se com Descartes, chega a seu termo com Nietzsche. É fácil notar que o seu período de plena realização coincide com a Idade Moderna. Segundo Heidegger, a forma típica do apogeu do primado do ente, do ente agressivo que insiste em perdurar, é a *técnica* moderna. "A forma fundamental sob a qual a vontade-de-vontade aparece e, no calcular, instala-se a si mesma na não historicidade do mundo da metafísica consumada pode ser denominada numa palavra: a *técnica*." *Técnica* não é, neste sentido, apenas a tecnologia industrial, mas a própria medula da civilização moderna, em todos os seus aspectos essenciais; porém, a sua face industrial-tecnológica é, naturalmente, a mais visível. Assim, a técnica, enquanto forma fundamental da metafísica, surge de imediato como "devastação da terra". A técnica *investe* a natureza. A representação calculante realiza no plano intelectual o que a sociedade tecnológica faz no plano prático: a *requisição* assenhoreadora da realidade exterior. A técnica *interpela* e requisita a natureza assim como o cogito investiga e subordina os seus "*cogitata*". O triunfo da técnica é a apoteose do *plano*, do organizacionismo total, baseado no reino da "especialização": cada campo da atividade humana se vê transformado em "setor" de um dirigismo completo. Mas os entes distribuídos por setores – a vontade de poder em suas mil manifestações – estão, como esta, sempre abaixo das suas necessidades. Automaticamente, a planificação tecnológica só lida com objetos *desvalorizados*. O protesto de Rilke contra o mundo das coisas fungíveis (embora não seu desejo de "resgatar" as coisas da desvalorização tecnológica através de uma celebração neo-órfica[5]) reaparece em Heidegger. A era da fabricação em massa faz

---

[5] Ver sobre esse ponto a interpretação heideggeriana do lirismo rilkeano, no ensaio "Para que Poetas?". In: *Holzwege*, e o meu ensaio, "O Lugar de Rilke na Poesia do Mundo" no volume *A Astúcia da Mímese*. (Obs: O título do ensaio de Heidegger foi retirado do antepenúltimo verso do sétimo poema de *Brod und Wein*, de Hölderlin: "[...] para que servem poetas em tempos de indigência?". In: Friedrich Hölderlin, *Elegias*. Lisboa, Assírio & Alvin, p. 75.)

de cada objeto um simples *Ersatz*: nenhuma coisa parece valer por si. À reificação do homem, transformado em neutro animal de trabalho, corresponde uma rarefação da própria *res*. Por isso, o organizacionismo da técnica não é senão a "organização da penúria".

A época da desvalorização das coisas é também o tempo do emagrecimento da realidade humana e da existência do individual. "Como a realidade consiste na uniformidade do cálculo traduzível em planos, é necessário que o próprio homem entre na uniformidade, se deseja permanecer em contato com o real." A era das coisas fungíveis é a dos homens uniformes, e até mesmo dos homens *de* uniforme. Não pode admirar que essa espécie de seres humanos mostre constantemente algo de animalesco. A essência da técnica enquanto organizacionismo generalizado – a subordinação de todo esforço possível ao conjunto da "organização" e da "segurança" que sonha garantir seu domínio sobre a realidade de maneira absoluta – a aproxima irresistivelmente da natureza do *instinto*. Se a técnica é a face prática da vontade-de-poder, seu tipo humano ideal, o super-homem, não deve ser encarado como realização suprema do *ethos* humanístico, mas antes como "liberação do *sub*-homem". "Pedir que o instinto seja reconhecido como caráter do super-homem é dizer que a condição do sub-homem – no sentido da metafísica – é um elemento da condição do super-homem, de tal maneira, no entanto, que a animalidade, nesse caso, seja precisamente submetida – de modo completo, em cada uma de suas formas, ao cálculo e à organização (higiene social, reprodução planificada)." A agressão despótica da técnica é uma metamorfose do instinto no nível animal. Ele supõe o rebaixamento do homem.

Entretanto, nós disséramos que a técnica é a forma fundamental da metafísica. Ora, esta última, enquanto primado do ente, se apresenta, desde Platão, especialmente através de seu conceito de *verdade*, como origem natural do "humanismo". Como entender, então, que a técnica, encarnação da metafísica – e, portanto, do humanismo –, acabe determinando o rebaixamento do homem? É que a valorização do homem tentada pelo "humanismo" (conforme indicam essas aspas) é errônea e unilateral; é uma valorização que exalta o homem *contra* o Ser, em vez de defini-lo em função de sua relação com o Ser. A atitude humanista é exclusivista: para elevar o homem, incorre na subestimação do que o ultrapassa. Para que o humanismo detivesse o privilégio de ser a única versão possível da valorização do humano, seria preciso que o valorizar algo implicasse necessariamente a desvalorização de toda realidade outra, de tudo o que não estivesse compreendido no que se valoriza. Os pressupostos exclusivistas do humanismo lembram certos traços da conduta psicopatológica, em que o impulso de autoafirmação parece reclamar, doentiamente, a anulação de todos os demais seres. Para enaltecer o homem, o "humanismo" é compelido a degradar tudo o que o transcende e delimita. O *"humanismo" é um antropocentrismo autoritário*. Enquanto solidária com ele, a metafísica é "antropologia", ou seja, teoria do homem esquecida do Ser, quando somente a reflexão sobre o Ser é capaz de abrir a concepção verdadeiramente autêntica do homem. Uma vez compreendida a natureza exata do "humanismo", nada parece mais lógico do que o fato de que uma teoria do homem infiel à verdade da condição humana justaponha o panegírico do humano – motivo milenar da pregação humanística – ao envilecimento do homem e ao extermínio da riqueza humana que resultam do incontido império da técnica.

Naturalmente, o complexo metafísica-humanismo-técnica não se declara como comportamento autoritário. Num contexto que evoca fortemente o conceito marxista de "ideologia", a noção freudiana de "racionalização" e, sobretudo, a teoria da "legitimação" do poder de Max Weber, Heidegger se refere à necessidade em que se encontra a vontade de poder de exibir-se através de "legitimações", que lhe dissimulem o caráter agressivo. Uma dessas máscaras é o aspecto *social* revestido pelo cogito metafísico. O egocentrismo da metafísica e da técnica absolutamente não as impede de presidir as configurações *coletivas* da sociedade. A metafísica não cobre apenas a agressão do indivíduo; o esquecimento do Ser e a penúria humana que ele acarreta perduram igualmente onde o critério coletivo tenha predominado sobre o egoísmo empírico – sem que o homem tenha deixado a soberba do seu isolamento e a simultânea redução do seu ser autêntico. Na perspectiva da superação da metafísica, a luta entre formas individualísticas e formas coletivistas de organização social é um conflito entre dois modos da mesma vontade de poder, da mesma distância essencial em relação à consciência do Ser e da autenticidade da posição do homem. Nenhum dos lados da confrontação social e da guerra fria contém, por si só, o impulso da antipenúria: o caminho do retorno ao Ser.

A técnica enquanto instinto de segurança uniformiza o homem de maneira mais antinatural. O *homo faber* da técnica se condena à opressão. O critério da verdade para a metafísica é, conforme vimos, a *certeza*, a exatidão do olhar que aspira a uma segurança absoluta sobre seu objeto. Mas o exato "se assenhoreia do verdadeiro e o afasta da verdade. Querer uma segurança absoluta significa criar uma insegurança universal". Para as coisas como para o homem, a "segurança" do universo técnico representa uma existência essencialmente *instável*. O reino do certo e do calculado é o paraíso da insegurança. Mas a redenção entrevista no retorno ao senso do Ser não é, de jeito algum, uma supressão da insegurança equivalente ao fim de toda angústia. Ao contrário: para Heidegger, como para Kierkegaard, a conquista da autenticidade é indissociável do aprofundamento da angústia. O homem moderno, o "supersub-homem" da idade da técnica, vive tanto mais numa miséria de si e do mundo quanto *menos* é capaz de angústia. "A ausência de aflição é a aflição suprema." "Até parece que, sob o domínio da vontade de poder, o ser da dor se tenha fechado para o homem, do mesmo modo que o ser da alegria." A infelicidade do homem atual o incapacita para a dor, tanto quanto para a satisfação. Heidegger não concordaria jamais com o ideal frankfurtiano de uma felicidade baseada na pura, beatífica e exclusiva satisfação.

No entanto, sua apreciação do estado do homem contemporâneo é tão crítica quanto a de Adorno ou Marcuse, e é significativo que o sistema por excelência da penúria do presente focalizado por ele – a obsessão da técnica – coincida exatamente com o que os frankfurtianos consideram como elemento definidor da repressão, e como barreira principal entre a cultura contemporânea e a felicidade. Ao adotar, porém, *outro* conceito de salvação, outra ideia da felicidade, calcada em outra visão da história da cultura, tal como esta se exprime no itinerário da filosofia, *Heidegger evita o pessimismo em que recaem os representantes do pensamento negativo* e recupera (ainda que de maneira inconsciente, fora de qualquer influência ideológica registrável) o "pathos" de esperança que nutria a reflexão de Walter Benjamin. Em vão buscaríamos nele o tom de amargura que ensombrece tantos escritos de Adorno ou de Marcuse. No seu questionamento sobre o destino da consciência do Ser, a figura da miséria humana nunca se delineia sem o espectro correlativo da redenção. Sem dúvida, o conceito da metafísica como foro da mais aflitiva inautenticidade, a ideia da metafísica como primado agressivo do ente, não têm como ser lidos em termos otimistas. O retrato heideggeriano dos tempos modernos é um diagnóstico dos mais graves. *O imperialismo do ente é um imperialismo "doente"*. Ainda assim, contudo, a possibilidade da cura não é jamais descartada. Ao longo dos ensaios de Heidegger, à vertente da requisição imperativa, da agressividade degradante da técnica entregue à cega imposição de si, responde a voz do *respeito* com que os entes se tratam na experiência autêntica do Ser – na experiência em que a afirmação do individual e do humano convive em harmonia com a *receptividade* diante do eterno e do outro. Esta resposta constante ao atestado da nossa miséria merece muito mais do que o nome de "otimismo", porque é a manifestação de uma atitude bem mais madura: ela integra, na indagação sobre o Ser, o conhecimento da esperança.

Por essa razão, em Heidegger, a plenitude atual da opressão não dispõe da última palavra; nem contagia, com cruel malícia, os últimos baluartes da resistência, tal como naquela conversão final da arte à repressão teorizada por Adorno. Longe disso: a *"consumação* da metafísica" deve ser entendida nos dois sentidos do verbo consumar: a metafísica "consumada", sendo a metafísica "completada", é igualmente "terminada". O que se consuma é também o que começa a consumir-se. O apogeu da metafísica prepara o *salto* para fora, para além da metafísica. O peso do presente é o sinal do fecho de uma época. A metafísica exacerbada é a metafísica declinante. Nossa esperança ancora aqui, mas, como o esforço de volta ao Ser não dispõe de nenhuma teleologia, como o futuro não poderia ser prefixado, sem se descaracterizar como futuro, a consciência da consumação da metafísica não nos permite nenhuma festividade eufórica, nenhuma comemoração antecipada da nossa – incerta – liberação. "Se o fosso é difícil de saltar, é antes de tudo porque estamos muito perto da beira." Precisamente porque chegamos à borda da terra do ente nosso espaço é demasiado pequeno para o impulso de saltar da sua margem para o solo do Ser. O salto é tão *difícil* quanto *urgente*.

Por outro lado, não poderíamos ter atingido essa véspera do salto, se não tivéssemos alcançado os limites da metafísica. A consumação do esquecimento do Ser parece tão necessária quanto o próprio retorno ao Ser. "O esquecimento do ser faz parte da própria essência do Ser por ele ocultada." A *errância* – o itinerário do Ser disfarçado em presença constante do ente – não é puramente acidental. Se a História, isto é, o tempo como origem e como novidade radical, recupera a relação autêntica entre o homem e o Ser, "sem a errância [...] não haveria História". Seria errôneo, porém, conceber a necessidade da errância com os olhos voltados para a ideia hegeliano-marxista de "necessidade histórica", de erro-como-momento-necessário-do-processo-da-verdade – de cujos fundamentos finalistas Heidegger permanece decisivamente distante. Na realidade, a errância, o olvido do Ser, é entendida como dimensão ontológica essencial, *tanto quanto* a da experiência de rememoração do vínculo ser/tempo. Não menos que a *alétheia*, a errância pertence ao destino do Ser; mas a sua essencialidade não se explica pelo modelo *linear* da "necessidade histórica", em que o "erro" (por exemplo, o socialismo) precede, como uma fase necessária, o momento superior da "verdade" – e sim pelo modelo *puntiforme* do conceito de Existência. Erro e verdade são duas possibilidades permanentes da história do Ser, assim como inautenticidade e autenticidade são duas possibilidades constantemente abertas no curso da Existência.

Nesta perspectiva, a errância que faz parte do Ser representa uma revisão profunda da noção kierkegaardiana de inautenticidade. O eticismo absolutista de Kierkegaard não deixa margem para nenhuma justificação do inautêntico, ao passo que a errância de Heidegger é uma dimensão que pode ser compreendida de forma *objetiva* – ainda que a sua "justificação" analítica não signifique negligenciar o seu caráter de inautenticidade. O conceito de errância possibilita *compreender* o inautêntico, sem abandonar a consciência da sua condição "degradada" e da necessidade de superá-lo. A teoria finalista do erro-como-momento-do-verdadeiro se baseia numa acepção causal e factual da necessidade; a teoria da errância como virtualidade do destino do Ser alude a uma "necessidade" antes *moral*. A não gratuidade da errância não vem de que ela *tenha* que ocorrer como instante de uma evolução rumo à plenitude da verdade, mas do fato de que ela é experimentada como "desvio" constantemente possível, e, como tal, inscrito na natureza mesma do Ser – inscrito, porém, de maneira a relembrar por si próprio o imperativo do retorno ao autêntico. De modo que a vantagem do conceito dialético de errância está na sua capacidade de conjugar dois elementos essenciais: a compreensão objetiva das formas do inautêntico, ultrapassando o nível da mera condenação moralística (na linha da superação hegeliana do moralismo absolutizante); e a salvaguarda do sabor propriamente *ético* da consideração do inautêntico (na linha do moralismo de Kierkegaard). Heidegger "compreende" a errância sem perder de vista a sua inautenticidade.

Deste modo, o homem, embora não se identifique com as formas do esquecimento do Ser, faz-se capaz de suportá-las, com aquela força para aguentar *todo* o objetivo que o pensamento de Frankfurt, em seu desespero, termina perdendo. Mas a capacidade de aguentar a errância não tem nenhum sentido de resignação fatalista. A compreensão da errância não é um *amor fati*. Quando a verdade do Ser rompe a ocultação e perdura na *alétheia*, essa "parada" do Ser (que Heidegger denomina *epochê*, suspensão, de acordo com o uso estoico do termo, e não com o seu emprego em fenomenologia) institui a essência *extática* da Existência, ou seja, o seu poder de *projetar-se*, de arrancar-se ao dado e ao presente rumo à novidade do futuro. Nesta vocação de saltar-além-de-si, neste ser suscetível de "êxtase" (no significado originário de "transporte"), radica a liberdade da Existência-liberdade que é ao mesmo tempo uma decisão humana e um render-se à manifestação do Ser.

O conceito de errância como inautenticidade essencial engloba toda a história da metafísica. Fornecendo simultaneamente uma consideração analítica objetiva e uma apreciação ética das formas do inautêntico, essa noção heideggeriana *objetiviza* a censura da inautenticidade feita por Kierkegaard, e *eticiza* a disposição hegeliana de contemplar o real em seus múltiplos aspectos. Em certa medida, Heidegger prepara aquela reconciliação do senso da *profundidade* – do ideal ético que se recusa a satisfazer-se com o existente, e põe sempre o essencial acima do dado – com o senso da *amplitude* – a percepção alerta da variedade do real – em que Ernst Bloch entreviu a síntese possível e madura da moral de Kant e do realismo de Hegel. Fiel ao *profundo* como consciência do inautêntico, atento ao *largo* como compreensão do histórico, o conceito de errância resgata a crítica heideggeriana da metafísica da cegueira do eticismo absoluto e do conservadorismo dos sistemas teleológicos, onde o amor ao concreto se confunde perigosamente com a apologia do *statu quo* (ou – o que dá no mesmo – com a posse da "chave" da História). Heidegger está tão longe da inépcia kierkegaardiana para admitir a realidade histórica, quanto do pensamento "inventariante" de Hegel, infenso à novidade irredutível da práxis. Dele não se saberia dizer que atribua demasiado valor ao fato de que o mocho de Minerva só levanta voo à noite, depois de ter adormecido todo o labor do dia... Afinal, como observou Bloch, o pássaro de Palas não pode ser mais importante que a própria Minerva – e esta *não* é uma deusa noturna.

Só a história do primado do ente – mas não o destino do Ser – se deixa captar por sistemas fechados. Mas a história da metafísica enquanto primado do ente é essencialmente diversa da crônica da filosofia como reflexo da luta entre prazer e repressão, porque o ideal de humanidade que ela supõe não comporta a felicidade homogênea – e sim a convivência ininterrupta das virtualidades do autêntico e do inautêntico. O anelo não é mais a satisfação total; é a angústia positiva e vigilante em que se monta guarda ao autêntico por meio de decisões mil vezes reinstauradas. Esta é a Existência que se-assume-a--si-mesma assumindo seus próprios limites, e que não *se* confia à "marcha da História" precisamente porque, feita de esperança e de nobre temor, confia no Tempo e em sua imprevisibilidade fundamental.

E este é o *pathos* que supera o pessimismo, sem recair na *naïveté* caduca, anacronicamente iluminista, do mecânico otimismo do culto do progresso. Com esses três elementos: determinada visão do itinerário do Ocidente (a história da metafísica), determinado modelo da autenticidade humana, determinado *pathos* ante o futuro, o pensamento de Heidegger parece responder ao credo pessimista de Frankfurt. Vamos conservá-los em mente por algum tempo mais, a fim de tentar uma caracterização global da posição de Heidegger. Dado que fomos buscar nela, assim como na de Benjamin, as armas para responder à amargura dos "críticos da cultura", não será vão situá-la de maneira mais sintética, comparando-a com alguns outros marcos eminentes da reflexão moderna.

O destino da Hespéria

A descrição de formas de ocultação do Ser nunca deixa de ser acompanhada pela enérgica indicação da possibilidade de ruptura com o inautêntico; e se essa ruptura procede do próprio Ser, nem por isso é estranha à iniciativa humana. O homem não engendra o Ser, mas, não obstante, é "o pastor do Ser". O sabor ético dessa referência incansável ao nosso "envolvimento", à nossa responsabilidade e à nossa *decisão* explica por que os dois pensadores que mais ostensivamente se perfilam por trás de Heidegger são Kierkegaard e Nietzsche. Nietzsche historia a tradição ocidental como tendência niilista do modo mais peremptoriamente *engagé*; quanto a Kierkegaard, a ideia de Existência é para ele indissociável do sentimento da urgência da opção.

No entanto, nos escritos posteriores a *Sein und Zeit*, a marca da Existência-como-liberdade, a Resolução, é cada vez mais caracterizada como uma resposta ao apelo do Ser, e não como ato unilateral da subjetividade. O projeto da Existência consiste agora em "inserir-se no devir da verdade do Ser". Na aguda expressão de Pöggeler, os traços distintivos da verdade do Ser não são mais compreendidos como "existenciais". A reorientação ontológica do pensamento de Heidegger abandona a via da analítica da Existência, e o sinal mais evidente desta mudança de rumo é a acentuação da distância entre a reflexão heideggeriana e o "moralismo" de Kierkegaard e de Nietzsche. Apesar do seu conteúdo fortemente ético, a "pergunta sobre o Ser" não deve ser tida exclusiva ou predominantemente como filosofia "moral". A *Carta sobre o Humanismo* reconhece que a penúria humana dos tempos modernos exige, imperiosamente, a construção de uma nova ética – com a condição, porém, de que a indagação filosófica não se abstenha de sua tarefa principal, que é reavivar a reflexão sobre o Ser. De acordo com seu hábito de remontar à aurora da filosofia, Heidegger, comentando o fragmento 119 de Heráclito, conclui que *ethos* significava a princípio "lugar de habitação" antes que "caráter". Em sua origem, "ética" não designava uma região "especializada" da realidade e do comportamento, suscetível de ser estudada "independentemente" da ontologia; "ética" remetia à morada do homem enquanto proximidade do Ser. A sentença de Heráclito declara: "*ethos anthropoi dáimon*", "a residência do homem é o dáimon", ou seja, a abertura à presença do deus – do insólito. Se a ética pensa *esse ethos*, ela se confunde com o pensar sobre a verdade do Ser. Inversamente, a ontologia, enquanto busca da verdade do Ser, é ela própria uma "ética originária". Portanto, do ponto de vista da verdade do Ser, ética e ontologia são inseparáveis.

Ora, esta acentuação da medula *ontológica* do seu pensamento, levando Heidegger à sua audaciosa reavaliação da história da filosofia, modificou substancialmente a sua posição frente aos dois grandes "moralistas" do século passado. A este propósito, a comparação entre o fundo kierkegaardiano de *Sein und Zeit* e o juízo sobre ele no último Heidegger é reveladora. A dívida da analítica existencial heideggeriana – a análise da finitude humana, desenvolvida em *Ser e Tempo* – para com o conceito kierkegaardiano de existência é bem conhecida. Em particular, o motivo da "culpa" (*Schuld*) fundamental da Existência, o seu sentir-se irremediavelmente "jogada" no mundo, sabendo-se destinada a morrer, a angústia em que a lança a certeza da impossibilidade de suprimir (embora não de *assumir*) a própria finitude, é um elemento claramente oriundo de Kierkegaard. No entanto, no teólogo dinamarquês, essa culpabilidade *a priori* da Existência – *a priori*, porque anterior a toda e qualquer ação culposa, porque culpabilidade inerente ao status mesmo da Existência – é o correlato subjetivo da situação do pecador e de sua finitude *ante o infinito de Deus*. Em Heidegger, o contraste com Deus é afastado: a finitude humana não se compara mais com nenhum infinito transcendente. Em *La Philosophie de Martin Heidegger* (1942), Alphonse de Waelhens mostra como essa "desteologicização" do existencialismo de Kierkegaard pressupõe uma notável diferença na maneira de conceber o tempo. Kierkegaard, para quem o Eterno ainda é o metro da condição humana, compreende a temporalidade em função de um *presente*; Heidegger, tendo ficado apenas com a irrevogável submissão do ser finito ao tempo, remove o foco do conceito do temporal para a dimensão do *futuro*. Além disso, as duas noções de Existência apresentavam pelo menos outra diferença. Kierkegaard entende "existência" por algo estritamente individual, ao passo que o sentido emprestado por Heidegger à ipseidade do *Dasein* não a limita, de modo algum, a um ego isolado. A divergência é capital, e Heidegger se encarregou de sublinhá-la nos seus textos dos anos 1930 (*A Essência do Fundamento, Introdução à Metafísica*). Se bem que ela tenha ficado algo obscurecida pelo caráter insuficiente do tratamento heideggeriano da problemática do social (limitação acusada inclusive por seus melhores intérpretes, como Pöggeler), não deixa de marcar uma distinção da maior importância entre a análise da Existência com vistas ao retorno ao senso do Ser e o eticismo ferozmente individualista de Kierkegaard.

Essas duas diferenças já indicam que, mesmo na fase de *Sein und Zeit*, a posição de Heidegger não coincidia exatamente com a de Kierkegaard. Entretanto, como os seus respectivos conceitos de Existência eram em larga medida afins, era natural que a separação decisiva só viesse a realizar-se depois que Heidegger abandonasse a análise da finitude *como caminho inicial* do esforço de recuperação do senso do Ser. O livro *Nietzsche* (1961) situa Kierkegaard como escritor religioso, sem a mesma relação com a questão do ser. Heidegger considera que Kierkegaard contesta Hegel da mesma forma que Pascal denunciou Descartes: procurando o essencial do homem numa dimensão inteiramente diversa da imagem metafísica – *porém sem pôr em questão a própria metafísica*. A *"logique du coeur"* de Pascal é a antítese do cogito racionalista, mas parte do mesmo solo metafísico que este: do ideal da presença-constante em que a verdade do Ser se oblitera. Kierkegaard reanima uma tendência implícita na história do Ocidente: a oposição religiosa à ordem metafísica, a qual, não obstante, se revela incapaz de destruir o espaço metafísico em sua raiz, e se vê consequentemente constrangida à simples possibilidade de "duplicá-lo" em termos antitéticos. Heidegger condena esse cristianismo da "interioridade" com a mesma força com que combate o automatismo iluminista do culto do progresso, e a degenerescência da teoria da vontade de poder em autoimposição bestial do povo "superior": ou seja, a ideologia fascista.

Quando a destruição da metafísica enquanto esquecimento do Ser se torna a espinha dorsal do seu pensamento, Heidegger, muito logicamente, passa a julgar a plena explicitação da metafísica – a vontade de poder como desmascaramento da agressividade do ente desgarrado do Ser – mais decisiva do que a "oposição" religiosa, que se justapõe à metafísica sem enfrentá-la nem desenvolvê-la: Nietzsche importa agora muito mais do que Kierkegaard. Já evocamos suficientemente (dentro dos nossos limites) a caracterização heideggeriana da filosofia de Nietzsche como forma suprema do primado do ente e de seu ideal de presença constante, ressentido contra o tempo. Partindo da concepção do universo como caos, e da rejeição de toda harmonia teleológica, Nietzsche exalta a obstinação do ente em persistir contra tudo e contra todos, reduzindo a verdade a puro "valor", isto é, a pura perspectiva da vontade de poder – função pragmática e mutável do ente aguerrido que luta por perdurar. Transformada em estratégia antimetafísica, a interrogação ontológica de Heidegger trava um duelo mortal com a visão nietzscheana.

Por outro lado, Nietzsche é, como Heidegger, um adepto da imanência – um pensador que se recusa a reconhecer a existência de um ente infinito, soberbamente instalado além do âmbito da nossa experiência como antônimo perfeito da nossa finitude. Mas Heidegger submete o conceito de imanência a uma distensão fundamental, através da rigorosa dissociação entre Ser e ente. Sem postular nenhum retorno à transcendência tradicional – à ideia de um ser que nos ultrapassa e que, não obstante, é tido por existente à feição de um ente, (ainda que seja como *summum ens*) – Heidegger coloca todo ente na dependência de um Ser não ente. A obstinação do ente em manter-se dentro de seus limites, selo do imanentismo da vontade de poder, dá lugar ao senso de *abertura* da experiência imanente. De forma esquemática, poderíamos dizer que Kierkegaard afirma a realidade do transcendente; Nietzsche, dominado pelo impulso de contestação da velha prática metafísica de legitimar o Além, rejeita todo transcendente e toda transcendência; quanto a Heidegger, propõe uma espécie de transcendência-sem-transcendente, isto é, uma concepção segundo a qual o processo da verdade do Ser é imanente à experiência do homem, no sentido de que o Ser *não* se identifica com um ente transcendente – porém, ao mesmo tempo, o homem não é recluso em si próprio, e sim intrinsecamente *receptivo, aberto* ao exterior. Na união íntima Ser/Tempo, o Ser é reserva, mas não inatingibilidade *a priori*; simetricamente, a imanência é dada como um "abrir-se" (um estar-à-disposição do Ser) que é uma transcendência "sem transcendente", porque não se dirige a nenhum colocado, por definição, fora do nosso alcance. O homem "aberto ao Ser" não é, absolutamente, contemplado como um ser puramente passivo – o que entraria em contradição com o sentido de urgência da Decisão, tônica de *toda* obra de Heidegger (e não apenas do período dominado pela analítica existencial); contudo, a sua liberdade, a sua autentificação, consiste numa espécie de "consentimento", de *receptividade* frente ao Ser – substancialmente diversos da autoimposição que prevalece na doutrina da vontade de poder.

De uma parte, o Ser assente em manifestar-se; de outra, o homem concorda em abrir-se a ele, salvando-se nessa abertura. O aspecto "religioso" de semelhante concepção não podia deixar de ser observado. Alguns chegaram à tese de que Heidegger é, antes de tudo, um espírito religioso, só secundariamente praticante de filosofia. *Grosso modo*, aplicariam a Heidegger o que ele pensa de Kierkegaard... Nicolai Hartmann definiu Heidegger como um "Paracleto", demasiadamente empenhado na salvação do homem para poder gozar da serenidade filosófica e sustentar conversação com a tradição da alta metafísica. Husserl, outro amigo da *philosophia perennis*, foi um dos primeiros a incluí--lo entre os "existencialistas", alegando que a reflexão heideggeriana padecia do *pathos* "antropológico" que exprime a crise do homem contemporâneo sem superá--la, porque interrompe a marcha clarificadora da Razão. Assim, o antiantropologismo da nova ontologia foi por sua vez acusado de... antropologístico, e os dois mais eminentes filósofos alemães contemporâneos de Heidegger embarcaram numa interpretação deformada de sua obra – desde que se compreenda por interpretação "deformada" aquela em que se endossam os mal-entendidos contra os quais a própria obra interpretada, explicitamente, adverte.

É claro que Heidegger *não* é um pensador "religioso", no sentido alheio à tradição e à disciplina da filosofia. Isto não impediu que certos motivos religiosos e, particularmente, judeu-cristãos determinassem, em boa medida, a sua formação. Por exemplo, a sua análise da finitude da Existência não se inspira apenas na leitura de Kierkegaard, mas igualmente em fontes cristãs que serviram ao próprio Kierkegaard: na literatura paulina, agostiniana e luterana erigida em tema de vários cursos bem anteriores à publicação de *Ser e Tempo*; e o conceito dinâmico, *temporal*, de verdade se reconhece na ideia bíblica do *verdadeiro* como algo vinculado ao tempo. A palavra hebraica para "verdade" (*enumah*) é da mesma família que "confiança", "fidelidade" – tal como se pode ver em seu derivado *amen*: "que assim *venha* a ser". Se ser verdadeiro é "ser fiel", a verdade pressupõe o horizonte do tempo.

Globalmente, no entanto, Heidegger pensa que a teologia judeu-cristã está gravemente comprometida com tendências metafísicas. O profetismo bíblico e cristão lhe parece sobretudo interessado em afirmar em Deus a *certeza* da salvação[6] – um dos estágios do desenvolvimento da metafísica enquanto primado do ente; o monoteísmo é uma expressão do desejo de subtrair-se à incontrolabilidade do tempo; a crença na Criação visa "garantir" o ente como *ens creatum*, ou seja, ente de essência *a priori* assegurada. Nos últimos anos, Heidegger, paradoxalmente saudado como uma grande fonte da renovação teológica (Bultmann, etc.), sublinha cada vez mais a estrita separação entre filosofia e teologia, entre pensamento crítico e Revelação. Nestas condições, a insistência de alguns expositores, como Löwith ou de Waelhens, em descrever a sua filosofia como simples inversão do modelo da visão cristã soa realmente como arbitrária. A arrogância com que se estipula que nenhuma construção intelectual do Ocidente seria capaz de ultrapassar os limites dessa situação milenar, a experiência cristã, não tem nenhum valor crítico – além de exalar um odor positivista curiosamente pouco teológico... É certo que o pensamento de Heidegger não pode ser – e não é – inteiramente alheio à experiência histórica do cristianismo; mas esta última é suficientemente rica e complexa para que ele se identifique com *determinados* motivos seus, ficando perfeitamente livre para rejeitar outros, substituindo-os por elementos simplesmente estranhos à fé *cristã* – ainda que não necessariamente estranhos à experiência *religiosa* de maneira geral. Afinal de contas, a cultura ocidental não se reduz ao componente cristianismo (por mais relevante que esta lhe tenha sido), nem o fenômeno religioso se restringe à variante cristã.

O lugar do "religioso" no desenho formativo do pensamento de Heidegger ilustra bem esta última observação. Heidegger recolhe o impulso decisivo para a formação do seu pensamento autônomo na "crítica da razão histórica" de Wilhelm Dilthey. As teorias de Dilthey, que começam a impor-se nos anos 1880, ou seja,

---

[6] Não obstante, Pöggeler lembra que essa interpretação, no que concerne ao profetismo hebraico, foi energicamente repelida por Martin Buber. Os profetas de Israel se erguiam precisamente *contra* toda "segurança", em nome de Deus e das missões assinaladas pelo povo eleito.

imediatamente antes da voga do nietzschianismo, provocam o primeiro grande abalo das correntes neokantianas, então dominantes no âmbito acadêmico. Elas apresentam duas direções principais. Por um lado, Dilthey ambiciona estabelecer uma "crítica da razão histórica", isto é, um ensaio de legitimação filosófica do trabalho da ciência no terreno dos fenômenos históricos ou "culturais", por oposição aos fenômenos "naturais". Por outro lado, desde cedo, essa pesquisa sobre a lógica das *Geisteiswissenschaften*, das "ciências do espírito", se foi transformando numa interrogação sobre o sentido da *vida* histórica em si mesma, e sobre a realidade enquanto esta se identifica com ela. A partir dessa metamorfose, Dilthey funda a chamada "filosofia da vida". O que a *Lebensphilosophie* condenava na tradição filosófica, metafísica[7] ou não (i.e., inclusive ao neokantismo) era a sua distância em relação à "plena e não mutilada experiência" (Dilthey), isto é, a experiência histórica completa, que se queria promover a objeto e fundamento do filosofar. Baseada num órganon inspirado na epistemologia romântica: a autognose, ou análise do *vécu*, a filosofia da vida aparecia como uma teoria do ego transcendental *concretizado*. Com efeito, a noção de "vida" era uma espécie de síntese entre o "cogito" idealista (como ponto de partida) e a riqueza histórico-concreta do "Espírito objetivo" de Hegel (como conteúdo). Em suma: a *Lebensphilosophie* aspirava a retomar o senso histórico de Hegel despojado da arquitetura metafísica, da concepção teleológica da História e da dialética, suplantada pela "vivência" como meio de conhecimento. Nesta medida, ela preparou o renascimento neo-hegeliano do nosso século. O próprio Dilthey exaltou o jovem Hegel (e Marcuse, em *A Ontologia de Hegel e a Fundamentação de uma Teoria da*

---

[7] Desnecessário lembrar ao leitor que, no contexto destes parágrafos a propósito da gênese do pensamento de Heidegger, "metafísica" *não* está empregada em sentido heideggeriano (teoria do primado do ente), e sim no seu sentido clássico de doutrina das causas primeiras, ou seja, de saber *positivo* sobre os fundamentos não fenomênicos do real – tal como se fala da "metafísica" de Aristóteles, de Leibniz, de Hegel, etc.

Historicidade, 1932, afirmou que Dilthey capta a filosofia da vida "onde Hegel a deixara").

Todavia, Dilthey não chegou a fornecer uma determinação ontológica suficiente para o seu conceito de "vida"; suas análises históricas, embora penetrantes, não levavam senão a um cortejo de totalidades históricas independentes, em relação às quais a "vida", realidade trans-histórica, permanecia perfeitamente indiferenciada. Sua epistemologia sucumbiu ao relativismo, toda verdade ficando circunscrita por uma localização histórica, naturalmente temporária. Em consequência, a grande tarefa da filosofia posterior, no começo do novo século, passou a ser a superação do relativismo diltheyano. A elevação da análise vivencial a um saber apodítico – indisputavelmente certo – é precisamente o programa da fenomenologia husserliana. Pensando na possibilidade de fazer da descrição compreensiva (*Verstehen*) de Dilthey, da epistemologia do *vécu*, um método *certo*, onde o conteúdo das vivências figurasse como *essências* – como conteúdo "eidético" –, Husserl definiu a fenomenologia ao mesmo tempo como "disciplina psicológica *a priori*" e como órganon para a fundamentação de *todo* o saber, ultrapassando o domínio regional das "ciências do espírito", em que Dilthey se mantivera enquanto teórico da ciência.

Como Husserl, Heidegger também enfrentou o desafio lançado à filosofia pela nova atenção ao concreto; contudo, o ângulo em que situou seu debate com Dilthey diferenciou-se, desde o início, da perspectiva essencialmente epistemológica de Husserl. Conforme sua própria indicação, Heidegger despertou para a filosofia ao contato da dissertação de Franz Brentano, *Das Múltiplas Significações do Ente Segundo Aristóteles* – portanto, atraído por uma problemática claramente *ontológica*: pelo interesse por uma teoria do ser, e não apenas por uma teoria do conhecimento. Assim, ao deparar com a exigência de integração filosófica agitada pela *Lebensphilosophie*, Heidegger interpretou a tentativa diltheyana de fazer da experiência histórica completa o objeto fundamental da reflexão filosófica como *necessidade de revisão do conceito de ser*. Se a filosofia deveria versar sobre o histórico, o Ser precisava ser redefinido de maneira a tornar-se ele mesmo histórico – sem perder a sua condição de objeto central da investigação filosófica.

No entanto, uma vez firmado nessa atitude, Heidegger pouco podia esperar da filosofia acadêmica então vigente, o neokantismo. Para começar, a revalorização diltheyana do saber histórico era dirigida justamente contra o bloco mais importante dos neokantianos, a chamada escola de Marburgo (Cohen, Natorp, etc.), cuja teoria do conhecimento, de talhe francamente logicista, subestimava o status científico dos estudos históricos. Quando os neokantianos – através da escola de Baden (Windelband, Rickert) e do último grande marburguiano, Ernst Cassirer – abandonaram essa posição e contribuíram, por sua vez, para a elaboração do conceito e da metodologia das "ciências do espírito", eles o fizeram provocados por Dilthey – e não raro, de forma bem mais tímida do que este, no que concerne às implicações filosóficas da reabilitação da historicidade. Rickert, por exemplo (com quem Heidegger estudou), refinando a distinção diltheyana entre "ciências do espírito" e ciências naturais "enquadrou" a História como âmbito *determinado* do saber, dando à historicidade um alcance ontológico menor do que o do novo conceito de "vida".

Em segundo lugar, *todo* o neokantismo padecia de uma "ontofobia" generalizada, isto é, de uma disposição fortemente antipática a ultrapassar as fronteiras da pura teoria do conhecimento. Para os neokantianos, voltar à teoria do ser significava recair no construtivismo especulativo dos sucessores de Kant (Fichte, Schelling, Hegel, Herbart), que sacrificaram a louvável abstinência metafísica da filosofia crítica ao gosto pelas empresas especulativas altamente arbitrárias.

Em tais circunstâncias, Heidegger decidiu explorar o tema da vinculação entre a experiência vivencial concreta e a problemática ontológica – do relacionamento entre historicidade vivida e verdade do Ser – num domínio não tecnicamente filosófico: o da indagação teológica. Ora, a tradição judeu-cristã, especialmente em certos aspectos do pensamento de São Paulo, de Santo Agostinho ou do Lutero das teses da *Disputa de Heidelberg* (1518), lhe oferecia pelo menos três pontos-chave: uma concepção *temporal* da verdade; um reconhecimento do caráter irredutivelmente "aberto" e imprevisível do tempo (conforme se vê naquela mencionada alegoria do advento do dia do retorno do Senhor "como um ladrão dentro da noite", da primeira Epístola aos Tessalonicenses); enfim, uma ideia do conhecimento essencialmente diversa do teoretismo da metafísica. Para esta, conhecer equivale a *contemplar*; o *ver* é entronizado como feição primordial do conhecimento. Mesmo antes, porém, do seu encontro decisivo com a crítica de Nietzsche ao privilégio atribuído pela metafísica ao "ótico" e à contemplação, Heidegger rejeita essa noção do conhecer, compreendendo que ela implica valorizar apenas *um* dos modos do tempo – o presente – às custas do senso da natureza real da temporalidade. Se o conhecimento é um contemplar, o ser deve apresentar-se como ser "diante dos olhos", ou seja, como ser presente. Seis anos antes de *Sein und Zeit*, no curso *Agostinho e o Neoplatonismo*, Heidegger se afasta do teoretismo (theoria = visão) da tradição metafísica, reanimando a ideia agostiniana do conhecimento como angústia e como preocupação.

Heidegger realizava assim um contato fecundo com a teologia cristã, mas esse contato foi objetivamente condicionado pela motivação básica do seu pensamento: o impulso de revisão da ontologia. O sentimento da necessidade de reorientar a existência humana está obviamente integrado na direção de sua filosofia; mas o reexame do conceito do Ser não é, absolutamente, um simples derivado. Os objetivos de redescoberta do Ser e redenção do homem são indissociáveis; no entanto, a busca da última é subordinada à disciplina da primeira, inclusive no que esta requer de mais rigoroso como procedimento de pesquisa filosófica. Toda a evolução da obra heideggeriana segue o rumo de um diálogo crescente com os grandes marcos da tradição filosófica, e a estratégia de "destruição da metafísica" não retira nada à convivência íntima com os seus grandes sistemas; ao contrário, ela se nutre desse convívio. Heidegger "escava" a filosofia constituída, à caça do que ela acobertou – não a ignora nem a despreza. Que as suas tentativas sejam deturpadas sob o rótulo infeliz e preconceituoso de "irracionalismo" – como se, no seu projeto de reinstauração ontológica, se perdesse a dignidade da investigação *racional* da problemática do homem e do ser – ou mesmo, em outro nível, que as dificuldades com que a linguagem tropeça para aludir a uma experiência estranha à orientação mais forte da cultura moderna o induzam, pela própria força do questionamento, a imbricar a diligência do conceito com a evocação poético-alegórica – nada disso deve fazer com que se esqueça a natureza estritamente *crítica* do seu filosofar, a consistência encarniçada com que se desenvolve, o *pathos* de conhecer e de problematizar que lhe dá corpo.

À parte certa crítica marxista – tipificada na baixa polêmica de Lukács no seu panfletístico *A Destruição da Razão* (1953) – aos olhos da qual tudo o que se afasta dos sovados clichês da interpretação materialista, e da confortadora crença na "localização" da verdade na "práxis do proletariado", não passa do mero "irracionalismo" (leia-se: obscurantismo reacionário), a maioria das acusações de "irracionalismo" feitas a Heidegger se concentra no pretexto da sua "hostilidade à ciência". Seria, efetivamente, facílimo colher expressões negativas com relação ao poder elucidante e à utilidade social da ciência nos escritos de Heidegger. No entanto, se observarmos mais cuidadosamente, verificaremos que as suas restrições se aplicam muito mais ao *cientificismo* – à pretensão de deduzir do saber científico uma imagem suficiente da realidade – do que à ciência propriamente dita. Segundo o seu excelente intérprete Otto Pöggeler, a crítica da concepção do Ser como presença-constante versa sobre o ser em si mesmo, sem negar que o ser dos entes – dos entes que são, distribuídos por vários domínios, o objeto do conhecimento científico – possa apresentar-se como presente-constante. Uma igualdade matemática, por exemplo, é uma verdade de caráter permanente, e não seria Martin Heidegger, matemático de formação, quem iria contestá-lo... "O que deve ser revogado é somente o fato de que o ser permanentemente presente seja hipostasiado como único ser."

Aqui também a evolução de Heidegger corrobora a nossa tese. *Ser e Tempo* ainda falava de fundar as ciências sobre os princípios de uma "ontologia fundamental", que o autor projetava deduzir da analítica da Existência. Não seria difícil compreender que os defensores da cientificidade a sentissem ameaçada por essa tentativa de fundamentação, de bases mais existenciais que analíticas. As veleidades da filosofia em busca da "recuperação" das suas antigas filhas, as ciências, são tão conhecidas quanto suspeitas. Mas Heidegger deixará a Husserl o ensaio (sem êxito) de construir um novo esteio filosófico para o saber científico. A ideia de uma ontologia fundamental não sobreviveu muito à época da publicação de *Ser e Tempo* (onde, aliás, não ultrapassou o estado de esboço). O Ser como não ente não pode constituir a "raiz" dos entes, no sentido tradicional em que o *summum ens* (transcendente ou imanente ao mundo, cartesiano ou spinoziano) "garantia" o ser dos existentes sublunares, animados ou não. A nova figura do ser não conhece mais esse gênero de hierarquização entre o ser e os entes – e, portanto, entre a filosofia, que se ocupa do primeiro, e as ciências, que tratam dos últimos. Ao contrário: com o fim das suas pretensões a "fundamentar" as ciências – tarefa legítima de uma teoria da ciência, mas não da filosofia – a filosofia entra em contato harmonioso com aquelas. Os *Holzwege* lhe aconselharão "passar diante das ciências sem desdenhá-las"; e a ultrapassagem do saber científico no caminho da indagação sobre o Ser deve ser preparada através de "uma educação do pensamento no meio das ciências". Estamos decididamente muito longe de qualquer desvalorização irracional da pesquisa científica! A problematização do Ser não move guerra à ciência, e sim ao cientificismo.

Este, porém, não é senão uma expressão da metafísica, do imperialismo do ente e da exacerbação tecnológica, sob o lema baconiano de "saber é poder". E, como tal, não espera que a filosofia o ataque: toma sempre a iniciativa de reduzi-la a pura *ancilla scientiarum*, sufocando nela o aflorar daquela meditação que o desmascara. A deformação da atitude de Heidegger ante a ciência não é o primeiro equívoco sustentado pelo cientificismo, para júbilo da beata prevenção dos "humanistas" contra a ciência (e da sua preguiça mental contra o rigor que a ciência requer, diga-se de passagem...). Basta pensar no amontoado de mal-entendidos de que continua a ser vítima a segunda filosofia do "renegado" Wittgenstein, esse ex-cientificista fecundamente arrependido. Mas, por todas essas razões, o combate ao cientificismo não tem por que alarmar os defensores da ciência. De resto, os grandes cientistas (vide Einstein) só muito raramente incorrem no cientificismo. Esta unilaterização fica quase sempre por conta dos filósofos... O cientificismo não é um ataque da ciência à filosofia, e sim um suicídio da própria filosofia, a que a ciência é estranhamente convidada a servir.

Entretanto, sem abdicar da condição (e da disciplina) filosófica, sem se acumpliciar com a subestimação da ciência que faz o jogo do cientificismo, o pensamento de Heidegger frequenta – não havendo nisso nenhuma contradição – um tipo de literatura em que o filosófico ou não se afasta da forma poética (como nos fragmentos dos pré-socráticos), ou se dá *através* da forma poética (como no lirismo de Hölderlin). No último Heidegger, isto é, nas obras em que, conforme vimos, a analítica da Existência cede o primeiro plano ao questionamento sobre o Ser, o duplo contato com a reflexão pré-socrática e a lírica hölderliana se torna desde cedo permanente. Na palavra dos pré-socráticos e no dizer de Hölderlin, a nova interpretação do Ser reconhece a sua mensagem.

Mas tanto os versos "didáticos" de Anaximandro, Heráclito ou Parmênides quanto os poemas de Hölderlin respiram religiosidade. Em *Before Philosophy*, Henri

Frankfort lembra que o pré-socratismo, a aurora da filosofia grega, se situa numa posição intermediária entre o pensamento mítico – baseado na consciência da união homem/natureza – e a emergência da *filosofia* em sentido ocidental, isto é, da consideração puramente intelectual e da explicação unívoca e abstrata da realidade. Quanto a Hölderlin, seu lirismo filosófico está todo embebido no tônus religioso em que a poesia alemã setecentista não cessara de viver, do pietismo de Klopstock à sua "secularização" no senso cósmico de Goethe. A afinidade entre essas fontes e a interpretação heideggeriana prova que esta última, conquanto afastada de vários aspectos essenciais da teologia judeu-cristã (e ainda que não abdique do status de pesquisa crítica, insubmissa a toda verdade "revelada"), aspira à restauração de uma experiência de fundo claramente religioso. Entretanto, a "questão do Ser", que move o discurso de Heidegger, é tão alheia às várias religiões constituídas familiares do homem moderno que o reconhecimento do seu *pathos* religioso não pode deixar de causar perplexidade – quando não equívoco. Essa incompreensão só se dissipa se se contempla o fundo religioso do pensamento heideggeriano à luz de uma descrição fenomenológica da essência da religiosidade em si – independentemente de qualquer forma confessional – ou seja, à luz da fenomenologia da *experiência do sagrado* – na linha da "teoria do numinoso" apresentada por Rudolf Otto em *Das Heilige* (1917). A experiência do numinoso – do *mysterium tremendum* que nos coloca ante um irredutivelmente Outro que, no entanto, nos atrai (*fascinans*) e se nos comunica (no êxtase místico) – e a experiência de retorno à autenticidade da relação homem/Ser têm mais de um elemento em comum.

A filosofia de Heidegger aparece sem dúvida como "nostalgia do sagrado". Mas o processo pelo qual o Ocidente veio a perder o sentido do valor de uma tal experiência, a ponto de alimentar a suspeita de que a tese da necessidade de recriá-la não passa de obscurantismo a serviço da repressão, é precisamente o que existe de mais questionável no substrato da visão do mundo e do comportamento da cultura moderna. Uma das etimologias possíveis para "religião" é a raiz que subsiste em "ligar". A condição desgarrada e eminentemente solitária do homem contemporâneo o torna de todo estranho a uma possibilidade existencial superior do gênero humano – a autenticidade da vida comunitária – que a crise do nosso tempo expõe como urgência fundamental, e que é forçoso reconhecer que *não* tem sido satisfeita pelos modelos de coletividade em vigor, indiferentemente aos quadrantes político-sociais.

É claro que a reconquista da experiência do sagrado não pode confundir-se, sumariamente, com os moldes religiosos tradicionais, como tampouco recusar-se, aprioristicamente, ao que possa advir da sua renovação. Grande número dos que encaram com desconfiança a ideia da necessidade dessa recriação alega que o valor característico do espírito moderno, a despeito da sua crise, é o exercício da atitude crítica, por natureza hostil a todo enfeudamento da consciência a instâncias externas. No entanto, a reativação da dimensão cultural do sagrado nada tem a ver com semelhante subrogação da liberdade crítica. A própria história dos movimentos religiosos do Ocidente (e não apenas desde a Reforma) demonstra, de maneira mais enfática, que renovação religiosa e contestação da ordem social andaram frequentemente juntas. Ernst Bloch dedicou a um dos grandes exemplos desse fenômeno uma análise capital, *Thomas Münzer como Teórico da Revolução*. Só muito preconceituosamente seria possível defender a tese de uma aliança necessária entre religiosidade e repressão. O hábito de considerar o conteúdo religioso dos movimentos sociais renovadores como simples deformação "ideológica" de anseios puramente sociais e materiais não tem o menor valor analítico; ele é incapaz de explicar *por que* tais movimentos assumem formas religiosas. Ainda que estas fossem mera "cobertura", por que, nesse caso, o "ideológico" se cristaliza precisamente *em religião*, em lugar de preferir outros "disfarces"? O argumento de que a expressão religiosa é o tributo que esses movimentos "precursores" – como os anabatistas de Münzer – pagam à "imaturidade" do seu "momento histórico" é quase um insulto à inteligência: ele se limita a *supor* que a religião seja um índice de atraso social, sem se dar ao incômodo (muito maior do que se pensa) de demonstrar que de fato assim é.

Na verdade, a simples ocorrência de manifestações religiosas não é, em si mesma, sinal de atraso ou de progresso de repressão ou de inconformismo. Como toda grande componente da cultura – tanto quanto a arte, por exemplo, – a religião expressa ora um, ora outro desses polos.

Os movimentos totalitários da idade contemporânea têm sido em geral antipáticos à religião; e é certo, porém, que os totalitarismos (tanto de direita como de esquerda) recolhem um largo número de seus adeptos entre os indivíduos detentores de uma personalidade autoritária, e o caráter autoritário nada mais é do que a máscara da insegurança. Mas a insegurança aguda é justamente um sintoma da falta de comunhão social, da inexistência de formas comunitárias capazes de desenvolver a individualidade em harmonia com o grupo. Assim, as reservas sociais que nutrem as fileiras dos movimentos totalitários são vítimas daquela mesma necessidade de integração preenchida pela experiência religiosa, e que os totalitarismos exploram a seu favor. A incompreensão com que a doutrina socialista totalitária contemporânea se obstina em tratar o fenômeno religioso é apenas uma inconsciente confissão de "competidor" – pois o totalitarismo só condena a religião na medida em que ele próprio encarna uma espécie de *baixa* religiosidade, de pseudorreligiosidade: uma integração comunitária efetivamente repressiva, calcada na subrogação da consciência crítica. Não há nada de mais "religioso" – no *pior* sentido da palavra, naquele em que ela é (mal) empregada como sinônimo de "fanático" – do que as invectivas e excomunhões lançadas pela ortodoxia dos partidos únicos contra todos os que revelam a "audácia" de exercer sobre eles o direito de crítica. O antissacralismo da escatologia profana toma da religião os seus aspectos ocasionais e mais condenáveis, e que seria altamente impróprio atribuir à sua essência. Autoritarismo religioso e antirreligiosidade totalitária são duas variantes da mesma deturpação – da degenerescência da necessidade de comunhão social em partilha coletiva do sentimento de insegurança.

Entretanto, o comportamento que Heidegger descreve como "guarda da verdade do Ser" não se identifica absolutamente com a desaparição da angústia, mas, ao contrário, com o viver-em-angústia. Se o sentimento de insegurança que está na raiz da crise do homem moderno pode ser vencido por semelhante experiência, é evidente que esta última não substitui a insegurança por qualquer espécie de estabilidade inabalável; a insegurança deve ser dominada por uma forma especial de estabilidade – aquela em que o estável possa conciliar-se com uma *instabilidade* fundamental. "Existe uma salvação? Somente se o perigo existe." A guarda da verdade do Ser implica a aceitação do viver-em-perigo. Pois o retorno ao sentido autêntico do Ser é, principalmente, consciência da relação essencial Ser/Tempo e da natureza irredutivelmente aberta da temporalidade. A confiança no Ser não pode ser nunca um tipo "descansado" de confiança. Daí o zelo pela verdade se confundir com a Decisão, com o esforço da Existência para enfrentar a sua finitude. A guarda (*Wahr*) da verdade (*Wahrheit*) se articula com a abertura resoluta da Existência, com o gesto liberador em que ela se arranca ao dado e ao estabelecido. O homem é "o pastor do Ser", mas só consegue sê-lo na medida em que permanece "lugar-tenente do Nada", ou melhor, da *nadificação* com que o Ser supera livremente o já-dado.

O retorno ao Ser "não traz um fundamento último [...] e tampouco existe um retorno absoluto; existe apenas o retorno que nos incumbe" (Pöggeler). O sentido autêntico do histórico nos obriga a pensar o *mesmo* do Ser como sempre *diferente*, isto é, como verdade incessantemente nova e diversa. A estabilidade do Ser consiste no seu mudar. A rigor, "Heráclito e Parmênides dizem a mesma coisa". O originário e o diferente se equivalem. Heidegger dedicou ao tema da não identidade do Mesmo um dos seus últimos livros, *Identidade e Diferença* (1957). Mas a celebração do sagrado como exercício da espera, como vigilância fiel ao tempo, como *suportar religioso da ausência dos deuses* é o cerne da lírica de Hölderlin, o conteúdo essencial da sua meditação sobre a sorte do homem das Terras do Ocidente – sobre o destino da *Hespéria*. A concepção da "guarda da verdade" como retorno *epocal* à autenticidade da experiência do Ser aproximou irresistivelmente Heidegger da perspectiva *histórica* de Hölderlin. Os fragmentos pré-socráticos pressentiram a diferença entre Ser e ente, entre o mostrar-e-esconder da *alétheia*, e a "correção" do olhar, fascinado pelo presente, na ideia metafísica de verdade – mas só a poesia hölderliniana une o motivo da destruição da ontologia metafísica à problematização do destino do homem ocidental. Essa conexão corresponde ao núcleo da filosofia de Heidegger. Em consequência, a evolução de Heidegger, a passagem da estratégia da analítica existencial ao plano da reflexão histórico-ontológica, se constituiu através de um diálogo decisivo com a poética de Hölderlin. Hölderlin representa para Heidegger a ruptura com a tradição de que Nietzsche é a forma suprema: a metafísica.

A preocupação hölderliniana com o destino do homem hespérico norteia uma crítica da cultura dada em perspectiva histórica. As ideias de Hölderlin sobre o status do Ocidente são um momento capital do processo de autojustificação da cultura alemã, iniciado no meio do século XVIII. Desde Winckelmann, a comparação entre o espírito grego clássico e o caráter da civilização moderna se tornou a moldura obrigatória dessa autoanálise. Num primeiro estágio, a grecofilia forneceu ao espírito germânico os paradigmas que deveriam servir de estímulo ao abandono do estilo cortesão de imitação francesa, clássico-barroco ou rococó. Neste sentido, o élan mais profundo do classicismo de Winckelmann desmentia a serenidade dos seus modelos e se aproximava bastante dos entusiasmos revolucionários do pré-romantismo alemão dos anos 1770: o movimento "Sturm und Drang" (Tempestade – ou Assalto – e Ímpeto).

Contudo, a comparação com a Grécia sofreu uma reorientação extraordinariamente importante com o famoso ensaio de Schiller *Sobre a Poesia Ingênua e a Sentimental*, publicado em fins de 1795. Schiller destruiu o primado da estética antiga, definida pelos critérios de "perfeição da forma", obediência a leis imutáveis, limitação a fins precisos, e "objetividade", ou seja, fidelidade aos elementos *genéricos* da natureza humana. Reconhecendo a validez desses critérios, Schiller situava a estética da objetividade como *expressão de uma determinada época na história da cultura* – da idade em que predominou uma relação espontaneamente harmoniosa entre o espírito e a realidade exterior. É a essa relação que alude o primeiro adjetivo schilleriano, *naïve* (o qual, tanto quanto o seu *pendant*, *sentimentalisch*, não tem o menor sentido pejorativo). A poesia "ingênua" não englobava apenas a arte grega; Shakespeare, Molière e até Goethe ("antigo" perdido entre os modernos) também eram considerados *naïfs*. Mas Schiller considerava a poesia da sua própria época uma manifestação diferente, porque, segundo ele, o homem moderno não mais vivia em união com a natureza, sendo predominantemente *subjetivo*, antes inclinado a fixar-se nas suas impressões, do que nos objetos que as despertam. O material da poesia moderna não seriam os dados sensoriais, mas as ideias; sua lei não era a obediência ao senso délfico da medida (*"méden ágan"*), a normas delimitadas – e sim a perseguição de um conteúdo infinito. A tentativa de captar o infinito (*Streben nach dem Unendlichen*) marcava a essência da poesia da modernidade.

Em "Schiller and the Genesis of German Romanticism" (incluído em *Essays in the History of Ideas*), Arthur Lovejoy mostrou como a dicotomia schilleriana ingênuo/sentimental e sua inerente legitimação do espírito da cultura moderna constituíram um impulso decisivo para a fundação da estética romântica por Friedrich Schlegel. Partindo de Schiller, Schlegel opôs a índole *subjetiva e progressiva* da poesia romântica ao aspecto "objetivo" e "estático" da arte antiga. Não obstante, o "senso do infinito" do romantismo diferia seriamente da concepção schilleriana. O forte eticismo de Schiller o levara a conceber a caça ao infinito em termos de um esforço incessante pela realização de um ideal *moral*. Kant já tinha descrito o imperativo categórico como ideal inatingível, suscetível apenas de uma aproximação infinita por parte dos homens. Schlegel cancela esse avatar da tendência à apreensão do infinito, substituindo-o pela ideia de que a arte exprime "progressivamente" a inesgotável "variedade" da vida. Em suma: o senso do infinito passou de marcha ética a gosto insaciável pela "novidade" inexaurível do real.

A crônica dos começos do romantismo alemão revela que essa metamorfose deu largas ao subjetivismo. A "infinita variedade da vida" foi tema ou pretexto da volubilidade narcisística de Schlegel, da "ironia romântica", cuja inobjetividade seria tão duramente criticada por Hegel. Mas com o primeiro grande poeta romântico, Novalis, o infinitismo se encaminha para uma recuperação da objetividade. Nos *Hymnen an die Nacht*, o sentimento da morte se transfigura em espiritualização da natureza, em participação do indivíduo na Totalidade. A breve fase subjetivista do romantismo "traduzira" o ego transcendental e ético de Fichte em subjetividade empírica e irresponsável; a poética do período novalisiano corresponde ao aparecimento do "idealismo objetivo" no "sistema da identidade" de Schelling. Schelling conceituaria o belo como infinito representado no finito. A crítica romântica da maturidade também é *holista*, isto é, atraída pelo novo sentido do Todo. A. W. Schlegel vê no metaforismo o centro da poesia, porque a unidade orgânica da obra de arte é um microcosmo, uma refração do tecido de correspondências que constitui a realidade.

A essa altura, sob o signo do amor ao Todo, romantismo e idealismo se imbricam. Infinitismo e filosofia da síntese se reúnem. A polêmica antirromântica de Hegel, dirigida contra o irrealismo e o passadismo dos grandes autores da escola, já é uma querela interna, uma guerra civil no país da Totalidade. Como a dialética idealista, o romantismo se consagrou ao objetivo post-kantiano de reconciliação do mundo dos fenômenos com o reino da Ideia. O idealismo poético de Novalis buscava essa síntese, tanto quanto as metafísicas de Fichte, Schelling e Hegel. No entanto, esse impulso sintetizante é igualmente "metafísico" em outro sentido: *no sentido de implicar a negligência da finitude humana*. Dialética do Espírito e intuição romântica presumem captar o Todo, mas, sob essa presunção, existe o esquecimento da verdadeira natureza do Ser, da sua relação essencial com a temporalidade, e da finitude não menos essencial do conhecimento.

A importância maior da poética de Hölderlin (e a razão principal do seu "anacronismo") reside na sua oposição à filosofia da totalidade, na sua solitária rememoração da finitude em pleno império da síntese metafísica. Hölderlin, antigo companheiro de Schelling e Hegel no seminário de Tübingen, se daria por missão conter e contestar o arroubo da aspiração à totalidade, prefigurando o retorno ao senso do Tempo e à lembrança da finitude. Mas a sua própria convivência com os formuladores da nova metafísica denota que ele não se desligou muito cedo da doutrina da síntese. A ruptura foi penosamente construída. Antes de resplandecer nos grandes poemas da maturidade, a posição antimetafísica se prepara, sob forma teórica, nos fragmentos e nas cartas sucessivos ao "período de Homburg", ou seja, nos primeiros anos do século XIX. A análise desses escritos foi magistralmente desenvolvida por Beda Allemann no seu *Hölderlin und Heidegger* (trad. francesa, Presses Universitaires de France, 1959).

A palavra-chave da visão de Hölderlin é *retorno natal* (*Vaterländische Umkehr*). Conforme lembramos, porém, a estratégia antimetafísica de Hölderlin é uma problematização do destino do homem do Ocidente. Portanto, a teoria do retorno natal é uma perspectiva de história da cultura. Na verdade, ela é a versão hölderliana daquela comparação com a cultura helênica que se tornara obrigatória para os grandes representantes do espírito alemão no período clássico-romântico, e ressurgiria em Burckhardt e Nietzsche.

Durante os anos de Frankfurt (1796-98), Hölderlin ainda se mostrava atraído pela imersão no Todo. Seu pensamento circulava então ao redor da oposição entre o Aórgico – o reino da Natureza, do Uno-Todo infinito e originário – e o Orgânico – o domínio da Arte, da reflexão e do finito. No plano da tragédia *Empédocles*, o herói se lança no Etna, simbolizando em seu suicídio a vontade de escapar às restrições da condição humana no seio da indiferenciação do Aórgico. Essa nostalgia da Natureza se desdobra em nostalgia da perfeição grega. Não só Hölderlin ainda está fascinado pelo Todo, como não lhe dá sequer aquela forma dialética, desdobrada em várias manifestações parciais, com que Hegel salvaria o Espírito da indiferenciação do Absoluto de Schelling. Mas em Homburg, já na fase da redação da referida tragédia, Hölderlin se aproxima da versão dialética da filosofia da síntese. Em lugar do simples mergulho no Aórgico equivalente à evasão das limitações do mundo humano, predomina a ideia da possibilidade de uma *reconciliação* entre Natureza e Arte. O tema da morte de Empédocles pretende agora reconciliar dois polos bem valorizados. No último estágio da redação, no chamado "Fragmento do Etna", a tendência à imersão no Aórgico é contrabalançada por um princípio antitético, encarnado pelo irmão de Empédocles, e que consiste na deliberação de aceitar a diferenciação, na preferência pela condição terrestre – oposta à partida para o Todo do suicídio empedocleano.

A concepção das cartas e fragmentos teóricos tardios (*Observações sobre "Édipo"* e *Observações sobre "Antígona"*, tragédias traduzidas por Hölderlin) acentua definitivamente este senso da diferenciação, legitima a *separação* (entre o homem e os deuses, entre o homem e o Todo), contemplando-a como condição autêntica da vida humana, e distingue a alma da Grécia do espírito da Hespéria – sem nenhuma desvalorização deste último. Para o Hölderlin maduro, a cultura helênica e a ocidental (i.e., moderna) possuíam duas tendências cada uma: uma tendência *natural* ou originária, e uma tendência *cultural* ou artificial. Essas duas tendências são opostas entre si. Assim, a tendência natural dos gregos era a participação no "fogo celeste", a intimidade com os deuses; enquanto a sua tendência cultural era a "claridade da representação", ou seja, o dom de diferenciar e de diferenciar-se. Os gregos, integrados de nascença, buscavam construir-se como indivíduos, como espíritos solitários. Diferenciar as coisas e os homens era a sua ambição. Naturalmente unidos ao Todo e à *physis*, seu próprio esforço de diferenciação revelava essa harmonia: Homero, para individualizar seus heróis, recorre à descrição de suas qualidades atléticas, isto é, corporais, *naturais*. A alma helênica respira participação, e não isolamento. A tendência natural dos "hesperianos" é, ao contrário, o isolamento, a *sobriedade ocidental*, que desconhece o *pathos* da identificação com o Todo. Consequentemente, a cultura hespérica tende a apropriar-se do sentimento de integração na Totalidade. O grego queria *apreender-se*, captar-se como indivíduo; o ocidental quer *atingir* algo, rompendo a diferenciação originária, em busca do ilimitado.

Mas os gregos – os heróis homéricos – eram cremados: deste modo, a morte os restituía à sua origem ígnea. É que o *itinerário completo* de cada povo descreve uma hipérbole: partindo do todo, os gregos devem construir a diferenciação, e só depois disso retornar ao todo; partindo do diferenciado, os ocidentais devem tentar atingir o todo, e só então volver à diferenciação. A forma hiperbólica do trajeto de ambas as culturas explica o sentido do *retorno natal*. Cada itinerário consiste em deixar o elemento natal em direção ao seu oposto, voltando depois ao ponto de partida. Um esboço poético da maturidade de Hölderlin evoca a imagem do voo do falcão de caça: o falcão encarna o *afastar-se da terra cujo objetivo é o retorno à terra*, de posse de sua presa. Pöggeler lembra as curvas que o esquiador desenha na neve para manter-se em seu rumo. O desvio faz parte da manutenção da linha de origem.

No curso do progresso da sua cultura, os gregos aperfeiçoam a sobriedade diferenciadora. Esta era a disposição que lhes incumbia conquistar. Quanto a nós, do Ocidente, nós nos apossamos cada vez mais do *pathos* da participação do Todo. Porém, Hölderlin adverte que "o que nos é próprio também deve ser aprendido, tanto quanto o que nos é estranho". Em outras palavras: a missão da cultura hespérica não é somente a de conquistar o Aórgico, o *pathos* originário para os helenos, mas é igualmente, e sobretudo, a de orientar-se para a sóbria diferenciação. Porque os gregos se destacaram tanto na instauração desta última (de acordo com a sua tendência cultural) é que eles nos servem de modelo. O Ocidente deve aprender a sua própria essência. A Grécia nos ensina o que nos pertence.

O sentido profundo da tendência cultural helênica, e do retorno natal dos ocidentais – do destino da Hespéria – é a *purificação pela separação*. Os homens têm que saber suportar a ausência dos deuses, a distância em relação ao Uno/Todo. A forma por excelência da representação de um tal destino é a *tragédia*. O trágico vive da noite do Intervalo, do tempo em que os deuses *ausentes* são, por isso mesmo, *lembrados*. E o exemplo supremo da tragédia é o "processo do herege" Édipo – do homem que se afasta dos deuses para poder evocá-los – bem mais do que a paixão de Antígona, que não chega a deixar a proximidade do divino. Os fundamentos da poesia residem na compreensão da essencialidade da separação.

Quando os habitantes da Hespéria negligenciam a missão do retorno natal e se precipitam na paixão do Todo, na pressa de contar com os deuses, a divindade se afigura inclemente e selvagem. Hölderlin relaciona a vocação de "precipitar" o contato com os deuses e a industriosidade calculante e calculista, num claro prenúncio da vinculação heideggeriana do império do ente e da presença-constante aos assaltos da técnica e da representação investigadora. Na época do *Empédocles*, a indústria ainda era concebida como mera pretensão a tornar a natureza útil e produtiva; mais tarde, Hölderlin a associa ao *caótico* em geral: ao sem raízes que se opõe à estrada legítima do retorno à origem.

O que Hölderlin pede aos ocidentais, sob a forma de uma fidelidade à sua natureza, corresponde ao senso da verdade do Ser como dialética da manifestação e ocultação, nos termos do questionamento de Heidegger. Na perspectiva histórica, a Hespéria fiel à sobriedade originária equivale ao indivíduo resolvido a assumir a própria finitude, domando a "lei da sucessão" – o Tempo – pela aceitação da sua irredutível *abertura*. A experiência do sagrado que Hölderlin assinala ao Ocidente se identifica com o retorno ao Ser na filosofia de Heidegger. Em ambos os casos, o retorno à origem significa abertura radical da historicidade autêntica. O mesmo, que não se confunde com o idêntico, só transparece na diversidade. Se os deuses não se retirassem, o homem não poderia encontrá-los.

SCHILLER	arte	relação homem/natureza
Grécia	objetiva, limitada	harmônica (ingênua)
modernidade	subjetiva, ilimitada	conflitiva (sentimental)

HÖLDERLIN	tendência natural	tendência cultural	retorno natal
Grécia	indiferenciação	diferenciação	inferenciação
Hespéria	diferenciação	indiferenciação	diferenciação

Schiller "justificou" o espírito moderno frente ao antigo. No entanto, se contrastarmos o seu esquema histórico-comparativo com o de Hölderlin – verificaremos que o paralelo de Schiller não consegue, a rigor, legitimar a *natureza* da condição moderna. A conclusão lógica do ensaio sobre poesia ingênua e sentimental o levou a considerar *ambos* os gêneros de poesia como insuficientes. O gênero *naïf* ainda é demasiado apegado ao material; o sentimental, excessivamente distante do ideal que ambiciona atingir. Os "realistas" gregos alcançaram efetivamente a perfeição, mas o nível de perfeição que se propunham era inferior àquele com que sonham os "idealistas" modernos. Estes, precisamente porque visam a algo mais elevado, não chegam a tocá-lo. Schiller passa a desejar uma *terceira* poesia, uma síntese *ideal*, em que a antiga harmonia vivida pelos gregos retornaria em grau mais alto, brotando da maior espiritualidade dos modernos.

O romantismo da primeira hora abandona essa hipótese sintética. O espírito "sentimental" descobre a delícia do próprio subjetivismo, esquecendo as exigências éticas de Schiller. O romantismo "schellinguiano" oscilaria entre a ideia de uma síntese puramente ideal e futura e a sua identificação com uma renascença da fé cristã. Hegel denunciou a irresponsabilidade do primeiro momento romântico e o passadismo do segundo; mas não deixou de cometer outro vício de "identificação" prematura da síntese, assimilando-a ao repouso contemplativo do Espírito, satisfeito com o Estado prussiano da Restauração. A grande agudeza teórica e poética de Hölderlin foi ter percebido que a própria *obsessão da síntese é que devia ser combatida*. Ao fazê-lo, repeliu o "partido da Totalidade" e deslocou o eixo da moderna concepção da felicidade. Ele obrigou a aspiração à beatitude a incorporar a consciência viva da nossa finitude. A partir dessa refração da tendência a glorificar o Todo – em detrimento da temporalidade do Ser –, a condição da modernidade não apareceu mais, em si mesma, como insuficiente. A Hespéria aceitou-se a si própria. Mas a justificação da cultura moderna se deu como justificação *crítica*, isto é, como validação do seu status essencial – da sua vocação para reconhecer-se na finitude e no diferenciado – e não como legitimação da sua realidade *factual*, confundida com a trajetória do esquecimento da finitude nas sucessivas empresas tecnológico-metafísicas do Ocidente. Hölderlin valida a Hespéria naquilo em que ela se esqueceu de ser: nela mesma. Ele não resgata o Ocidente como ele é, mas sim como deve ser. Não justifica *este* Ocidente; justifica *o* Ocidente. Schiller também "salvara" o nosso futuro, mas para isso tomara emprestado aos gregos a experiência da harmonia e da integração: a poesia *ideal* seria uma síntese da espiritualidade moderna e da harmonia entre homem e natureza em que os gregos viveram. A vantagem de Hölderlin é justificar a modernidade a partir da sua própria índole, sem empréstimos a outra cultura. A cultura moderna passa a valer plenamente por si – com a condição de não trair-se a si própria.

Heidegger encontra em Hölderlin a medula do seu pensamento. A interrogação sobre o Ser e o destino da Hespéria são a mesma questão – a questão que permite superar a alternativa otimismo/pessimismo por meio do sentimento do *trágico*. Esta palavra, usada pelo próprio Heidegger para definir o *pathos* específico da superação do olvido do ser, contém, pensada em profundidade, o verdadeiro sentido da reconciliação. Esta não deve ser buscada na anulação impossível da finitude. A tentativa de omitir a finitude conduz fatalmente a desnaturar a consciência do tempo e a pretender reduzir o diferente às malhas tautológicas do Sistema como dogmática. A reconciliação pertence ao entendimento da finitude como abertura ao Ser e ao tempo. O homem descobre os deuses no intervalo da sua ausência; se reestabiliza, no senso do precário. De outro modo, cai como escravo do seu próprio passado, e em nome de uma segurança quimérica, lavra a sua miséria e a sua aflição.

Hölderlin, o contestador da síntese metafísica, começa a sair da longa noite da incompreensão. A força do seu combate contra o autoesquecimento do Ocidente pode ser medida pelo fato paradoxal de que a valorização do seu apelo prolonga o equívoco sobre o seu significado. O livro heideggeriano de Allemann é, em grande parte, dedicado a destruir a interpretação de alguns dos maiores conhecedores do poeta (por exemplo, Wilhelm Michel, Friedrich Beissner). Segundo estes intérpretes, Hölderlin teria definido a missão do Ocidente, em oposição à dos gregos, como a necessidade de *evitar* o sóbrio, procurando a paixão de "todas as tempestades da sorte". Uma tal ética "dionisíaca" é facilmente anexável ao delírio de potência em que a cultura moderna foge de si mesma e *tenta* escapar à insegurança. Porém, para o próprio Hölderlin – esse suposto "irracionalista" – o destino da Hespéria era antes a sobriedade. Heidegger não propõe outra coisa. A *sagesse* que o Ocidente nele busca nos reaproxima da receptividade ao Outro e ao Diferente – e, ao mesmo tempo, sugere que a nossa fome de ser felizes talvez possa apaziguar-se, se a caça exclusiva à satisfação for contrabalançada por uma redescoberta do valor da maturidade: do valor de ser atento aos limites da nossa condição. Conforme dizia Edgar a seu pai Gloucester,

> *Men must endure*
> *Their going hence, even as their coming hither;*
> *Ripeness is all.*
>
> *(King Lear, V. 2)*

A ENCRUZILHADA DE KANT

Recorrendo ao pensamento de Heidegger, encontramos um caminho para superar o pessimismo da *Kulturkritik* do neo-hegelianismo de Frankfurt, substituindo o seu ideal de redenção do homem e a sua maneira de interpretar a história da civilização ocidental. A essa altura, vale a pena apurar quais são as relações – ideológicas – entre os nossos críticos da cultura e o próprio Heidegger. Adorno constantemente polemiza contra Heidegger. São inúmeros os ensaios em que, sempre "de passagem" e sem nomeá-lo diretamente, lhe lança as suas setas mais ferinas. A questão do Ser é caracterizada como um "*pathos* subjetivista"; o diálogo com Hölderlin, como "aguada reminiscência de segunda mão". O esforço de contornar as dificuldades de exprimir a dialética do Ser presente-e-o-culto é "denunciado" como "astúcia camponesa" que "se recusa às obrigações do pensamento conceitual"; quanto à revisão das palavras pré-socráticas, é tida por simplesmente arbitrária. Para Adorno, todos esses vícios fazem da filosofia heideggeriana uma ideologia "restauradora" – restauradora, é claro, da ordem repressiva. Esses ataques provocadores, jamais desenvolvidos numa análise mais objetiva, não merecem consideração demorada da nossa parte. Em relação a Heidegger, Adorno manifesta apenas uma incompreensão obstinada, para não dizer de má-fé.

A atitude de Marcuse é diferente. No início de sua carreira, ele chegou a ser considerado um pensador de procedência heideggeriana. Em 1934, porém, em "O Combate contra o Liberalismo na Concepção Totalitária do Estado",[8] Marcuse investe contra Heidegger. O ensaio distingue expressamente entre o "existencialismo" filosófico e o existencialismo *político* de Carl Schmitt, Alfred Bäumler, Ernst Krieck e outros teóricos nazistas. Assinalando que o existencialismo *filosófico* estava originalmente associado à defesa da autonomia da pessoa, na tradição ética de Kant, Marcuse o tem por incompatível com o esmagamento da personalidade e dos valores do indivíduo requerido pela visão totalitária. Apesar disso, ele acha que o existencialismo filosófico (consubstanciado em *Sein und Zeit*) perdeu depressa o seu impulso inicial – a luta contra o intelectualismo abstrato da linhagem idealista, em nome do sujeito concreto-histórico – alheando-se perigosamente da consciência da situação histórica. A crítica da existência impessoal e inautêntica (o tema do "das Man") não se desdobrou em análise das suas raízes histórico-sociais; e esse abstracionismo propiciou graves equívocos de apreciação política. Desprovido de juízo histórico adequado, o existencialismo filosófico terminaria sucumbindo ao fascínio da mitologia nacionalista, ao culto irracional do Führer e à obsessão do "destino do povo germânico". Em consequência, os existencialistas como Heidegger, num "autorrebaixamento único na história das ideias", traíram as origens libertárias da sua posição ideológica, acompanhando a demissão generalizada do espírito ante a maré totalitária. O existencialismo filosófico entrou em colapso com a entronização do "existencialismo político", ou seja, da apologia da ditadura hitlerista.

---

[8] Publicado no *Zeitschrift für Sozialforschung*, reeditado em *Kultur und Gesellschaft* – em inglês no volume *Negations*.

A base factual dessa acusação marcusiana são os textos de 1933 – o discurso reitoral e os artigos publicados na *Gazeta Estudantil de Friburgo* – em que Heidegger louva o movimento nacional-socialista. A questão do nazismo em Heidegger já foi, como é sabido, muito discutida. O histórico das relações do filósofo com o nazismo foi exposto por François Fédier no número de novembro de 1966 da revista *Critique*.[9] Em *Tempo Brasileiro*, de dezembro/fevereiro de 1966/67, o crítico Eduardo Portella, na qualidade de diretor da editora que chamou a si a meritória empresa de lançar as obras de Heidegger em português, revelou ao público nacional os dados essenciais do *affaire*, sintetizados por Fédier.

Em resumo, o que os fatos indicam é que Heidegger – tal como a maioria, eleitoralmente expressa, do povo alemão – depositou uma confiança tragicamente errônea no nazismo, embora sem compactuar com os seus aspectos desumanos (no exercício da reitoria, Heidegger se *opôs* à perseguição antissemita). Essa sua atitude perdurou até *fevereiro* de 1934, quer dizer, até seis meses *antes* do estabelecimento da autocracia hitlerista e do fim do sistema constitucional da República de Weimar, que só ocorreram em agosto daquele ano, em seguida à morte do marechal-presidente Hindenburg. Em fevereiro, Heidegger se demitiu espontaneamente do cargo de reitor, recusando-se a ceder à pressão oficial que visava excluir da universidade professores antinazistas. Um destes, o social-democrata Wilhelm von Möllendorf, que o precedera como reitor, tomara a iniciativa (em abril de 1933, três meses depois do advento *legal* do nazismo ao poder) de convidar Heidegger para substituí-lo. A essa altura (seis anos após a publicação de *Sein und Zeit*), Heidegger era o grande nome da Universidade de Friburgo, conforme demonstra a sua eleição para a reitoria (apenas um voto o impediu de obter uma indicação unânime). A partir da sua demissão, ele se pronuncia contra o regime em seus cursos,

---

[9] François Fédier. "Trois Attaques contre Heidegger." *Critique*, n. 234, Novembre, 1966, p. 883-904.

segundo o testemunho de vários ex-alunos. É verdade que a sua oposição não tomou a forma de uma *resistência total*; situou-se no plano do próprio ensino, de maneira mais ou menos análoga à discreta e dissimulada refutação do estalinismo empreendida por Lukács, em seus escritos de certo período. De qualquer modo, os cursos de Heidegger se tornaram logo objeto de policiamento, e sua situação pessoal na universidade "controlada" se deteriorou acentuadamente.

Para compreender esse lado factual do afastamento entre o filósofo e o nazismo, relatado por Fédier e Portella, basta advertir que um dos temas centrais das aulas de Heidegger na segunda metade do decênio de 1930, era uma análise das teorias de Nietzsche – nos termos evocados aqui na seção "A História da Metafísica como Imperialismo do Ente". Tal análise foi desenvolvida numa perspectiva *radicalmente inconciliável* com a grosseira utilização nazista das noções de vontade de poder, super-homem, etc. O voluntarismo que os "filósofos" nazistas valorizavam – deformadoramente – em Nietzsche era exatamente o que Heidegger considerava como cegueira metafísica, infiel à verdade do Ser e da experiência existencial autêntica. A importância desse ponto só transparece claramente quando se recorda que a interpretação de Nietzsche foi um dos elementos *essenciais* do ideário nazi. A divergência radical de Heidegger em relação ao próprio Nietzsche (num nível superior) e ao "nietzschianismo" de aluguel dos apologetas da barbárie nazista (num nível rasteiro) representa um obstinado desafio intelectual à visão do mundo do nazismo.

Por outro lado, a severidade do juízo de Marcuse, no referido ensaio de 1934, é bem compreensível. Judeu, diretamente ameaçado pela agressão názi, Marcuse não poderia deixar de reagir com vivacidade aos ingênuos, injustificáveis (embora tampouco incompreensíveis) e efêmeros (mas que não podiam parecê-lo em 1934) textos heideggerianos de apoio a Hitler. Quanto à falta de perspectiva histórico-social na obra de Heidegger até *Ser e Tempo*, é acusação que não se saberia rejeitar inteiramente. A própria evolução de Heidegger o confirma. O ponto de vista *existencial* de *Sein und Zeit* parece necessariamente "abstrato" (do ângulo histórico), se confrontado com o ponto de vista histórico-ontológico, "hölderliniano", adotado nos estudos dos anos 1930. De resto, mesmo no segundo Heidegger, a dimensão do social é muito insuficientemente elaborada; até a crítica insuspeitíssima de Pöggeler o reconhece. Mas isso não invalida de modo algum *outras* dimensões do seu pensamento, que nos parecem precisamente harmonizáveis com uma teoria social em sentido moderno (e com a crítica da cultura em particular). Passada a angústia do pesadelo nazista, o próprio Marcuse o admitiu. Uma nota de *One-Dimensional Man* registra elogiosamente a crítica heideggeriana da técnica, definida como comportamento básico da cultura ocidental.

É bem significativo que, mesmo no seu instante de repulsa (e apesar da sua tese negativa sobre *Ser e Tempo*), Marcuse só cite as infelizes páginas não filosóficas de Heidegger. Até mesmo no seu gesto natural de hostilidade, a crítica marcusiana a Heidegger não cai nas deturpações polêmicas do tipo *A Destruição da Razão*, que reduzem, ultra-arbitrariamente, o pensamento heideggeriano a uma abjeta e oportunista tentativa de legitimar o "parasitismo burguês". Marcuse condena (como não condená-lo?) o erro político de Heidegger, mas o apresenta como um "colapso" da sua filosofia, no máximo possibilitado (mas não causado) pelas suas insuficiências – e não como função dela. Ele salvaguardara assim o respeito pela obra de Heidegger, reservando esse gênero de redução simplista para a sua análise da de Scheler. A propósito deste, como exemplo de "conexão conceptual" entre a ética material e a subserviência da *intelligentsia* nazista ante o Führer, Marcuse não hesita em citar – a sério! em "O Conceito de Essência" (1936) – a seguinte passagem de Otto Dietrich: "A filosofia recente diz que 'a visão intuitiva das essências' (*Wesensschau*) é a imediata intuição do que é legítimo. Essa qualidade encontra a sua expressão mais forte na personalidade de

Adolf Hitler [...] O Führer possui não só a capacidade infinitamente valiosa de ver o que é essencial nas coisas, como também, em larga medida, o instinto da ação audaciosa e oportuna". Que pensar dessa citação marcusiana? Devemos "deduzir" que a fenomenologia em geral, e Max Scheler em especial, serviram, no fundo da alma, o regime da bestialidade nazista? Ou quem sabe é o pensamento de Marcuse que, por sua vez, "entra em colapso" diante das exigências de interpretação objetiva da obra de Scheler?

Na crônica das relações entre Heidegger e os neo-hegelianos de Frankfurt, Marcuse evoluiu da reação violenta contra o autor de *Ser e Tempo*, motivada pelo episódio lamentável do seu fugaz amor ao nazismo, para o aproveitamento da "crítica da cultura" do Heidegger tardio. Em abstrato, o antitecnologismo parece comum à nova ontologia e à *Kulturkritik*. Mas essa aprovação tópica não impede que a visão global de Marcuse se tenha afastado enormemente da posição de Heidegger. A partir de *Reason and Revolution*, Marcuse se definirá como herdeiro do tronco hegeliano-marxista, no qual, conforme vimos, ele enxerta a teoria da repressão originada em Freud. Aos olhos do "pensamento negativo", Heidegger é um inimigo, ou, pelo menos, um estranho.

Podemos ir buscar as raízes desse divórcio no centro da filosofia clássica alemã: na divergência quanto à apreciação de um dos elementos da doutrina de Kant – o conceito do predicado *ser*. A interpretação *negativa* do que Kant diz do predicado *ser* está na base da tradição hegeliano-marxista; a sua interpretação *positiva*, na base da "destruição da metafísica" de Heidegger. Deste modo, o conceito kantiano do predicado da existência é uma espécie de encruzilhada decisiva, onde o "pensamento negativo" e a nova ontologia se separam originariamente.

Que diz Kant do predicado *ser*? No segmento "Da Impossibilidade de uma Prova Ontológica da Existência de Deus", que integra a "Dialética Transcendental" (Livro II, cap. 3, seção 4) da *Crítica da Razão Pura*, ele afirma:

Evidentemente, *ser* não é um predicado real, isto é, o conceito de algo que se adiciona ao conceito de uma coisa.

Quando dizemos: "a cadeira é" ("a cadeira *existe*") não acrescentamos *nada de determinado* ao conceito de cadeira.

Qual é o comentário elaborado pela tradição hegeliano-marxista a propósito desta afirmação de Kant? Podemos lê-lo no capítulo central de *História e Consciência de Classe* (1923) de György Lukács: "A Reificação e a Consciência do Proletariado" (II, 2). Lukács é o mais importante filósofo marxista do nosso tempo, e o que mais sistematicamente contribuiu para acentuar a ascendência hegeliana do marxismo.

Kant declara que *ser* não é um predicado *real*. Lukács entende que ele quer com isso isolar o ser cognoscível de toda determinação concreta. Kant desejaria que o predicado da existência fosse um puro conceito *formal*, vazio de todo conteúdo real. No parágrafo seguinte ao da frase citada, Kant observa que, se o ser *fosse* um predicado real, "não existiria, no conceito, isso mesmo que eu pensei nele, porém mais, e eu não poderia dizer que é precisamente o objeto do meu conceito que existe". Lukács pensa que isso mostra que Kant parte *do conceito* (constituído pela ação das categorias, ou seja, dos princípios *formais* e *a priori* do conhecimento) para chegar *ao ser* – e que, por isso mesmo, é levado a definir este último como algo puramente formal e *abstrato*.

A fonte da crítica de Lukács ao "abstracionismo" de Kant é Hegel. Hegel, ao criticar esse trecho de Kant, adotara a mesma linha de "defesa do concreto", insistindo em que o ser só deixa de ser abstrato "adquirindo um conteúdo determinado" – o que, visivelmente, não é o caso do predicado não real de Kant. Lukács acha que, segundo o modelo kantiano, a "dominação teórica do objeto culmina na acentuação dos elementos formais, destacados de todo conteúdo", de toda "facticidade" contingente. O conhecimento é transformado em "contemplação metodologicamente consciente de puros conjuntos formais", que funcionam "sem intervenção do sujeito" – quer dizer, sem levar em conta o homem concreto. A epistemologia formalista não liquida apenas o conteúdo concreto da realidade; dissolve igualmente todo elemento antropomórfico na atividade contemplativa.

A conclusão final da hegelianizante análise lukácsiana do passo de Kant sobre o predicado do ser não é difícil de deduzir. O "formalismo" de Kant induz à definição do conhecimento em termos *contemplativos*. Porém, Marx, completando o impulso hegeliano de atenção ao real-concreto, ensinou-nos que o verdadeiro conhecimento deve aproximar-se da realidade, e que esta é ação – práxis – e não contemplação. Donde se infere que, para a filosofia contemporânea, o formalismo de Kant é um resíduo arcaico, pré-hegeliano – superado pela teoria da práxis.

Kant representaria precisamente um estágio na história da filosofia moderna entendida como *desvendamento progressivo da práxis*. O cogito cartesiano, ao afirmar o primado do sujeito, deslocou o centro do conhecimento *das coisas para o homem*, recolhendo assim a valorização renascentista do especificamente humano. A filosofia crítica de Kant revelou que, no conhecimento, esse sujeito é *criador* – dado que o conhecer resulta da atividade construtiva da consciência e não da sua pretensa "passividade" ante os estímulos do mundo externo. Em seguida, Hegel fizera desse sujeito criador *abstrato* um Espírito vivo, mergulhado no painel concreto da história da humanidade. A vida do sujeito se identificou com a plenitude da experiência histórica efetiva. Finalmente, Marx fechou o ciclo, substituindo o sujeito (ou seja, o conhecimento enquanto diverso da ação social materializada) pela práxis histórica, pela atividade material, concreta, dos homens reais. O homem cognoscente passa a ser visto como homem *atuante*. Com a práxis inteiramente desvendada, a filosofia idealista, forma suprema da filosofia, se despede. Sua função de teoria crítica passa a ser exercida pela *crítica social*.

O fundo dessa presumida evolução é claro. Trata-se de um ativismo "humanista". O homem é o ente que atua e faz, o a*gens* e *faber* a partir de cuja ação todos os demais seres ganham seu significado. Na seção "A História da Metafísica como Imperialismo do Ente" já caracterizamos essa concepção como forma do primado do ente autoimpositivo, da vontade de poder irrespeitosa do Outro e do Ser, e da exaltação ingênua do furor tecnológico em seu assalto contra a natureza.

Submissa a essa orientação, a linhagem de Hegel não é capaz de interpretar em sentido positivo a frase de Kant sobre o predicado da existência. Mas a filosofia de contestação da metafísica "humanista" a analisa de outra maneira. Heidegger consagrou a essa análise o ensaio "A Tese de Kant sobre o Ser" (Kants These über das Sein), publicado em 1963,[10] quarenta anos depois das objeções lukacsianas de *História e Consciência de Classe*.

Heidegger parte exatamente da mesma frase da *Crítica da Razão Pura* (apenas acrescida da subsequente) comentada por Lukács: Evidentemente, *ser* não é um predicado real, isto é, o conceito de algo que se adiciona ao conceito de uma coisa. É tão só a posição de uma coisa [...].

Heidegger observa que Kant não nega que *ser* possa ser um predicado; recusa somente a sua qualidade de predicado *real*. Em consequência, ele acrescenta logo que *ser*, como predicado, indica exclusivamente a "posição de uma coisa". Que vem a ser esta última?

Muito tempo antes do chamado "período *crítico*" da sua obra – que data da primeira *Crítica* (1781) –, num escrito intitulado *Da Única Prova Possível da Existência de Deus*, Kant já dissera que "o conceito de posição [...] se identifica completamente com o conceito de Ser em geral".

Posição (absoluta) indica pura e simplesmente a existência de algo colocado (posto) frente ao espírito, fora da sua determinação pelo conhecimento. Numa nota da fase pré-crítica, Kant o esclarece da maneira mais incisiva: "Com o predicado da existência, não adiciono nada à coisa, *mas adiciono a própria coisa ao conceito*. Portanto,

---

[10] Trad. francesa em *Questions II*, Paris, Gallimard, 1968.

numa proposição relativa à existência, ultrapasso o conceito, não na direção de um predicado diverso do que é pensado no conceito, mas sim na direção da coisa mesma, com precisamente os mesmos predicados, sem tirar nem pôr – apenas de tal modo, que o pensamento soma, à posição relativa, a posição absoluta". A posição *relativa* equivale às determinações conceituais do objeto; a posição *absoluta* (ou posição, *tout court*) à simples *existência* da coisa, fora de toda e qualquer determinação imposta pelo espírito.

Desta nota se deduz claramente que o conceito de *predicado da existência* – do predicado *ser* – leva Kant a ultrapassar o plano do conceito (da "construção" do conhecimento pelo espírito) *rumo ao plano da realidade*, enquanto esta *excede* o espírito. Entretanto, neste caso, a acusação de Lukács, segundo o qual Kant, ao negar a possibilidade de *ser* ser um predicado real, incide numa epistemologia formalista e abstrata – em que o conceito, fechado em si mesmo, se distancia da realidade concreta – entra em contradição com a verdadeira tendência do pensamento kantiano. Kant não está fugindo da realidade, está – ao contrário – mostrando que a realidade não se reduz à ideia que nós fazemos dela.

Esta impressão é poderosamente confirmada pelo *contexto* da assertiva kantiana sobre o predicado ser. De fato, a proposição que reproduzimos faz parte da sua refutação da pretensa "prova ontológica" da existência de Deus – o chamado "argumento de Santo Anselmo", retomado por Descartes. Esta refutação é justamente dirigida contra o *idealismo* da metafísica moderna; em particular, contra Leibniz. O que Kant refuta é precisamente a legitimidade de *deduzir* a existência de Deus *do seu conceito*. Ainda que possamos pensar Deus sem cair em contradição, isso não prova que ele existe. Ora, Leibniz: 1) demonstrara muito bem que é possível conceber Deus sem contradição, e que concebê-lo é até mesmo uma necessidade lógica, e 2) inferira disso a existência divina. Kant aceita tranquilamente (1), mas repele com a maior energia (2). Em suas próprias palavras, "seja qual for o conteúdo do nosso conceito de um objeto, é necessário ir *além dele*, se queremos predicar a existência do objeto". Essa predicação é possível no que concerne aos objetos empíricos, mas impossível – a não ser como hipótese inverificável – no que concerne aos objetos puramente ideais. "Nosso conhecimento da existência [...] pertence inteiramente à esfera da experiência."

Elaborando a delimitação do alcance da razão pura, Kant se dá por tarefa o não perder jamais de vista a diferença entre a realidade e a nossa imagem dela – diferença que, anterior e posteriormente à filosofia crítica, foi negligenciada pela metafísica idealista. A *Crítica da Razão Pura* é taxativa: "[...] toda a nossa distinção entre o que é simplesmente *possível* e o que é *real* repousa em que o primeiro significa somente a posição da representação de uma coisa relativamente ao nosso conceito e, em geral, à nossa faculdade de pensar, mas o último (i.e. o real – J. G. M.), a posição da coisa em si mesma (fora desse conceito)". Isto é: o possível significa a posição *relativa* de algo; o real, a sua posição *absoluta*. De acordo com o visto, o predicado ser indica a posição absoluta.

Kant caminha manifestamente do conceito à coisa, do espírito à realidade, e não inversamente. Porém, se assim é, por que então o predicado *ser* não pode ser um predicado *real*? Se Kant, ao tratar do predicado da existência, segue rumo ao real, por que nega ele que esse mesmo predicado seja real? É evidente que estamos diante de dois sentidos do termo "real". Numa acepção, "real" equivale a "existente": por exemplo, na distinção entre o possível e o real. Em outro emprego, contudo, "real" se prende a "coisa" (*res*). O predicado *ser* não é "real" porque não adiciona o conceito de "alguma coisa" ao conceito de algo – mas adiciona, isso sim, a qualidade de *real* (no sentido de "existente") ao conteúdo do conceito de algo. Ora, essa qualidade de real – atributo de existência – não se pode reduzir ao conceito de "alguma coisa" (determinada), porque a *existência* se situa precisamente *além do conceito*, além das determinações do nosso espírito.

A afirmação de Kant a propósito do predicado da existência é uma demonstração de que o criticismo não esquecia a fronteira entre o Ser e o conhecimento. O neokantismo acreditava que a tendência fundamental da filosofia de Kant era a de "liquidar" o conceito de Ser. O "aperfeiçoamento" neokantiano consistia em eliminar o "resíduo" ontológico da coisa-em-si, convertendo-a em mero "limite" móvel do conhecimento, obrigando-o a prosseguir em sua marcha – em mera "função" do conhecimento" (Cassirer). Suprimindo a dimensão do Ser, a ontofobia neokantiana transformava a filosofia crítica em pura "teoria do conhecimento" adstrita a "comentar" o progresso da ciência. Em sua luta com o racionalismo de Leibniz, Kant cometera o "erro" de dar importância à sensibilidade. Para ele, o pensamento necessita sempre de uma intuição prévia, isto é, de algo exterior. O espírito parte da realidade, que o ultrapassa. Os neokantianos manifestam grande desprezo por essa "impureza" empirista. Segundo o seu maior representante, Hermann Cohen, "o pensamento puro deve produzir ele próprio exclusivamente os conhecimentos puros". Kant havia distinguido entre o *dado* e o *posto* (i. e., entre a posição absoluta e a posição relativa do objeto). Cohen anula o dado – e, com ele, a consciência ontológica de Kant.

Para a linha Hegel-Marx, a coisa-em-si (penhor do excesso do Ser em relação ao conhecimento) é apenas um índice da "irracionalidade" do criticismo. A afirmação da incognoscibilidade da coisa-em-si revela que Kant ainda não atinou com a verdadeira origem da realidade, que é a práxis social concreta (dissimulada em Espírito em Hegel; sem disfarces em Marx). Desde o instante em que se reconhece que o significado do real procede da práxis e da sua história, não há mais lugar para a ideia do incognoscível.

Assim, neokantismo e marxismo concordam em julgar a coisa-em-si um resquício irracional. No entanto, existe uma posição ideológica suscetível de levá-la um pouco mais a sério: a nova ontologia de Heidegger. Efetivamente, a coisa-em-si equivale a um sinal da *fuga* do Ser, dessa ocultação que lhe é tão essencial quanto o seu manifestar-se. Essa reserva do Ser o coloca sempre fora do alcance do nosso conhecimento. Como entes finitos, não somos os criadores da realidade. Esta nos supera. Se, não obstante, chegamos a conhecê-la (ainda que parcialmente), é em virtude de dois fatores fundamentais. Primeiro, porque o Ser não é exclusivamente ocultação – ele é também Manifestação. O Ser se nos *dá*. Uma passagem da *Crítica da Razão Pura* o diz assim: "Para que um conhecimento possa ter uma realidade objetiva, ou seja, possa reportar-se a um objeto e à sua significação, é preciso que o objeto possa ser *dado* de alguma maneira". Segundo, porque o homem, sujeito do conhecimento, é receptivo frente ao Ser. O conhecer depende a um só tempo da manifestabilidade do Ser, da sua desocultação (*alétheia*), e da receptividade do espírito humano.

Ora, Kant, ao iniciar a exposição dos elementos do conhecer da *Crítica da Razão Pura* pela "estética transcendental", tinha em mente o fato de que todo conhecimento repousa na *sensibilidade* (*estesia*), isto é, na capacidade de apreender algo exterior. Logo, se o correlato da receptividade do conhecer é a verdade do Ser como dialética ocultação/manifestação, e se a epistemologia da *Crítica da Razão Pura* parte da análise da sensibilidade enquanto receptividade, a *Crítica da Razão Pura* deve levar, necessariamente, a uma perspectiva *ontológica*. A teoria do conhecimento de Kant deve conter uma teoria do Ser.

Esta é precisamente a tese de Heidegger em *Kant e o Problema da Metafísica* (*Kant und das Problem der Metaphysik*, 1929.[11]

É bem sabido que o problema central de Kant, na primeira *Crítica*, era demonstrar a validez dos juízos sobre a experiência, ou juízos *sintéticos*, isto é, aqueles em que o predicado *não se pode deduzir do sujeito*, sendo, ao contrário, adicionado ao sujeito a partir da experiência sensível. Tais juízos sintéticos formam a base da ciência

---

[11] Trad. francesa, Paris, Gallimard, 1953; em espanhol, Cidade do México, Fondo de Cultura Económica, 1954.

natural. Quando, por exemplo, esta estabelece que "o calor dilata os corpos", nada existe no conceito do sujeito (calor) que permita inferir o predicado (dilata os corpos). Esse predicado não é deduzido do sujeito: é fornecido pela experiência.

Mas se o conhecimento não vem diretamente das ideias, da razão pura, e sim da experiência – tradicionalmente considerada falaciosa e mutável – como explicar que ele surja investido de *certeza*? Como podem os juízos sobre a experiência aparecer *garantidos* contra a incerteza, como se fossem *independentes* da variedade da experiência? Como podem os juízos sintéticos equivaler a juízos sintéticos *a priori*? É este o enigma que Kant quer resolver.

Entretanto, o problema da validez dos juízos sintéticos não é senão o problema da legitimidade do conhecimento do real. E se nós conhecemos a realidade a partir da *experiência*, é por aí que se deve começar a pesquisar sobre a validez universal do conhecimento. Ora, a experiência é sensível. A primeira frase do corpo sistemático da *Crítica da Razão Pura* declara que conhecer é, antes de tudo, *intuir*. A intuição é a relação *imediata* entre o conhecimento e os objetos. Ora, não sendo o homem "criador" da realidade (encontrando-se nela sem que ela dependa dele para existir), a sua intuição não é uma contemplação criadora, e sim uma contemplação *receptiva*: um olhar que se abre ao real, que é "afetado" pelo real.

Se conhecer *parte* da intuição, isso não significa que se satisfaça com ela. A intuição se limita a representar a singularidade dos objetos. Porém, para conhecê-los plenamente, para descrevê-los em termos universalmente acessíveis, é necessário contornar a singularidade, recorrendo a sinais comuns a *várias* coisas. A representação *mediata* do objeto, através de características comuns (*repraesentatio per notas communes*) é o *conceito*. O conceito "fala" do objeto mediante aspectos gerais, por meio da proposição ou *juízo*. O juízo *esclarece*, a partir do conceito, a natureza do objeto. "A intuição sem conceito é muda; o conceito sem intuição é cego." O conhecimento é a *síntese* de intuição e conceito, de sensibilidade e entendimento.

Todavia, não esqueçamos que o problema da *Crítica* não era o de descrever o conhecimento, e sim o de demonstrar a sua *validez*, ou seja, a sua independência, senão da experiência, pelo menos da variedade dela. Portanto, a síntese de intuição e conceito deve ser considerada como *síntese a priori*. De modo que os *componentes dessa síntese já devem conter, em si mesmos, os atributos de universalidade*. Em outros termos: sensibilidade e entendimento devem possuir cada um as suas *formas a priori*.

A sensibilidade dispõe justamente de duas formas *a priori*: o espaço e o tempo. *Toda* representação de um objeto físico *supõe* o espaço; *toda* representação de um objeto psicológico *supõe* tempo. Tempo e espaço "precedem" toda e qualquer intuição. Além disso, o tempo chega a preceder o próprio espaço: pois toda representação (de um objeto físico ou não) é um ato psíquico, e como tal supõe o tempo. O tempo é a intuição *pura* (i.e., *a priori*).

Não obstante, isto absolutamente não contradiz o caráter *receptivo* da intuição. Pois se é certo que eu não posso nunca "ver" mentalmente nada a não ser no tempo ou no espaço, por outro lado, eu não consigo jamais "ver" o próprio tempo nem o próprio espaço. Não posso colocá-los como objeto de minha representação. Para "ver" o tempo ou o espaço, sou obrigado a pensar *em algo* no tempo ou no espaço. Em linguagem mais técnica: tempo e espaço não podem ser *tematizados* pela intuição. Se todos os objetos os supõem, eles não podem ser figurados diretamente, mas apenas "entrevistos" atrás dos objetos. Assim, tempo e espaço "precedem" os objetos e, simultaneamente, "dependem" deles. Como formas puras da intuição, eles são a um tempo *a priori* e *receptivos*.

O entendimento também possui formas *a priori*, que se chamam, naturalmente, "*conceitos a priori*", "*conceitos puros*" ou *categorias*. As categorias são "pontos de vista" por meio dos quais *todos* os objetos são definidos. Não nos deteremos nelas. Para a nossa tese, basta saber que Kant demonstra a existência de formas puras da sensibilidade e de formas puras do entendimento; se o verdadeiro conhecer é uma síntese *a priori* de sensibilidade e entendimento, o *a priori* já se encontra nas duas componentes que ele reunirá. Resta indicar *como* se realiza a reunião, isto é, como atua a própria função de síntese.

A síntese mediadora entre conceito e intuição deve, logicamente, participar da natureza dos dois elementos que ela associa: deve ser ela própria um gênero de *representação*. Pelo mesmo motivo, deve ser uma representação *a priori*. Finalmente, uma vez que ela medeia entre conceito e intuição, essa representação não deve ser nem exclusivamente intelectual, nem exclusivamente sensível.

Kant denomina essa representação mista *a priori esquema*. A função específica do esquema – de acordo com a sua tarefa mediadora – é realizar a *transposição sensível* dos conceitos. Como opera essa última? Suponhamos o conceito "janela". Desde o instante em que percebi uma janela, eu sei reconhecer uma janela, como se tivesse passado a dispor de um *índice* para o conhecimento das janelas. Ora, é claro que esse índice não é nem uma visão empírica, nem um puro conceito: para poder reconhecer uma janela *esta* janela com que acabo de dar, é preciso que eu tenha em mente uma certa ideia prévia de janela, de janela *em geral* – uma espécie de "desenho" puramente mental, esboço genérico de todas as janelas. É evidente que nenhuma intuição propriamente dita – nenhuma janela particular *corresponde* tal e qual a esse esquema interior; por outro lado, esse mesmo esquema é irredutível a uma descrição conceitual. A rigor, ele não passa de uma "regra" que me permite objetivar as minhas intuições, "reconhecendo" o seu objeto. Uma regra-figura, em "perfil" esquemático, demasiado "abstrato" para ser plenamente sensível, demasiado "intuitivo" para ser plenamente conceitual – e por isso mesmo, apto a servir de ponte entre o conceito e a intuição.

Os conceitos como "janela" são *"repraesentationes per notas communes"* formadas a partir das imagens empíricas de janelas concretas. Mas as categorias (os conceitos puros), sendo meros "pontos de vista" mentais, não têm nenhuma correspondência no plano sensível. O conceito de "qualidade", por exemplo, não se reporta a nenhuma imagem empírica, pela simples razão de que as "qualidades" não são coisas, não são objetos individuais. Contudo, as categorias são as formas puras do entendimento; logo, se a síntese que possibilita o conhecer quiser ser, ela mesma, uma síntese *a priori* (fonte de um conhecimento universalmente válido), é indispensável que o esquematismo possa vincular *também* as categorias. E como as categorias não têm correspondência no plano das "vistas" empíricas, é necessário que a intuição a que elas se liguem seja uma "vista" *pura*, capaz de preceder toda vista empírica. Mas, segundo Kant, "a imagem pura de todos os objetos sensíveis é o tempo". Em consequência, *o "esquema" das categorias é o tempo*. Por isso, o tempo não pode ser "visto", nem sequer no sentido puramente esquemático e espectral dos "esquemas" dos conceitos empíricos, exemplificado pela ideia de janela.

Entretanto, as categorias são múltiplas. Para que o tempo possa servir como seu "esquema", é preciso que ele possa assumir múltiplas formas. Heidegger exemplifica essa possibilidade com uma referência à transposição sensível da categoria de *substância*. Kant assevera que o esquema do conceito de substância é a "permanência do real no tempo". Mas a única coisa que subsiste no tempo é o próprio tempo. A série de "agoras" em que consiste a temporalidade se dá a cada agora. O tempo como um todo infinito está sempre presente em cada um de seus instantes. Logo, o tempo é a única "vista" pura da categoria de substância.

Deste modo, o tempo é não só a forma pura da sensibilidade, como o princípio de esquematização das formas puras do entendimento. Isto significa que ele é, simultaneamente, o suporte da validez da intuição – do ponto de partida necessário do conhecimento – e da própria síntese que constitui a plenitude do processo cognitivo. A temporalidade é a articulação fundamental do conhecer. A "imaginação transcendental" (ou seja, a faculdade que, produzindo o esquematismo dos conceitos, realiza a mediação entre sensibilidade e entendimento) pressupõe essencialmente o tempo.

Em última análise, o tempo como "esquema" das categorias remete ao seu próprio status de forma pura da intuição. Se o conhecimento parte sempre do sensível, o trabalho do entendimento consiste em *pôr-se a serviço da intuição*. Por isso, o entendimento puro encontra seu esquema na forma pura da sensibilidade, quer dizer, no tempo. Ora, o tempo, simultaneamente pressuposto por todo fenômeno, e, não obstante, não se deixando "ver" a não ser *no* e *pelo* fenômeno, exibe, em perfeita união, duas características: *espontaneidade* e *receptividade*. "Precedendo" todo fenômeno dado, o tempo revela que a consciência não é puramente *passiva* no processo cognitivo. Vinculando-se necessariamente ao fenômeno – indissociável da fenomenalidade em geral – o mesmo tempo indica que a espontaneidade da consciência está em conexão essencial com a sua *receptividade*, com a sua capacidade de abrir-se à experiência.

A leitura heideggeriana da epistemologia da *Crítica da Razão Pura* demonstra que o exame kantiano do conhecimento desemboca num modelo da consciência definido pelos atributos de receptividade espontânea. Heidegger sublinha: 1) que esse modelo é obtido através do reconhecimento do papel básico do *tempo* no processo cognitivo; 2) que este reconhecimento foi possibilitado pelo fato de Kant não ter perdido de vista o caráter *finito* da condição humana, fundamento da sua *receptividade* frente ao real e da sua verdadeira relação com o Ser.

Porém Heidegger é o primeiro a admitir que essa interpretação da *Crítica* superestima a importância efetivamente concedida por Kant à intuição (como ponto de partida para conhecer) e à imaginação transcendental (como faculdade sintética). De fato, na segunda edição da *Crítica da Razão Pura* (1787), Kant reduziu substancialmente a autonomia da imaginação transcendental. Esta não é mais definida como "função da alma", e sim como "função do entendimento". A síntese deixa de ser uma mediação autônoma entre entendimento e sensibilidade; passa a ser tão só "um efeito do entendimento sobre a sensibilidade".

As consequências da mudança são claras: Kant aumenta a importância do entendimento no processo epistemológico global, a expensas da sensibilidade. A segunda edição da primeira *Crítica* marca a instauração do logicismo na obra de Kant. Em luta contra a moral empirista, contra a qual seria em breve publicada a *Crítica da Razão Prática* (1788), Kant propende agora a desvalorizar o plano do sensível. As implicações ontológicas da epistemologia da primeira edição, orientada para a sensibilidade, foram submergidas pela ascensão da tendência logicista. Depois do que, o eticismo de Fichte, o logicismo metafísico de Hegel e a ontologia ferozmente logicista dos neokantianos consagraram por longo tempo a desgraça do substrato ontológico da primeira forma da epistemologia crítica de Kant.

Mas a "exumação" heideggeriana do modelo da receptividade espontânea em Kant não se limita a questionar a concepção corrente da teoria da *Crítica da Razão Pura*, revalorizando a sua primeira edição; Heidegger subverte igualmente a ideia habitual da relação entre a primeira e a segunda *Crítica*. A tradição acadêmica sempre considerou a *Crítica da Razão Prática* em pura oposição à *Crítica da Razão Pura*. Esta contém a justificação filosófica do universo mecanicista da física newtoniana, enquanto aquela celebra o reino da liberdade e dos fins morais. Mil vezes se observou que a categoria de finalidade não tem acolhida na *Crítica da Razão Pura*, ao passo que se torna um conceito central na ética de Kant.

No entanto, Heidegger aponta uma analogia interessantíssima entre a teoria da liberdade da segunda *Crítica* e o modelo epistemológico da receptividade espontânea. Apoiando-se na análise das relações entre liberdade, personalidade e *respeito* desenvolvida no capítulo terceiro do primeiro livro da primeira parte da *Crítica da Razão Prática*, Heidegger lembra que Kant define a liberdade em termos essencialmente *análogos* à receptividade da consciência cognitiva. Com efeito, a segunda *Crítica* tem por objeto a liberdade. "Chamamos *prático* o que é possível mediante a liberdade", diz Kant. Mas o ato livre é definido como o ato de um *eu* que se determina a si mesmo. Kant denomina este eu ético *pessoa*. Segundo o seu estudo de 1793, *A Religião nos Limites da Simples Razão*, *personalidade* é "a ideia da lei moral, com o respeito que é inseparável dela". Portanto, o *respeito* é *a receptividade em relação à lei moral*. A personalidade livre é a que, *espontaneamente, respeita* a lei moral. Sendo a liberdade, para Kant, o oposto do capricho subjetivista, ser livre significa construir a própria obediência à objetividade da moral – num movimento essencialmente paralelo à atuação da consciência que, ao acionar as suas formas puras, elabora, como vimos, uma *abertura* ante o objeto, uma receptividade ante o real.

DE ROUSSEAU AO ESTRUTURALISMO

Comentando a tese kantiana sobre o predicado da existência, Heidegger aproximou Kant do conceito de Ser pensado na perspectiva da superação da metafísica. Trinta anos antes, ele havia descoberto em Kant – num Kant posteriormente abandonado por si mesmo – o modelo de uma teoria do conhecimento sensível à verdade da relação Ser/Tempo e ao estatuto *receptivo* da condição humana. Por sua vez, a estrutura de uma teoria do conhecimento baseada no conceito de *receptividade espontânea* aparecia como análoga à ideia da liberdade como respeito, foco da ética de Kant.

Mas o exercício da liberdade como respeito espontâneo pela lei é a medula da sociedade ideal descrita em *Du Contrat Social*, onde os homens se vinculam livremente à obediência da norma coletiva. Por isso, em *O Problema Jean-Jacques Rousseau* (1932; ed. em italiano, 1938; em inglês, Indiana University Press, 1963), Ernst Cassirer defendeu com êxito a tese da afinidade básica entre a moral de Kant e a utopia política de Rousseau. A análise do parentesco estrutural desses segmentos da obra dos dois pensadores encontra um sólido apoio suplementar num material biográfico incisivo, que são as várias expressões de admiração de Kant por Rousseau, e o seu eloquente reconhecimento da influência de Jean-Jacques sobre a sua filosofia.

Em nosso ensaio *Le Structuralisme comme Pensée Radicale*[12] (onde os temas desta seção, e da anterior, são desenvolvidos), tentamos demonstrar que, com base na antimetafísica de Heidegger e, em particular, na sua reinterpretação da teoria kantiana do conhecimento, seria possível estender a ideia da afinidade entre Kant – enquanto fonte do pensamento antimetafísico – e Rousseau ao âmbito *global* das suas respectivas obras teóricas.

Para sintetizar aqui o conteúdo dessa afinidade global, precisamos isolar dois aspectos essenciais da posição antimetafísica, ambos prefigurados por Kant: 1) a rejeição de toda atitude essencialista ou substancialista, isto é, de toda tendência a conceber a realidade e o homem em termos de determinações rígidas e "definitivas"; 2) a concepção do homem como um ser *receptivo*, ou seja, como um ente intrinsecamente plástico, maleável, *aberto à experiência* e à sua irredutível diversidade. O elemento (2) é, em forma positiva, uma tradução parcial do elemento (1).

Ora, a antropologia filosófica de Rousseau, especialmente no *Discours sur l'Inégalité* (1755) e no *Essai sur l'Origine des Langues*,[13] pode ser caracterizada como uma empresa de destruição do conceito essencialista da natureza humana.

---

[12] Obra ainda inédita que publicaremos no âmbito da "Biblioteca José Guilherme Merquior".

[13] Já se considerou esse *Essai* (que vem conquistando um lugar eminente nas mais modernas interpretações de Rousseau) como contemporâneo do, ou imediatamente sucessivo ao, chamado "primeiro *Discours*", isto é, o *Discours sur les Science et les Arts*, redigido do fim de 1749 para o 1º semestre de 1750, e publicado neste último ano. Hoje, ele é dado como contemporâneo do *Discours sur l'Inégalité*.

A teoria da gênese da linguagem exposta no *Essai* supõe que a língua nasceu da interação das condições exteriores e da inventividade do homem. Rousseau imagina que os primitivos habitantes dos "climas felizes" puderam viver muito tempo isolados uns dos outros, ao passo que os moradores dos climas áridos, a fim de sobreviver, foram compelidos a reunir-se periodicamente em torno de fontes de água. Nesses países quentes, "autour des fontaines", a sociedade se teria constituído, e, com ela, a linguagem. Até aqui, parece que o aparecimento da língua é devido à pressão das necessidades naturais (instinto de sobrevivência), que teriam forçado os homens a associar-se. Mas Rousseau não atribui a origem da linguagem diretamente a essas necessidades. A linguagem teria nascido da expressão das "passions" – isto é, de uma espécie de compensação inventada pelo homem para as duras exigências da necessidade de alimentação e do trabalho imposto pela avareza do meio ambiente. As necessidades naturais – os "besoins" – teriam sido a ocasião (mas não a causa única) das "passions" em que brotaram as línguas. A linguagem surge de um prazer, de uma espécie de desforra do homem contra as servidões a que a natureza o obriga.

A veracidade ou inveracidade desse quadro genético não é, evidentemente, o que nos interessa aqui, e sim o tipo de concepção da natureza humana nele pressuposto. Essa teoria *lírica* do nascimento da linguagem, ultraconhecida da história das ideias do século XVIII (Vico, Herder, etc.), ganha em Rousseau um entrosamento perfeito com as suas tendências antiessencialistas. Se a linguagem é uma *resposta* do homem às circunstâncias exteriores, isso significa que a natureza não o determina de uma vez por todas. Não existe uma natureza humana pré-fixada, nem mesmo no sentido da "perfectibilidade" iluminística. Comparando Rousseau a Condillac, Jean Mosconi notou muito bem que, para o último, a relação entre o homem e as circunstâncias, se bem que declarada necessária ao desenvolvimento do intelecto, é regida, em última análise, pelas determinações internas da organização da espécie:

quer dizer, pelos caracteres positivos de uma "essência" humana. Em Rousseau, as determinações internas não têm nenhum primado causal no que concerne ao curso da evolução do homem. Além disso, para Condillac, o homem *isolado* contém toda a perfectibilidade da espécie; Rousseau, porém, não concebe a perfectibilidade fora da sociabilidade – sendo esta mesma um produto *histórico* (e não puramente biológico) da interação entre as imposições do meio natural e as reações inventivas dos homens.

A genealogia da civilização traçada por Jean-Jacques revoga toda definição substancialista do ser humano. O homem não *é*; o homem *se faz*. E como ele se faz em comércio e conflito com a série aberta das circunstâncias exteriores, não seria acurado redefini-lo nem sequer como *homo faber*. O fundo de exaltação "prometeica" dessa redefinição não tem muito cabimento, pois, na verdade, o homem *é feito* tanto quanto *se faz*. O antiessencialismo de Rousseau é, neste ponto, mais dialético do que o prometeísmo de Marx. Verdade que ninguém deu mais ênfase do que Marx ao "ser feito" do homem. O homem do capitalismo (proletário ou não) é, sem dúvida, moldado pela força do sistema social. Mas essa passividade é justamente pensada *a partir da ideia da sua superação*; com a queda do regime capitalista, o homem "voltará" a "fazer-se" livremente; ora, nesse movimento, o *homo faber* reaparece em toda a sua plenitude. Tanto mais que o que o eclipsava – o capitalismo alienante – já era, a rigor, um produto seu. O capitalismo não é uma "circunstância ambiental" senão sob a forma de sistema *social* voltado contra o homem, ou seja, sob a forma de uma criação humana "reificada". Quando Marx analisa as relações entre o homem e o ambiente, ele pensa sobretudo no ambiente *social*; quando Rousseau traça a descrição genealógica do *Discours sur l'Inégalité* (com as três fases do estado selvagem, da *jeneusse du monde* paleolítica, e da era da humanidade tornada egoística, com o advento da propriedade e das técnicas), ele se demora proporcionalmente muito mais na consideração das relações entre o homem e o meio *natural*. A natureza em Marx não aparece praticamente nunca fora de sua "socialização", isto é, da sua mediatização no trabalho humano; a natureza em Rousseau ainda surge nua, impondo-se diretamente a um homem sem técnicas, ao homem ainda não socializado ou no ato mesmo de socializar-se – a um homem *entre a animalidade e a sociedade*.

A visão de Marx é essencialmente "micro-histórica"; ela analisa sobretudo, senão exclusivamente, a evolução da espécie a partir do período de estabelecimento de um nível relativamente elevado de domínio tecnológico da natureza. A visão de Rousseau é, ao contrário, "macro-histórica"; ela leva em conta a evolução humana desde a pré-história global, ou seja, desde *antes* da acentuação definitiva da invenção tecnológica, no neolítico, e do advento da fase *cumulativa* do domínio tecnológico, que é indissociável do aparecimento da escrita. As consequências dessa diversidade de ótica são importantes, porque a perspectiva *micro-histórica* tende a encarar a dialética homem/meio *concebendo o meio como criação humana reificada* (e, portanto, superável pelo gesto de reintegração na posse de si mesmo do homem revolucionário), ao passo que a perspectiva *macro-histórica* tende a considerar o polo exterior da dialética – o meio – como criação humana reificada *e como pura obra da natureza*. Logo, desde esse ponto de vista, quando o homem luta contra o meio, não há lugar para a tranquila confiança na "recuperação de si mesmo", dada pela ideia da vitória sobre a reificação. Definindo-se pelo processo da interação de si mesmo e da natureza, o homem não pode assegurar-se, sozinho, da *sua* essência – mas apenas de que ela estará sempre "em aberto", sempre modificável por novas configurações do ambiente, a que ele dará novas – e imprevisíveis – respostas.

É claro que este contraste entre as óticas de Rousseau e de Marx é muito esquemático. Em *A Ideologia Alemã*, Marx sublinhou a necessidade de começar a análise histórica pela consideração da "compleição física dos indivíduos (humanos)" e "das relações que ela lhes cria com o resto da natureza". Mas isso não o impede de afirmar, aí mesmo, que os homens "começam a distinguir-se dos animais assim que principiam a *produzir* os seus meios de existência, e não antes". Como é fácil ver, do breve aceno à ideia de uma interação mais ampla entre homem e natureza (mais diversificada, e mais alongada no tempo, porque anterior à produção de instrumentos), Marx passa logo ao "primeiro fato histórico", isto é, à *produção*, – e, simultaneamente, à definição positiva da natureza do homem, o qual, com muita lógica, será definido como *faber*.

Não se trata aqui de negar a validez do elemento "capacidade de produzir a própria vida material" no complexo de uma diferenciação entre o *anthropos* e os outros animais; trata-se, tão somente, de assinalar uma tendência inerente ao tipo de análise histórica preferido pelo marxismo. Essa tendência implica a supervalorização da ação humana, sem grande atenção às "surpresas" do ambiente externo. A origem dessa atitude reside numa concentração da análise em determinado período da evolução da humanidade: no período em que o domínio tecnológico da natureza se tornou um fator preponderante. Com base nessa perspectiva, a filosofia da História de Marx ergueu-se, desde cedo, contra a teoria do determinismo do meio físico (o materialismo mecanicista do século XVIII). A terceira Tese sobre Feuerbach recorda que a práxis não é serva das "circunstâncias", pois supõe "a coincidência da mudança do meio e da atividade humana". Embora essa última frase, fiel ao realismo dialético, fosse igualmente dirigida contra o progressismo idealista do mesmo século XVIII – a doutrina da "educação do gênero humano" – que descurava a influência do fator material e do condicionamento socioeconômico na preparação da futura liberação da humanidade, o que Marx põe realmente em relevo é a capacidade transformadora do homem. Mas os limites da dialética marxista transparecem no fato de que o meio, cuja mudança deverá coincidir, interativamente, com a atividade humana, é ele próprio criação do homem. A dialética é *interior* ao conceito do *homo faber*. Porém, o conceito de *homo faber* é essencialista. Prometeu transformar mais o mundo que a si mesmo, porque nenhuma transformação realmente profunda vem apenas "de dentro", sem equilibrar o *formar-se* com o *abrir-se ao exterior*.

É sabido que Marx não endossa o utopismo puramente científico e tecnológico dos positivistas; ele ensombrece a utopia tecnológica através da incorporação da luta social à marcha evolutiva da humanidade. No entanto, a integração dos antagonismos de classe na perspectiva do progresso *qualifica*, mas *não desnatura*, o conteúdo básico do progresso, que continua a ser, para o marxismo, a expansão ilimitada do domínio tecnológico da natureza. Marx pensa dentro da moldura filosófica da sociedade industrial, bem mais do que no contexto ideológico liminar da sociedade pós-industrial.

Na seção seguinte, examinaremos sinteticamente outros aspectos da vinculação de Marx aos substratos ideológicos da sociedade industrial. Por enquanto, basta registrar que a antropologia pré-industrial de Rousseau se orienta na direção de uma dialética homem/meio mais *aberta* que a do marxismo, porque mais radical, do ângulo de destruição crítica do conceito essencialista do homem. Essa antropologia se acompanha de uma recusa não menos firme de todo apriorismo na avaliação ética do humano. Não há pior equívoco na interpretação de Rousseau que tomá-lo como defensor da "bondade natural". Os seus textos sobre a bondade originária do homem são subordinados a intuitos polêmicos, endereçados especialmente às deduções clericais autoritárias de pecado original. Outros escritos (a começar pelo segundo *Discours*) nao deixam a menor dúvida sobre a impossibilidade de considerar o homem, monoliticamente, bom ou mau. Só o homem *ideal* de Rousseau é essencialmente bom, do mesmo modo que a "*volonté générale*", sendo expressamente ideal, é "*toujours droite*". Enquanto historicamente dado, o *anthropos* não é moralmente pré-fixável. O "homem natural" não é bom – é antes inocente, ignorante do bem e do mal; quanto ao "homme de l'homme", o homem socializado e tornado consciente, não é bom nem mau, e sim *responsável*.

O *anthropos* vive num intercâmbio imprevisível entre o meio e a sua inventividade. A ética de Rousseau consistirá em defender o ideal de uma individualidade essencialmente *receptiva* à natureza e aos outros. O centro da conduta superior é, para Jean-Jacques, uma versão sentimental do *respeito* kantiano: a *piedade*. Mas como ele sabe e diz que a piedade coincide com o amor de si, compreende-se que, em Rousseau, a receptividade ao social e ao cósmico não se pode confundir com a repressão do ego e de suas virtualidades. A receptividade do eu rousseauniano é puramente espontânea. Rousseau reclama somente que o ego impositivo e predatório – o ego do "amour-propre" oposto ao "amour de soi" – seja substituído; e os pormenores da sua exigência constituem uma crítica radical da civilização, às vésperas da Revolução Industrial. Sem dúvida se deve a isso o fato de que a crítica da cultura moderna se volte hoje para Rousseau, atraída pelo seu agudíssimo grito de alarme contra o potencial repressivo da sociedade tecnológica, e, ao mesmo tempo, pelo novo conceito do homem, modelado na abertura espontânea à experiência do Outro e da natureza.

O retorno de Rousseau sintetiza grande parte da reflexão antropológica mais recente, sobretudo no estruturalismo de Claude Lévi-Strauss.[14] No entanto, como ciência, a antropologia não podia contentar-se com o valor de protesto da obra de Rousseau, ou com a adequação do seu ideal humano e social às necessidades do presente; era preciso encontrar nele a prefiguração das próprias diretrizes *de análise* das modernas ciências humanas. Mas Rousseau prenuncia efetivamente, em mais de um ponto, a estratégia analítica da antropologia atual. Para começar, a sua ótica macro-histórica é naturalmente adotada pela antropologia, que contempla a evolução do homem num arco temporal muito mais largo do que o período

---

[14] Em *Le Structuralisme comme Pensée Radicale*, tentamos apresentar, de forma mais desenvolvida, as relações diretas ou analógicas entre o estruturalismo lévistraussiano e, de um lado, Rousseau; de outro lado, a ontologia antimetafísica em Kant e Heidegger.

histórico. E, segundo Lévi-Strauss (em "Jean-Jacques Rousseau, Fondateur des Sciences de l'Homme", 1962), a afinidade entre as teorias de Rousseau e a antropologia estrutural é algo bem mais amplo que a simples identidade dos seus respectivos ângulos de consideração da evolução da espécie humana. O *Essai sur l'Origine des Langues* esboça o programa mesmo do antropólogo moderno: "Quand on veut étudier les hommes, il faut regarder près de soi; mais pour étudier l'homme, il faut apprendre à porter sa vue au loin; il faut d'abord observer les différences pour découvrir les propriétés".[15]

O projeto antropológico é uma busca *do homem* por trás dos homens particularizados no espaço e no tempo – uma *procura do mesmo através do diferente*. Essa descoberta do *outro* principia no próprio ego. O eu que o antropólogo submete ao *dépaysement* do trabalho de campo, violentamente arrancado às suas rotinas e aos seus hábitos, se observa como estranho, ao mesmo tempo que depara com a diversidade da cultura alheia. O cogito etnológico, da mesma forma que o ego das *Confessions* de Jean-Jacques, se lança num tipo de autorreflexão intimamente ligado a uma dinâmica da alteridade. Rousseau, inaugurador da moderna literatura egocêntrica, é simultaneamente o precursor da experiência extrema de alteridade: o deslocamento antropológico.

Esse ego dialético, que se constrói na *alteração* de si, opõe-se ao cogito sempre idêntico de Descartes. Este deduz, da certeza da sua constância, a certeza do espaço, sem nenhuma mediação da parte dos outros, isto é, da diversidade dos grupos sociais. Daí o cartesianismo não comportar a elevação científica do saber sociológico. Seu

---

[15] "Para estudar os homens, deve-se olhar perto de si; mas, para estudar o homem, é preciso aprender a dirigir o olhar para longe; é preciso primeiro observar as diferenças, para descobrir as propriedades" (Ensaio sobre a origem das línguas, capítuloVIII). Passagem citada pelo antropólogo no ensaio mencionado por José Guilherme Merquior. Ver: Claude Lévi-Strauss, "Jean-Jacques Rousseau, Fundador das Ciências do Homem". In: *Antropologia Estrutural II*. Trad. Beatriz Perrone-Moisés. São Paulo, Cosac Naify, 2013, p. 47.

cogito não é aberto, e sim recluso, estranho por natureza à essencialidade do contato com o Outro.

O cogito cartesiano não é só associal; é também intelectualístico. Mas a faculdade que abrirá o caminho às ciências humanas, pelo exercício do novo cogito solidário da alteridade, será algo mais que o puro intelecto – será a um só tempo – *afetiva e intelectual*. Ora, o "único estado psíquico cujo conteúdo seja indissociavelmente afetivo e intelectual" é a *piedade*. Em *Le Totémisme Aujourd'hui*, Lévi-Strauss insiste nessa peculiaridade da experiência compassiva, que nos leva ao outro – inclusive ao membro de outra espécie – por meio do sentimento da nossa identificação com ele. Por isso, na piedade reside o segredo do "totemismo", ou seja, da classificação dos grupos humanos mediante a consciência da variedade das espécies naturais – classificação que se apoia no senso da unidade profunda de homem e natureza, sem com isso apagar – muito ao contrário – as diferenças entre as espécies.

A análise estrutural persegue a identidade na diferença. Um exemplo tirado de *La Pensée Sauvage* o ilustrará. Trata-se das atitudes complexas observadas em certas sociedades "totêmicas" em relação às partes do corpo dos animais epônimos. Os Elemas do sul da Nova Guiné "observam uma estrita proibição alimentar em relação a seus tótens, mas cada clã detém um privilégio exclusivo no que concerne ao uso ornamental do bico, das plumas e da cauda, etc.". Os Elemas usam como emblema as partes não comestíveis do animal totêmico; ora, estas partes (bicos, plumas, etc.) são exatamente aquilo em que o homem e o animal diferem. Portanto, o que é exibido como sinal da identificação entre o indígena e o animal é precisamente o que os distingue. Inversamente, as partes comestíveis do animal, que são naturalmente assimiláveis às partes correspondentes do corpo humano, são objeto de proibição – tornando-se, com isso, elementos de diferenciação. Desta maneira, o que indicava a identidade passa a significar a diferença, enquanto o que distinguia passa a representar a identificação. Os etnólogos pensaram durante muito tempo que a mente primitiva identificava *diretamente* o homem com o animal. Na realidade, as culturas "totêmicas" têm uma concepção bem mais complexa, baseada numa articulação lógica que tece, entre a natureza e a cultura, "um intercâmbio de similitudes contra diferenças". Na expressão de Lévi-Strauss, são as *diferenças* que se assemelham.

O estudo das relações entre as diferenças ultrapassa o terreno particular do totemismo, dos sistemas de parentesco e dos mitos – os três domínios favoritos da antropologia estrutural. O próprio conceito de *estrutura* implica o relacionamento do diferente. Em *Anthropologie Structurale*, Lévi-Strauss explica que a estrutura: (1) não deve ser confundida com as relações sociais visíveis; e (2) é obtida, isto é, "descoberta", através da justaposição de uma série de modelos descritivos, que refletem a realidade social, sem reproduzi-la integralmente (um pouco como os *Ideal Typen* de Weber). Ora, esses modelos se vão tornando mais e mais significativos na medida das suas "transformações", isto é, à proporção em que *diferem* entre si, à feição das múltiplas variações de um tema musical.

A estrutura, como sentido global das transformações dos modelos, guarda a *significação* do Todo social, do complexo dinâmico da sociedade. Atento por natureza ao aspecto *representacional*, mental, inerente à especificação dos fenômenos sociais, o estruturalismo se dá por objeto *representações* ligadas às práticas sociais. Entre a práxis social originária e estas últimas, se intercala sempre a mediação do espírito. A antropologia é "antes de tudo uma psicologia".

Como "esprit", como inconsciente coletivo, essa estrutura *precede* tanto as diversas práticas sociais como os "ordres conçus" do mito, da religião, etc., não, porém, no sentido de *existir à parte* em relação a essas várias dimensões da vida social – caso em que a estrutura viraria um conjunto de formas puras – e sim no de agenciar-lhes o conteúdo, estruturando-o sem cessar. A estrutura *in fieri*, processo articulador e autodiferenciador, se identifica com o "esprit". No entanto, seria totalmente errôneo entender esta identificação numa perspectiva idealista. O espírito lévi-straussiano é apenas uma *grille*, uma grade que o pensamento impõe ao mundo para fazê-lo inteligível, mas que não tem outra função que a de refletir a realidade cósmica. Em *Le Cru et le Cuit*, Lévi-Strauss chegará a dizer que o espírito "faz parte do mundo" – o que não significa necessariamente que seja uma "coisa" exatamente como as outras. A função da *grille* diferenciadora é reproduzir o mundo. Eugene Fleischmann caracterizou melhor que ninguém a noção estrutural de *esprit*, ao observar que o estruturalismo se distingue, ao mesmo tempo, das teorias da identificação do pensamento com o mundo (Spinoza, Schelling) e das teorias que concebem a relação pensamento/mundo sob a forma de uma negação (Hegel, Marx). Para o estruturalismo, o espírito "recorta" o mundo – e, portanto, se separa dele –, mas com a única finalidade de reproduzi-lo, em vez de tentar reforçar uma não identidade baseada num estatuto ontológico diverso do da realidade não mental.

A rigor, a estrutura social é essa *estruturação* contínua, esse processo que não conhece formas fixas, já que todas as suas formas podem, a seu turno, servir de conteúdo para novas articulações. A estrutura é o horizonte ideal da análise, cujo objeto real serão sempre *determinados estados* da estruturação incessante que é o processo social. Mas esse horizonte inatingível, fazendo aparecer a realidade social como estruturada, assegura, desse modo, a sua inteligibilidade.

Edmundo Leach observou, a propósito do estruturalismo, que o aumento da familiaridade com as exigências do *programming* dos computadores digitais tornou o pesquisador afeito à ideia de que "semelhança", considerada em termos estatísticos, representa uma aglomeração – bem mais do que uma identidade – de caracteres; esses últimos não oferecem semelhanças evidentes, constatáveis pelo simples exame direto. Buscando a identidade através da diferença, a análise estrutural abandona o plano da evidência pelo plano das relações "ocultas", inconscientemente experimentadas.

Se passarmos ao campo da evolução da espécie, o apreço pela diferenciação não diminui. *Race et Histoire* define o progresso cultural em função da coalisão entre culturas diversas, capazes de preservar a sua originalidade. A única forma de considerar a "civilização mundial" fora de um ponto de vista etnocêntrico é vê-la como o resultado, por natureza incompleto, do processo de coexistência entre culturas que oferecem entre si, de diversas perspectivas, uma margem diferencial bem acentuada. Essa margem de diferenciação, Lévi-Strauss não hesita em atribuí-la menos ao isolamento das culturas (que é fenômeno raro ou aparente; por exemplo, o conjunto das culturas ameríndias viveu provavelmente separado do resto do mundo por mais de dez milênios, mas ele próprio consistia numa afinidade de grupos culturais em estreito contato uns com os outros) do que ao fato mesmo de se estabelecerem relações entre as sociedades. A proximidade entre as culturas, trazendo consigo a tendência à homogenização generalizada, suscita, como reação, a intensificação da vontade social de distinguir-se.

O reconhecimento do valor da diversidade das culturas põe em questão o evolucionismo antropológico. Formalmente, o evolucionismo admite a diversidade cultural; de fato, suprime-a, porque, se os diferentes estados das sociedades humanas, no tempo e no espaço, são tomados por etapas de um desenvolvimento unitário, que supõe um único ponto de partida e um mesmo termo final, é lógico que a variedade das culturas é apenas o reflexo dos momentos de um processo que dissimula uma realidade mais profunda – uma "meta" final – muito mais importante do que a variedade cultural em si. Esta se limita a manifestá-la imperfeita e fragmentariamente.

Mas o evolucionismo não vai somente contra a admissão efetiva do valor da diversidade cultural: ele se choca também com a sua realidade. Ao afirmar que uma espécie evolui, o evolucionismo *biológico* se baseia em observações dificilmente questionáveis; mas o evolucionismo *antropológico* é cientificamente muito menos sólido. A reconstituição da genealogia do cavalo é uma hipótese razoavelmente segura, porque a ninguém ocorrerá negar que o cavalo nasce de outro cavalo, e as camadas paleontológicas revelam realmente esqueletos que variam, de modo gradual, de época para época. Já quando nos transportamos para o campo da cultura, o mesmo tipo de hipótese vacila. Pode-se constatar que a forma ou a técnica de fabricação da machadinha varia conforme a profundidade das camadas geológicas; no entanto, é óbvio que uma machadinha não descende de outra como um cavalo de seu ancestral. O que é incerto, como hipótese evolutiva, no caso da cultura material se torna francamente inverificável no caso das instituições, das crenças e dos costumes, cujo passado é geralmente desconhecido. O evolucionismo antropológico substitui a base empírica do darwinismo por uma analogia muito pouco probante. Como nota Lévi-Strauss, o evolucionismo sociológico, que se firma ideologicamente *antes* do advento de *A Origem das Espécies*, é uma construção filosófica surgida do século XVIII e do seu superado "progressismo". A "escada" de Condorcet, as "três idades" de Comte são versões da história humana em que se escamoteia a legitimidade da diferença das culturas, ao mesmo tempo que se reduz a historicidade a pura manifestação de um *telos* em si mesmo a-histórico. Na próxima seção, veremos que esse teleologismo está longe de ter desaparecido do cenário intelectual contemporâneo.

Se a existência e o valor da cultura estão ligados à Diferença, é preciso que esta se mantenha como tal. Mas a Diferença só pode subsistir *na diferenciação*; o diferente não pode satisfazer-se com o dado. A origem do diverso é o tempo. "É o fato da diversidade que deve ser salvo, não o conteúdo histórico que cada época lhe deu, e que nenhuma saberia perpetuar além de si própria." Neste ponto, a antropologia aconselha a ativa e vigilante espera do diferente como *futuro*. A tolerância – o *respeito* pelo Outro, a compreensão do diverso – se faz disposição para *viver o novo*, abertura à sua constante irrupção. Nas palavras de *Race et Histoire*, "a tolerância não é uma posição contemplativa, dispensando indulgências ao que foi ou ao que é. É uma atitude dinâmica, que consiste em prever, compreender e promover o que deseja ser".

Por outro lado, porém, para Lévi-Strauss, todo esforço social é *entropia*. As obras do homem, lê-se no fecho de *Tristes Tropiques*, não passam de sistemas de desintegração da ordem cósmica, sistemas por isso mesmo voltados ao desequilíbrio e à inércia. À primeira vista, esse lado "budista" da visão estrutural parece contradizer o seu amor da Diferença, que é, finalmente, um gênero de fidelidade à abertura da História. O paradoxo de Lévi-Strauss – que não tem deixado de embaraçar seus intérpretes – seria o de proclamar simultaneamente a diferenciação – que subentende a justificação dos esforços passados e o prosseguimento da marcha da cultura – e a inanidade da civilização. Este último elemento lançaria o estruturalismo num pessimismo incomparavelmente mais radical que o da *Kulturkritik* adorno-marcusiana; porque Adorno e Marcuse desesperam da cultura em virtude de não lobrigarem uma saída para sua doença – ao passo que Lévi-Strauss, atingido pela nostalgia da vida natural, pela "paixão do incesto" (Yvan Simonis), nem sequer chegaria a *esperar* grande coisa da civilização.

A razão desse paradoxo é que Lévi-Strauss incorpora à visão da realidade social como processo, como dinamismo (como estruturação, e não forma imóvel) uma aguda consciência do preço pago pelo homem pela subsistência da cultura. Esse preço é o afastamento da integração do homem na natureza, do equilíbrio que ele rompe na sua busca sem repouso de *outras* formas – em si mesmas mais precárias, mas, em conjunto, necessárias – de equilíbrio entre o curso de sua espécie e a ordem do universo. A *sagesse* que se destila da "Pièce Chromatique" de *Le Cru et le Cuit* nao diz somente da tristeza de viver separado do berço natural; ela fala, ao mesmo tempo, da *necessidade* dessa separação, do caráter inevitável desse intervalo, sem o qual a humanidade consciente não poderia sobreviver. De resto, o próprio amor à diferenciação, como processo global, não poderia deixar de implicar, em certa medida, a desvalorização relativa de *cada* articulação diferenciadora em particular. A tensão entre o diferente-dado e a Diferenciação é insolúvel. A sua face positiva é o impulso de continuar a diferenciação; o seu rosto negativo é o senso da insuficiência de cada concretização particular do processo geral de estruturação diferenciadora.

Se, na concepção de Lévi-Strauss, pulsa o sentimento da "tragédia da cultura", é preciso lembrar que a verdade mais profunda do trágico não se esgota na denúncia de uma ruptura. *Trágico é o sentir que a ruptura pertence como tal à lei das coisas.* Mas se a separação faz parte da ordem do real, ela deve ser aceita e enfrentada. Por isso, as páginas "budistas" do fim de *Tristes Tropiques* terminam com a incitação a transformar o senso de inanidade dos nossos esforços em ação social concreta, dirigida contra as injustiças gritantes do nosso mundo. A *metamorfose do pessimismo em atitude revolucionária* é a última conversão dialética da visão social de Lévi-Strauss.

A dificuldade em compreender isso procede, na maioria das vezes, da relutância em admitir as implicações da finitude da condição humana. De certo modo, Lévi-Strauss, ao desenvolver o programa de análise antropológica apontado por Rousseau, vai ao encontro da rememoração da finitude na obra de Hölderlin – que foi, por sinal, com Kant, o mais ardente admirador de Rousseau na idade clássico-romântica. Mas a consciência da finitude, levando a ultrapassar o "humanismo" eufórico das sínteses metafísicas (lembremo-nos da sutileza com que Hegel "liquidou" o trágico), leva também a superar o *ideal humano* da época da explicitação do humanismo metafísico, ou seja, da civilização urbano-industrial. À exaltação unilateral do homem fabril, sucede a renascença do elogio do lazer. Rousseau já recuperara o sentido do valor do *otium* na descrição do reino de Julie em Clarens; antes mesmo da *Nouvelle Heloïse*, o *Essai* sobre a gênese da linguagem declarara que "l'homme est naturelement paresseux... Ne rien faire est la première et la plus forte passion de l'homme après celle de se conserver".[16] Em *Tristes Tropiques*, como em "The Family", Lévi-Strauss celebra a "pausa na viagem" da humanidade em sua labuta social, o valor compensatório desses momentos de repouso em que o indivíduo, restituído momentaneamente a si, reencontra a sua liberdade e o seu prazer – suspendidas as múltiplas exigências através das quais a sociedade lhe cobra o direito a partilhar da segurança obtida pelo controle no meio natural. O interesse teórico dessa revalorização do ócio, às portas da "civilização do lazer", é mais do que evidente.

A sociedade parece ser, como o poder político, um mal necessário. Sem jamais pôr em questão a sua *necessidade*, o pensamento estrutural se recusa a ver nela – na única forma em que ela se apresenta, isto é, nas suas encarnações particulares, *neste* ou *naquele* dado modelo de organização social – um *valor* mais alto que o homem em si mesmo – o qual se identifica, para a consciência moderna, com o indivíduo. O ideal humano do estruturalismo – a figura utópica que emana do conteúdo crítico da sua análise – não é propriamente social: é *trans*-social ou *metassocial*. A nostalgia da união com a natureza que habita a nova antropologia, tal como a de Rousseau, não é uma ingênua veleidade de suprimir o insuprimível, uma infantil condenação da sociedade; é o desejo consciente de superar a carga que nos é imposta pela organização coletiva, reunindo os recursos da ciência para aliviá-la até o limite do possível; até onde se possa chegar, na tentativa de assegurar ao homem a respiração da sua liberdade pessoal. Essa liberdade é inconcebível fora do respeito essencial da existência alheia. A *piedade* rousseauniana é a força ativa de toda verdadeira libertação humana. Contudo, por isso mesmo que o seu ideal é metassocial e não social, o anelo de redenção insinuado pelas ciências humanas

---

[16] "[...] o homem é naturalmente preguiçoso. [...] Nada fazer é a primeira e a mais forte paixão do homem após a de sua própria conservação". Jean-Jacques Rousseau. *Ensaio sobre a Origem das Línguas*. Trad. Fulvia M. L. Moretto. Apresentação de Bento Prado Jr. Campinas, Editora da UNICAMP, 1998, p. 195.

não se reconhece na mera substituição de regimes sociais, onde e quanto esta se limita a remodelar os mecanismos de pressão do grupo. É necessário ir além, elaborando as estruturas flexíveis por cujo intermédio essa pressão possa ser neutralizada, através da multiplicação das oportunidades de expressão e de crítica oferecidas aos indivíduos. A utopia estrutural se situa *além* da tarefa, naturalmente legítima, de libertação de grupos sociais oprimidos. Acompanhando-a, no intuito de superá-la, ela visa à libertação máxima (ainda que necessariamente incompleta) do corpo social inteiro: à "libertação da sociedade" em sentido objetivo: quer dizer, libertação dos homens, que se desprendem da sociedade para alcançar-se a si mesmos.

Vá de si que as perspectivas de comportamento social e até de teoria política atribuídas por nós à antropologia estrutural só existem, nos textos de Lévi-Strauss, em forma *subjacente*, na qualidade de puros pressupostos filosóficos. Nem compete ao estruturalismo, como análise antropológica, desenvolver esses motivos. Mas o que seria impróprio, no domínio da pesquisa das ciências humanas, se torna lícito como tarefa de reflexão filosófica, a qual pode buscar, nos pressupostos da visão do mundo estrutural, não só apoio para suas teses, como munição para responder àqueles que, receosos de ter que reexaminar a validez teórica do seu ninho de ilusões "humanísticas", se apressam a classificar o estruturalismo como ideologia "reacionária".

Nascimento e fortuna da teoria social

Partindo da "encruzilhada" da interpretação da tese de Kant sobre o predicado da existência, procuramos seguir a trajetória do que designamos por "modelo *receptivo*" da concepção do homem, através dos substratos da teoria kantiana do conhecimento, da antropologia filosófica de Rousseau e da moderna antropologia estrutural. O novo conceito do homem tem por moldura filosófica uma ontologia antimetafísica, quer dizer, uma visão da realidade consciente da relação essencial Ser/Tempo e, por conseguinte, suspeitosa de definições "fechadas", substancialistas, da natureza humana – naturalmente vinculadas à significação global da realidade. A nova concepção antropológica situa a condição humana na confluência da sua interação incessante com o cosmos extra-humano. A utopia correspondente a esse novo conceito do homem vem a ser uma *pólis* capaz de inscrever, no seu próprio funcionamento, o máximo de possibilidades que permitam aos indivíduos minorar o peso psicológico das tarefas impostas pela sociedade. Em outras palavras, ao modelo antropológico que se caracteriza pela *receptividade natural* corresponde um esquema político-social baseado na *máxima neutralização possível da pressão do grupo sobre o indivíduo*. Tal esquema não deve ser confundido com o individualismo ideológico do século XVIII, exacerbado na cultura oitocentista (ver Stirner) pela simples razão de que esse antigo individualismo burguês não resultava, na prática, na "máxima neutralização possível da pressão social sobre o indivíduo", e sim na neutralização de *certas formas* de pressão social (notadamente as econômicas) sobre apenas *certo número* de indivíduos (a reduzida classe dos detentores da propriedade dos meios de produção).

Devemos agora evocar alguns traços da evolução daquela linha de pensamento que deixamos na "encruzilhada" da interpretação da tese de Kant sobre o predicado da existência: a linha Hegel-Marx. Conforme vimos, enquanto a antimetafísica de Heidegger interpreta positivamente a tese kantiana sobre o ser, tomando a incognoscibilidade da coisa-em-si como penhor do caráter inesgotável do Ser e da *abertura* essencial da condição humana, o ponto de vista hegeliano tende a considerá-la *negativa*.

Verificamos ainda que o fundamento (explicitado por Lukács) da crítica hegeliana à admissão da coisa-em-si é a ideia de que a afirmação da incogniscibilidade do Ser não é mais do que o produto da incompreensão da índole história-concreta, isto é, *social*, da realidade. Por conseguinte, dentro da perspectiva hegeliana, o caminho da superação da "insuficiência" da tese de Kant já se desenha com toda a nitidez: para superar o "abstracionismo" "subjetivista" de Kant, será necessário *identificar o Ser com o processo histórico-social*.

Este é justamente o sentido da noção hegeliana segundo a qual "o Ser é sujeito". Na forma incisiva do lema da sua filosofia, "a substância deve tornar-se sujeito". O sujeito-Ser, ou seja, o Espírito, é precisamente o real, visto como experiência histórica da humanidade – e, em última análise, como homem, vivendo ou recordando essa mesma experiência. É claro, porém, que semelhante sujeito não é mais apenas o ego epistemológico. Não se trata mais tão só de um polo da relação do conhecimento (sujeito/objeto), mas de um *modo de ser*. E dado que esse sujeito deve refletir a dinâmica *da História*, o seu modo de ser consiste numa unidade que se desenvolve autonomamente, *num processo de forças antagônicas*.

Poder desenvolver-se *autonomamente* é o selo do sujeito-ser de Hegel, em todas as suas dimensões. O *conceito* enquanto universal-concreto, ou seja, enquanto forma das várias fases e aspectos do Espírito, é "o que se mantém *a si mesmo* no tornar-se *outro*". A pedra resiste a tudo o que age contra ela, permanecendo ela mesma. O ser animado representa um estágio mais elevado do Sujeito, porque não só conserva a autonomia, expressa na persistência da pedra, como a conjuga com o desenvolvimento. A planta traz suas fases evolutivas inscritas em si própria; seu desenvolver-se não é algo superveniente ou externo; é algo interior e autônomo. Finalmente, a espécie humana, estágio supremo do Sujeito enquanto matéria, não só possui um desenvolvimento autônomo, como tem *consciência* dele. Aqui estão dois pontos valorizadíssimos na teoria de Hegel: o desenvolvimento *orgânico*, e a *razão*, a faculdade de compreender o sentido do que se desenvolve.

Se o Sujeito é um modo de ser, a verdade é, correspondentemente, uma forma de existência, e não só de conhecimento. Como observa Marcuse no seu livro sobre Hegel, *Reason and Revolution*, a verdade deixa de ser apenas um juízo, atributo do pensamento, para tornar-se a própria realidade em processo. O juízo hegeliano dissolve os sujeitos estáticos da lógica tradicional numa profusão de relações antagônicas. Por exemplo, a proposição "este homem é escravo" significa, ao mesmo tempo, que o estado atual de um homem é a servidão *e que, enquanto homem, ele tende a romper esse estado*. O sujeito da proposição é algo dinâmico, que aspira a realizar-se, não apenas algo fixo e dado. Na lógica *histórica* de Hegel, a verdade forma a existência do seu objeto; não é, como em matemática, indiferente a ela. A verdade exprime a razão; mas como esta é, precisamente, a compreensão do sentido do dinamismo do real, a verdade implica a destruição do dado, até obter uma harmonia entre as condições da existência e os termos da razão. Este é, na linguagem da *Fenomenologia do Espírito*, o "trabalho do negativo", a marcha do verdadeiro como destruição crítica do dado, para erguer o existente ao nível do racional. O movimento da verdade é uma contínua *mediação* (*Vermittlung*) entre o real e o racional.

O racional é o *telos* do real, a meta do seu desenvolver-se. Neste sentido – e não no de uma apologia da ordem existente – é que é preciso entender a famosa declaração de Hegel: "Todo o real é racional". O inimigo natural de Hegel é o positivismo, a teoria submissa ao dado e ao existente. Marcuse o registra com toda a ênfase, porque daqui é que o "pensamento negativo" parte para exibir a sua ascendência hegeliana. Com Hegel, a razão não se verga diante do dado; ela o contesta. O princípio da razão é o princípio da revolução. A dialética hegeliana, vendo o real como desenrolar de conflitos essenciais, preludia a teoria revolucionária da práxis social concreta.

Infelizmente, Hegel não foi cem por cento fiel à inspiração revolucionária do seu pensar. Ele suspende a marcha do Espírito – que se confunde com a da História – no momento da Restauração. Para ele, na sociedade prussiana de 1815 (no Estado constitucional-burguês, na monarquia modernizada pelo liberalismo de Hardenberg) o real não mais "tende" ao racional: o real já alcançou efetivamente o reino da razão. Assim, o finalismo de Hegel se reconcilia com o existente.

Mas se a Razão acabou por trair o pensamento negativo, o impulso crítico-revolucionário, a única coisa a fazer, na filosofia pós-hegeliana, será *contestar essa Razão*. Tal foi a empresa de Marx. Para Marcuse, o essencial do sistema de Hegel é a passagem da filosofia ao estudo do Estado e da sociedade; porém, nessa passagem, o idealismo (forma suprema da tradição filosófica) chega a seu fim. Por quê? Porque o idealismo representa a interpretação do mundo em termos de Razão, e a Razão hegeliana, de acordo com o que vimos, não é capaz de radicalizar seu conteúdo revolucionário. Como impulso crítico-revolucionário, a Razão de Hegel se aposenta ao chegar à sociedade burguesa. Por conseguinte, a filosofia deve ceder de vez à nova teoria crítica da sociedade. O subtítulo de *Reason and Revolution* diz: *Hegel and the Rise of Social Theory*; Hegel constitui a ligação entre a velha e a nova forma da teoria crítica – entre a filosofia e a *teoria social*.

Entretanto, como é que Marx contesta a Razão hegeliana? Marcuse demonstra que a sua contestação é feita através do contraste entre a "universalidade" pretensamente encarnada na Razão "reconciliada" com o dado (na forma da sociedade burguesa) e as condições de existência do proletariado. A existência do proletariado é em si mesma, a negação da Razão "universal", pois o proletariado não goza de nenhuma das vantagens atribuídas por Hegel ao membro do Estado de indivíduos definidos como livres *proprietários*, e não tem nenhum contato com as atividades espirituais (arte, religião, filosofia) que constituem as várias dimensões do Espírito Absoluto, meta do funcionamento desse Estado. Na *Introdução à Crítica à Filosofia do Direito de Hegel* (1844), redigida durante seu exílio em Paris, Marx destrói as pretensões da Razão hegeliana, revelando as contradições da sua presumida "universalidade". A universalidade da Razão, definida pelo status burguês, é *falsa*, porque a maioria dos membros da sociedade não está incluída nesse status. A única universalidade *real* é a do proletariado. Este não é uma classe como as outras, porque a sua libertação, o seu domínio, não se exercerá contra nenhuma nova camada inferior, confundindo-se, ao contrário, com a libertação da humanidade inteira e com o fim da sociedade de classe. Portanto, só o proletariado contém a *verdadeira* universalidade, aquela cujo conteúdo se aplicaria efetivamente a *todos* os homens. Se, porém, a universalidade real é a do proletariado, então a universalidade real, no presente, é *negativa*, porque o proletariado se caracteriza justamente pela *privação* de todos os traços da Razão "encarnada" – visto que a única liberdade do proletariado é a de vencer sua força de trabalho, e visto que ele é mantido afastado de toda atividade espiritual. A *alienação* do trabalhador, a distância entre a sua condição real e a plenitude das faculdades humanas, clamam contra a mentira da Razão.

A existência do proletariado contradiz, desta forma, a própria ambição universalizante da Razão hegeliana. Ao realizar o desmascaramento desta última, Marx a substitui por um novo ideal: o de felicidade individual concreta, válida para todos os homens. Hegel, para quem, conforme verificamos (no fim da seção "De Benjamin a Adorno"), o indivíduo, em si mesmo, era uma consciência agressiva e predatória, havia negado que o progresso da Razão tivesse algo em comum com a realização da felicidade individual. O calvário do Espírito não tem por finalidade o atingimento do prazer humano. A *Filosofia da História* declara severamente que "a História [...] não é teatro de felicidade". Marx se insurge contra essa legitimação da repressão. A mencionada *Introdução* radicaliza a "antropologização" da religião (iniciada por Feuerbach) do ponto de vista do novo ideal de felicidade terrena, conquistável, *pela luta social*, no domínio da existência humana concreta: "A abolição da religião, enquanto felicidade ilusória do homem, é uma exigência de felicidade verdadeira. A incitação a que os homens abandonem as suas ilusões a respeito da sua própria condição é um apelo ao abandono de uma condição que necessita de ilusões".

Engajado no combate pela satisfação das aspirações humanas à felicidade, Marx adota o socialismo. Porém, a fim de não recair no "idealismo" quimérico das variantes socialistas de seu tempo – o complexo do "socialismo utópico" –, ele se consagra à análise em profundidade do processo histórico. Em 1844, Marx já dispõe de um ideal de reconstrução social, mas ainda ignora quais sejam as condições de exequibilidade desse ideal; ainda desconhece como e por que a "sociedade sem classes" surgirá do curso da era moderna. Os seus estudos de economia política serão empreendidos com vistas a suprir essa lacuna.

Ora, como é sabido, Marx descobre, em sua análise das leis que presidem ao funcionamento do capitalismo, uma "férrea necessidade" que conduz à inviabilidade crescente do sistema e à sua paralisia final. Para Marcuse (na segunda parte de *Reason and Revolution*), o êxito ou o fracasso da demonstração da fatalidade do fim do capitalismo não é o mais importante em Marx. Na sua opinião, o que é decisivo é que, *depois* do capitalismo, cuja evolução Marx descreve deterministicamente, como se ela fosse regida por verdadeiras leis naturais, o próprio determinismo social desaparecerá. Marcuse acha que, segundo Marx, a revolução (o advento do socialismo) nasce a partir de certas condições objetivas, mas não é deterministicamente causada. Após a queda do sistema capitalista, o conceito de *necessidade* deixa de significar uma necessidade causal *mecânica*, para exprimir uma necessidade finalista, *ética*. O capitalismo é "*necessariamente* inviável" no primeiro sentido, enquanto o socialismo é "*necessário* ao desenvolvimento e à satisfação dos indivíduos" no segundo sentido. O socialismo não é um *efeito*: é um imperativo.

Pode-se, no entanto, discordar dessa interpretação. Afinal, o próprio Marx não era nada indiferente à questão do êxito ou do fracasso da demonstração da fatalidade do fim do capitalismo. *O Capital* é dedicado a essa demonstração. Marx, prolongando o pessimismo de Ricardo quanto ao futuro do sistema capitalista, desejou indubitavelmente alcançar a certeza teórica, racionalmente explicável, da sua ruína.

Em *Etapes de la Pensée Sociologique*, Raymond Aron nota que Marx encaminha toda a sua demonstração da queda final da economia capitalista para *duas* hipóteses de destruição do sistema: (1) na primeira, o crescimento incessante da produção acarretaria a ultrapassagem do nível de renda das massas, e o regime de oferta-e-procura entraria em *panne* por falta de consumidores; (2) na segunda, à medida em que a produção aumentasse, apoiada nos aperfeiçoamentos tecnológicos, o poder de compra das massas populares (o "exército de reserva"), reduzidas ao desemprego maciço, iria minguando, até chegar a uma situação intolerável. A essa altura, o proletariado se revoltaria, pondo fim ao sistema capitalista. A hipótese forte para Marx é a segunda, que supõe que a pauperização terminará provocando a explosão do sistema. Na primeira hipótese, o capitalismo se suicidaria: uma dinâmica puramente econômica o liquidaria. Na segunda, porém, a liquidação do sistema passaria pela revolta social, pela intensificação máxima da luta de classes. Esta é, portanto, a perspectiva ao mesmo tempo *econômica* e *revolucionária*.

Entretanto, para que a pauperização constitua efetivamente a causa da revolta das massas, é preciso que ela seja *sentida* como insuportável – é necessário que ela se torne objeto de uma avaliação social. Ora, esta avaliação decisiva será *ou não* realizada pelo proletariado. O papel dos comunistas, como Marx, é justamente o de estimular a sua realização, por meio do "esclarecimento das massas". Mas isso equivale a reconhecer que a pura dinâmica econômica do capitalismo *não* leva, sozinha, e inevitavelmente, à revolução que o suprimiria. A demonstração da *fatalidade* da ruína do capitalismo encontra aqui o seu limite, na forma de um obstáculo ao determinismo da argumentação. A *morte* do capitalismo só é pensável através da implementação de uma ação social que não decorre inexoravelmente da evolução do sistema, do mesmo modo que o *nascimento* do capitalismo, atribuído por Marx à expropriação geral dos artesãos e pequenos proprietários rurais e à sua transformação forçada em assalariados, não se explicava inteiramente por um processo simplesmente econômico.

Assim, do pondo de vista da "férrea necessidade" que Marx tentou demonstrar, o surgimento do socialismo não pode ser tido como certo. Não obstante, Marcuse observa que, como *finalidade*, a passagem ao socialismo é a *única* verdade, e que, neste sentido, "a teoria conservará a verdade, ainda que a práxis revolucionária se afaste da sua justa via".

Mas é evidente que, nessa concepção, a fé socialista prescinde da análise histórica traçada por Marx. A verdade é que no próprio Marx já coexistiam: (1) uma teoria da necessidade histórica e (2) um credo finalista, de motivações messiânicas. Esta coexistência já foi mil vezes apontada. Por um lado, Marx julga que o socialismo sairá do processo histórico real; por outro lado, ele afirma que o comunismo "é o enigma da História resolvido" (*Manuscritos Econômicos e Filosóficos*, de 1844), o fim da História até então acontecida, o paraíso trazido à terra. Bem entendido, o comunismo, tal como consta dos mesmos *Manuscritos*, "não é o fim da evolução humana"; mas é, em todo caso, o começo de uma História que não tem nada em comum com o passado.

Nessa dimensão *escatológica*, é difícil ver o produto da simples "acumulação" histórica. Marx não rompe o progressismo iluminista apenas por adotar a tese de que "a luta de classes é o motor da História", vinculando o progresso à ocorrência de graves conflitos sociais, e a obtenção final da harmonia ao cataclisma revolucionário. Embora considerando o socialismo "preparado" por toda a História pregressa, ele o situa – na expressão de Calvez – "acima da História". Isso o aproxima fortemente da tradição escatológica judeu-cristã, do messianismo ocidental. Mas o messianismo religioso vive na expectativa da vinda de *Deus*, e, portanto, é inseparável da preservação do senso da *fabilidade* humana; já o messianismo profano de Marx o impele a considerar o paraíso como algo perfeitamente realizável *pelo homem hic et nunc*. Aí está por que a teleologia marxista tende a desdobrar-se em análise da História empírica: valorizando o mundo terreno como cena e instrumento da redenção, ela não pode deixar de supor que a História real – que o passado deste mundo terreno – contribui para engendrar a nova sociedade edênica. A contradição entre a tendência analítica e o impulso messiânico nasce, evidentemente, do fato de que a História empírica, mãe do paraíso social, não se parece nada com o seu filho... Não admira que este, enquanto "solução do enigma da História", repudie esse passado, que o preparou sem chegar a moldá-lo à sua feição. Face ao otimismo das teorias iluministas do progresso, a doutrina de Marx é um "otimismo catastrófico" (Raymond Aron); face à escatologia transcendentalista, ela é um messianismo secularizado. Sinteticamente, o marxismo, definido por esse traço central, que é a sua concepção do fim da História, é um progressismo catastrófico-messiânico.

É claro que os polos da tensão que divide o pensamento de Marx entre o escatológico e o analítico se distribuem desigualmente ao longo da evolução da obra de Marx. A evocação da sociedade ideal predomina nos textos da juventude; a análise da História empírica (na sua forma moderna, a economia capitalista) constitui o eixo das obras mais tardias, como a *Contribuição à Crítica da Economia Política* (1859) e, naturalmente, *O Capital* (1º vol., 1867). Todavia, mesmo no período maduro, o elemento finalista, messiânico e escatológico, está presente. A rigor, ele nunca deixa de fornecer a moldura da análise da economia capitalista.

Nem todos os marxólogos, porém, o entendem assim. Para Louis Althusser, por exemplo, o finalismo desaparece no Marx da maturidade. Opondo-se veementemente à tendência a valorizar o "humanismo" do jovem Marx contra a "visão determinista" da fase de *O Capital*, Althusser sustenta que o pensamento maduro de Marx não é um determinismo reducionista (sob a forma de economicismo). A verdadeira teoria marxista rejeitaria até mesmo o reducionismo brando das famosas "qualificações" de Engels, segundo as quais o fator econômico seria realmente determinante, porém só em "última instância". Althusser pensa, como Lênin, que "a alma do marxismo é a análise concreta de uma situação concreta" – e não uma "explicação" monístico-reducionista do processo social.

Era de prever que o marxismo "oficial" – a começar pelo medíocre teórico do PC francês, Roger Garaudy – visse, nessa exegese da causalidade marxista, um "pluralismo" de fundo perigosamente "irracional". Althusser se defendeu com brilho dessas acusações. Para ele, a análise dialética lida sempre com processos complexos, irredutíveis a elementos simples "originários". Assim, quando Marx "isola" a *produção* como fator determinante do desenvolvimento do sistema capitalista, ele absolutamente não perde de vista que nem a produção nem o fator econômico em geral são elementos "originários": seu objetivo é, precisamente, mostrar que eles supõem, na sua forma evolutiva, uma ligação íntima com determinado esquema – as relações de produção – em si mesmo não puramente "econômico", mas antes *social*. Marx é atento à pluralidade das dimensões em jogo, sem comprometer com isso a inteligibilidade do processo. Passando ao ataque, Althusser denuncia a tese de que o antirreducionismo é um "pluralismo irracional" como produto de uma obsessão *monística* estranha ao marxismo. O monismo provém do mecanicismo de Haeckel e de Plekhanov, e não de Marx – que, entre outras coisas, não era mecanicista...

Assim como o exemplo da determinante "produção" comprova, a superação do reducionismo não significa uma recaída no mero empirismo relativista. Althusser se apressa a prevenir identificações da análise de processos complexos com o "hiperempirismo" defendido por Gurvitch. O modelo causal proposto no seu livro *Pour Marx* (1965) consiste num complexo estrutural dotado de uma "contradição dominante". A contradição dominante é o princípio unificador do processo social, e, por isso mesmo, o alvo possível de uma prática revolucionária. Atingindo-a, a ação revolucionária provoca a desintegração do sistema. Mas a função da contradição dominante pode ser alternativamente exercida por *vários* aspectos ou dimensões do processo social; a *função* é constante, mas o seu *conteúdo*, variável. A relação entre as condições de existência efetivas das contradições do processo e a "hierarquia" dos fatores responde pela variação da dominante. A esta relação, Althusser dá o nome – emprestado à psicanálise – de "superdeterminação" (*surdétermination*). Superdeterminação é o vínculo entre a forma geral do processo (a estrutura com dominante) e a "situação concreta" que a análise marxista busca explicar.

Os ensaios de *Pour Marx* insistem em que a totalidade de estrutura com dominante, postulada pela análise marxista, é intrinsecamente diversa da "totalidade" hegeliana. Althusser é o mais enfático de todos os autores que se recusam a considerar *como essencial* a relação entre Marx e Hegel, mesmo quando ela se apresenta em termos da célebre "inversão" marxista do conteúdo da dialética hegeliana – a qual, como se sabe, tinha o mau hábito idealista de andar com a cabeça em lugar dos pés, ou seja, de partir do Espírito e não da experiência concreta. Althusser tenta mostrar que o princípio de unificação da totalidade hegeliana não é nunca uma "esfera" qualquer da sociedade; ele atua simultaneamente – e *indiferentemente* – em todas as esferas do momento histórico. Aparentemente, essa ubiquidade salva o Todo hegeliano de qualquer interpretação reducionista. Na realidade, o reducionismo *precede* esse jogo de reflexos, essa múltipla, não hierarquizada encarnação do Espírito em todos os âmbitos do social. Esses âmbitos não são nunca hierarquizados (nem mesmo por dominantes alternadas) pela simples razão de que não passam de "alienações" *provisórias* de um princípio único. Deste modo, a civilização romana era "unificada", em todas as suas dimensões, pelo princípio da personalidade jurídica (sem que isso fizesse da esfera jurídica uma dominante); a Idade Moderna, pelo princípio da subjetividade, etc. O modelo causal de Hegel se baseia num "princípio espiritual" apriorístico; a totalidade reflete sempre o desenvolvimento de uma *interioridade simples*, que se aliena e se recupera como sujeito. Plekhanov percebeu o essencial, ao reconhecer que a metafísica idealista era também um monismo: uma explicação de tudo por meio de uma só substância, o Espírito.

A tese do contraste entre o teleologismo da visão hegeliana, marcada pelo "desenvolvimento de uma interioridade simples", e a análise marxista não tardou a ultrapassar o círculo de Althusser. Sem fazer uso do conceito de superdeterminação, Maurice Godelier incorporou-a a uma interessante revisão da ideia de diacronia em *O Capital* (em *Les Temps Modernes*, novembro de 1966). Para Godelier, Marx foi um estruturalista *avant la lettre*, que não só distinguia a estrutura real da sociedade de seu aspecto visível, empiricamente observável, como afirmava, metodologicamente, a prioridade do estudo sincrônico sobra a investigação genética. Como assim?

Através do exame concreto do capitalismo, Marx estabelece que o sistema econômico é a combinação de duas estruturas irredutíveis uma à outra: as "forças de produção" e as "relações (sociais) de produção". O processo de evolução e de superação do capitalismo não é o resultado do desenvolvimento de uma contradição *interna* de uma dessas estruturas (por exemplo, da contradição entre os interesses da classe capitalista e os da classe operária), mas sim o resultado da contradição – aparecida a certa altura da sua história – entre *aquelas duas estruturas*. A estrutura não engendra a diacronia, a transformação histórica, a partir do seu interior – e sim a partir do seu encontro com *outra* estrutura. O processo social resulta da coexistência conflitiva de várias estruturas. Deste modo, o "desenvolvimento autônomo" da "interioridade simples" de Hegel, tanto quanto o seu teleologismo, nada teria a ver com a concepção histórica de Marx.

No entanto, como no caso de Althusser, o marxismo tradicional não aceitou a "estruturalização" de Marx. De acordo com Lucian Sève (em *La Pensée*, outubro de

1967), a leitura de *O Capital* feita por Godelier implica a supressão do reconhecimento do "papel motor da luta de classes" na visão marxista da História. Sendo uma contradição interna (dada no interior da estrutura "relações de produção"), o fator luta de classes não tem lugar preeminente na análise de Godelier. Contudo, desde Marx e Engels (que polemizou contra a ideia "revisionista" de que o socialismo seria atingido automaticamente, pela simples evolução da economia), o alvo de *O Capital* sempre foi tido como a demonstração da *necessidade* do conflito social. Esta necessidade era realmente para Marx o "sentido da História"; ele a contemplava com otimismo, porque enxergava nela o parto violento, mas glorioso, de uma nova era, incomparavelmente melhor do que todo o passado da humanidade. Segundo Marx, a destruição do capitalismo exigia a intensificação da "contradição interna" da luta de classes, *tanto quanto* o aguçamento da contradição entre o sistema de produção e a estrutura social.

Conforme verificamos, porém, a demonstração lógica da fatalidade da queda do capitalismo, através ou não da luta de classes, não chega a ser completada em *O Capital*, nem em nenhuma outra obra marxista. De modo que a "férrea necessidade" entrevista por Marx termina resignando-se à condição de mero postulado finalista. Sejam quais forem as contribuições analíticas de sua obra – certamente importantíssimas – Marx não se limitou a romper com a especulação hegeliana, adotando uma "prática teórica" (Althusser) muito mais fecunda no terreno da investigação sociológica. *Como Hegel, Marx apresentou uma teoria do sentido da História*. Afinal de contas, o que ele criticava na filosofia da História anterior ao marxismo (ver *A Ideologia Alemã*) era o seu transcendentalismo e o seu idealismo – mas não o seu vezo teleológico.

A preocupação originária de Marx não era apenas a mudança histórica: era assegurar-se da *meta* do processo histórico. Do ponto de vista filosófico, ele assimila a realidade ao processo de autocriação do homem.

Os *Manuscritos* parisienses de 1844 reconhecem que a *Fenomenologia do Espírito* "capta a autocriação do homem como um processo [...]; apreendendo, portanto, a natureza do *trabalho*, e concebendo o objeto homem [...] como o produto de seu próprio trabalho". Marx também parte da circunscrição do Ser ao desenvolvimento autônomo da humanidade, que já fora a marca da hegeliana "transformação da substância em sujeito". Mas, assim como, mais tarde, Nietzsche revelará o fundamento psicológico desse imanentismo, apresentando a realidade como vontade de poder conquistadora do tempo, Marx desmascarou a sua forma fundamental: o seu caráter de desenvolvimento social *baseado no domínio da natureza*.

Marx percebe que Hegel atinou com o essencial – a autocriação do homem –, porém, na aparência alienada de trabalho *espiritual*. A metamorfose marxista da ideia básica de autocriação humana se dá sob o signo da *valorização da indústria*. O marxismo descreverá o "desenvolvimento autônomo do homem" em termos de elaboração tecnológico-industrial do meio físico e da sociedade. Os próprios estudos de economia política de Marx, especialmente a sua familiaridade com a visão industrialista da escola de Manchester (cidade onde, por sinal, se situava a filial inglesa da fábrica do pai de Engels, foco de grande parte das observações da dupla fundadora do marxismo), levaram a uma superestimação da atividade fabril, de resto característica do meio Oitocentos.

Mas a mais clara origem ideológica dessa concepção encontra-se em Saint-Simon. A moderna marxologia destacou fortemente a influência saint-simoniana sobre Marx. Georges Gurvitch, T. B. Bottomore e Maximilien Rubel enunciaram os vários estágios através dos quais se estabeleceu o amplo contato de Marx com a obra de Saint-Simon: as opiniões do círculo de relações do conselheiro Heinrich Marx; a estima do sogro de seu filho Karl pelo saint-simonismo; as ideias de seu professor na Faculdade de Direito em Berlim, Eduard Gans (1837-41); de Moses Hess, que introduziu Marx na redação da

Rheinische Zeitung (1842); de Heine, de quem Marx se tornou íntimo em Paris (1843-44). Gans, ex-discípulo dileto de Hegel, reinterpretou a *Filosofia do Direito* em sentido saint-simoniano, isto é, subordinando o Estado à sociedade civil e subvertendo a estadolatria de Hegel. Não é preciso assinalar o parentesco entre essa posição e os textos de crítica à *Rechtsphilosophie* do jovem Marx.

Saint-Simon acreditava que "a reunião dos homens constitui um verdadeiro ser", mas este ser consiste num "esforço" cuja função é o domínio da natureza. A sociedade é um "vasto atelier" chamado a dominar o meio natural, em vez de dominar os indivíduos. A realidade social é "produção". "É na indústria que residem, em última análise, todas as forças reais da sociedade." A produção coletiva é uma ação social *total*, abrangendo tanto as produções materiais quanto as espirituais.

Esta filosofia do *homo faber* caracteriza todo um período da obra de Marx, em que uma espécie de *humanismo tecnológico* dá o tom. Os *Manuscritos* de 1844 situam o motivo da indústria no coração da antropologia marxista: "[...] até os nossos dias, a indústria não foi considerada em sua conexão com a essência do homem, mas unicamente numa relação exterior de utilidade". A indústria é "o livro aberto das faculdades humanas". Ela designa uma faculdade produtiva geral, inerente ao *anthropos*, e constitui a diferença específica da sua condição entre os outros habitantes da terra. A despeito, porém, dessa amplitude semântica, o conceito de indústria do jovem Marx é ostensivamente calcado no modelo tecnológico do "domínio da natureza".

Na *Ideologia Alemã*, com as *Teses sobre Feuerbach*, este humanismo prometeico constitui a base da crítica ao antigo materialismo (inclusive o feuerbachiano), que privilegiava a natureza em detrimento da História. O próprio mundo sensível é visto como resultado da atividade social produtora. Os *Manuscritos* já haviam afirmado que "a educação dos cinco sentidos é obra de todas as gerações passadas": a *Ideologia Alemã* dirá que o mundo sensível é "o produto da indústria e do estado social".

O criacionismo humano triunfa de todo limite. Todos os dados naturais da condição humana desaparecem diante do ímpeto modelador. A própria civilização capitalista será elogiada por ter dissolvido todos os aspectos "naturais" da existência.

Kostas Papaioannou ("La Fondation du Marxisme", em *Contrat Social*, nov./dez. de 1961 e jan./fev. de 1962) ressaltou que, a partir de *Miséria da Filosofia* (1847), essa "apoteose da indústria" desaparece dos textos de Marx. Em *O Capital*, a indústria é "o modo de ação do homem contra a natureza". Quanto ao trabalho, mesmo no socialismo, ele será definido como uma "necessidade" imposta ao homem, *além* da qual começaria o "reino da liberdade" e da criação verdadeiramente humana.

Mas *O Capital* se inicia pela demonstração de que as relações econômicas não são naturais, e sim a cristalização de determinadas relações humanas. Toda a primeira seção do primeiro volume, com o tema do "fetichismo da mercadoria", se rege por essa ideia, em princípio irreprochável. Ora, no processo que permitirá que os homens recuperem efetivamente o comando da vida material – processo que depende essencialmente da corrida "fatal" do capitalismo em expansão – a indústria, mola da economia capitalista, parece recobrar o seu antigo status demiúrgico. Ao resumir, no terceiro volume, as conclusões do primeiro, Marx atribui à grande indústria a função de "rasgar o véu que ocultava aos homens o seu próprio modo de produção". A atividade fabril é expressamente associada ao poder revolucionário que o próprio modo-de-ser da sociedade capitalista traz consigo, e que impele a preparar a sua própria ruína. Muito saint-simoniamente (se acrescentarmos a mediação revolucionária do conflito de classes), as forças de produção (isto é, o industrialismo avançado) provocariam o reajustamento do sistema social e libertariam o homem do seu estado alienado.

Assim, o Marx da maturidade retoma a ideia da criação autônoma do homem em sua vinculação com o domínio tecnológico da natureza. Mas Prometeu reduz necessariamente a realidade a objeto de seu cálculo;

a práxis tecnológica não pode impedir-se de predeterminar o curso da História, marcando-lhe um instante de plena realização, de realização *definitiva*. O fatalismo da visão de *O Capital* exibe a cumplicidade profunda entre o humanismo tecnológico e a teoria do sentido da História. "Nosso objetivo final não é outro senão o de desvendar a lei econômica da evolução da sociedade moderna, que não se pode ignorar deliberadamente, nem suprimir por um esforço de vontade." Essas palavras do posfácio à segunda edição do primeiro tomo do seu *magnus opus* (1874) indicam até que ponto o estudo empírico da economia foi enquadrado por Marx num projeto teórico claramente finalista.

O finalismo vem de que o objetivo da demonstração da "lei econômica" é, naturalmente, a comprovação do caráter necessário da luta de classes e da formação da consciência revolucionária do proletariado. *O Capital* começa, como é sabido, com a análise da mercadoria; e termina – no inacabado 52º capítulo do terceiro volume – com a análise das classes sociais. Karel Kosík, no 3º capítulo da sua interessantíssima *Dialética do Concreto* (original tcheco, 1963; ed. italiana, Milão, Bompiani, 1965), sublinha o fato de que, para Marx, descrever o modo de produção capitalista significava descrevê-lo simultaneamente como um processo que atua independentemente da consciência dos homens, e como processo a cujas leis pertence também a forma pela qual os homens *tomam consciência* do próprio processo e da sua posição dentro dele. Esta tomada de consciência é uma condição essencial "para que a 'odisseia' da forma histórica da práxis consume a sua realização na práxis *revolucionária*". Como a *Fenomenologia do Espírito*, *O Capital* também é um *Bildungsroman* teórico; é a peregrinação da práxis, que não termina na autoconsciência do Espírito hegeliano, mas na ação revolucionária que se funda sobre a autoconsciência.

É óbvio que o interesse das análises socioeconômicas de Marx sobreviveu à falência desse projeto de demonstração, mas isso prova apenas que o gênio de Marx salvou-o das limitações do seu propósito – e não que este último é válido. Nem adianta alegar que o determinismo mecanicista se atém à crônica do capitalismo, sendo substituído por um "reino da liberdade", onde já se coloca o próprio nascimento da nova sociedade. No messianismo de Marx, a construção do socialismo não é só um *imperativo* ético: é um *acontecimento* escatológico. Por conseguinte, ao determinismo "cego" da evolução do capitalismo "sucede" um evento teleologicamente dado. Na verdade, a escatologia profana de Marx *engloba* a concepção mecanicista da sociedade pré-socialista. Marx tornou-se comunista *antes* de estudar a economia capitalista. A "férrea necessidade" das leis do capital está embutida no *eschaton* do "enigma resolvido da História", ou seja, do advento do socialismo, por sua vez norteado pela utopia comunista. De resto, mecanicismo e finalismo são noções associadas, tal como se sabe desde o capítulo inicial da *Evolution Créatrice* (e apesar de tudo quanto possa ter caducado na mitologia filosófica de Bergson). Um e outro supõem a realidade como *dada*; um e outro escamoteiam a imprevisibilidade da História.

A vontade de poder deseja a domesticação do tempo. A práxis tecnológica de Marx também se opõe ao Ser como tempo essencialmente aberto. Kostas Axelos (*Marx, Penseur de la Techinique*, 1961), no primeiro exame geral do pensamento marxista à luz da destruição da metafísica, relaciona a humanidade socializada e produtora de Marx à natureza da técnica enquanto forma fundamental da cultura moderna. Na perspectiva da rememoração do significado essencial da relação Ser/Tempo, Marx representa o desmascaramento sistemático da medula da civilização contemporânea, em sua qualidade de *cogito tecnológico*, de conquista total da natureza, aliada ao olvido da verdade do Ser e da finitude do homem.

Partindo da crítica lévi-straussiana ao hábito marxista de "raciocionar como se as práticas decorressem imediatamente da práxis" (*La Pensée Sauvage*, p. 173), Lucien Sebag (*Marxisme et Struturalisme*, p. 1964, cap. 3) procurou mostrar que o marxismo, enquanto análise do social, tende a postular uma coincidência impossível entre saber e existência empírica. A premissa dessa atitude é um *apego à subjetividade* – ainda que esta se apresente como uma práxis, em lugar do cogito contemplativo da tradição idealista. A índole tecnológica revestida pela práxis permite estender essa caracterização: o marxismo seria de fato "muito profundamente" (Sebag) uma filosofia da subjetividade – porque seria a revelação mais consequente da paixão tecnológica dos tempos modernos, e do seu sonho de atingir a felicidade humana pela expansão sem limite do domínio sobre a *physis*.

Lembremo-nos, porém, de que o cogito humanístico-metafísico, o sujeito da técnica, no seu projeto de persistência hostil ao tempo, se dá como ego *voluntarista*. Do comunismo, os *Manuscritos* de 1844 dizem não só que ele é "a solução do enigma da História", como que ele "*sabe* ser essa solução". O cogito metafísico é sempre certo de si, porque é sempre algo que se quer como é, e que se obstina em permanecê-lo. O teleologismo da práxis tecnológica dificilmente poderia ser isento desse voluntarismo. A forma essencial da certeza-de-si do messianismo marxista é o conceito da "missão histórica do proletariado", e a correlata localização da práxis na sua ação. A longo prazo, esse conceito induz à legitimação da "ditadura do proletariado", ou seja, a uma política autocrática.

O democratismo consciente de Marx não estava, a seus olhos, em contradição com essa ditadura. A prova é que, em 1850 – a sete anos da sua conversão ao comunismo –, ele autorizou a reedição, em livro, de seus artigos do tempo da *Rheinische Zeitung*, cuja tônica era a defesa das liberdades democráticas. Filosoficamente, Marx jamais abandonou a oposição a todo reforço do poder estatal, que sela os seus primeiros ataques a Hegel.

No entanto, em março de 1852, em carta a Joseph Weydemeyer – um oficial prussiano *quarant-huitard* que aderira à Liga dos Comunistas (presidida por Marx) e se tornara amigo e correspondente seu e de Engels – o fundador do "socialismo científico" recusa-se a si mesmo o mérito de ter descoberto a existência das classes sociais ou da luta entre elas, asseverando que a verdadeira originalidade da sua teoria se limitava à demonstração de três pontos: 1) que a existência da sociedade de classes depende de determinada fase do desenvolvimento histórico da produção; 2) que a "luta de classes *conduz* necessariamente à *ditadura do proletariado*"; 3) que esta última é apenas a transição para a instauração de uma sociedade sem classes. A tese da necessidade transitória do despotismo do proletariado foi depois explicitamente retomada por Marx na *Crítica do Programa de Gotha* (1875).

Como se explica que a contradição entre as liberdades democráticas e a ditadura do proletariado não tenha perturbado Marx? É que pertence à própria natureza do messianismo profano cancelar – no plano teórico – essa contradição. O messianismo profano se nutre *de ideais democráticos combinados com uma prática política totalitária*. Em estudo hoje clássico – *The Origins of Totalitarian Democracy* (1952) – J. L. Talmon analisou o mecanismo psicológico responsável por essa estranha combinação. Como sistema de poder, o progressismo messiânico (do qual o marxismo é, atualmente, a variante principal) partilha com o totalitarismo de direita a rejeição dos costumes políticos da democracia liberal. Mas o totalitarismo de esquerda se define por uma fé *universalista no homem*, ao passo que o totalitarismo de direita vive do culto *particularista* do Estado, da nação ou da raça. A fonte psicológica do messianismo de esquerda é a ideia da humanidade como conjunto de indivíduos racionais, intrinsecamente capazes de estabelecer, por meio da razão, uma sociedade perfeita: um paraíso terreno. Neste ponto, como vimos, o messianismo profano abandona todo resquício religioso do senso da falibilidade humana – da noção de que "a perfeição não é deste mundo" – para sustentar a plena capacidade do homem de realizar uma definitiva harmonia social por seus próprios meios. Nessa transposição individual, porém, está implícita a valorização do homem individual – de *todos* os homens – como seres racionais e capazes, valorização que, nessa feição universalizante, falta por completo ao totalitarismo direitista. O messianismo de esquerda é um democratismo; o totalitarismo de direita, não. Por isso, do ponto de vista dos postulados filosóficos de um e de outro, tem sentido falar-se de "democracia totalitária" com relação ao primeiro, mas não com respeito ao segundo.

O totalitarismo de direita não crê no homem; o de esquerda acredita exageradamente nele. O homem é livre e racional, e pode alcançar por si mesmo a sociedade perfeita. Esta se torna um *fim coletivo absoluto* e, portanto, a meta natural da liberdade humana. Por isso, enquanto, para o democrata liberal, liberdade significa ausência de coação, para o democrata totalitário, a liberdade se mede pelo seu grau de aproximação relativamente a um ideal absoluto. Ora, essa maneira de conceber a liberdade a faz teoricamente *compatível* com o uso da força – com a não liberdade, do ângulo do liberalismo. Pois a força empregada pelo regime totalitário de esquerda será sempre justificada como simples instrumento de aceleração da marcha *natural* do homem rumo à perfeição. Como esta última é o termo da ilimitada capacidade de realização do homem, a coação, no caso, estará sendo usada para apressar a harmonização do homem consigo mesmo, com a sua própria essência realizadora. Só a ditadura de direita emprega a força pela força; a de esquerda a utiliza sempre em nome do homem.

É uma pena que as vítimas de ambas as ditaduras – esses espíritos de porco – não reconheçam o valor dessa diferença...

No nosso contexto, é suficiente deixar claro que o messianismo marxista *contém* – ainda que em potencial – um modelo de organização política irremediavelmente estranho àquela norma de máxima neutralização possível da pressão da coletividade sobre o indivíduo, associada ao novo conceito não essencialista da natureza humana.

A ingênua ideia da possibilidade de uma sucessão "ditadura do proletariado"/ "governo das coisas" (e não dos homens) reflete a imaturidade da teoria política marxista. Esta última nunca chegou a ser verdadeiramente elaborada pelos fundadores Marx e Engels, que nisso partilham a subestimação oitocentista da autonomia da esfera política. No rastro da antropologia clássica (Henry Maine, L. H. Morgan), o marxismo incidiu na *confusão entre poder e Estado* – cuja rejeição marcou o advento da moderna teoria política. Ao longo da crítica do Estado, denunciado como projeção de interesses sociais particulares – que foi a grande contribuição politista do marxismo – o sentido da especificidade do fenômeno político se atrofiou. Se bem que, em estudos históricos como *O 18 Brumário de Luís Bonaparte*, a autonomia relativa do político desempenhe um papel de relevo, Marx não a ergueu ao nível de uma reflexão teórica sistemática. Implicitamente, o marxismo laborou na presunção de que a liquidação do Estado (burguês) levaria ao cancelamento de *toda* coação, de *todo* poder – exceto na fase "transitiva" da ditadura do proletariado. Mas a consciência contemporânea sabe que a problemática do poder exorbita do mero âmbito da *forma estatal* do poder, e sabe, igualmente, que a democratização da estrutura de poder a uma variante superconcentrada do domínio do Estado – como a ditadura pretensamente "proletária" – constitui, do ponto de vista democrático, uma contradição insanável. Bakúnin percebeu-o muito bem, ao aproximar a política marxista – a organização do movimento revolucionário "de cima para baixo", prefiguração perfeita do leninismo e do "verticalismo" dos PCs – do estatismo de Bismarck; pois a mencionada contradição só se resolve se e quando o conceito de liberdade é entendido nos termos da democracia *totalitária* e do seu messiânico absolutismo. Nesse caso, porém, a existência empírica das liberdades deixa de ser considerada necessária. A perseguição do fim absoluto dispensa os homens do exercício da liberdade.

Quanto ao messianismo em si mesmo, a história do pensamento marxista demonstra que ele parece depender demasiadamente – para uma teoria que possui a chave da História – das vicissitudes do movimento político incumbido de encarnar a *pólis* messiânica; ou então, muito simplesmente, das variações do processo histórico, que "insiste" em não proceder de acordo com o seu esquema teleológico. Quando um dia observaram a Hegel que seu sistema não estava inteiramente concordante com os fatos, ele deu aquela resposta soberba: "Tanto pior para os fatos". Karl Korsch achava que, na vida do marxismo, os momentos de real vigor filosófico e de ativação da dialética correspondiam aos períodos históricos dinâmicos e revolucionários, ao passo que os instantes de cienticismo – de tendências determinísticas – prevaleciam nas fases de maior inércia, de resistência às transformações estruturais – de maior "espessura" da História, como Merleau-Ponty gostava de dizer. O jovem Marx respirou o clima revolucionário de 1848; os principais representantes da renascença filosófica do marxismo, Georg Lukács, Ernst Bloch, Antonio Gramsci e o próprio Korsch, compuseram suas obras decisivas no começo dos anos 1920, ainda sob o impacto da Revolução de Outubro e de suas irradiações ocidentais. O velho Marx elabora a sua análise determinística da economia na atmosfera de restauração burguesa da segunda metade do Oitocentos; o "esquecimento" do poder detonador da aliança entre dialética e messianismo é consagrado pelos revisionistas do fim do século (Kautsky, etc.), que acreditavam na chegada "automática" do socialismo, como simples consequência da evolução econômica. O messianismo só seria exumado com Lênin, *et pour cause*...

O que há de mais expressivo no marxismo ocidental dos nossos dias parece ligado a uma nova época de lentidão ou de "espessura" da História. O utopismo "pedagógico", schilleriano, de Marcuse, e a amargura autofágica da estética de Adorno são repassados da consciência da preguiça da práxis, do senso da ausência de um horizonte revolucionário. Todo messianismo é iminentista. Como a revolução não se apressa, o traço messiânico se transforma em pessimismo agudo. Em todo caso, o apagamento do messianismo não se verifica só no marxismo de Frankfurt. No marxismo althusseriano, a disposição analítica e epistemológica predomina contra todo retesamento escatológico. Porém, à diferença dos representantes do pensamento negativo, Althusser se despoja igualmente de todo nervo ético. Seu desprezo pela importância dada por Lukács ao motivo da *alienação* (proveniente do jovem Marx) é bem significativo. É difícil distinguir até onde essa repulsa pelo "humanismo" dos *Manuscritos* de 1844 ou de *História e Consciência de Classe* é pura e saudável medida antimetafísica; às vezes, tem-se a impressão de que é a própria problemática que está sendo repelida – e não apenas a perspectiva essencialista em que ela é tratada por Marx ou por Lukács. Na *Kulturkritik* dos neo--hegelianos, a inércia da História conduz ao desespero ou ao utopismo procrastinante; no anti-hegeliano Althusser, o marxismo não perde somente o gosto messiânico – perde também a fibra da problematização dos valores e da contestação da cultura.

Não é necessário depurar o marxismo de seu conteúdo ético-crítico para reintegrá-lo no movimento mais fecundo do espírito contemporâneo. A nosso ver, o fato de que as pretensões filosóficas globais do marxismo sejam questionáveis, o caráter fortemente metafísico, escatológico e voluntarista da sua visão do mundo, não impediram Marx – como não impedem alguns de seus grandes adeptos atuais – de contribuir de maneira decisiva para a formação do pensamento moderno. Um dos maiores críticos das doutrinas econômicas de Marx, Schumpeter, rendeu uma viva homenagem à relevância teórica da sua obra. Mais recentemente, David Horowitz, organizador da coletânea de estudos *Marx and Modern Economics*, observou que, pelo menos depois de Keynes, a teoria marxista tem ocupado constantemente os economistas, em virtude da consciência, que lhe é inerente, da problemática de dinâmica econômica, e do esforço para aprofundar o exame das integrações do econômico e do social que ela representou. Para um sociólogo nada marxista como Raymond Aron, o próprio esquema evolutivo de *O Capital* – baseado no fenômeno de pauperização e de uniformização progressivas do proletariado, característico do capitalismo imaturo conhecido por Marx – conserva um elevado teor analítico, se aplicado às regiões subdesenvolvidas do Ocidente. (Essa circunstância, aliás, deveria, em princípio, fazer com que as elites responsáveis por essas áreas lutassem mais contra as raízes sociais e econômicas desse fenômeno do que contra os movimentos marxistas propiciados pela ocorrência dele.) Um marxólogo de formação sociológica, como T. B. Bottomore, não hesita em reconhecer que boa parte da obra de Marx – que Georges Gurvicht considerou o "mais importante" dos fundadores da moderna ciência social – constitui uma "aquisição permanente do pensamento sociológico". Mas o mesmo especialista observa imediatamente que essa incorporação das ideias de Marx acarreta o desaparecimento de uma sociologia "marxista", na medida em que o processo de consolidação da moderna ciência social implica precisamente o abandono da camada especulativa apriorística em que a obra de seus pioneiros – e não só a de Marx – ainda estava imersa. A sociologia atual deve imenso a Marx, mas não pode ser doutrinamente marxista.

Karl Marx foi o principal pioneiro da união do impulso de remodelação social com o esforço de consideração objetiva da sociedade; foi também um dos maiores sistematizadores de uma atitude indissociável da pesquisa crítica em ciências humanas: a interpretação dos fenômenos sociais à luz de estruturas inconscientes, cuja análise ultrapassa necessariamente o plano do empiricamente observável. Sozinho, este elemento da sua investigação sociológica já seria capaz de sobreviver a toda impregnação metafísica; somente ele já o credencia como um dos grandes instauradores da moderna reflexão científica e do amadurecimento das ciências do homem. Naturalmente, para quem peça ao marxismo muito mais do que títulos de cientificidade – para quem prefira adotá-lo como visão filosófica e global, quando não se obstine em apegar-se ao seu aspecto "religioso", de avatar profano da doutrina da salvação –, *essa* modernidade de Marx tem pouco ou nenhum valor. É perfeitamente possível conceber que a verdade definitiva sobre o curso da História e o sentido da realidade foram proferidos por um alemão genial, falecido em Londres há oitenta e cinco anos.[17] Infelizmente, nem a ciência nem a filosofia confirmariam plenamente esse juízo, ao passo que a psicologia social teria muito a dizer a propósito das motivações que predispõem à sua adoção. Se há um ponto em que grande parte da opinião marxista concorda com o antimarxismo preconceituoso (ou posto a serviço de interesses pouco nobres e nada científicos), é precisamente este: a relutância a admitir uma valorização *qualificada* de Marx, tão distante da idolatria acrítica quanto da prevenção escusa ou ignorante.

A FUNDAÇÃO DO REDUCIONISMO E O COLAPSO DA AUTONOMIA DO ESTÉTICO

No protesto crítico de Rousseau contra a cultura urbana do limiar da era industrial, discernimos as raízes ideológicas de um novo conceito do homem e da sociedade. Perseguindo a projeção deste conceito na obra de Kant, verificamos que ele é solidário da empresa de contenção metafísica, cujo pathos mais característico talvez se encontre na lírica de Hölderlin. Desta forma, entre 1750 e o começo do século XIX, uma nova sensibilidade e uma nova inteligência do real tiveram seus fundamentos lançados. A expressão "receptividade espontânea" define bem o modelo humano então entrevisto, notavelmente diverso do cogito egocêntrico e impositivo do "humanismo" metafísico.

Não obstante, para o fim desse mesmo período, a concepção metafísica deu um passo decisivo para a sua explicitação final como práxis tecnológica, assumindo a forma da dialética do Espírito de Hegel. O messianismo secularizado de Marx se substituirá ao teleologismo hegeliano, estabelecendo a práxis industrial concreta como

---

[17] Levemos em conta que esta obra foi publicada em 1969, porém escrita no ano anterior. Karl Marx faleceu em 1883; daí os 85 anos aludidos pelo autor. (N. E.)

essência da realidade, e como garantia da conquista da satisfação absoluta. Marx reclamou do próprio domínio sobre a natureza a reconciliação entre o homem e a *physis*. Esta exigência situa o marxismo clássico numa posição *ingênua* em matéria da crítica da cultura.

Um revigoramento da tradição metafísica sucedeu, assim, ao hiato antimetafísico formado às vésperas da grande indústria. Mas do legado deste último, e, especificamente, da reflexão de Kant, constava um dado capital: *o reconhecimento da autonomia dos valores estéticos*. O recinto teórico desse reconhecimento foi a *Crítica do Juízo* (1790), a matriz da estética moderna. Com Kant, a função estética passa a ser sistematicamente diferenciada do conhecimento puramente intelectual, da vida sensorial apetitiva, e da experiência moral. Como mediação entre essas diversas faculdades, o estético, *sem suprimir o contraste entre elas*, proporcionaria ao homem uma plenitude vivencial assimilável a uma unidade originária de natureza e cultura – a uma evocação efêmera, mas irresistível, da possibilidade de superar o divórcio entre o espírito humano e a realidade cósmica.

Não iremos aqui – nem é necessário – recordar em minúcia a estética de Kant. Ela representou o coroamento de uma longa série de investigações, através das quais o século XVIII vinha preparando uma reabilitação da experiência sensível e dos direitos do prazer e do sentimento. Mas a teoria kantiana soergueu todo sensualismo, todo hedonismo e toda legitimação do afetivo ao plano de uma verdade antropológica única e irredutível, num grau de riqueza analítica só comparável (descontadas as diferenças de contexto) à *Poética* de Aristóteles.

A *Crítica do Juízo* é essencialmente uma *teoria do sentimento do belo*, e não uma teoria sobre a natureza da arte. Este dado é indispensável à compreensão da análise de Kant, que busca definir uma experiência humana básica propiciada *ou não* pela obra do homem, e não uma atividade cultural em si mesma. A primeira grande infidelidade à estética de Kant foi cometida (conforme vimos na 1ª parte) por Schiller, que converteu a vivência mediadora do estético em princípio de reconstrução ético-social. A heresia acentuou-se com os românticos de Iena. O romantismo transformou a arte em órganon privilegiado do saber; a sugestão kantiana de uma integração homem/natureza virou conteúdo de uma experiência efetiva, recriável pela *magia* da intuição artística.

A preservação do senso da autonomia do estético não resistiria a essa autoadjudicação de todo o real pela Arte romântica. A metamorfose hegeliana do Ser em História liquidou esse "imperialismo" estético. Consciente do sabor pouco estético da nova cultura urbana, atento à "prosa da vida", Hegel exilou a era da arte para o passado helênico, substituindo-a, como expressão do Espírito Absoluto nos tempos modernos, pela religião e pela filosofia. Hegel encerrou a Arte (com maiúscula imperialística) no museu das aventuras pregressas da humanidade.

Porém a arte (com minúscula), recuando para o seu território legítimo, não tardou a sofrer um grave assalto. De fato, de acordo com o que observamos na seção anterior, a totalidade hegeliana é unificada por um princípio espiritual unitário; daí a arte de cada totalidade histórica ser interpretada como *reflexo* desse princípio unificador. Hegel inicia a análise da obra de arte em termos da ilustração do *Zeitgeist*, do "espírito de uma época".

É verdade que, em suas *Lições de Estética*, a lembrança da autonomia do belo firmada por Kant não desaparece por completo. O belo ainda é distinguido do verdadeiro; a introdução das *Lições* (cap. II, 2ª seção, 3) confere à arte uma finalidade intrínseca, e não algum objetivo extraestético. A este respeito, a crítica de Hegel à estética moralista de Schiller é muito instrutiva. Contudo, o historicismo hegeliano terminaria contribuindo, mais do que qualquer outra teoria, para a expansão do hábito de reduzir o significado das obras ao seu valor de reflexo de uma situação epocal.

O "aparecer sensível da ideia", fórmula célebre da estética de Hegel, foi frequentemente entendido como se a ideia – o "conteúdo" – fosse o principal, e a veste sensível – a "forma" –, algo meramente secundário. Certas deficiências do gosto de Kant haviam enfraquecido partes acessórias da *Crítica do Juízo*, favorecendo o equívoco do "formalismo";[18] algumas limitações do gosto de Hegel contribuíram para reforçar o perigo de "condensação" da abordagem histórica em conteudismo reducionista. A classificação das artes kantiana punha a poesia no topo da pirâmide artística; Hegel acompanha essa preferência, que só será quebrada por Wackenroder e, mais tarde, por Schopenhauer. Mas Kant define a poesia como "livre jogo das faculdades", e, portanto, como expressão suprema do desinteresse estético, ao passo que Hegel a eleva em virtude da sua maior "espiritualidade", da sua menor aderência ao sensível. A duvidosa razão desse privilégio se confirma no desprezo em que ele tinha o "envelope" linguístico da poesia. Apesar de várias observações penetrantes sobre versificação e outros aspectos formais, as páginas da *Estética* sobre o gênero lírico nunca se equiparam às dedicadas ao drama ou à épica: A "forma" não cativa Hegel na mesma proporção que o "conteúdo". As estreitezas do gosto de Kant parecem excrescências na teoria da autonomia do estético; as de Hegel parecem curiosamente associadas à lógica especulativo-conteudística do sistema do Espírito.

Naturalmente, o que estamos censurando é apenas o *reducionismo* historicista em seu berço hegeliano (precedido em parte por Herder), a tendência a julgar a obra de arte como simples imagem das circunstâncias históricas. Segundo a moderna história da crítica (especialmente a de Wellek), essa tendência é atribuível ao hegelianismo difuso do meio do século XIX (em que radica a metodologia

---

[18] Para uma discussão desenvolvida das limitações do gosto kantiano e da teoria da arte da terceira *Crítica*, ver Robert L. Zimermann, "Kant: the Aesthetic Judgment". In: *Journal of Aesthetics and Art Criticism* (1962-63), e sobretudo Vittorio Enzo Alfieri, "L'Estetica dall'Illuminismo al Romanticismo". In: *Momenti e Problemi di Storia dell'Estetica* (parte seconda). Milão, Marzorati, 1959. Para a interpretação das diretrizes da estética de Kant, ver o excelente ensaio de Luciano Anceschi (incluído em *Tre Studi di Estetica*, 1966), "'Vorrede' ed *'Einleitung'* alla Critica del Giudizio".

de críticos eminentes, como Belinsky ou Taine) *antes* da implantação do determinismo positivista e do "darwinismo" sociológico – com os quais às vezes se combinaria. Não se trata absolutamente de condenar o emprego da perspectiva histórico-sociológica em si mesma. Esta última, aliada ao reconhecimento da especificidade do estético, é inclusive imprescindível. Quando o hegelianismo admitiu essa aliança, na obra de Francesco de Sanctis, incorporou-se ao que existe de mais fecundo na historiografia literária.

Hegel não representa somente a suspensão do "idealismo estético", do imperialismo da Arte dos românticos; pressagia também o colapso da autonomia do estético, que iria triunfar na era vitoriana. A *desvalorização do lirismo* poderia ser tomada como índice do avanço abusivo dos critérios externos de abordagem da obra de arte – da crescente prática do reducionismo – na crítica pós-hegeliana de inspiração liberal.

Em Heine, os assomos didático-historicistas de fundo político ainda foram neutralizados pela sobrevivência do senso dos valores artísticos. O *romantique défroqué*, "sobrenaturalista em arte", ainda estava demasiado perto da estética schlegeliana para esquecer a especificidade da obra e a importância da dimensão formal. Mas com os hegelianos de esquerda, o reducionismo tomou o freio nos dentes. Para Arnold Ruge, o ideal de poesia é o "poema de luta"; a literatura é, simultaneamente, o reflexo do progresso da História no sentido da liberdade e um instrumento desse progresso; enquanto isso, o próprio Heine se torna suspeito de capricho romântico...

O antilirismo e a ideia antirromântica do "fim do período poético" culminam na obra do grande historiador literário do meio do século, Georg Gottfried Gervinus. O lirismo em forma autêntica, a poesia genuína, é acusado de "inobjetividade", "irresponsabilidade" e "reacionarismo" – sendo que a poesia romântica fornece o modelo *par excellence* desses "vícios". A relação entre o literário e o social (visto na perspectiva do progressismo liberal) é estabelecida em moldes simplistas e mecânicos. Uma pérola de Gervinus a propósito (ou despropósito...) de Hölderlin revela quanto o apreço pelos valores estéticos decaiu diante do despotismo da preocupação "participante": "Os poemas líricos são como a infância de um poeta; só tem interesse na medida em que ultrapassa essa fase".

A aliança entre o liberalismo progressista e a subestimação da forma lírica prevalece durante toda a idade vitoriana, demonstrando o rancor da crítica reducionista contra a irredutibilidade estética da poesia. A razão mais profunda da hostilidade do progressismo à poesia é a tendência da grande lírica, de Goethe a Hölderlin, a Rimbaud e Mallarmé, a exprimir-se *como crítica da cultura*, isto é, como problematização de aspectos sociais consciente ou inconscientemente perfilhados pela mitologia progressista. É impossível desenvolver aqui a lógica dessa oposição: a propósito do ensaio de Benjamin sobre Baudelaire, já consideramos alguns de seus aspectos centrais. Contentemo-nos com a indicação da força com que o fenômeno se manifestou, no curso do século passado.

Quando o divórcio entre os ideais de reforma social e a autonomia da arte parece superado – como na maior porção da obra de Victor Hugo – a "superação" se faz às custas da autenticidade poética; e quando a mente pragmático-reducionista decide isentar a poesia de quaisquer obrigações utilitárias – como no finíssimo *What is Poetry?* de John Stuart Mill (1833) – a lírica se transmuta em puro monólogo emocionalista. O utilitarismo só resgata a poesia do fulminante desdém de Bentham à força de rebaixá-la a um subjetivismo inteiramente desintelectualizado.

A metafísica estética do romantismo sucedera a consagração das atitudes redutoras: sociologísticas, didáticas ou emocionalistas. O desequilíbrio da consciência estética forçou a arte a servir ou a não valer nada, a ser propaganda ou a ser capricho. A valorização exclusivista do aspecto de documento e de campanha induzia muitos defensores do artístico – como Gautier – a refugiar-se no *art pour l'art*. Mas o esteticismo é uma vítima inconsciente da própria sufocação que ele hostiliza; é uma estratégia imatura de recuperação do estético, onde a fantasia se vinga da repressão utilitária pelo exercício vazio da gratuidade formal. Só Baudelaire viria a transformar essa defesa unilateral da arte em reabilitação da sua profundidade. Do ponto de vista heroico, a lírica baudelaireana inaugura a moderna arte de vanguarda, reunindo o senso da autonomia do estético (sem o "imperialismo" metafísico dos românticos) à problematização da cultura urbano-industrial. Com ela, o "fim do período poético" se converteu em prelúdio da resistência crítica à "prosa da vida".

Porém, o combate pelo restabelecimento da consciência do estético foi longo e penoso. Ninguém se atreveria, aliás, a dizer que ele terminou completamente. O século XX assistiu a inúmeras empresas de restauração reducionista. A crítica marxista (que é essencialmente novecentista) e a freudiana constituíram novas e tenazes variantes de redução, a despeito do extremo cuidado e da penetração das observações ocasionais de Marx, Engels e Freud sobre o fenômeno artístico. O reducionismo é uma hidra de Lerna. Mas a sua própria policefalia sugere a existência de uma cumplicidade entre os seus fundamentos e as bases da cultura moderna. Qual seria a oculta fonte histórica da redução supressora dos valores estéticos? Qual é o substrato *cultural* (subjacente a suas próprias fontes ideológicas) do reducionismo? É o que veremos a seguir.

REDUCIONISMO E ESCASSEZ

Num de seus ensaios sobre Freud, o sociólogo americano David Riesman observa que, para o fundador da psicanálise, o comportamento humano obedece a uma espécie de *economia de escassez*: como se o processo vital, em lugar de ser autorrenovador, fosse uma "despesa" contínua – uma retirada, sem depósitos compensatórios, de uma conta bancária. Desse ângulo, todo desperdício de energia aparece como problemático. Os resultados reducionistas de algumas análises freudianas sobre a natureza da arte e das atividades lúdicas em geral adviriam dessa ótica, que Freud partilhava mais ou menos inconscientemente, com o conjunto de pensamento de sua época.

É justamente esse caráter *comum* da perspectiva reducionista à ideologia oitocentista que nos interessa destacar. Numa certa medida, toda a elaboração filosófica (inclusive no que concerne aos pressupostos filosóficos da ciência) da segunda metade do século XIX parece ter adotado uma visão do mundo dominada pela ideia de *escassez* – e pelo receio correlato de prejudicar a *concentração* dos investimentos energéticos com uma eventual "dispersão" de atividades. Se nos lembrarmos de que esse mesmo período histórico se caracterizou, no Ocidente europeu e norte-americano, pela intensificação da poupança com vistas à concentração de investimentos necessária à implantação da grande indústria, compreenderemos que o espírito vitoriano ofereça um sensível paralelismo em relação a esse aspecto central da vida econômica do tempo. O ascetismo oitocentista suspeitava de que a pluridimensionalidade da cultura e, em especial, o *desinteresse* inerente à função estética, representavam, no plano espiritual, exatamente aquela "prodigalidade", aquele "desperdício", proibidos pela economia da poupança intensificada.

Se essa analogia é correta, o reducionismo seria a atitude analítica plenamente solidária da grandiosa *avareza* socioeconômica do Oitocentos, imortalmente encarnada na figura de Père Grandet e da sua severa sentença: "Il ne faut rien user". Na consideração particular da obra de arte, o reducionismo, analítica da escassez, consiste em submeter o significado artístico *a uma função utilitária*, que possa assim conciliar-se com as exigências exclusivistas do conhecimento sociológico (sociologismo), da investigação biográfica (biografismo, o método sainte-beuviano do *portrait littéraire*). *Em nenhum desses casos*, os valores estéticos têm oportunidade de valer por si, *ao lado* dessas outras dimensões, e, bem entendido, em relação com elas, mas sem prejuízo da sua autonomia operatória.

O reducionismo só principia a ceder no fim do século, com o advento da "filosofia da vida" e do nietzchianismo, enquanto a literatura impressionista e simbolista, a pintura pós-impressionista e a música pós-wagneriana retomavam a aliança de intransigência artística e problemática da cultura inaugurada em Baudelaire, e enquanto o tardo capitalismo enveredava pela expressão do consumo e pela diminuição do horário do trabalho.

Os primeiros sinais do horizonte de uma civilização do lazer parecem ter acompanhado o declínio da análise reducionista. *O substrato cultural do reducionismo se vincula à configuração psicológica da "economia de escassez" da idade vitoriana.* Essa tese é perfeitamente entrosável com a caracterização da *episteme* (i. e., do "solo" epistemológico comum a todas as expressões ideológicas de uma época) oitocentista, tentada, em *Les Mots et Les Choses* (especialmente nos capítulos VIII e IX), por Michel Foucault. De fato, todas as formas de reducionismo estético (inclusive, indiretamente, a teoria da arte *engagée*) são impensáveis fora da preponderância do modelo *genético* de interpretação. O reducionismo clássico procura sempre explicar a obra de arte pelas circunstâncias de sua formação. Ora, o predomínio do método genético é, por sua vez, indissociável do privilégio epistemológico conferido à História. Foucault nota muito bem que a História se torna no século XIX, simultaneamente, uma ciência empírica e o "modo-de-ser radical que prescreve o destino de todos os seres empíricos". A episteme oitocentista rompe o espaço histórico da representação clássica, em busca das "positividades" (*positivités*) ocultas que determinam a existência e as formas da cultura: a carga biológica hereditária, os estratos linguísticos anteriores ao estado atual dos idiomas, o trabalho humano escondido por trás do valor dos bens, etc. Tais positividades são, naturalmente, *históricas*. "Descendo" até elas para explicar o homem, as ciências humanas pressupõem, na realidade deste, uma "profundidade" desconhecida pela análise "em superfície" (classificatória, e não genética) que prevaleceu nos séculos XVII e XVIII.

O pano de fundo da episteme oitocentista, das "ciências humanas" no século da sua constituição, é o senso da finitude. Na pesquisa sobre a sua própria realidade, o homem constata a cada instante a sua condição de ser finito, ultrapassado pela dimensão histórica dos fenômenos biológicos, econômicos e linguísticos. O saber positivo busca sempre *além* do homem dado (e de sua consciência) as fontes da sua realidade. Ao mesmo tempo, todas as formas positivas do real, que o transcendem, só são captáveis a partir da sua finitude. Assim, o homem é, concomitantemente o "centro" de todo conhecimento, e alguém forçado a sair de si para poder conhecer; um ser empírico, e uma consciência transcendental. Colocada nesse cruzamento epistemológico, a ciência oitocentista se dividiu entre duas tentações: a de fazer do empírico, do já-dado, um absoluto, e a de apresentar o não empírico, o ideal, como empírico – ou seja, entre a tentação *positivista*, e a tentação *escatológica*. A oscilação entre positivismo e visão messiânica seria a marca da episteme do Oitocentos.

Foucault pensa que as ciências humanas só escapam a essa dupla quimera na medida em que se compenetram de uma perspectiva radical: o desaparecimento do homem enquanto figura do saber, enquanto núcleo da episteme. A análise estrutural (em linguística, em psicologia e em sociologia) se encaminhou para esse rumo. A oscilação escatológica-positivista foi cancelada com a substituição das abordagens exclusivamente genético-evolutivas por investigações de tipo *sincrônico*. Infelizmente, porém, para Foucault, o fim dos "pecados" da episteme oitocentista não significa, como se poderia pensar, um progresso no sentido da objetividade científica – hipótese que, desde o prefácio de *Les Mots et les Choses*, é expressamente excluída. O "desaparecimento do homem" é apenas mais um desnivelamento no solo do saber – e não uma forma amadurecida de ciência. As epistemes se justapõem, não se articulam verticalmente. Pior: as ciências humanas são "configurações epistemológicas", mas não ciências; ao contrário das ciências naturais, elas não possuem os caracteres de objetividade e sistematicidade que dão status verdadeiramente científico a um saber. No máximo, três delas: psicanálise, antropologia e linguística (as três "contraciências") desempenham uma espécie de *policiamento* epistemológico, problematizando sem cessar o campo constituído das "ciências" humanas e recordando constantemente que o saber do homem sobre si próprio será sempre relativizado pela sua finitude.

Foucault não se limita a indicar o óbvio: que as ciências humanas, em conjunto, ainda não podem, *atualmente* (a despeito dos progressos dos últimos anos, especialmente no caso da linguística), comparar-se, do ponto de vista da objetividade dos seus modelos explicativos, às ciências naturais. Ele recusa a própria *possibilidade* de as ciências humanas se equipararem um dia a suas irmãs naturais. Tudo o que o saber sobre o homem pode fazer é resistir às tentações positivistas e messiânicas, não se permitindo esquecer a condição finita do ser humano. A rigor, as ciências sociais só seriam capazes de destruir as suas próprias ilusões – mas não de construir um saber objetivo e sistemático.

Haverá alguma saída para esse ceticismo epistemológico de Foucault? A acentuação da necessidade de autopoliciamento por parte das ciências é uma atitude bastante louvável. A tendência a confundir a soma de conjuntos empíricos registrados cientificamente com a própria essência do real é, de fato, tão temerária quanto a propensão escatológica. Nem a metafísica positivista (metafísica *malgré soi*) nem a fé messiânica podem valer como ciência. Mas o desenvolvimento recente das disciplinas humanas parece desvendar uma possibilidade que não ocorre a Foucault: a de uma conciliação entre consciência crítica e construção sistemática, entre o autopoliciamento e a conquista dos padrões de objetividade, numa aproximação crescente das características das ciências naturais: a unidade sintética dos métodos de análise e consenso generalizado dos cientistas sobre os resultados obtidos.[19]

---

[19] Ver Claude Lévi-Strauss, "Critères Scientifiques dans les Disciplines Sociales et Humaines". In: *Revue Internationale des Sciences Sociales*, vol. XVI, n. 4, UNESCO, 1964.

A partir dessa ótica, a superação da episteme oitocentista não é um simples "desnivelamento" no terreno do saber – é um progresso na cientificidade das disciplinas sociais. A suplantação dos reducionismos positivistas e das concepções teleológicas do século XIX pela análise estrutural corresponde, no plano epistemológico, à passagem das limitações da economia de escassez ao horizonte de plenitude e de diversificação de produção e consumo aberto em nosso tempo. Afirmar esse progresso nada tem em comum com o progressismo mitológico do século XIX; pois não se trata de identificar a marcha da humanidade com o projeto cultural do Ocidente, como nas grandiosas sínteses finalistas do Oitocentos; trata-se apenas de constatar o aperfeiçoamento metodológico e a expansão do poder explicativo das ciências sociais, *no interior* do projeto cultural do Ocidente.

Foucault rejeita a ideia desse avanço, mas a sua recusa em reconhecê-lo não procede tanto da consideração objetiva da situação das ciências humanas; é provável que ela proceda antes *do método escolhido* por ele para historiar o substrato epistemológico das ciências sociais. *Les Mots et les Choses* tenta uma descrição *interna* dos sucessivos estratos epistêmicos no Ocidente. Semelhante descrição não só é possível como necessária; ela exemplifica aquela *delimitação prévia do objeto* sem a qual nenhuma análise apresenta consistência. No entanto, e tal como em outros domínios de interpretação (na crítica da obra de arte, por exemplo), a descrição interna, embora *imprescindível* não é *suficiente*. O sentido pleno de cada dimensão do processo social só se obtém através de uma ampla confrontação da sua estrutura interna com *outras* dimensões do processo. O erro do reducionismo não está, evidentemente, em relacionar os produtos ideológicos aos outros elementos (não ideológicos) do todo social – mas sim em querer estabelecer esse relacionamento *antes* de contar com uma descrição minuciosa da estrutura interna das formas ideológicas.

Na "arqueologia das ciências humanas" de Foucault, porém, a descrição interna não se completa por um relacionamento interdimensional. As epistemes são interpretadas sem nenhuma reflexão sobre as interações entre elas e o fundo social de cada grande época epistêmica. Ora, esse método unilateral emagrece singularmente a própria caracterização das epistemes – que é dialeticamente solidária do senso daquelas interações – e, sobretudo, exclui a possibilidade de compreender a transição de uma a outra episteme. As epistemes foucaldianas se sucedem arbitrariamente, desconexamente. No entanto, a possibilidade de explicar a sucessão histórica é hoje tida por perfeitamente *estrutural*, como se depreende do estudo da sincronia na linguística pós-saussureana.

Se, fugindo à dieta metodológica de Foucault, superpusermos ao seu modelo da episteme oitocentista (pressuposto, segundo vimos pela atitude reducionista) o que, calcados em Riesman, chamamos de substrato ideológico da economia de escassez, compreenderemos porque a episteme oitocentista se exprime, no plano analítico, pela tendência a *supervalorizar* a consideração genética em detrimento da interpretação estrutural – e a conceber a origem das formas culturais em termos unitários, *monocêntricos* ou simplistas. A essência do reducionismo consiste na explicação do significado de algo mediante a fórmula "X não é nada mais do que Y" (por exemplo, *Hamlet* não é nada mais do que uma projeção dramatúrgica do complexo de Édipo). Esse tipo de explicação já foi batizado de "talâmico" – do thalamus, a região cerebral capaz de realizar somente distinções simplistas. O monismo, ou monocentrismo, pertence à natureza íntima da abordagem reducionista. Marcado pela psicose da escassez, o reducionismo evita – por medo à "dispersão" debilitadora – toda visão pluralística, policêntrica, da realidade.

O célebre estudo de Pierre Janet sobre a histeria (1892) relaciona esse estado mórbido com o "monodeísmo", isto é, com a concentração anormal do campo da consciência em *um* sistema de ideias, paralelamente ao seu retirar-se de outros. Antes de Janet, James Braid já havia definido a hipnose como monodeísmo. O reducionismo é uma espécie de *fixação* monodeística, um gênero de hipnose da consciência analítica.

Mas se o reducionismo, a imaturidade das ciências humanas no século XIX, se formou sob o império da economia da escassez, temos de admitir a probabilidade de que, uma vez superado o seu fundo social, o substrato ideológico do reducionismo tenda a enfraquecer. À passagem da economia industrial ao limiar da sociedade pós-industrial equivale à transformação dos métodos reducionistas em métodos estruturais, baseados no aprofundamento simultâneo da descrição interna (do senso da especificidade dos produtos culturais) e da análise das relações entre as formas ideológicas e as demais dimensões do processo social. E assim como a conversão da economia industrial em economia pós-industrial é um progresso material, a conversão do reducionismo em análise estrutural *multidimensionalizada*, *pluralística*, constitui um amadurecimento das ciências humanas.

Na *Critique de la Raison Dialetique* (1. I, C, 1), Sartre teoriza sobre a essencialidade da conexão entre a escassez e a história humana. Seu objetivo é enquadrar a noção de práxis no conceito prévio de situação de escassez. Sartre observa que o trabalho pode muito bem ser concebido fora das condições de escassez em que o homem tem vivido até agora; a história efetiva da humanidade é que não. Esta se desenvolveu continuamente num campo de tensão engendrado pela *rareté*, sendo inconcebível sem a ideia de uma "antipráxis"; de uma ação passiva da matéria sobre os homens e suas necessidades. A escassez é decerto coextensiva à história humana, mas é possível que a mutação da sociedade industrial urbana, forma avançada do domínio tecnológico, represente uma metamorfose interna da situação de escassez – uma diferenciação qualitativa, de tal modo que a raridade dos bens necessários à subsistência e das matérias-primas essenciais se atenue (no reino da produção sintética e do comando eletrônico) em favor de *outras* dimensões de escassez. Estas seriam mais "espiritualizadas", na medida em que não derivem da necessidade de sobrevivência, e sim de determinações predominantemente culturais. Tudo isso, é claro, só ganha sentido no prospecto da opulência e de emprego lúdico do lazer que caracteriza a sociedade pós-industrial. Por outro lado, porém, essa perspectiva não é puramente quimérica: ela se insere na realidade objetiva do desenvolvimento tecnológico da atualidade.

Voltando à questão do progresso das ciências humanas, vale a pena insistir em dois pontos. O primeiro concerne ao aspecto *metodológico* da transformação das ciências humanas. Já nos referimos ao fato de que ele tomou a forma de um abandono da supremacia da perspectiva genético-evolutiva, supremacia que redundava em negligência ou simplificação da tarefa de descrição sincrônica do objeto. Para citar o exemplo mais ilustre dessa deficiência, lembremos que a linguística, entre a queda do normativismo clássico[20] e (no plano teórico) o *Cours de Linguistique Générale* ou (no plano analítico) os trabalhos do círculo de Praga, se lançava na pesquisa das leis evolutivas da(s) língua(s) sem dispor de uma descrição acurada do sistema cuja história ela buscava reproduzir.

Ora, o pressuposto da nova abordagem (que só os pseudoestruturalismos, nisso de pleno acordo com a crítica mais inepta dos adversários da análise estrutural, interpretam como simples desprezo ou repulsa pelos fenômenos diacrônicos) é a noção de que "*a todo processo corresponde um sistema*" (Hjelmslev, *Prolegomena a uma Teoria da Linguagem*, 1943, seção 2; trad. ingl. de Whitfield, 1961). O sistema é, evidentemente, o resultado de um processo histórico, mas este é ininteligível (e, em todo caso, indemonstrável) fora da análise sincrônica, pelo simples motivo de que ninguém pode historiar algo sem ter definido o que historia. Na mais consistente tentativa de fundamentação de uma teoria da linguagem, que são os citados *Prolegomena*, Hjelmslev não demora em afirmar que o justo reconhecimento da necessidade do ponto de vista sincrônico implica a rejeição de "uma certa tradição

---

[20] Se bem que este acabe de ser objeto de uma revalorização penetrantíssima, no livro de Noam Chomsky, *Cartesian Linguistics* (1966).

humanística", e da sua negação *a priori* da existência de fenômenos constantes no terreno da cultura. Essa negação descende do conceito das Geisteswissenshaften como disciplinas histórico-descritivas e antissistemáticas, conceito cujas origens remontam, através da escola neokantiana de Baden e de Dilthey, à hermenêutica romântica.

O postulado nuclear desse "humanismo" é a glorificação da liberdade humana, expressa na diversidade irredutível das criações culturais. À *la longue*, essa posição recusa a possibilidade de que as ciências humanas se tornem objetivas. *A apologia da "liberdade" mítica do homem termina negando a sua faculdade de conhecer-se a si próprio, e de aprimorar as suas formas de existência com apoio nesse conhecimento crítico.* Logo, o culto romântico da liberdade e da "eterna criatividade da História" se desmascara facilmente; o panegírico da Liberdade se torna obstáculo à conquista racional das liberdades concretas.

Quando o marxismo ocidental de segunda classe (Henri Lefebvre, por exemplo) esposa esse tipo de divinização humanística da História, para combater em seu nome o "tecnocratismo" da análise estrutural, o marxismo realiza um estranho casamento com os derradeiros advogados da hermenêutica romântica e do idealismo: Paul Ricoeur, Mikel Dufrenne ou Enzo Paci. Deixemos de lado a suposição do que o próprio Marx pensaria dessa confluência: basta observar que todo o projeto analítico de O *Capital* é, aos olhos da empatia hermenêutica, da descrição não explicativa da "criatividade histórica", tão inviável e tão ilegítimo quanto a análise estrutural em linguística. É difícil imaginar que o homem que passou décadas estudando economia, a fim de elaborar uma interpretação da mudança histórica em termos de estruturas sociais concretas e descritíveis (e não dessa inefável "criatividade" do homem) aprovasse as ladainhas em favor da deusa História, assassinada pela pesquisa estrutural... Essa elegia metafísica convém muito melhor a filósofos da subjetividade – como Sartre – convertidos ao que há de idealista em Marx, porém não ao que há nele de cientificamente pioneiro. Pelo menos neste ponto, aliás decisivo, Marx sobrevive tranquilamente ao ocaso dos últimos metafísicos.

O segundo ponto a destacar, no contexto do amadurecimento das ciências humanas (devido em grande parte à consolidação do método estrutural) nos restitui ao problema da superação do reducionismo e do seu monismo simplista. A esse respeito, as ciências sociais parecem muito afastadas da ingenuidade ontológica da ideia positivista de que a inteligência do real caminha através da redução "do complexo ao simples" – como se a realidade estivesse no simples e não no complexo. Tanto mais que essa mesma ideia caducou no próprio campo das ciências naturais. Escutemos Jean Piaget (*Sagesse et Illusions de la Philosophie*, 1965): "Evidencia-se, efetivamente, cada vez mais, que, em todas as situações em que se chegou a uma redução do superior ao inferior ou do mais complexo ao mais simples, essa redução se torna recíproca, isto é, o inferior é enriquecido por alguns dos caracteres do superior, e o 'mais simples' se torna mais complexo. Foi assim que, reduzindo a gravitação às curvaturas do espaço – o que parecia uma redução do físico ao geométrico – Einstein foi levado a vincular essas curvaturas a massas, de modo que a redução é recíproca". Charles-Eugène Guye dizia que, no momento em que se reduzir o orgânico ao físico-químico, este será enriquecido de propriedades até aqui desconhecidas. A atual biologia molecular nos aproxima da verificação dessas duas hipóteses.

Inegavelmente, estamos bem distantes do materialismo dogmático do século XIX, que Piaget atribui em parte à falta de cultura matemática, lógica e psicológica de alguns biólogos. Só podemos lhe dar razão quando, ao demonstrar o infundado das teses reducionistas, ele lamenta que tantos filósofos contemporâneos as tenham implicitamente reconhecido – como se elas fossem genuinamente científicas – deduzindo disso uma espécie de desprezo da ciência em si mesma – em lugar de menosprezar apenas as simplificações cometidas em seu nome.

O desprezo antirreducionista pela complexidade do real e pela especificidade das suas ordens ou camadas não falta, naturalmente, nos recentes avanços na pesquisa social. Uma das expressões mais discutidas de *La Pensée Sauvage* (p. 327) – a enunciação do objetivo científico de "reintegrar a cultura na natureza e, finalmente, a vida no conjunto de suas condições físico-químicas", através de uma autêntica "dissolução do homem", não tem o sentido reducionista que lhe foi conferido por tantos alarmados "humanistas". Na mesma página, Lévi-Strauss observa que, em ciência, o verbo "dissolver" *exclui* a destruição das partes constitutivas do corpo submetido à ação de um outro, e que, "no dia em que se chegar a compreender a vida como uma função da matéria inerte, será para descobrir que esta última possui propriedades bem diversas das que lhe eram atribuídas anteriormente". Como se vê, não se visa, de modo algum, apagar as diferenças entre as várias dimensões do real – o que entraria, de resto, em plena contradição com aquele senso da especificidade *representacional* dos fenômenos culturais que, conforme notamos, é tão vivo em Lévi-Strauss. Entretanto, como não se visa tampouco à declamação humanística acerca do primado ontológico do bicho homem, e sim ao estabelecimento de padrões objetivos na análise da cultura, o mesmo respeito pela complexidade específica do objeto das ciências humanas não cancela – antes exige – a aproximação entre este objeto e o reino, também complexo, da natureza. Por exemplo, Piaget (ibidem), lembrando que o estudo psicogenético das operações fundamentais da inteligência revela que elas constituem uma forma de equilíbrio final de uma série de regulações semirreversíveis que as preparam, ressalta que as noções de regulação e equilibração[21] são "essencialmente biológicas", e que, portanto, deve haver uma continuidade entre a autorregulação orgânica (o mais central dos processos biológicos) e

---

[21] Piaget caracteriza com muita finura a noção lévi-straussiana de estrutura (no seu sentido dinâmico, de *estruturação*) assimilando-a a esse processo de equilibração tanto mental quanto físico na 19ª seção do seu excelente livrinho *Le Structuralisme* (col. "Que Sais-Je"), 1968.

essa autorregulação mental que é a lógica. Para o psicólogo suíço, o fato de que as matemáticas possam adaptar-se tão bem à realidade física sugere fortemente que as estruturas lógicas da mente humana radicam, em última análise, na nossa organização biológica.

Nem se entende como o "humanismo" refratário ao princípio da continuidade poderia refutar essa concepção – a não ser apelando para a nobre ideia da criação divina do homem, e em sentido literal... Que as ciências humanas amadureceram em harmonia e interação com as já estabelecidas ciências naturais – numa época em que o progresso geral do saber é cada vez mais função da pesquisa interdisciplinar – só pode causar estranheza a esse vago espiritualismo *qui n'ose pas dire son nom* e que, a pretexto de defender valores, se coloca à margem do conhecimento objetivo. No entanto, as ciências humanas, no seu esforço de consolidação, são obrigadas a nutrir-se mais de Marx, Freud, Saussure, Mauss ou Weber do que – no que concerne ao aguçamento dos instrumentos de análise – da oração *De Hominis Dignitate* de Pico della Mirandola. E isso não porque o seu progresso seja cego aos problemas de valores – mas porque, ao contrário, o verdadeiro zelo pelos valores é o que se funda no conhecimento crítico da realidade.

A vitória dos métodos dos antirreducionistas nas ciências humanas está em boa parte ligada à fecundidade da análise estrutural. Muito antes, contudo, de firmar-se na antropologia, nos anos 1950, esta última havia penetrado no âmbito dos estudos literários. A experiência do formalismo eslavo (especialmente em sua fase madura, a de Praga, contemporânea do lançamento da fonologia) foi o ponto de partida da nova orientação analítica da crítica literária, que se generalizaria, nos dois decênios seguintes, através da proliferação de variantes do *close reading*. Mas nos estudos desse período, dito *estruturalista*, do formalismo eslavo – citemos, na crítica de poesia, o tão reputado ensaio de Jakobson sobre Pasternak, e na ficção, o riquíssimo livro de Trubetzkoy sobre Dostoiévski – o nível de sistematização da leitura estilística confere à interpretação uma qualidade raras vezes equiparada. Se o formalismo é a origem da moderna análise literária, o "ponto de partida" continua a ser modelar. Os momentos mais altos da crítica estruturalista fazem entrever a realização da possibilidade contemplada por Hjelmeslev nos *Prolegomena*: a da extensão da análise sistemática a outros setores das humanidades, além do linguístico.

Com a sua insistência na *literaridade* (*literaturnost*) do texto, a crítica formalista recolhe toda uma sequência de perspectivas que, desde o colapso do senso da autonomia do estético, nos meados do século XIX, vinham combatendo as interpretações reducionistas da obra de arte. Alguns ingredientes da dissolução do reducionismo sociologístico já são sensíveis na própria descendência imediata da estética de Hegel. A *Aesthetik* de Friedrich Theodor Vischer (1846-57) endossa a ideia de Gervinus sobre o "fim da idade da poesia"; mas o refinamento da sua classificação das espécies líricas, e, sobretudo, o sabor anti-idealista da sua teoria do cômico ("o cômico resiste à penetração da ideia") e da sua valorização da *imagem* (às custas de predomínio hegeliano da ideia) anunciam uma renascença da consciência da soberania da forma estética. (Como é natural, essa dissolução do intelectualismo idealista foi interpretada por Lukács – no ensaio sobre Vischer constante das *Contribuições à História da Estética* – como protofascismo diltheyanizante...)

Na crítica de Baudelaire (particularmente a de artes plásticas) e na história literária de Francesco de Sanctis, os valores formais recobram seus direitos. Esses valores se situam no centro da crítica de arte alemã pós-herbartiana, em Zimmermann, e nos teóricos da "pura visibilidade" (Fiedler, Hildebrand e, principalmente, Riegl e Wölfflin).

Outros vícios da constelação reducionista, mesmo fora do modelo propriamente sociologístico, foram igualmente repudiados. Os excessos historicistas e documentais provocaram a sarcástica condenação da segunda das *Considerações Intempestivas* de Nietzsche: "Sobre o Uso e o Abuso da 'História'". O intelectualismo foi denunciado por grande parte da estética moderna, a partir de Croce. A estética moderna mais qualificada parece incorporar uma das maiores contribuições de Aristóteles (de resto em notável sintonia com o espírito da *Crítica do Juízo*): a ideia da arte como comunicação clarificadora dos sentimentos – dos *pathe* – enquanto princípio mediador entre a sensibilidade e o logos, justamente sublinhada por Armando Plebe ("Origini e Problemi dell'Estetica Antica", em *Momenti e Problemi della Storia dell'Estetica*). Enfim, o psicologismo, tanto na versão biográfica, pedestre, saint-beuviana, quanto na versão heroicizante, foi duramente repelido, como se comprova na polêmica benjaminiana contra a deificação de Goethe por Gundolf, no ensaio sobre as *Afinidades Eletivas*.

Não é nossa intenção enumerar exaustivamente os resultados do combate contra a apreciação puramente externa da obra de arte. É suficiente evocar, por meio de alguns nomes de relevo, a múltipla origem das tendências que reconhecem o modo de ser específico da arte, nem por isso esquecendo as suas relações com as outras esferas da cultura. A consciência estética do nosso tempo é sem dúvida mais ampla e mais aguda do que há alguns anos. Se a história da arte, com a *iconologia* de Erwin Panofsky (1892-1968), alcançou um tão invejável quanto produtivo equilíbrio entre a análise formal e a busca dos motivos culturais e históricos imbricados na tessitura semântica da obra, o exame da literatura tem mostrado igualmente um grande rigor interpretativo. A aplicação dos métodos linguísticos ao estudo da poesia inspirada no conceito jakobsoniano, segundo o qual "a função poética projeta o princípio da equivalência do eixo da seleção sobre o eixo da combinação"[22], na "análise do discurso" de Zelig S. Harris, e na gramática generativa de Chomsky, recebeu um promissor impulso de

---

[22] A que já recorríamos, com vistas ao aproveitamento da visão estruturalista na estética, na parte IV do ensaio "Estética e Antropologia". In: *Razão do Poema* (1965).

sistematização com a noção de "coupling", apresentada por Samuel R. Levin em *Linguistic Structures in Poetry* (Mouton ed., 1962). Nicolas Ruwet (ver *Linguistics*, 2, 1963), propôs um aperfeiçoamento do conceito de "coupling", utilizando a distinção glossemática entre *forma* do conteúdo e *substância* do conteúdo (paralela à diferença entre forma da expressão e substância da expressão).[23] Quanto às investigações sobre ficção, são bem conhecidas as contribuições do Centre d'Études de Communications de Masse (da École Pratique des Hautes Études), dirigido por Roland Barthes.

O *approach* linguístico se impõe cada vez mais aos estudos literários não impressionistas, sucedendo, de certo modo, ao método histórico-filológico, enquanto corretivo poderoso do subjetivismo das apreciações críticas. Alguns dos melhores estudiosos de preocupações sociológicas – porém não sociologísticas – se têm rendido lucidamente às suas vantagens. Este é precisamente o caso de um crítico italiano de formação marxista, Galvano della Volpe (1895-1968), cuja reflexão estética é, em muitos pontos, uma polêmica contra os dois polos de unilaterização da inteligência da arte na Itália novecentista: o *intuicionismo* (Croce) e o *intelectualismo* (Gentile), que reemergiu mais tarde no sociologismo de Lukács, dono de vasta influência na península. Em sua obra principal, *Critica del Gusto* (1960), della Volpe elabora o mais consistente reconhecimento, por parte do marxismo, da autonomia da arte e da especificidade dos valores formais. Por outro lado, sua atenção sociológica (a consciência de que a autonomia da arte não significa separatismo do estético) o leva a marcar com muita propriedade os limites da análise linguística, mostrando que ela *serve, mas não se substitui*, ao juízo crítico e à determinação do valor artístico (ver o apêndice 5º da *Crítica del Gusto*). Outro veio do maior interesse teórico na estética dellavolpiana é o conceito de "noema-imagem". O noema-imagem

---

[23] A análise linguística da poesia será objeto de toda uma parte das *Notas sobre a Metodologia da Análise Literária* que estamos preparando.

representa a conjunção do caráter específico da imagem artística com a significação intelectual e discursiva, numa "racionalidade concreta" – conceito saudavelmente equidistante da redução intelectualística da obra a um argumento abstrato, e do beco sem saída das poéticas do inefável. O "aristotelismo" de della Volpe – que recorda, sob certos aspectos, o da escola de Chicago (Crane, Olson, etc.), mas em registro mais aberto – lhe permite recuperar o sentido da importância do lado *técnico* no fenômeno artístico, que incorrera na desestima da estética neoidealista de Croce ou Collingwood. As noções da "dialética semântica" de della Volpe; a "racionalidade polissêmica" da poesia (por oposição à racionalidade unívoca da linguagem científica e utilitária): a conexão entre a "contextualidade anorgânica" do poético e a sua autonomia, oposta à contextualidade anorgânica da linguagem não literária; o princípio da "asseidade semântica", que proíbe o relacionamento *fragmentário* de elementos da obra de arte, subtraídos à sua estrutura global, com o meio sociocultural, etc., informam uma visão em que o estatuto gnoseológico da arte está admiravelmente integrado no senso da sua peculiaridade como dimensão da cultura e de comunicação.

O senso de especificidade do estético não se reconstitui apenas no terreno da práxis analítica. Conforme se vê no caso de della Volpe, a reflexão teórica procurou acompanhar os progressos da análise estrutural. Alguns desses esforços remontam ao princípio do século, quando as grandes produções da renovação estilística da arte moderna ainda pouco se haviam imposto. Um dos mais valiosos dentre eles é um ensaio pré-marxista de Lukács, "A Relação Sujeito-Objeto na Estética", publicado no órgão do neokantismo de Heildelberg, a revista *Logos*, em 1917-18. Kantianamente, Lukács distingue o campo estético do mundo ético e do universo do conhecimento puramente intelectual. A obra de arte é definida como uma "mônada sem janelas", um cosmos isolado e autossuficiente. Mas o interesse da análise lukácsiana não está nessa definição, em si mesma suscetível de induzir ao equívoco que converte a independência da arte em separatismo esteticista. O verdadeiro ângulo da sua teoria não é a obra, mas a *intenção subjetiva* que lhe dá origem. Ora, o princípio subjetivo que funda a singularidade monádica da obra é a necessidade que o ego tem de *reduzir-se à própria imanência*, eliminando de si tudo o que não é inteiramente acessível à experiência imediata. Por meio dessa "purificação", o ego se torna uma "unidade viva" que contém em si "a plenitude das experiências que constituem o conjunto da espécie humana". Mas essa purificação plenificadora só é possível mediante a concentração na elaboração da obra: na projeção do eu numa forma fictícia.

Essa problemática "da alma e das formas", que procede do primeiro livro de Lukács, é uma espécie de brilhante kierkegaardianização de motivos da *Lebensphilosophie* e da fenomenologia (cuja presença nos primeiros escritos lukácsianos foi devidamente anotada por Lucien Goldmann na sua introdução à *Teoria do Romance*). Com a projeção estética e autopurificadora da alma, o jovem Lukács dá à *Erlebnis* e à "redução transcendental" um novo colorido ético, pré-existencialista. No seu excelente "Ludwig Binswanger et le Problème du Moi Poétique",[24] Paul de Man assinala que o tema da consciência estética como "redução homogênea", reaparece, sob o influxo de *Sein und Zeit*, num texto (de 1929) de Oskar Becker – onde o eu estético já está transformado em Existência autentificante, em Dasein que assume resolutamente a própria finitude.

No entanto, o que nos convém destacar no ensaio de *Logos* não é a sua direção "existencial", mas sim o fato de Lukács *descrever a autorrealização da consciência estética em termos incompatíveis com o que se caracteriza como desenvolvimento harmônico da personalidade*, nos moldes da "dimensão estética" humanístico-weimariana. Na consciência estética enquanto redução homogênea,

---

[24] Na coletânea *Les Chemins Actuels de la Critique*, organizada por Georges Poulet, 1968.

nada subsiste daquela triunfante apropriação do cosmos pelo eu, que religa o humanismo florentino ao classicismo de Goethe, Humboldt e Schiller. Na "redução homogênea", a dramática introversão do ego decepcionado com o mundo prevalece sobre a assimilação expansiva do real pela personalidade beatífica, completa e harmoniosa (o "*uomo universale*" ou seus avatares do tipo titânico ou do tipo "alma bela").

Na segunda parte (a propósito de Benjamin), focalizamos o distanciamento da estética moderna em relação ao conceito clássico-romântico de símbolo. O correlato psicológico da querela entre a poética da alegoria e a poética do símbolo é *o antagonismo entre a identificação do conteúdo da obra de arte com uma experiência harmoniosa e idealizada e a consciência da verdade artística enquanto negação crítica da experiência*. Para o espírito moderno, a idealização clássico-romântica aparece como uma crítica do real baseada na administração de uma fantasia compensatória, de uma síntese metafísica com que o homem se ilude, na contemplação de uma felicidade transcendente. Ao contrário, a ideia da verdade estética como negação crítica da experiência se abstém de toda fantasia idealizante. Com a ajuda de Hölderlin, vimos que o estético não é um Ersatz da metafísica, e sim uma estratégia de sabotagem das precipitações metafísicas. O que a arte abriga é apenas o sentido de uma cesura trágica, e o bálsamo que ela propicia é uma reconciliação que não a dissimula. Ao realizar-se deste modo, a obra extrai do jogo estético uma iluminação crítica, e renuncia, no mesmo ato, à (falsa) possibilidade de refugiar-se num plano idílico extramundano. O preço da emigração da arte para a região das quimeras compensatórias é a abdicação do seu pleno significado humano e crítico. Nietzsche estava certo ao considerar que a arte nos ajuda a suportar a realidade – mas estava errado, ao pensar que o faz através de uma "generosa" idealização.

A arte não nos indeniza pela vida; ela nos clarifica a experiência e nos situa ante ela numa atitude de aceitação crítica, nem resignada nem desesperada. Algo de muito sólido e de muito antigo na grande arte do Ocidente cresceu dessa lição, entre Sófocles e Mallarmé, entre Homero e Kafka. De uma certa forma, a arte, assim procedendo, reflete uma particularidade da consciência humana, que é o avivar-se ante as situações difíceis, o desenvolver-se na luta contra os obstáculos. Claparède observou que as crianças de uma determinada idade que generalizam exageradamente (sem levar em conta as diferenças) têm *mais* dificuldade, quando solicitadas a comparar dois objetos (por exemplo, dois insetos diversos), em indicar as semelhanças do que as diferenças. O psicólogo deduziu daí a "lei da tomada da consciência", de acordo com a qual *a consciência se prende sobretudo às circunstâncias que dificultam uma atividade* – de preferência a incidir sobre essa própria atividade. A mente se ativa na experiência problemática, muito mais do que na experiência "adaptada". Um dos discípulos de Kurt Lewin, Zeigarnik, numa das mais conhecidas pesquisas psicológicas do entreguerras, concluiu que as tarefas *incompletadas* são mais bem recordadas do que as inteiramente realizadas. A própria percepção do movimento parece necessitar de um jogo de "obstáculos" ou tensões. Analisando a impressão dinâmica produzida pela longa barba do "São Jerônimo" de El Greco (coleção Frick, Nova York), Rudolf Arnheim notou (em *Art and Visual Perception*) que a disposição *contrária* à direção da barba dos elementos do primeiro plano, à esquerda do quadro (mãos e livros) é essencial para que a impressão do movimento ocorra. O movimento da barba é acentuado pelo que o contrabalança. O dinamismo é percebido através de uma tensão: de um campo de formas antagônicas.

Num aceno final à superação do reducionismo pela análise estrutural, diríamos que os novos métodos de interpretação da obra de arte concretizam, muito instrutivamente, aquele modelo (a um só tempo cognitivo e moral) em que quisemos ver o produto da convergência da antimetafísica e do impulso de amadurecimento das ciências humanas: o modelo da receptividade espontânea. Ao contrário do que parece (ou do que a crítica impressionista deixa erroneamente supor), a interpretação da obra de arte se funda na *receptividade* do espírito crítico ante o objeto. É nessa submissão ao texto e a seus mil pormenores que a espontaneidade e a iniciativa críticas se exercem. De uma determinada perspectiva (embora apenas dela), essa *abertura* da consciência analítica é até mais ostensiva na interpretação dos produtos culturais do que no conhecimento físico, onde a relativa independência inicial da *hipótese* em relação ao *fato* e, sobretudo, a indiferenciação do objeto na experimentação (a sua reprodutividade teoricamente infinita) parecem reforçar muito mais a liberdade da mente – a sua desenvoltura diante do exterior – do que nas ocasiões em que (para dizê-lo à *la* Hegel) o "espírito se conhece a si mesmo", ou seja, na análise das formas da cultura.

Todavia, esperamos haver mostrado que as implicações do modelo de receptividade espontânea, tanto quanto os seus pressupostos ético-políticos, requerem o abandono, entre outras posições metafísicas, do teleologismo – do finalismo que se autodenuncia como voluntarismo incompatível com a objetividade. Ora, a esse respeito, a *Kulturkritik* do "pensamento negativo" honra lamentavelmente as suas origens metafísicas. Nada exibe melhor a distância fundamental da teoria de Marcuse em relação ao modelo antimetafísico da receptividade do que uma passagem de *O Conceito de Essência* (dirigida contra Husserl), na qual se diz (grifamos nós) que "a *receptividade* da intuição da essência substitui a *espontaneidade* do entendimento, que é inseparável da ideia de razão crítica". O pensamento negativo é, no fundo, incapaz de pensar a união dialética de receptividade e espontaneidade, de abertura e liberdade.

Porém, a razão disso talvez esteja no indisfarçado teleologismo marcusiano. O recém-citado ensaio sobre o conceito de essência termina de maneira pouco ambígua: "Os conceitos dialéticos transcendem a realidade social dada, na direção de outra estrutura histórica, que está presente, como uma tendência, na realidade dada. O conceito positivo de essência, culminando da essência do homem [...] radica nessa estrutura potencial". É fácil verificar que a passagem contém todos os elementos do complexo metafísico-humanístico-voluntarístico. Estamos bem diante de uma "dança báquica de conceitos", mas os dançarinos são nossos conhecidos: a chave da História, a supervalorização acrítica do homem (erigido em foco e centro de toda a realidade) e a essência *positivamente* dada, na orgulhosa negligência do que o bravo Kant dissera sobre o predicado ser...

Nesta guirlanda metafísica, a meta da História – o *telos* sonhado que monopoliza a realidade – é, naturalmente, um *imperativo*, algo posto pela vontade do pensamento negativo como ideal de imprescindível atingimento. Tão imprescindível, que, se não for alcançado, a essência do homem (ou seja, o ponto de partida de todo o real) se arrisca a ficar no limbo: "Quando o imperativo tiver sido preenchido, quando a prática tiver criado a nova organização social, a nova essência do homem aparecerá na realidade". Tais são os "conceitos construtivos" (*constructive concepts*) de Marcuse, isto é, aqueles que compreendem "não só o real, mas, simultaneamente, a sua abolição e a nova realidade que deverá vir" – e que assumem a missão de prolongar a boa tradição da filosofia, uma vez que "o elemento utópico foi, por longo tempo, o único elemento progressista em filosofia".

Sem querermos ser indiscretos, é o caso de perguntarmos: como determinar com segurança essa "realidade que deverá vir"? Ao tratar de Marx em *Reason and Revolution*, Marcuse já nos advertira de que este "deverá" não é o "necessário" em sentido determinístico, mas o "necessário" em sentido ético: o "imperativo" de ainda há pouco. Em alemão, ele pertence ao reino do *sollen*, e não do *müssen*. Por isso mesmo – Marcuse é coerente – a ciência não tem nada a ver com ele. "Não foi na ciência, e sim na filosofia, que a teoria tradicional desenvolveu conceitos orientados para as potencialidades do homem situadas além do seu status factual." O curioso é que a ciência é relegada não tanto por inobjetividade quanto por má aplicação do *seu* próprio finalismo, o qual (quem diria) é de índole puramente utilitarista ("A ciência nunca pôs seriamente em questão o valor uso"). Como se a filosofia e a ciência fossem apenas duas formas (superior e inferior) de subjetivismo voluntarista. Marcuse não tardará (em *Filosofia e Teoria Crítica*) a passar não só além da ciência, mas igualmente além de toda teoria propriamente dita, louvando o papel da "fantasia" na tarefa de "sustentar o alvo à vista", e confessando que "sem fantasia, todo conhecimento filosófico permanece presa do presente ou do passado – e cortado do futuro, que é o único elo entre a filosofia e a história da humanidade".

Eis a escatologia em pessoa, o sonho confundido com o conhecimento do real. Mas escatologia e reducionismo são, conforme verificamos, *conversíveis*, e igualmente caducos no panorama do saber contemporâneo. Marcuse, o superantipositivista, reencontra *malgré soi* o seu arqui-inimigo. Não é apenas a "preguiça da práxis" no nosso tempo que desespera o pensamento negativo – é também o fato de que a sua estrutura escatológica, gravando toda uma parte da sua crítica da cultura, lhe causa a dor de cabeça de todo idealismo: a de, mais cedo ou mais tarde, ser obrigado a reconhecer (senão por seus conceitos, pelo menos por seu *pathos*) que a realidade não se conforma à imagem dos seus desejos. A partir do que, existem duas alternativas: 1) chamar a realidade de reacionária; e 2) fazer a crítica da posição idealista, suspeitando de que o real e o seu movimento podem estar onde ela não os supõe. Até onde podemos julgar, achamos que a *Kulturkritik* do pensamento negativo ancorou – no seu nível filosófico – na primeira hipótese.

CONCLUSÃO

O problema da determinação do início da Idade Moderna tem preocupado bastante os historiadores. Quando começam os tempos modernos? A alternativa da resposta clássica era a seguinte: com a queda de Constantinopla (1453) ou com a descoberta da América (1492). Mais recentemente,[1] porém, tem-se preferido adiantar essa data. Mesmo sem fixar-se num acontecimento político determinado, os historiadores tendem a situar o verdadeiro começo da Idade Moderna na órbita do século XVII. Efetivamente, só então se reúnem os elementos essenciais do círculo cultural em que ainda vivemos: a fundação da físico-matemática (morte de Galileu, 1642) instala a visão do mundo sobre a qual repousará mais tarde a Revolução Industrial; no plano político, a figura do Estado nacional se firma (Paz de Westfália, 1648), enquanto estreia a supremacia planetária da Europa (batalha de Lepanto, 1571); e a mais vigorosa forma de organização social desse período, a economia capitalista, transporta a sede do poderio europeu do Mediterrâneo para o Norte – fenômeno dramaticamente evidenciado pelo fracasso da Espanha filipina ante a Holanda e a Inglaterra. Sem dúvida, a dilatação física e espiritual do Ocidente processada na Renascença, e, particularmente, o decisivo século XVI, forneceram enorme parte das condições necessárias para o lançamento da época moderna; mas as estruturas fundamentais desta última só se cristalizaram na grande fase da monarquia absoluta, da arte barroca, do idealismo cartesiano e da religiosidade antimística de Pascal. Isso se exprime com toda nitidez no fato de que a História só fala de "filosofia moderna" a partir de Descartes e não da Renascença.

---

[1] V. Geoffrey Barraclough, *History in a Changing World*. Oxford, Blackwell, 1955.

A região matriz da visão do mundo que presidiu ao curso dos tempos modernos – a Europa ocidental e central – conheceu no século XX uma notável redução do seu poder sobre o globo. Essa diminuição se fez acompanhar de uma intensa metamorfose interior. A profundidade da crise contemporânea das estruturas tradicionais europeias só tem paralelo na mutação que sucedeu ao desaparecimento do Império Romano, ou na complexa e conflitiva metamorfose quinhentista. A crítica da cultura, enquanto problematização do predomínio da concepção da realidade imposta pela física clássica, e enquanto juízo sobre a cumplicidade entre esta concepção e o domínio tecnológico da natureza, elevado a dimensão privilegiada da vida humana, foi e é ocasionada por essa "crise da consciência europeia".

O sentido geral da crise da consciência europeia representado pela crítica da cultura é *político*, no significado amplo de questionamento das formas de organização social. Logo, a crítica da cultura se dá como revisão da *teoria social* (isto é, da teoria crítica da remodelação da sociedade) engendrada no seio dos tempos modernos.

A problemática da crítica da cultura assim entendida não interessa apenas à sua matriz europeia tradicional, em virtude dos próprios efeitos daquela extensão planetária, que foi uma das características da civilização ocidental na Idade Moderna. A crise da cultura moderna fere a quase totalidade dos povos do mundo. Como é natural, ela concerne ainda mais especialmente às nações da *periferia* que o Ocidente constitui nos últimos séculos; tanto a periferia ativa (Estados Unidos, Canadá, URSS, etc.) que se tornou rapidamente, embora em tempos diversos, rival da matriz, quanto a periferia passiva, que não acompanhou senão em parte, e com atraso, o processo evolutivo do Ocidente entre 1600 e 1900 – e que é, principalmente, a América Latina.

O quadro que acabamos de traçar é válido para todas as variantes de crítica da cultura coexistentes no mundo ocidental (que, neste sentido, envolve claramente a área socialista). Devemos voltar-nos agora para uma variante específica – o "pensamento negativo" de Adorno e Marcuse – a fim de tentar, baseados na precedente exposição crítica de suas ideias, uma avaliação final e sintética.

Apresentando-se como teoria social, o pensamento de Marcuse (nesse ponto mais desenvolvido que o de Adorno) se considera obrigado a ocupar-se da perspectiva de transformação da sociedade, abordando os atributos da ordem ideal, que corrigiria as deficiências da presente. Apesar de seu pessimismo com relação à marcha da História na atualidade, Marcuse insiste em que o nível do progresso tecnológico alcançado em nosso tempo conquistou "o espaço subjetivo e objetivo" para o reino (possível, embora inviável) da felicidade humana. A automação generalizada, por exemplo, cria condições para a abolição do trabalho em sentido repressivo, liberando o homem para a criação livre. No prefácio de *Negations*, Marcuse repele a eventual objeção de que a atenção da moderna teoria social aos aspectos francamente escatológicos da obra de Marx seja irrealista ou irresponsável, em face do vulto da miséria material ainda espalhada pelo mundo. Seria, de fato, trair as aspirações humanas, e entrar em convivência com a repressão, deixar de ter em mente as possibilidades de maior felicidade contidas no nível já atingido pelo progresso tecnológico: até porque "a abolição da pobreza material é uma possibilidade dentro do *statu quo*; a paz, a alegria, e a abolição do trabalho (repressivo) não o são".

Enquanto a posição marcusiana se cinge a espicaçar a sociedade contemporânea, para que ela alivie a labuta dos homens, utilizando racionalmente a sua extraordinária potência técnica, não há como censurá-la. Em certo sentido, a *Kulturkritik* frankfurtiana corrige com isso a ingenuidade da teoria tradicional, que depositava esperanças no funcionamento *automático* do adiantamento tecnológico em favor do homem (desde que o regime de propriedade fosse mudado), e valorizava acriticamente o crescimento das massas, sem se dar conta de que elas poderiam ser envolvidas pela ordem repressiva, mesmo *depois* da alteração do regime social. No ensaio sobre

Spengler incluído em *Prismas*, Adorno acusa o marxismo tradicional de não ter advertido para a *dificuldade em si mesma de realizar os ideais de justiça e de liberdade*, concentrando-se, ao contrário, na crítica da pretensão burguesa de realizá-los.

Consequentemente, não é difícil reconhecer a validez do pensamento negativo como focalização de problemas que escaparam à primitiva teoria social. Na condição de aprofundamento da problemática da teoria crítica da sociedade, a crítica da cultura do neo-hegelianismo de Frankfurt representa uma contribuição fecunda à sociologia contemporânea. No entanto, a tendência a apreciar as novas dimensões de problemas em função do substrato filosófico da antiga teoria social – e, especialmente, em função do seu núcleo escatológico e messiânico – limita frequentemente o alcance das investigações dos pensadores frankfurtianos, impedindo-os de passar do plano da denúncia dos aspectos insatisfatórios da sociedade atual ao plano da articulação de uma teoria capaz de indicar sua superação. É desse impedimento que a *Kulturkritik* adorno-marcusiana extrai a sua tonalidade acusadamente pessimista: permanecendo preso a um ideal utópico, o pensamento negativo se transforma em revolucionarismo nostálgico, repassado da amargura da impotência.

"A última vez em que liberdade, solidariedade e humanidade foram os alvos de uma luta revolucionária, foi nos campos de batalha da Guerra Civil Espanhola." Em nota a essa frase do prefácio de *Kultur und Gesellschaft* (*Negations*), Marcuse acrescenta que a herança dessa luta se encontra hoje nas mãos das nações que defendem, sem concessões, a sua liberdade contra as "potências neocoloniais". Em "Repressive Tolerance",[2] ele elogia as revoluções chinesa e cubana. Mas o tom geral dos seus escritos e, sobretudo, a atitude desiludida com que ele fala das "chances" de uma alteração qualitativa da sociedade (especialmente em *One-Dimensional Man*) não

---

[2] In: R. P. Wolff, Barrington Moore, Jr. e H. Marcuse, *A Critique of Pure Tolerance*. Boston, Beacon-Press, 1965.

se harmonizam muito bem com esses entusiasmos episódicos pelo combate de povos marginais (relativamente à área da sociedade industrial desenvolvida), cujas vicissitudes históricas não ocupam nenhum lugar sistemático na meditação marcusiana. O arco do pessimismo de Marcuse se estende da derrota republicana na Guerra Civil Espanhola até aquilo que, no prefácio de *Negations*, ele considera como o processo pelo qual "as forças que derrotaram o fascismo, em virtude de sua superioridade técnica e econômica, reforçaram a estrutura social que produziu o fascismo" – isto é, desde 1936 até o presente.

O apaixonado apego de Marcuse à Grande Recusa, ideologicamente encarnada pelo pensamento *negativo*, pretende-se em luta moral contra o impulso reducionista da sociedade tecnológica: a tendência à sufocação da crítica e da diferenciação, por meio do estabelecimeto do império da uniformidade, do conformismo unidimensional. Mas o próprio pensamento negativo paga um tributo inconsciente a essa tendência, *ao erigir o tema da repressão em nova mediação universal*, ou seja, *em princípio reducionista de explicação do real*. O caráter reducionista do motivo da repressão se torna patente no tema da autodestruição da arte em Adorno, no "suicídio do estético" em que desemboca a teoria do estilo como ruptura; e não é menos ostensivo na paralisia política da doutrina de Marcuse, na sua incapacidade para apontar formas em que a repressão seja contrabalançada pelas válvulas da liberdade. Em Marcuse, a sociedade *real* inteira está dominada pela repressão, e esta só desaparece na ordem *utópica* da "dimensão estética". O processo existente é indiscriminadamente rejeitado; declarado ilegítimo em *todas* as suas formas. A condenação marcusiana é monolítica e totalitária. Segundo ela, na realidade presente, não existem mais elementos que sejam saudáveis, e que possam constituir apoio para a transformação global da sociedade.

O messianismo hedonístico subjacente ao pensamento de Frankfurt (a crença na alcançabilidade do paraíso terreno e da satisfação absoluta das aspirações humanas de prazer e de autonomia) – é a fonte desse reducionismo *malgré soi* – *dessa unidimensionalidade da crítica à unidimensionalidade* – assim como é a origem da sua moléstia moral: o pessimismo. Naturalmente, depois de Nietzsche, nenhuma crítica do pessimismo pode significar apenas uma adesão ingênua ao otimismo cego. Mas a justaposição das reflexões de Walter Benjamin – cujo método Adorno (em *Prismas*) reconhece não ter jamais servido de uma mediação universal – e de Martin Heidegger nos serviu como prova de que o entrosamento da análise histórica com a reorientação da visão do Ser e do modelo prático/teórico da natureza humana não leva a nenhuma fixação em qualquer dos polos da alternativa otimismo/pessimismo, e sim à valiosa reconquista do sentido da *esperança*, que é por si só superadora daquela alternativa.

Ao examinar a base marxista do neo-hegelianismo frankfurtiano, verificamos que o seu messianismo abrigava, em sua lógica, uma política antidemocrática. Coerente com a sua base, o pensamento negativo não deixou de pronunciar-se pela redução das liberdades democráticas. É, porém, importante assinalar que esse pronunciamento coube somente a Marcuse e, ainda assim, num ensaio – "Repressive Tolerance" – que poucos qualificariam de central no conjunto de sua obra. Não obstante, central ou não, o antidemocratismo do pensamento negativo tem por si a lógica interna da sua principal componente ideológica – o messianismo marxista.

"Repressive Tolerance" tenta demonstrar que a ocorrência da tolerância democrática nas sociedades ocidentais, durante o século XIX, estava em contradição com a sujeição crescente da vida econômica e da atividade política a interesses repressivos, e que, na sociedade atual, o apogeu da repressão acabou deturpando as próprias formas da tolerância, obrigando-as a funcionar de acordo com os fins do processo geral de desumanização. *Grosso modo*, a tolerância contemporânea teria passado a ser tolerante *para com o mal*, em vez de constituir-se em aceitação das expressões genuínas de independência e juízo crítico.

Marcuse alega que a antiga tolerância liberal – a que contribuiu efetivamente para "alargar a escala e o conteúdo da liberdade" – não era uma tolerância "pura", indiscriminada, e sim uma espécie de tolerância *engagée* (*partisan tolerance*), *intolerante* em relação aos protagonistas do *statu quo* repressivo. A tolerância não se justifica porque seja necessário equilibrar as diversas opiniões, mas precisamente porque existe uma "verdade objetiva" que pode ser descoberta (que se identifica – como era de se esperar – com a compreensão do que pode e deve ser feito para melhorar a situação dos homens). "O *telos* da tolerância é a verdade."

A tolerância só se legitima a serviço da verdade revolucionária. "Em termos de função histórica, existe uma diferença entre violência revolucionária e violência reacionária, entre violência praticada pelos oprimidos e praticada pelos opressores." Em termos éticos, admite Marcuse, ambas as formas de violência são más – "mas desde quando a História é feita de acordo com padrões éticos?" Perplexos, assistimos ao casamento marcusiano da tolerância *engagée* com a violência revolucionária. A tolerância pura e indiscriminada, ele a reserva para "os debates inofensivos, a conversa, a discussão acadêmica", reconhecendo ainda que ela é indispensável à pesquisa científica e à religião privada. A vida política é que não pode pagar-se o luxo dessa perfeita indulgência, quando a liberdade e a felicidade estão em questão.

A supressão dos movimentos regressivos é, para Marcuse, um requisito do reforço das tendências progressistas. Na prática, isso significa a adoção de processos *extrademocráticos* de ação política. Numa mesa-redonda realizada em 1968, pelo Theater of Ideas de Nova York (com a participação, entre outros, de Norman Mailer e de Arthur Schlesinger Jr.), Marcuse classificou o funcionamento normal das instituições democráticas na sociedade americana de hoje "jogo viciado", justificando o recurso a ações extraparlamentares e extrademocráticas. Mas por que o jogo é viciado? Porque não se pode mais supor que "a maioria tenha razão". Já em 1938 (cf. "Sobre o Hedonismo"), Marcuse julgava que "os indivíduos integrados no processo antagonístico da produção não podem ser juízes da sua própria felicidade". Com a manipulação da consciência (característica da sociedade repressiva em seu apogeu), o valor da opinião majoritária dos indivíduos se compromete irremediavelmente. Marcuse se impressiona com o fato de que "os resultados dos plebiscitos modernos provam que o homem, separado da verdade, pode votar contra si mesmo", e pensa que, se a tolerância democrática não tivesse sido aplicada aos nazistas, nem os dramas de Auschwitz e Dachau nem a Guerra teriam ocorrido.

É espantosa a maneira pela qual o pensamento negativo, depois de ter esposado a dialética marxista em função da necessidade de conceber a essência do real como verdade *concreta* da existência humana, como práxis histórica não "espiritualizada", despreza momentaneamente a complexidade e a multiplicidade dos fatores sociais, adotando um raciocínio em que a culpa pelo surgimento do nazismo parece recair sobre a prática da democracia... Essa rarefação da análise – sob a forma de um reducionismo político – não precisa ser comentada. O desespero de Marcuse diante da tirania nazi faz com que ele exponha o triunfo de Hitler como se as suas causas se identificassem com o mecanismo democrático da República de Weimar, e não com um complexo histórico dominado pelo tratado de Versalhes e pela crise de 1929.

Porém as ideias – especialmente as fixas – têm uma dinâmica própria. Visivelmente enojado pela "cumplicidade" entre democracia e reação, Marcuse passa a vincular o progresso social à violência revolucionária, ilustrando essa tese com quatro exemplos: as guerras civis inglesas, a Revolução Francesa, e as revoluções chinesa e cubana. Em todos esses casos, o progresso social teria resultado da ação subversiva. Em contraste, a "única mudança histórica de regime social" *não* provocada por uma revolução – o colapso do Império Romano do Ocidente – produziu um longo período regressivo, até que a civilização fosse retomada pelas revoltas heréticas do século XII e pelas rebeliões camponesas do Trecento. Para completar a sua demonstração, Marcuse lembra que o fascismo resultou de uma transformação não revolucionária da sociedade industrial.

Quem tiver lido *Soviet Marxism* compreenderá porque o autor de "Repressive Tolerance" não incluiu a Revolução de 1917 na lista das conquistas devidas à ação armada das forças do progresso. O que é mais surpreendente é que ele não deduza, da reacionarização do sovietismo, a conveniência teórica de problematizar o antidemocratismo messiânico. A exclusão da Revolução de Outubro de um contexto onde as revoluções chinesa e cubana são louvadas é um absurdo romântico, uma avaliação histórica inteiramente inobjetiva – embora certamente apta a seduzir os arroubos sinófilos e castrômanos do revolucionarismo de evasão da nossa época, para o qual a China de Mao Tsé-Tung é tanto mais formidável quanto mais ignorada.

Por outro lado, não deixemos de notar que um catálogo (ainda que coerente) das conquistas sociais da ação revolucionária (e – *a contrario sensu* – dos recuos atribuíveis a mudanças não revolucionárias) que abrange um espaço histórico tão extenso é completamente impertinente em relação ao tema em debate, que é a validez ou invalidez do processo democrático – pela boa razão de que a violência revolucionária que trouxe tais adiantamentos não se exerceu, no passado, contra a democracia institucionalizada (que, precisamente, não existia)... A obrigação de Marcuse não é mostrar que a violência surtiu bons efeitos no passado pré-democrático, e sim provar que ela é superior, *atualmente*, à ação democrática. Talvez seja exatamente a sua impotência para fornecer a segunda prova que o impele a sair da questão, para refugiar-se no elogio irrelevante do papel da violência na história da humanidade, antes da sociedade industrial. O resultado não é nada feliz; ele o situa, mais do que qualquer outro aspecto de seus escritos, no nível pouco sério dos ideólogos secundários, insuscetíveis de sobreviver à voga dos extremismos engendrados pela insatisfação com a sociedade de consumo. O "revolucionarismo" desses extremismos denota apenas – apesar do caráter ruidoso dos seus clichês – uma reação *passiva* ante os problemas da cultura contemporânea; nunca, a disposição de enfrentá-los criticamente.

Entronizando a violência revolucionária, Marcuse não consegue identificar o seu agente social; "atualmente, não existe nenhum poder, nenhuma autoridade, nenhum governo que transporte a tolerância liberadora para a prática". A "tolerância liberadora" é a tolerância *engagée* a serviço da verdade revolucionária. Desde que o proletariado se adaptou à sociedade repressiva, as forças de emancipação não se confundem mais com nenhuma classe social. "Hoje, elas estão irremediavelmente dispersas através da sociedade", e as minorias em luta entram frequentemente em conflito com as suas próprias lideranças. O agente da revolução não tem rosto definido. Quanto às especificações concretas da "violência liberadora" – pelas quais os movimentos progressistas *retirarão* a cobertura democrática de que gozam as correntes reacionárias – Marcuse se limita a falar na necessidade de coibir as manifestações de racismo ou de propaganda belicista, e as campanhas contra a extensão dos serviços de previdência social. A essas disposições negativas se soma, no plano positivo, a liberalização do acesso à informação. Não compreendemos que ligação essencial possa haver entre essas reivindicações e a redução das liberdades; em seu espírito, quando não literalmente, elas se harmonizam perfeitamente com as diretrizes das constituições democráticas. Só quando defende a imprescindibilidade de restrições ao ensino ministrado por instituições educacionais que servem ao *establishment* Marcuse começa a inquietar...

Quando Marcuse, na mesa-redonda do "Theater of Ideas", reafirmou o seu ceticismo relativamente à capacidade renovadora do sistema democrático, e justificou o recurso a ações extraordemocráticas e extraparlamentares, Arthur Schlesinger Jr. objetou-lhe que, para a tradição política americana, as pressões democráticas absolutamente não se restringem ao domínio parlamentar. Basta pensar na importância que tiveram as greves dos anos 1930 na democratização da sociedade estadunidense. Em sua antipatia pelas práticas democráticas, o pensamento negativo reflete uma boa dose de ignorância da realidade empírica do processo democrático. É claro que não é a História da Alemanha, em seu conjunto, que irá proporcionar-lhe o conhecimento dela... Traumatizada pela atrocidade nazista, hipnotizada pelo antidemocratismo da sua base filosófica (o marxismo), a *Kulturkritik* marcusiana anexa ao seu teor pessimista uma apologia incoerente e irresponsável da violência abstrata, produto de um ressentimento contra a carga repressiva da cultura contemporânea que se cultiva morbidamente, aquém de todo esforço de autossuperação crítica.

No entanto, sem essas fixações, Marcuse poderia contemplar como válidos alguns dos próprios elementos da sua desorientada análise política. Por exemplo, por que não dar um sentido *positivo* àquela "dispersão" das tendências de redimensionamento da sociedade – multiplicando e reforçando as fontes de crítica e de poder? Por que – na perspectiva de uma produção crescentemente automatizada – não desdobrar os âmbitos de discussão democrática, ultrapassando o terreno formal (e, em grande parte, antiquado) das suas cenas tradicionais (parlamentos, etc.), insuflando-lhes a vitalidade proveniente da ativação generalizada das práticas de livre exame e de confrontação, admitidas e respeitadas pela coletividade?

Alguns analistas da economia internacional atribuem uma boa parcela do atraso soviético da década de 1960, em relação ao rápido progresso dos anos 1950 (sobre o qual se fundava a esperança de alcançar os níveis econômicos americanos, por volta de 1975), ao fato de que os Estados Unidos ingressaram com ímpeto muito maior na era do computador eletrônico (30 mil em operação, contra 4 mil na URSS). Se se indaga, porém, por que os soviéticos não montaram tantos computadores, verifica-se que a resposta não está na sua menor capacidade de dispêndio (pois a URSS poderia cobrir sem maiores dificuldades o preço dessas máquinas); a resposta está no fato de que o emprego ativo dos computadores é uma função da mobilidade e do poder de iniciativa dos vários setores e vários níveis do sistema de produção. Computador e dirigismo, cibernética e centralismo parecem excluir-se mutuamente. A rigidez hierárquica da estrutura socioeconômica da União Soviética não a predispõe a ocupar a vanguarda da conversão geral da tecnologia clássica (que funciona sob o signo "produção") em tecnologia moderna, metaprodutiva (sob o signo "informação"). A tendência liberalizadora hoje atuante no interior da sociedade soviética (onde a elevação dos padrões de consumo incita a uma instauração correlata de liberdades políticas) se vincula, de certo modo, a essa situação; todo progresso na sociedade industrial libera como *telos* as características sociais da sua forma superior, isto é, da sociedade pós-industrial.

Mas o fenômeno revela, sobretudo, que o processo ativo e global de democratização não é uma quimera, ou um motivo nostálgico (como o mito da violência revolucionária): é um dado objetivo, inserido entre as potencialidades da sociedade contemporânea. Por isso mesmo, é lamentável que um representante de uma "crítica da cultura" tão sensível aos problemas específicos da nossa época, *doublé* de crítico severo do totalitarismo soviético, se mostre tão infenso ao reforço da democracia. Teorizando sem glória e sem êxito sobre a violência, e contra a tolerância democrática, Marcuse se situa como prisioneiro dos mitos messiânicos como a ditadura "esclarecida" "de transição" – sem ver que a sua dialética interna a transforma necessariamente em despotismo permanente. O denunciador da repressão cultural derrapa ingenuamente para o panegírico da repressão política.

A grave imaturidade da política do pensamento negativo não tem nem mesmo as desculpas históricas de Marx; ela se coloca depois, e não aquém, de materialização das consequências despóticas do mito da violência revolucionária. A sua origem filosófica é a concepção monístico-reducionista da repressão como mediação *universal* – sem o que, Marcuse não teria tanta dificuldade em reconhecer que a sociedade repressiva, a cultura predominantemente desumana, pode, ainda assim, conter elementos não repressivos, cujo revigoramento pode vir a ser uma arma eficaz contra a própria repressão. Em última análise, Marcuse nega o valor do processo democrático por ser incapaz de admitir que a sociedade repressiva (em seu modelo padrão, a sociedade ocidental desenvolvida) disponha de dimensões não repressivas e liberadoras. A alternativa para essa posição é o messianismo, expresso no culto da violência revolucionária. O pensamento negativo não escapa à maldição da coexistência de reducionismo e escatologia: de monismo no plano da interpretação da realidade e de profetismo voluntarista no plano da teoria da ação social.

Mas assim como é possível encontrar uma linha filosófica que nos poupe das insuficiências da metafísica hegeliano-marxista, existe uma teoria política especificamente suscetível de evitar (e de responder a) a imaturidade da política marcusiana. Qual seria a alternativa teórica para o paradoxo do pessimismo messiânico, da amargura da Grande Recusa, ciente da desaparição do proletariado revolucionário? Alguns dos traços mais importantes dessa teoria de resposta nos parecem reunidos na obra de Eric Voegelin.[3]

Em seu livro fundamental, *Order and History* (3 vols., 1956-57),[4] Voegelin elabora uma teoria política inspirada em diretrizes fornecidas por uma reinterpretação do pensamento social da filosofia clássica.

---

[3] Uma exposição sintética do pensamento de Voegelin se encontra no livro – não obstante, nem sempre acurado – de Dante Germino, *Beyond Ideology: the Revival of Political Theory*. Nova York, Harper and Row, 1967.

[4] Até a confecção deste livro que Merquior concluiu em 1968, Voegelin só havia lançado três volumes, a saber, *Israel and Revelation* vol. I, *The World of Polis* vol. II e *Plato and Aristotle* vol. III. Porém, em 1974, ou seja, cinco anos após a publicação de *Arte e Sociedade*, Voegelin publicou *The Ecumenic Age* vol. IV e, em 1985, no ano de sua morte, foi publicado o quinto e incompleto volume *In Search of Order*. (N. E.)

Uma dessas diretrizes é o "princípio macroantropológico" com que Platão se teria oposto à concepção egípcio-mesopotâmica, dita "microcosmológica". Segundo esta, a sociedade é uma miniatura dos ritmos cósmicos; segundo o princípio macroantropológico, ao contrário, a sociedade é o reflexo da psique, o *análogon* do espírito humano e da sua ordem.

A ideia de que a sociedade se modela pela ordem da alma apreendida pela teoria é, para Voegelin, a medula da ciência política; pois somente ela pode legitimar o estatuto *normativo* da teoria. A teoria política é a doutrina da *boa* sociedade, da sociedade *melhor*: a *ariste politeia*. Seu conteúdo é necessariamente pedagógico e reformador. Voegelin insiste em que essa preocupação crítico-normativa não se confunde em nada com as fantasias utopísticas, com as descrições quiméricas de "estados ideais"; mas ela se distancia igualmente da base *niilista* do "democratismo" moderno, que, a pretexto de respeitar a vontade individual, renuncia a toda ordenação dos propósitos, a toda hierarquização das metas humanas, consagrando as flutuações irresponsáveis da moral utilitarista do homem contemporâneo, do "indivíduo médio" submisso às baixas atrações hedonísticas da sociedade de massas.

O caráter da sociedade espelha a alma das suas elites. A sociedade ideal será aquela que refletir a alma dos melhores homens – do homem maduro, do *spoudaios*. Mas o homem maduro é o que põe a razão a serviço da revelação da *conditio humana*; é o homem que descobre, na finitude da sua existência, o selo de um fundamento ontológico que a ultrapassa. Assim, a ordem da alma se inspira na ordem do Ser. Se chamássemos "Deus" a essa estrutura básica do real, diríamos que o homem maduro é essencialmente teomórfico, isto é: o indivíduo capaz de orientar a sua ação pela medida de Deus, ou seja, do Ser.

É claro que essa antropologia teomórfica barra toda possibilidade de interpretar o princípio macroantropológico, erigido por Voegelin em espinha dorsal da teoria política, de maneira "humanística". Por outro lado, o parentesco entre a posição de Voegelin e a de Heidegger é evidente. Como no caso deste último, não faltou quem tomasse a sua teoria como uma simples "restauração" ideológica de fundo cristão. Entretanto, as conotações religiosas do pensamento voegeliano podem, no essencial, ser compreendidas à luz da analogia entre a antimetafísica e o conceito do sagrado (tal como ficou sugerido na seção "O destino da Hespéria"); elas não implicam nenhuma restauração sectária, e sim o senso de *abertura* da experiência humana, presente tanto na nova teoria do Ser como na fenomenologia do sagrado.

Essa impressão se confirma pela *atualidade* de outros aspectos da reflexão de Voegelin. Um deles é a *consciência sociológica* da sua teoria política. Nesta, o sentido da especificidade do político não impede que se reconheça o primado da sociedade sobre as formas de governo. Uma sociedade bem estruturada produz uma forma de governo satisfatória; mas o inverso não pode ocorrer. Outro aspecto bem atual é o valor dado por Voegelin ao fato de que só na idade contemporânea, com as descobertas arqueológicas e a notável ampliação do horizonte histórico, se tornou possível o desenvolvimento global da ciência política – a qual, a seu juízo, se alimenta não só de ética e de filosofia política, mas igualmente de História.

"[...] No centro da sua existência, o homem é um desconhecido para si próprio, e assim deve permanecer; porque a parte do ser que se chama a si mesma 'homem' só poderia ser plenamente conhecida, se a comunidade do ser e o seu drama no tempo fossem conhecidos em sua totalidade. A participação do homem no ser é a essência da sua existência, e essa essência depende do todo, do qual a existência é parte. Porém, o conhecimento do todo é impedido pela identidade entre aquele que conhece e aquilo que é parte, e a ignorância do todo impede um conhecimento essencial da parte." Essa transcrição do pórtico de *Order and History* revela que a raiz da política voegeliana é estranha a todo *gnosticismo* messiânico: a toda tentativa de promover a ação social com base numa suposta "certeza", num conhecimento exaustivo sobre a existência humana. Os progressismos iluminista e marxista são versões desse gnosticismo. Voegelin designou a pretensão messiânica ao estabelecimento de um paraíso terrenal *metastasis*, ou seja, a fé gnóstica numa transformação radical da *conditio humana*, implicando a abolição de seus limites naturais – dos pressupostos da sua finitude. Ao comportamento metastático se opõe a *metanoia* – em que o homem se orienta para a situação efetiva da sua existência, abrindo-se, a partir da compreensão da sua finitude, à inteligência da ordem do Ser.

A fixação gnóstica da natureza humana num conteúdo positivo, que serve de modelo à utopia escatológica, deriva da *libido dominandi* de determinadas elites. A despótica autossuficiência com que essas elites atuam na política contrasta com a moderação com que o *spoudaios* dirige a concretização dos seus modelos ideais de sociedade, aristotelicamente preocupado com o melhor dos regimes *praticáveis*, embebido da convicção de que "política é a arte do possível". Essa atitude moderada dá origem ao que Voegelin denomina "diluição do paradigma". A comunidade de *spoudaios* – a elite autêntica – deve saber equilibrar-se entre o *telos* da sociedade melhor e as exigências da realidade. Para uma teoria política desprovida de visões escatológicas, a sociedade ideal se insere parcial e gradativamente na existente, numa tenaz infiltração renovadora; e esse gradualismo não impede que se realizem transformações verdadeiramente qualitativas e profundas.

A boa sociedade não tem forma predeterminável. "Sua construção é extremamente elástica, e deve variar de acordo com nosso conhecimento empírico sobre a natureza do homem e da sociedade." Voegelin aponta como inerente à boa república uma organização que confira à vida da razão o papel de uma força vital para a sociedade. Logo, *a sociedade melhor deverá ser simultaneamente aberta à mudança e capaz de construir as suas próprias metamorfoses com apoio na ciência* (embora não, como é evidente, na pseudociência do cientificismo reducionista). Na aliança entre abertura e racionalidade, a práxis social encontra a base da sua conversão em *eupraxia*: em ação boa. Não é preciso acrescentar que, dessa *politeia* voegeliana, as instituições democráticas (separadas do seu fundo utilitarista e niilista) fazem parte, da mesma forma que um nível mínimo de prosperidade material – até porque, para que a sociedade possa ser cada vez mais dirigida pela "vida da razão", isto é, pelo saber objetivo reunido em seus núcleos intelectuais, é conveniente que uma larga porção de seus membros possa dedicar-se às atividades do espírito, libertos dos obstáculos imediatos da luta pela subsistência.

Em *Negations*, Marcuse afirma que a transformação da economia deverá levar à "independência da esfera política", mudada em "relações humanas gerais" e em "administração da riqueza social no interesse da humanidade livre". Os visualizadores da civilização pós-industrial, como Daniel Bell, a definem como "uma civilização em que o saber teórico se torna o principal motor da mudança social, e em que as instituições e os organismos que dirigem a vida intelectual ocupam o lugar do centro na estrutura da sociedade". A generalização da ação política e o novo papel político da ciência parecem construir os traços dominantes da cultura pós-industrial, as suas potencialidades mais claramente visíveis. Mas a generalização da ação política se dá como expansão e reforço do processo democrático, enquanto a racionalização da vida social põe termo àquele divórcio entre a racionalidade da economia e a irracionalidade do todo social em que se formou a cultura moderna.

Até 1850, a rapidez dos transportes não se tornou substancialmente maior do que na época dos Antoninos. A distância horária entre Roma e Londres permaneceu basicamente a mesma até o advento do vapor e do trem. O transporte é apenas um exemplo notório da modificação radical que o progresso tecnológico acumulado a partir do limiar do século XIX trouxe às condições de vida da humanidade. O próprio alcance dessa modificação revela a profundidade da decepção que o abismo entre as realizações materiais da técnica moderna e as insatisfeitas aspirações humanas de equilíbrio e de felicidade provocou na consciência do homem ocidental, criador da técnica moderna. A *Kulturkritik* dos neo-hegelianos de Frankfurt encarna essa decepção, que as crises do nosso tempo só fizeram agravar. O "pensamento negativo" projeta o desgosto causado pelo sinistro intervalo nazista sobre o século inteiro, e sobre o pós-guerra em particular. A forma especulativa desse pessimismo é a elevação do conceito de repressão a mediação universal. Nessa atitude, porém, os neo-hegelianos *refletem, mais do que assumem*, a situação do intelectual europeu da primeira metade do século, traumatizado pelo ocaso político da Europa, pelo desaparecimento de quadros culturais tradicionais, e pela intensificação da caça coletiva aos objetivos rasteiros da sociedade de massas. O intelectual europeu *vieille école* é o protagonista número um da crise da cultura moderna. Com frequência, ele a vive passivamente, denunciando-a, muitas vezes, pelo conteúdo da sua obra – mas sem conseguir superá-la na estrutura do seu pensamento e na sua tonalidade ético-política.

Entretanto, assim como o *novo* intelectual europeu, o homem do Terceiro Mundo (particularmente em sua área ocidental) tem condições para adotar *outro* tipo de avaliação do drama contemporâneo. Ele pode dar outro sentido ao legado do nosso tempo. Sobretudo, está em suas mãos a faculdade de relacionar a riqueza espiritual do século XX – a sua densa fortuna artística e teórica (de magnitude equivalente à profundidade das suas crises), a audácia insólita com que a cultura novecentista rompeu a tradição moderna, recuperando criadoramente tantos veios adormecidos da História do Ocidente – com a consciência da provável, e em certa medida já iniciada, *descentralização* das fontes criadoras da civilização ocidental. O último terço do século talvez contemple o acesso de alguns países, até hoje, marginais, à esfera ativa da civilização mundial. Essa possibilidade parece impensável fora de uma utilização tão vasta quanto enérgica da tecnologia moderna. Mas nenhuma contribuição decisiva poderá advir da periferia histórica do Ocidente e do Terceiro Mundo em seu conjunto se estas áreas culturais se limitarem a renovar a hipoteca do espírito ocidental à magia tecnológica, sem submeter o reino da técnica a uma nova escala de valores, definidora de um novo período da aventura humana do Oeste. O grande período da criação cultural inspirado pela visão do mundo metafísico-tecnológica começa a pertencer ao passado; seu sujeito histórico foi o Ocidente *europeu*. Prendendo-se à mera repetição dessa magnífica performance, os países do futuro se condenariam ao seu próprio estilo anterior, isto é, à situação de zona dependente, de fímbria alienada e passiva – e se arriscariam a tornar ainda mais graves as deficiências estruturais e humanas da sociedade tecnológica. A única perspectiva legítima para o futuro do *novo* Ocidente, a sua verdadeira vocação universal, é hoje a superação da sociedade de massa – do seu corpo como da sua alma. Construindo a condenação do imperialismo da técnica a partir das suas próprias bases filosóficas, o pensamento de Adorno e de Marcuse se nega a contribuir, de maneira algo mais que tópica, para essa perspectiva global de superação. No entanto, só nela será possível fugir, num mesmo gesto, ao consumo repressivo e à prostração da *intelligentsia*, dilacerada entre o desânimo pessimista e as veleidades do revolucionarismo quimérico. Só nela, será possível consolidar a reconquista do sentido *aberto* da existência do homem e da cultura: aberto, porque receptivo à realidade do mundo e respeitoso ante a dignidade dos outros.

As componentes teóricas do movimento de superação da cultura tecnológica estão, esparsas, diante dos nossos olhos. As suas relações e os seus pontos de convergência são bem menos evidentes, e se propõem, por isso mesmo, à força analítica da consciência moderna. Indicar alguma dessas articulações foi um dos nossos alvos principais; ele norteou nossa crítica do pensamento negativo. Se esse alvo foi, de alguma forma, atingido, só resta submetê-lo ao risco e à prova de todas as teorizações envolvidas em questões de valor: à aprovação do curso da prática social.

As "questões de valor" são, naturalmente, todas aquelas diretamente ligadas ao homem e à sua condição.

Sobre elas é que está dito, nos *Discorsi sopra la Prima Deca di Tito Livio* (I, 6), "E, em todos os assuntos humanos, quem os examine bem verá isto: que uma dificuldade não pode ser afastada sem que outra comece a avultar [...]. Daí devermos, em toda a nossa reflexão, considerar onde estão os menores inconvenientes, e tomá-los pela melhor decisão – porque o que é completamente claro, e inteiramente sem incerteza, não se encontra jamais".

Veneza-Paris, setembro/dezembro de 1967;
Paris, julho/setembro de 1968.

Posfácios à 2ª edição

ENCYCLOPAEDIA BRITANNICA do BRASIL
AV. RIO BRANCO, 257-11º ANDAR
RIO DE JANEIRO - BRASIL
TELS.: 32-1643-22-1172-22-4640
CAIXA POSTAL 176

Em 20/6/1969

Caro Merquior,

era minha intenção não retardar mais a resposta que estava devendo à sua boa carta de 5/2 depois que o seu livro apareceu nas livrarias. Acho que fui dos primeiros a comprá-lo. Nem esperei pelo exemplar a que tinha direito... como autor do título. Nada reclamei ao Portella - cidadão para mim quase sempre invisível. E logo comecei a ler os ensaios, ou melhor, o ensaio, já que a matéria se adensa sem qualquer solução de continuidade. Quanta coisa aprendi! Praticamente, fiz a minha iniciação em Marcuse, Adorno e Benjamin lendo o seu livro. A gente, quando vai dobrando a curva da estrada, restringe ao máximo as leituras, concentrando-se apenas em obras de interesse mais direto da nossa especialidade — na verdade, não sou especialista de coisa nenhuma — e o resultado é êste: ignorância em muitos setores do conhecimento humano, como esta curiosa metástase de idéias convergentes/divergentes de Marx e Freud.

Confesso-lhe até que sinto um certo remorso, com referência ao título. O primitivo, Eros em Frankfurte, seria mais expressivo e talvez atraísse mais a venda. Não sei.

O que sei é que você está em plena ascensão como crítico de idéias, o mais notável dentre nós, neste momento, pensando e escrevendo de um modo raro em língua portuguesa. É que, de um modo geral, os nossos chamados críticos, quase todos improvisados, não passam de simples recenseadores. Maus recenseadores. A palavra recensão talvez seja até muito solene para o José Condé, por exemplo. Perdoe-me, foi o que me ocorreu neste instante. Os jornais reduzem cada vez mais o espaço dos books review — antigamente, os rodapés de Sílvio Romero, Veríssimo, Alceu, Álvaro Lins. Em compensação, aumenta o espaço do futebol e outras atividades lúdicas da sociedade brasileira. Você veja os acontece diante de um Fla-Flu, de um incidente cômico como do urubu rubro-negro, aliás típico de um país subdesenvolvido.

Estou remetendo para você, via aérea, a 3a. edição de A Vida de Lima Barreto. Já saiu a 4a., em livro de bolso, reprodução fotográfica da anterior, de que restam alguns exemplares para os amigos do coração, como você, que sabe ir buscar mesma em baía de pouca água como os Retratos de Família um ou outro cascalho capaz de transmitir a sensação de não se ter feito totalmente inútil. Não tenho tido tempo para nada, desde que retornei da Europa. Mesmo depois de ter conseguido a minha aposentadoria, como procurador do Estado, atolei-me por completo em outra burocracia, a da Enciclopédia, obrigando-me ainda por cima a constantes viagens aéreas a São Paulo, nem sempre distraídas, quebra da rotina que não dá para espairecer. Rotina, tédio, desalento, — culpa talvez do momento histórico que vivemos, —o certo é que muito dificilmente poderia me empenhar a fundo numa tarefa que exigiria tempo, paciência e sobretudo paz de

Carta de Francisco de Assis Barbosa – 20/06/1969.
Fonte: Arquivo José Guilherme Merquior/É Realizações Editora

espírito para escrever a história do movimento operário no Brasil. Já completei 55 anos, e o tempo agora conspira contra mim. Tenho estado sempre com o Afonso e o Antônio, às vezes os três juntos, e este convívio vale muito, vale quase tudo para mim.

Recomende-me a Hilda e dê um beijo de avô na Julinha que manda o "tio Chico de Versalhes", na verdade "tio Chico de Guaratinguetá", ou Chico Pindoba, como me chama a Maria Cristina, comedor de formiga, como os portugueses chamavam a nós, de São Paulo. Você e Hilda tem sido perfeitos com as gêmeas. Yolanda e Ana Maria retribuem, comigo, o abraço coletivo dos Merquior, gente que tomou conta deste velho coração que ainda insiste em bater como se fôsse de jovem.

Saudades do
Chico Barbosa

rio, 10 de junho de 1969
caríssimo josé guilherme

não quis agradecer seu presente benjaminiano, nem responder sua última carta antes de terminar a leitura de sua arte e sociedade. puxa, a leitura acabou sendo bem mais demorada do que a princípio pensei. vamos logo assim ao mais importante nesta carta.

seu livro, antes de qualquer apreciação crítica e de minhas discordâncias, soa para mim como das coisas mais relevantes feitas nos últimos anos entre nós. você bem sabe que tal declaração não é fácil nem falsa saindo de mim. admiro-o pela imensa capacidade de reflexão própria que apresenta e pela fluência em mais de dois terços conseguida. mas este intróito não seria fiel se eu esquecesse ou omitisse um detalhe que me parece tanto mais lamentável quanto mais sério me parece seu texto: a ausência quase absoluta de referências bibliográficas. isto não seria defeito num livro ligeiro, superficial, cujas idéias fossem meras formalizações verbalizadas do déjà connu. não sendo êste o caso, como tal coisa pôde suceder? chamo-lhe a atenção para o fato tendo principalmente em conta que v. já assinala dois outros ensaios – ah bendito ar parisiense! – em vias de publicação. encontrando-me com joão cabral, antes de seu regresso, êle me disse que acabava de saber pelo afonso arinos que um dêles, contendo longo ensaio (sic) sôbre sua poesia dêle, acabava de ser aceito pela josé olímpio. por favor, perca uma semana, mas não deixe de obedecer aos requisitos da bibliografia. (afinal de contas, o senhor coutinho, dito afrânio, teria tudo para ficar sentido, pois xxxxx em suma v. estará não seguindo a única coisa valiosa que êle nos trouxe: ensinar-nos às confecções bibliográficas...)

vamos ao miolo. – se eu tivesse de fazer uma antologia de seu livro, não deixaria escapar o parágrafo inteiro referente à alegoria em benjamin. não se trata apenas da qualidade de resumo. a comparação com auerbach, a partir da idéia de figura, parece-me de brilhante originalidade. não a conhecia, nela não havia pensado, nem por isso deixou de me cativar de imediato. acrescento na mesma trilha: por que não aplicar a idéia de ensaio à própria feitura da Mimesis? acredito que ela se encaixaria com perfeição no final da pág. 115, após a citação apresentada no final desta página. – igualmente muito importantes a observação sôbre a schillerianização do pensamento de marcuse (pp. 37-8), a observação, derivada de adorno, sôbre a arte que experimenta o tempo como descontinuidade e a diferença de sua fortuna face ao pensamento originado da mesma matriz, p. 68, assim como, e ainda mais, a referente às diferenças entre micro-história e macro-história (marx, rousseau), apresenta as pp. 222-3. à diferença, contudo, do destaque inicial, acredito que os dois últimos ainda não se encontram em seu ponto ótimo; exigiriam um desdobramento bem mais acentuado. parecem-me jatos que, dentro do contexto onde surgiram, não poderiam ser distendidos. não importa, mesmo porque talvez sejam mais relevantes que o próprio discurso dentro do qual apareceram subordinados. a idéia da diferença do tratamento da natureza em rousseau e em marx, a partilha de um otimismo iluminista por parte dêste, a explicar que o pensamento do primeiro, malgrado tôda sua anterioridade, seja mais pregnante para a consideração da crise da ciência atual merece e com urgência a expansão do que aqui ainda se mostra como embrião. a presto, em troca, como mediação entre os elogios e as discordâncias destaco dois pontos que, quando nada, não me convencem. o primeiro diz respeito ao enaltecimento que v. julga desproporcional do fragmento por adorno 'a expensas da organização formal'. mas por que fragmento e organização formal seriam contrapostos? acredito que aí se insinua um problema de preferência sua que o torna não apenas crítico a adorno, quanto o inclina a menosprezar a organização do fragmento (v. sousândrade). – no mesmo sen-

Carta de Luiz Costa Lima – 10/06/1969 (continua).
Fonte: Arquivo José Guilherme Merquior/É Realizações Editora

tido vejo a passagem em que analisa a distorção empreendida da idéia do estético em de kant (p. 43). por que tornar interessado o desinteresse estético kantiano inevitàvelmente ligado à adulteração do estético? a questão seria secundária caso seu julgamento fôsse históricamente delimitado a schiller, ao moralismo weimariano (no qual entra o próprio lukács). mas lhe dar a transcendência estabelecida por seu texto parece-me excessivo. penso a propósito duas coisas: a) a necessidade de repensar a fundo o postulado da _crítica do juízo_, tendo-se o cuidado de verificar os erros em que tal repensar tem recaído, é tanto mais devido quanto v. sabe, e mesmo cita, o desinterêsse estético se converteu em clave para o papel que a burguesia reservou para a arte. bem sei, kant não é culpado pelos extravios de sua idéia. mas até que ponto em sua distinção já não se inclui um postulado iluminista, ao qual a burguesia, em sua sagesse, não fêz mais que aplicar? v. me acharia no caso muito próximo da _dialética_, dos termos da, adorniana, b) acredito que tal questionamento apresenta uma base possível no desenvolvimento da idéia do poético em jakobson: o estar voltado fundamentalmente para a mensagem - função poética - não é o mesmo que postular uma finalidade sem finalidade. talvez esta discordância nossa possa ser associada à função diversa que concedemos ao fragmento. neste, o desinterêsse tem menos vez - por seu poder de contração, ruptura e impacto - de que no todo sinfônico.

por fim, vamos ao mais sério. não entendo em primeiro lugar por que ao tratar das raízes da 'maldição iluminista' e procurar seu calcanhar de aquiles v. não se refere nenhuma vez a _krisis_ de husserl. mas não é mais importante. o que me parece mais grave diz respeito à tentativa de saltar sôbre a negatividade da dialética do negativo a partir de heidegger. faço-me entender: não se trata de _parti pris_ quanto a heidegger. trata-se de aspecto mais sério talvez: em marcuse, adorno, e também em benjamin, a crítica à cultura não apresenta um projeto ou meta definido. (acredito mesmo que v. força quando diz que o reverso da medalha para marcuse-adorno seria uma sociedade de plena satisfação e felicidade). nisto ainda não se apresentam dentro da tradição marxista, considerando êles como peremptório lado messiânico de marx? a crítica não apresenta seu reverso explicitado; em heidegger, ao invés, essa contraface é preenchida: o desvelar do ser, a sua não identidade com o ente. mas o que é êste desvelar no plano em que adorno e marcuse se colocam? ou seja, terá ele alguma vigência, alguma operacionalidade no campo das praxis? será mais que um conceito não operacional ou, pelo menos, não operacionalizado? está bem, adorno-marcuse mergulham no pessimismo, enquanto heidegger se move em campo onde surge nova coordenada: a esperança. mas que coisa é _das hoffnung_ nos têrmos em que heidegger a formula? v. diz bem quando aceita o deficit de apreensão do lastro sociológico no pensamento heideggeriano. mas trata-se de admiti-lo ou de ver nisso o problema que impede tomá-lo como o fundamento para o salto sôbre as posições adorno-marcusianas? sinto isto mais uma vez quando, no final do livro, v. cita voegelin. outra vez, e aqui sem a grandeza de heidegger, nos metemos num pensamento rarefeito que entretanto se pretende político. para mim, esta passagem não elaborada infirma a qualidade de seu livro. termina sendo um testemunho - contre vous même - dos dilemas de nosso tempo: o extravio das metas projetadas. pelo que digo, v. perceberá que concordo plenamente com a percepção do lado messiânico do marxismo, prejudicial não por ser messiânico mas porque simplifica a segunda etapa da transformação. à diferença de v., contudo, acredito, que a saída há de se encontrar escavando-se dentro do marxismo, não fora dêle. intensificando as mediações não realizadas, não doutas premissas. haveria muito a dizer ainda sôbre o aspecto. apenas chamo a atenção para um ângulo seu: trata-se da 'conclusão'. v. critica marcuse por sua desconfiança ante as 'práticas democráticas', em contraparte elogia as 'constituições democráticas'. para que tal crítica seja procedente não deveria ser acompanhada da crítica à realidade de tais práticas e de tais constituições? tal

-3-

reverso não sendo identificado termina confundindo suas páginas com a de um inteligente 'liberal' americano, um dos 'scholars' da equipe kennediana. ora, confio em sua capacidade muito além deste limite. e, voltando ao escrito há pouco, aflorar êste debate - democracia e transformação - que significa senão retomarmos a problemática de rosa luxemburg, interrompida até agora por todos os lados, russos, chineses e liberais? por aí mesmo vê v. porque procuramos escavar em dois sítios distintos. olho com muita curiosidade para o seu, heideggeriano, mas desconfio de que algo concreto possa daí sair. se fôr o caso, mão à palmatória. mas o fato é que não vislumbro aqui tal possibilidade, daí que afirmação como 'ao modêlo antropológico ..... corresponde um esquema político-social baseado na máxima neutralização possível da pressão do grupo sôbre o indivíduo' (p. 235) não se contraporia as pretensões do grupo de frankfurt. por que tal acontece senão porque o 'modêlo antropológico' não se realizou ainda, malgrado suas premissas diversificadas, como teoria e projeto políticos? fico por cá. malgrado a quantidade de páginas escritas, não me arrependo deste tanto escrever. sei bem, e na carne, o quanto é importante - neste fase, como diz você, de consolidação de idéias - a discussão ao vivo, sem ambages, direta e fraterna.

espero sua resposta, certo de que ela me esclarecerá ângulos que não tenha percebido.
   com o abraço para hilda e júlia,
               do amigo

A carta saiu tão longa que não falei de seus pedidos de meus textos. Em breve, farei com que sigam. ciao

Comentário de Renato Bittencourt – O Globo, 23/05/1969.
Fonte: Arquivo José Guilherme Merquior/É Realizações Editora

Modêlo R. J. 49-A

SECRETARIA DE ESTADO DAS RELAÇÕES EXTERIORES

Caro Merquior,

Recebi sua aprimorada carta relativa ao meu apanhado sôbre seu livro. Outro dia almocei com Paulo Costa Franco que está justamente lendo a obra. Deleitou-se com o fato de você ter ido a Heidegger, autor que êle elogiou, anos atrás, numa conversa com você, sem encontrar receptividade x (você perceberá a intenção intrigante de meu relato, fruto da convivência itamaratiana).

Vai a Belgrado com o Embaixador Bilac Pinto?

Meu trabalho maior tem sido para o jornal, onde, além de um artigo semanal sôbre livros, faço um pouco de tudo na redação, até, ocasionalmente, editoriais. Esta semana publiquei crônica intitulada "Origens judaicas da psicanálise". Não sei se alguém leu. Mas todos lêem as críticas de cinema, que me "projetam" mais do que qualquer outro escrito. Que se há de fazer?.

É possível que na semana vindoura eu vá aos EUA, a serviço do jornal. Caso se confirme, voltarei ao Rio dentro de um mês.

E A política, calma, como v. sabe.

Mande-me contar as novidades em matéria de livros. Qualquer dia dêsses vou abusar pedindo que v. me envie alguns de uma lista que preparo. O Manolo tem me ajudado muito nesse setor. Como vai o Freitas?.

Adriana e Cylene mandam lembranças a Julinha e Hilda (as gerações mais moças em primeiro lugar) às quais junto as minhas. Abraço cordial

Renato Bittencourt

Carta de Renato Bittencourt.
Fonte: Arquivo José Guilherme Merquior/É Realizações Editora

Resenha de Antônio Carlos Villaça – Jornal do Brasil, 14/06/1969.
Fonte: Arquivo José Guilherme Merquior/É Realizações Editora

Um projeto para o futuro?
Relendo o jovem
José Guilherme Merquior

João Cezar de Castro Rocha

Divulgação?

Em 1969, José Guilherme Merquior lançou seu segundo livro, *Arte e Sociedade em Marcuse, Adorno e Benjamin. Ensaio sobre a Escola Neo-hegeliana de Frankfurt*.

Fiel à hermenêutica mediúnica, dominante em certos círculos nos tristes trópicos, que se satisfaz em aprisionar livros a seu título, por muito tempo considerou-se *Arte e Sociedade* uma (mera) introdução aos princípios da Escola de Frankfurt.

Essa leitura, apesar de ingênua, leva longe em termos de história cultural. Ora, pelo avesso, não somente ela revela que o ensaio não chegou a ser lido, como também, e sobretudo, traz à tona o gesto intelectual subvertido pela ambição do jovem Merquior.

Devagar com o andor: há muitos elementos no que proponho.

Vejamos um por um.

Em tese, qual seria o papel de um intelectual brasileiro ao escrever acerca de autores consagrados, como Herbert Marcuse, Theodor W. Adorno e Walter Benjamin? No fundo, a pergunta soa ociosa, pois já se memorizou a resposta: nesse caso, cabe ao nome *local* vestir um figurino bem-comportado, limitando-se a apresentar os pensadores de estatura, alguém duvida?, *universal*. A óbvia assimetria organiza a divisão de tarefas: ao nome *daqui* cumpre divulgar os conceitos e os conteúdos dos autores de *lá*. Merquior parece mesmo confirmar o acordo:

Tanto quanto possível, procurei separar a exposição do julgamento. Sendo as obras desses autores, em sua maioria, desconhecidos no Brasil, valia a pena *consagrar mais espaço para a divulgação de seus conceitos*.[1]

Não há o que discutir: no reconhecimento do próprio autor: *divulgação de seus conceitos*. Contudo, no mesmo parágrafo, a prosa muda de rumo – a citação é longa, mas merece ser transcrita:

> [...] a arte ocupa sempre um lugar de peso no conjunto da crítica da cultura. Ela focaliza com nitidez perfeita, a crise da civilização. Mas, além disso, dispõe de um estatuto peculiar – como se o homem, contemplando na obra de arte as distorções de sua imagem, reencontrasse, de certo modo, a plenitude do seu espírito e da sua capacidade de integração no universo. A expressão "arte e sociedade" no título deste ensaio deve ser lida com isso em mente: a verdadeira arte reflete a sociedade e a cultura, porém não é, absolutamente, prisioneira do "social" em sentido transitório, nem de sua crise.[2]

Um novo livro começa a surgir, pois, a par da *divulgação* da "escola neo-hegeliana de Frankfurt", o jovem Merquior encontrou sua vocação de pensador da crise da cultura. Nada menos do que isso: *Arte e Sociedade* contém o ponto de partida de uma reflexão autônoma.

Mais: temas de futuros livros de Merquior encontram-se aqui esboçados pela primeira vez.

Se não vejo mal, tal hipótese implica reconhecer neste livro um momento singular na cultura brasileira na segunda metade do século XX.

Não exagero!

(Pelo menos é o que devo demonstrar.)

---

[1] Ver, neste livro, p. 23 (grifo meu).
[2] Ibidem, p. 23-24.

Ainda nas "Duas palavras", Merquior afastou-se do modelo endomingado do intérprete fiel: "Tentei compreender as limitações de Adorno e Marcuse do ponto de vista da *superação das suas raízes ideológicas*.[3]

E pôde fazê-lo porque a escola de Frankfurt não era a preocupação maior do autor. No fundo, o que realmente lhe interessava era "a complexidade do homem e da realidade, que são os temas essenciais deste livro".[4] Eixos da obra que construiu nos breves 22 anos que ainda teve pela frente.

Na parte final de *Razão do Poema*, especialmente em três artigos curtos,[5] num longo ensaio,[6] Merquior já anunciava a ampliação de seu horizonte. Vale dizer, é superficial a distinção aparentemente cristalina entre o jovem Merquior, (quase) exclusivamente envolvido com questões estéticas, e o Merquior maduro, (quase) exclusivamente preocupado com problemas de teoria política.

Ora, dois autores serão fundamentais em *Arte e Sociedade*, a fim de articular um caminho crítico que permitisse superar as "limitações de Adorno e Marcuse". Refiro-me a Martin Heidegger e Walter Benjamin que se encontram discutidos no livro de estreia do autor. De igual modo, o estruturalismo de Claude Lévi-Strauss que, aqui, fornece uma resposta à "dieta metodológica de Michel Foucault",[7] também foi, como mencionado, objeto de um ensaio relevante em *Razão do Poema*.

---

[3] Ibidem, p. 24 (grifo do autor).

[4] Ibidem, p. 24.

[5] Eis os três ensaios, presentes em *Razão do Poema. Ensaios de Crítica e de Estética*. 3. edição. São Paulo, É Realizações, 2013): "Responsabilidade Social do Artista", p. 229-233; "Notas sobre o Declínio da Aura", p. 234-236; "Entre Real e Irreal", p. 237-240.

[6] "Estética e Antropologia. Esquema para uma Fundamentação Antropológica da Universalidade da Arte". Ibidem, p. 241-286.

[7] Nas palavras de Merquior: "Na arqueologia das ciências humanas de Foucault, porém, a descrição interna não se completa por um relacionamento interdimensional. [...] No entanto, a possibilidade de

A questão, portanto, é mais complexa.

Pois bem: a prova dos nove demanda identificar o eixo de continuidade entre questões estéticas – porta de entrada do (muito) jovem Merquior na cena intelectual brasileira – e os ensaios de teoria política e as preocupações filosóficas – porta de entrada do Merquior maduro no debate internacional, por meio de livros (geralmente polêmicos) escritos em inglês.

Os seus dois livros seguintes, publicados no mesmo ano de 1972, esclarecem o eixo de orientação de seu pensamento. E como se desejasse assinalar o paralelismo de suas obsessões, *A Astúcia da Mímese* saiu um pouco antes de *Saudades do Carnaval*. Tudo está dito nos subtítulos, respectivamente, "Ensaios sobre a Lírica" e "Introdução à Crise da Cultura".

Em outras palavras, o norte do pensamento de Merquior se articula na crítica às "imperfeições da sociedade moderna – da sociedade industrial urbana".[8] Ao mesmo tempo, o autor de *Liberalismo – Antigo e Moderno* sempre apostou na capacidade de encontrar saídas racionais para essa mesma crise:

> Tudo isso, é claro, só ganha sentido no prospecto de opulência e de emprego lúdico do lazer que caracteriza a sociedade pós-industrial. Por outro lado, porém, essa perspectiva não é puramente quimérica: ela se insere na realidade objetiva do desenvolvimento tecnológico da atualidade.[9]

Em boa medida, essa aposta na possibilidade de inventar o encontro coletivo com a "boa sociedade", a "sociedade melhor"[10] – ideal que Merquior buscou na obra de Eric Voegelin – explica a distância estabelecida

---

explicar a sucessão histórica é hoje tida por perfeitamente *estrutural*, como se depreende do estudo da sincronia na linguística pós-saussuriana". Ver, neste livro, p. 299 (grifo do autor).

[8] Ibidem, p. 22.

[9] Ibidem, p. 301.

[10] Ibidem, p. 330.

tanto com o "pensamento negativo", tal como preconizado por Adorno, quanto com a "Grande Recusa", proposta por Marcuse.

Distância que foi aprofundada no conjunto da obra de Merquior, cuja orientação já se encontra perfeitamente delineada neste livro.

Vejamos.

Um livro, muitos projetos

Façamos como o defunto autor e principiemos pelo avesso. O último livro escrito por Merquior, postumamente publicado, *Liberalism – Old and New*, além de oferecer uma história da ideia liberal, articula uma reflexão singular acerca do conceito da liberdade. A análise proposta na terceira parte deste livro sobre concepções adversárias de democracia serão retomadas em diversos momentos de *Liberalismo – Antigo e Moderno*. Eis um único exemplo:

> Por isso, enquanto, para o democrata liberal, liberdade significa ausência de coerção, para o democrata totalitário, a liberdade se mede pelo seu grau de aproximação relativamente a um ideal absoluto. Ora, essa maneira de conciliar a liberdade a faz teoricamente *compatível* com o uso da força – com a não liberdade, do ângulo do liberalismo.[11]

A "grande recusa" merquioriana se refere, salvo engano, à desconfiança extrema em relação a toda postulação absoluta, totalizante, cuja contrapartida não pode senão implicar modos diversos de reducionismo. O método do Merquior maduro já se encontrava aqui plenamente formulado:

> O sentido pleno de cada dimensão do processo social só se obtém através de uma ampla confrontação da sua estrutura interna com *outras* dimensões do

---

[11] Ibidem, p. 282 (grifo do autor).

processo. O erro do reducionismo não está, evidentemente, em relacionar os produtos ideológicos aos outros elementos (não ideológicos) do todo social – mas sim em querer estabelecer-se esse relacionamento *antes* de contar com uma descrição minuciosa da estrutura interna das formas ideológicas.[12]

O reducionismo – em todos os seus avatares – sempre foi a nêmesis de Merquior. Suas inúmeras polêmicas podem ser entendidas como ataques aos desdobramentos modernos e contemporâneos de modalidades, na visão merquioriana, reducionistas na arte, na política e na cultura. Daí as menções, sobretudo na terceira parte deste livro, ao "equívoco do 'formalismo'",[13] tema de seu ensaio de 1974, *Formalismo e Tradição Moderna*. Equívoco reforçado na ressalva: "À metafísica estética do romantismo sucedera a consagração das atitudes redutoras: sociologísticas, didáticas ou emocionalistas".[14]

Um pouco adiante, Merquior forjou um epigrama que sintetiza a maior parte de seu trabalho futuro: "O reducionismo é uma hidra de Lerna".[15] O autor de *Western Marxism*, ensaio de 1986, nunca se furtou a enfrentá-la; em 1969, o alvo foi definido com precisão: "O que há de mais expressivo no marxismo ocidental dos nossos dias [...]. Todo messianismo é iminentista".[16] E se houvesse dúvidas acerca de sua posição, a adjetivação tudo esclarece: "o marxismo ocidental de segunda classe".[17]

De igual modo, algumas páginas da terceira seção deste livro antecipam o aguerrido ensaio *Foucault*, lançado em 1985. A pergunta-provocação ilumina seu ponto de vista: "Haverá alguma saída para esse ceticismo epistemológico de Foucault?". Em 1968, Merquior

---

[12] Ibidem, p. 299 (grifos do autor).
[13] Ibidem, p. 290.
[14] Ibidem, p. 292.
[15] Ibidem, p. 293.
[16] Ibidem, p. 284.
[17] Ibidem, p. 302.

estava convencido que o estruturalismo lévi-straussiano propiciava a alternativa mais fecunda: "Mas o desenvolvimento recente das disciplinas humanas parece desvendar uma possibilidade que não ocorre a Foucault: a de uma conciliação entre consciência crítica e construção sistemática".[18]

Não é tudo.

Embora de forma menos direta, o interesse merquiorano na obra de Jean-Jacques Rousseau foi retomado em seu segundo doutorado, realizado sob a orientação de Ernest Gellner. Nas palavras do autor: "No protesto crítico de Rousseau contra a cultura urbana do limiar da era industrial, discernimos as raízes ideológicas de um novo conceito do homem e da sociedade".[19] Essa leitura de Rousseau associa-se ao "impulso de amadurecimento das ciências humanas: o modelo da receptividade espontânea".[20] Modelo que implica, filosoficamente, uma abertura à finitude da condição humana. Nesse horizonte, o jovem Merquior desenvolveu um corpo a corpo com a obra de Martin Heidegger – e isso sem tergiversar as relações do filósofo com a ideologia nazista. No livro de 1980, *Rousseau and Weber: Two Studies in the Theory of Legitimacy*, as questões relativas à formação da teoria social na modernidade foram aprofundadas.

Poderia apontar outros elementos que foram retomados e desenvolvidos em obras posteriores de Merquior. Mais importante, porém, é sublinhar a força do gesto de José Guilherme Merquior.

(Não esqueço nunca o provérbio espanhol: *no se debe agobiar la verdade con pruebas*.)

Arte e Sociedade não pretende ser um ensaio introdutório aos pressupostos da "escola neo-hegeliana de Frankfurt". Pelo contrário, as contribuições de Marcuse,

---

[18] Ibidem, p. 297.
[19] Ibidem, p. 287.
[20] Ibidem, p. 313.

Adorno e Benjamin fornecem um ponto de partida conveniente para uma primeira apresentação panorâmica (e nem por isso menos ambiciosa) do pensamento em elaboração do jovem autor brasileiro. Assim, se, na época de escrita do ensaio, "segundo consta, Marcuse é hoje o nome da moda, o profeta",[21] Merquior não hesitou em navegar na contracorrente: "de todos os membros do efêmero grupo de Frankfurt, o mais rico do ponto de vista teórico: Walter Benjamin".[22]

Opção que certamente ajudou na definição merquiorana pela forma do ensaio como autêntico correlato objetivo do "modelo da receptividade espontânea". Afinal, se "o ensaísmo benjaminiano [...] é *descritividade crítica*",[23] por isso mesmo, "o ensaio é reflexão filosófica porque é descrição crítica".[24]

Eis a definição mais exata da escrita adotada por Merquior nos 17 outros livros que ainda publicaria.

Esta reedição

O principal objetivo desta reedição é precisamente sublinhar o real alcance deste ensaio, ou seja, *Arte e Sociedade* deve ser lido como o primeiro momento da formulação mais ou menos completa do pensamento de José Guilherme Merquior. O ponto é decisivo porque uma parte considerável dos futuros trabalhos do autor encontra-se aqui anunciada.

Nesse sentido, são estratégicos os textos de Günter Karl Pressler e Regina Zilberman.

De um lado, em seus estudos sobre a Escola de Frankfurt, Karl Pressler chegou a uma conclusão surpreendente: o título de Merquior foi, se não o primeiro, certamente um dos ensaios pioneiros, em todo o mundo,

---

[21] Ibidem, p. 25.
[22] Ibidem, p. 112.
[23] Ibidem, p. 131 (grifo do autor).
[24] Ibidem, p. 131.

a desenvolver uma leitura do conjunto do movimento, antecipando em quatro anos o livro de Martin Jay, *The Dialectical Imagination*.[25]

No entanto, evitemos paralelos pouco produtivos, e, sobretudo, façamos justiça: o livro de Martin Jay é uma introdução e uma reflexão muito mais completa e sólida acerca da Escola de Frankfurt. Como aluno de pós-graduação, o autor teve acesso, em Berkeley, aos arquivos de Leo Lowenthal. E ninguém menos do que Max Horkheimer escreveu, em forma de carta, o "prefácio" à primeira edição.

Não se trata, assim, de inventar precedências ou de imaginar precursores, pois, nesse caso, teríamos sucumbido à armadilha da influência e suas inúmeras angústias. Basta assinalar a relevância e o vigor das análises merquioranas.

De outro lado, Regina Zilberman identificou com precisão o escopo do ensaio, que, ela nos diz,

> dá vazão a um pensamento lúcido e sólido, calcado no conhecimento não apenas dos intelectuais que ascendiam no horizonte da segunda metade do século XX, mas também dos clássicos [...] sugerindo a possibilidade *a hipótese de consolidação de um pensamento nacional*, de que José Guilherme Merquior foi expressão com aquele livro.[26]

Na edição de 1969, a "orelha" foi escrita por Sérgio Tapajós; republicamos o texto como um dos posfácios.

Por fim, seguimos resgatando documentos dos "Arquivos José Guilherme Merquior".

Desta vez, destacamos duas cartas.

Francisco de Assis Barbosa, em 20 de junho de 1969, noticia a leitura dos "ensaios, ou melhor, ensaio, já que a matéria se adensa sem solução de continuidade". Um

---

[25] Martin Jay, *The Dialectical Imagination*. A History of the Frankfurt School and the Institute of Social Research. 1923-1950. Berkeley, University of California Press, 1973.

[26] Ver, neste livro, p. 358 (grifo meu).

pouco adiante, surge uma confissão preciosa: "[...] sinto um certo remorso, com referência ao título. O primitivo, *Eros em Frankfurte* (sic), seria mais expressivo e talvez até atraísse mais à venda".

Em 10 de junho do mesmo ano, Luiz Costa Lima escreve uma longa e densa carta, tanto expressando divergências pontuais, como reconhecendo o mérito do livro, "como das coisas mais relevantes feitas nos últimos anos entre nós".

Nas palavras do teórico:

> Se eu tivesse de fazer uma antologia de seu livro, não deixaria escapar o parágrafo inteiro referente à alegoria em Benjamin. Não se trata apenas da qualidade do resumo. A comparação com Auerbach, a partir da ideia de *figura*, parece-me de brilhante originalidade. Não a conhecia, nela não havia pensado, nem por isso deixou de me cativar de imediato [...].

Ora, no fundo, não se conhece *Arte e Sociedade*, e, por isso, nele não se pensa. Esperamos que, a partir de agora, o público também se deixe cativar de imediato pela reflexão do jovem Merquior.

Arte e Sociedade em Benjamin, Adorno e Marcuse[1]

Sérgio Tapajós

Pelos idos de 1959, sentávamo-nos nos bancos da Faculdade de Direito um colega com cara de guri e eu. Batíamos papo durante aulas inteiras, sobre literatura, principalmente, cinema, teatro. Uma vez, na conversa, falei de uns contos de minha autoria, publicados no extinto "Suplemento Dominical" do *Jornal do Brasil*, aquele que saía aos sábados. Falamos horas e horas sobre a turma do SDJB e, me lembro muito bem, mencionei um cara genialíssimo e muito sério que escrevia lá. Impressionara-me um artigo monstro chamado "Neo-lakoon". O meu colega então disse que era dele, dele próprio, José Guilherme Merquior. Ficamos, portanto, muito amigos desde então. E sinto-me inteiramente à vontade para poder dizer do respeito e da admiração que Merquior provoca, justamente por admirá-lo e respeitá-lo, antes de conhecê-lo.

O que mais espanta em JGM não é tanto a quantidade de leitura que tem (que é sempre enorme e espantosa) mas, sim, o fato de ter digerido, assimilado e domesticado tudo aquilo que leu. Começou, assim, o duro ofício do crítico de poesia com uma bagagem cultural definida e com olhos amplos para ver o mundo. Aliava a isto a diretriz intransigente de saber o Brasil poeticamente.

Sua passagem pela crítica foi devastadora, desmistificadora e polêmica. Se foi duro com alguns poetas mais ou menos consagrados, revelou muita gente nova e ajudou a compreensão de muitos clássicos. Nessa ocasião, seu estilo era vivo e dinâmico, mas, às vezes, tornava-se um pouco pesado e hermético.

---

[1] Na primeira edição, este texto foi publicado como orelha.

No seu primeiro livro, entretanto, esses aspectos menos positivos desapareceram. À análise cada vez mais lúcida juntavam-se a limpidez nova da frase e a clareza das ideias sempre abertas. *A Razão do Poema* foi o livro da libertação da fase primeira de JGM, reunindo críticas, trabalhos antigos e dois ensaios altamente polêmicos, de grande repercussão nos meios intelectuais.

Atualmente fora do Brasil, José Guilherme Merquior edita o seu segundo livro, que é tríplice – pode-se dizer – sobre as personalidades ímpares de Benjamin, Adorno e Marcuse. Com a precisão de um bisturi bem manejado, a sua visão atual descortina aspectos originais dos três autores, abrindo o campo filosófico para novas especulações e polêmicas. Porque JGM não está nunca preocupado em fechar questões e em ser o rei do mundo. É um homem moço e sem preconceitos, que não tem medo de dizer o que acha. Um sujeito que honra a sua geração e a literatura de seu país.

A Crítica da Cultura segundo José Guilherme Merquior

Regina Zilberman

> Doa a quem doer, permaneço um racionalista – embora firmemente convencido de que o único racionalismo consequente é o que se propõe, não a violentar o mundo em nome de seus esquemas, mas a aprender em seus conceitos, sem nunca render-se ao ininteligível, sem jamais declarar o inefável, a essência de toda realidade, ainda a mais esquiva, mais obscura e mais contraditória. Somente as almas cândidas, os cegos voluntários e os contempladores do próprio umbigo não percebem e não aprovam a virilidade desta Razão; mas ela é apenas a própria e íntima razão de todo verdadeiro conhecimento humano.
>
> José Guilherme Merquior[1]

Quando o livro *Arte e Sociedade em Marcuse, Adorno e Benjamin* foi lançado, em 1969, José Guilherme Merquior era conhecido pelos artigos publicados no suplemento literário do *Jornal do Brasil*, do Rio de Janeiro, e pela coleção de ensaios reunidos em *Razão do Poema*, de 1965. Se fosse o caso de classificá-lo, seria colocado na seção dos críticos literários, e como tal muito bem avaliado. Mas, durante os quatro anos que separam as duas obras, vários acontecimentos devem ter alterado o rumo das ações do jovem intelectual: por conta da vinculação com o Ministério das Relações Exteriores, de que era servidor, transferiu-se para a França, onde fez seu primeiro doutoramento, ainda no campo literário, com a tese dedicada a Carlos Drummond de Andrade;

---

[1] José Guilherme Merquior, Advertência. In: _____. *Razão do Poema*. Ensaios de Crítica e de Estética. Rio de Janeiro, Civilização Brasileira, 1965.

presenciou o clímax dos movimentos estudantis que culminaram no Maio de 68 em Paris; e testemunhou a mudança dos rumos do pensamento da esquerda, que, rompendo com a hegemonia das ideias de Karl Marx, acolhia orientações provenientes de distintos, e até opostos, filósofos, como, de uma parte, Louis Althusser, de outra, Theodor W. Adorno.

Não era Adorno, contudo, quem atraía o Poder Jovem, que emergia na década de 1960, apresentando-se como alternativa de exercício da política fora dos rígidos quadros dicotômicos dos partidos de esquerda (socialistas ou comunistas) ou de direita (conservadores ou liberais). Representado sobretudo por universitários, aquele Poder tinha seus próprios ídolos, e dentre esses destacava outro membro da Escola de Frankfurt, então atuante nos Estados Unidos: Herbert Marcuse, convertido em poucos anos em estrela *pop* cujos livros passaram rapidamente a ser traduzidos no Ocidente, incluindo-se aí o Brasil.[2] De todo modo, difundia-se a Crítica da Cultura, Adorno projetava-se como um de seus principais mentores, e descobria-se a obra de Walter Benjamin, que, falecido em 1940, não tivera a oportunidade de uma carreira acadêmica nos Estados Unidos, de que seus parceiros foram beneficiários, assim como Max Horkheimer, que dividiu, com Adorno, a autoria da *Dialética do Iluminismo*,[3] ou Erich Fromm, que, descolando-se em parte de suas origens na sociologia, fez notável carreira enquanto difusor da psicanálise, igualmente com algum sucesso entre as editoras brasileiras nos anos 1960.

Os primeiros anos europeus de José Guilherme Merquior antenaram-no para a mudança, que o fez conhecer não apenas os titulares da Crítica da Cultura, mas também os pesquisadores que ocupavam corações e mentes

---

[2] Entre 1967 e 1969, foram publicados no Brasil pelo menos quatro títulos de Herbert Marcuse: *Ideologia da Sociedade Industrial* (Zahar, 1967), *Eros e Civilização* (Zahar, 1968), *Razão e Revolução* (Saga, 1969) e *O Fim da Utopia* (Paz e Terra, 1969).

[3] Intitulado, no Brasil, *Dialética do Esclarecimento*.

nesses revolucionários anos sessenta do século XX. No livro publicado em 1969, compareçem quase todos: além do trio mencionado no título, lá estão filósofos como Martin Heidegger, antropólogos como Claude Lévi-Strauss, linguistas como Louis Hjelmslev e Roman Jakobson, e pós-estruturalistas como Michel Foucault. Muitos deles tinham lançado apenas recentemente seus livros inaugurais, como o Foucault de *As Palavras e as Coisas*; mas o Merquior frequentador dos seminários da Universidade de Paris não o ignorou, tendo, assim, oportunidade de testemunhar a propagação de vertentes inovadoras à época de seu nascedouro.

Só por essa razão se justificaria a leitura, em 1969 e agora, de *Arte e Sociedade em Marcuse, Adorno e Benjamin*. Mas não só: o livro dá vazão a um pensamento lúcido e sólido, calcado no conhecimento não apenas dos intelectuais que ascendiam no horizonte da segunda metade do século XX, mas também de clássicos como Immanuel Kant, Jean-Jacques Rousseau e Georg Wilhelm Friedrich Hegel, sugerindo a hipótese de consolidação de um pensamento filosófico nacional, de que José Guilherme Merquior foi expressão com aquele livro.

Nos passos de Marcuse e Adorno

Arte e Sociedade em Marcuse, Adorno e Benjamin abre com um prólogo, "Duas palavras", em que o autor explica o projeto do livro. Começa por definir o que é a "Crítica da Cultura", nascida do projeto da crítica social do Oitocentos que, no século XX, observa e analisa as manifestações de cultura não apenas enquanto projeções da infraestrutura econômica, como pretende o marxismo, mas enquanto objetos com identidade própria e passíveis de exame acurado. Manifestando, desde logo, sua insatisfação perante o marxismo enquanto intérprete da sociedade, Merquior salienta a importância de se buscar caminhos para além daquela linha de pensamento. Porém, não se mostra particularmente entusiasmado com os ideólogos que virá a discutir – "o leitor verá que nem sempre, ao expor as teses dos críticos da cultura estudados aqui, estou de acordo com elas" – mas acredita que suas propostas merecem conhecimento e divulgação: "a argúcia e a determinação com que eles contribuíram para firmar e desenvolver o trabalho de aprofundamento da crítica social através da análise da cultura são mais do que merecedoras de consideração".[4]

Esclarece também porque consagra "mais espaço à divulgação de seus conceitos", já que "as obras desses autores, em sua maioria", são "desconhecidas no Brasil" (p. 15). Explicita o projeto do livro, que confere especial atenção a questões relacionadas à estética, mas que não se limita à exposição do pensamento de Theodor W. Adorno, Walter Benjamin e Herbert Marcuse, ainda que esse pareça ser seu propósito, a se julgar a obra unicamente pelo título. Destacando o que julga insatisfatório na Crítica da Cultura, vai em busca de alternativas conceituais, o que o leva a percorrer as ideias de Martin Heidegger, Immanuel Kant e Jean-Jacques Rousseau, bem como os "pressupostos filosóficos da antropologia estrutural" (p. 16), como declara.

O miolo do livro divide-se em três partes, tratando a primeira de Marcuse e Adorno, enquanto que Benjamin, isoladamente, é matéria da segunda. A terceira, focalizada nas "Raízes e limites do pensamento negativo", é a mais longa, ocupando metade da obra. Ainda que, em todas elas, predomine a voz de Merquior, expondo suas contrariedades em relação à vertente que constitui o objeto principal de suas reflexões, na terceira parte o autor expande seu pensamento e formula, com grande desenvoltura, suas reflexões sobre a cultura contemporânea e expressa, sobretudo, sua concepção de arte.

---

[4] José Guilherme Merquior, *Arte e Sociedade em Marcuse, Adorno e Benjamin*. Ensaio Crítico sobre a Escola Neo-hegeliana de Frankfurt. Rio de Janeiro, Tempo Brasileiro, 1969, p. 15. As demais citações são extraídas dessa edição, sendo indicadas as páginas onde se encontram. Mantivemos os grifos, quando o autor utiliza esse recurso gráfico; a ortografia foi atualizada.

A Parte I inicia pela qualificação da Escola de Frankfurt, cujas atividades remontam aos anos 1930, definida, conforme Merquior, "nos termos do que Marcuse [...] designa como *pensamento negativo*" (p. 21) e explicitada enquanto "ato crítico de recusa do existente" (p. 21). Por causa desse papel inaugural, Herbert Marcuse é o primeiro expoente a receber a atenção do estudioso brasileiro; mas é também o pensador menos importante para ele, posicionamento antecipado por observação colocada ao final do prólogo[5] e confirmado pelo pouco número de páginas dedicadas às suas ideias.

De Marcuse, Merquior destaca sua origem no pensamento hegeliano e também marxista, a que soma a contribuição de Sigmund Freud. Identifica, assim, o que o ideólogo alemão considera o conteúdo repressivo da sociedade, que se manifesta na práxis. Ao contrário de Marx, que entende o trabalho como liberação, Marcuse o interpreta como opressão, de que advém uma utopia de recorte diferente. Em *Eros e Civilização*, advoga uma "sociedade sem repressão" (p. 36), calcada na "abolição do trabalho" e na "inauguração de uma sociedade *lúdica*" (p. 36). Esse é o "reino de Eros", assinalado por sua "dimensão estética". Em Marcuse, a vida, no contexto emancipado de seu messianismo utópico, é ela mesma uma forma de arte, configurando, conforme aponta Merquior, a "estetização da existência" (p. 37). O crítico brasileiro conclui: "De Eros que se autodetermina, da libido que se autossublima, Marcuse espera que se eleve a sociedade ideal" (p. 46).

No contexto da contracultura, que se impunha no Ocidente e tinha entre os jovens seus principais seguidores, explica-se o sucesso do projeto liberador de Marcuse. Que, da sua parte, feneceu tão logo os meios de comunicação de massa apropriaram-se dos temas e formas do universo *underground* e enfraqueceram seu teor

---

[5] Escreve ele ao final de "Duas palavras": "Segundo consta, Marcuse é hoje o nome da moda, o profeta, mais citado do que lido, dos simpatizantes entusiásticos das 'revoluções culturais'. Pois é" (p. 17).

contestatório. Merquior antecipou o juízo que revelava as fraquezas teóricas e práticas daquela concepção. Por isso, não concede àquele autor a relevância que o momento histórico então conferia a ele.

Não é da mesma maneira que procede em relação a Theodor Adorno, que, na década de 1960, detinha grande prestígio, mas não na mesma direção de Herbert Marcuse. Até pelo contrário: Adorno não acreditava no movimento estudantil e, em 1969, opôs-se frontalmente a ele, por ocasião da invasão da Universidade de Frankfurt, onde lecionava. O fato foi provavelmente posterior à redação do livro de Merquior, que não o menciona, nem se refere à morte do ilustre professor naquele ano. Porém, o brasileiro apresenta com muita acuidade as teses do pensador alemão, expostas primeiramente em *Dialética do Iluminismo*, de 1946, redigido em parceria com o também frankfurteano Max Horkheimer.

Esse livro funda-se na crítica ao que Adorno e Horkheimer designam como "razão tecnológica" (p. 50), decorrente da perspectiva iluminista, que encontra para todo o fato uma explicação racional, lógica e científica. O iluminismo – não o movimento intelectual do século XVIII, mas a prática que ele esconde – baseia-se em uma "visão científico-utilitária da realidade" (p. 48), conforme a qual a natureza pode ser controlada e manipulada. A razão tecnológica não é especulativa, nem crítica, mas prática e aplicada, submetendo os indivíduos à utilidade que podem ou não ter. O resultado é a desumanização da ciência e da reflexão, logo, a barbárie, cujas expressões mais acabadas são o nazismo, a Alemanha de Adolf Hitler, os campos de concentração.

Também as manifestações artísticas ficam submetidas a essa razão prática, sendo sua importância medida por sua aplicabilidade. A mais útil, nessa direção, é a indústria cultural, pois colabora para a acomodação de seu público, ao ignorar a inovação e apelar para a repetição e a mesmidade. A arte, quando não industrializada, só se justifica, na sociedade tecnológica e utilitária contemporânea, se for isolada enquanto "puro deleite":

"a repressão tolera a arte, com a condição de que ela funcione como puro deleite, como um prazer gratuito e cego" (p. 51).

Adorno, de certo modo, busca uma saída a esse impasse, que divide a produção artística entre industrialização e alheamento: é o exercício da ruptura e da negação. Destacando que, para Adorno, "o estilo é ruptura" (p. 53), cuja essência é o "fragmento rebelde" (p. 53), Merquior sintetiza a concepção de autêntica obra de arte para o pensador frankfurteano: "para Adorno, a verdadeira obra de arte é a que exibe as feridas da luta sempre vã por alcançar a unidade" (p. 53). Mais adiante, ele destaca que "também na obra a verdade é o Outro – a brecha que contesta, pela diferença, a opressão da sociedade" (p. 55).

Adorno é um adepto da arte de vanguarda em sua versão mais radical, onde identifica o ângulo revolucionário da produção estética. Dessa posição advém a recusa em admitir a militância política da criação artística, como advoga Berthold Brecht, ou o engajamento esperado por Jean-Paul Sartre, duas figuras com as quais debateu energicamente o tema. Exigente no que diz respeito ao experimentalismo, considera poucos músicos da primeira metade do século XX capazes de preencher aquele requisito, que reconhece em Arnold Schoenberg, mas que não encontra em Igor Stravinsky, por mais que esse ocupe lugar proeminente na história do modernismo.

Refletindo sobre a natureza da produção artística e, em particular, sobre a música, tema de seu essencial *Filosofia da Música Moderna*, lançado poucos anos depois da *Dialética do Iluminismo*, Merquior destaca que, ao contrário de Marcuse, que transforma a vida em arte, Adorno refere-se a essa última enquanto um campo próprio de produção e reflexão. Existência e arte não apenas não se confundem, como a segunda ergue-se em contraposição à primeira. Por isso, não pode ser entendida desde noções como a de típico e de reflexo, como propõe György Lukács.

A contraposição entre os dois pensadores colabora para entender tanto as teses de Adorno, quanto as limitações da Estética de György Lukács, filósofo e crítico literário em grande evidência no Brasil da segunda metade da década de 1960. Lukács fundamenta sua compreensão da obra de arte, em especial da literatura, no conceito de representação (ou *mímesis*), o que restringe sua abordagem aos textos de ficção em que se verifique a reprodução de processos sociais. A norma não é aplicável à arte moderna, que deforma a exposição dos indivíduos e da sociedade, o que faz com que Lukács a considere "doentia" ou "decadente", em oposição à "arte sadia" do realismo.

Em Adorno, o que se tem é a renúncia ao realismo, ou melhor, a valorização da deformação, esse sim "o verdadeiro realismo" (p. 81). Mas, se por esse aspecto Merquior alinha-se com Adorno, assim como na sua capacidade – ausente em Lukács – em entender e valorizar a lírica contemporânea, por outro, o crítico brasileiro afasta-se dele, quando identifica, em sua teoria, um componente "*idealista*, quando profetiza a queda da Arte" (p. 91). Contaminado por seu pessimismo, Adorno assume perspectiva desesperançada diante da Arte, e nesse ponto Merquior separa-se dele: "A amargura de não contemplar nenhuma perspectiva de redenção da sociedade recai sobre a arte na forma de uma injustiça generalizadora. É o desespero de Adorno que o induz ao idealismo: é por descrença que ele abandona a consideração concreta da arte pelo augúrio funesto sobre o destino da essência da Arte. Quando o pessimismo de Frankfurt domina e entrava o senso do especificamente estético, a arte vira o paraíso inalcançável de Marcuse ou a forma autofágica de Adorno" (p. 94).

Na companhia de Walter Benjamin

Ainda que Walter Benjamin seja usualmente integrado à Escola de Frankfurt (e mais ainda à época em que *Arte e Sociedade* foi redigido), José Guilherme Merquior examina-o em seção separada, deixando para o final da segunda parte o cotejo das ideias e propostas do três intelectuais que nomeiam o livro.

Ao final dos anos 1960, Walter Benjamin era um nome instalado com propriedade no campo dos estudos literários e culturais. Publicavam-se textos seus, alguns em primeira edição; e recuperava-se sua biografia, com algum destaque para os debates mantidos, por meio da correspondência, com Theodor Adorno, nos anos 1930, a propósito especialmente do seu ensaio então mais conhecido, "A Obra de Arte na Época de sua Reprodutibilidade Técnica", matéria de escrita e reescrita por parte do pensador berlinense.

A oposição Adorno/Benjamin servia aos propósitos dos movimentos estudantis alemães, já que o professor de Frankfurt opusera-se às suas ações contestatórias. Benjamin, que resistira às ideias do colega e amigo, tivera sua tese de livre-docência, *A Origem do Drama Barroco Alemão*, recusada pela Universidade de Frankfurt (sem que Adorno o tivesse defendido) e não aceitava a hipótese de migrar para os Estados Unidos para escapar do nazismo, apresentava-se como a figura ideal para provocar a identificação dos alunos e incentivar o estudo de seus ensaios.[6]

Com efeito, há vários componentes nas concepções de Benjamin que o separam do grupo de Frankfurt. Ainda que tenha feito parte do *Institut für Sozialforschung*, berço institucional da Crítica da Cultura e da depois designada Escola de Frankfurt, Walter Benjamin nunca se identificou inteiramente com seus membros. Sua biografia mostra um indivíduo errante, depois de renunciar, por força da recusa de sua tese, à carreira universitária; seus ensaios, sobretudo depois dos anos 1920, incluindo a rechaçada tese, nada tem de acadêmico, mesmo porque sua metodologia funda-se em uma espécie de *insights* – as iluminações que ele tanto preza – orientados para objetos de análise ecléticos, estendendo-se de brinquedos de criança

---

[6] A propósito desse debate, cf. Flávio René Kothe, *Benjamin & Adorno*: Confrontos. São Paulo, Ática, 1978.

à poesia de Baudelaire, dos luminosos das avenidas ao romance de Marcel Proust ou ao teatro de Berthold Brecht. O mundo objetivo não é descrito por ele a partir de categorias teóricas, como infraestrutura e superestrutura, por exemplo, apesar de seu flerte, nos anos 1920, com o marxismo, e mesmo quando incorpora termos das Ciências, como o de trauma ou *choque*, emprega-os para entender fenômenos do cotidiano (como o comportamento dos combatentes durante a guerra, após seu retorno à vida civil). Interessa-o a vida miúda, o caminhar das pessoas, a linguagem dos astros; mas também reflete sobre a linguagem, o papel da arte, o impacto dos meios de comunicação de massa.

Todos esses fatores tornam-no quase inclassificável, justificando por que José Guilherme Merquior pôde consagrar-lhe um segmento específico de seu livro, em vez de reuni-lo aos catedráticos, um da moda, Herbert Marcuse, outro, da negação, Theodor W. Adorno.

Se, ao final dos anos 1960, já era conhecida parte significativa da obra de Benjamin, não muitos estudos eram então dedicados a ele. No Brasil, menos ainda: contava-se sobretudo com a tradução de "A Obra de Arte na Época de sua Reprodutibilidade Técnica", em livro organizado por Luiz Costa Lima.[7] Os estudos sobre Baudelaire ou sobre o narrador tiveram de aguardar os anos 1970, e as traduções de *A Origem do Drama Barroco Alemão* ou das teses sobre filosofia da história, a década de 1980.

Porém, não apenas a circunstância de ter sido pioneiro qualifica a interpretação de José Guilherme Merquior, mas também o fato de suas observações serem acertadas, pertinentes e permanecerem atuais. Começa por reconhecer a propriedade e particularidade do método exegético de Benjamin, que toma o "texto (ou o objeto cultural de maneira geral) por um microcosmo, por um *speculum*

---

[7] Walter Benjamin. "A Obra de Arte na Época de sua Reprodutibilidade Técnica". In: Luiz Costa Lima, *Teoria da Cultura de Massa*. Rio de Janeiro, Saga, (1969) Ressalte-se que, em 1965, José Guilherme Merquior dedica um capítulo (datado de 1963) de *Razão do Poema* a "Notas soltas sobre o declínio da aura".

mundi" (p. 103), o que faculta seu exame e as reflexões que provoca. Além disso, Benjamin "não se limita a contemplar na cultura uma projeção do homem", como fazem as sociologias da literatura; pelo contrário, busca na cultura "precisamente" o que ela "tem de fossilizado, de prescrito, de caduco e até de morto" (p. 104), de que é exemplo sua pesquisa sobre o drama barroco alemão.

Eis por que a alegoria é a "chave da estética de Benjamin" (p. 108), caracterizada pela "representação em que há *distância* entre significante e significado, entre o que está dito e o que se quis dizer" (p. 106).[8] Por isso, as teorias do realismo não servem para ele, já que "o objeto alegórico", que "remete à diversidade", "é representação de outro, e até de vários outros, mas não do todo" (p. 106). Merquior define onde Benjamin situa a peculiaridade da alegoria: nela, o objeto é o "esquecido", a ser resgatado: "o verdadeiro objeto da alegoria é o esquecido. Portanto, decifrar a alegoria é remontar ao olvidado, para salvá-lo do longo e cruel esquecimento" (p. 118).

Identificando o fundo freudiano do conceito de alegoria, praticado por Walter Benjamin, conceito que guarda resíduos da noção de inconsciente utilizada pela psicanálise, Merquior lembra que o pensador berlinense foi admirador e tradutor de Marcel Proust, mestre da memória involuntária. É o que o conduz aos ensaios sobre Baudelaire, datados dos anos 1930, em que o autor "parte da correlação entre memória involuntária e consciência" (p. 119) Na obra do poeta, materializa-se a experiência do *choque* (p. 119), transformado em estímulo: "Benjamin demonstra que Baudelaire elevou esse aparar-os--golpes-do-mundo-exterior a princípio cardinal de sua poética" (p. 119).

Baudelaire inaugura "a lírica moderna" (p. 120); mas a modernidade faz-se também por meio dos gêneros da cultura de massa, como o cinema, matéria do ensaio na

---

[8] José Guilherme Merquior já discorrera sobre a alegoria na acepção benjaminiana no capítulo "Murilo Mendes ou a poética do visionário", datado de 1964 e publicado em *Razão do Poema*. Cf. José Guilherme Merquior, op. cit., p. 60.

época mais conhecido de Benjamin. Merquior não se refere à polêmica de Benjamin com Adorno,[9] mas, se o fizesse, tomaria o partido do primeiro, pois valoriza suas conclusões. Reconhece o papel dessacralizador do cinema, que "revoga a aura do ator"; e destaca o fato de que "o louvor das virtualidades do cinema está fortemente ligado à esperança depositada por Benjamin nos efeitos da expansão da tecnologia" (p. 121).

Outro estudo examinado por Merquior, e datado do mesmo período, "O Narrador", evidencia também "os efeitos do declínio da aura", operados agora "no campo da ficção" (p. 122). O crítico resenha o conteúdo desse ensaio, que prefacia o livro de contos de Nicolau Leskov, mas que se configura, na prática, como expressão da "teoria do romance" de Benjamin (p. 123) e de sua interpretação das linhas de força da narrativa na primeira metade do século XX. Merquior confere a esse ensaio a estatura do *Teoria do Romance* de György Lukács, concluindo: "as suas (de Benjamin) fecundas observações sobre o declínio da aura no comportamento narrativo reafirmam e ampliam o trabalho de Lukács na elaboração do conceito de romance" (p. 126).

O parágrafo final do trecho do livro dedicado à exposição do pensamento de Benjamin chama a atenção para o que considera mais valioso em suas ideias: o fato de que "a valorização da obra de arte como agente da crítica da cultura não degenerou, em sua análise, em nenhum requisitório contra a incapacidade da arte diante da sobrevivência dos fatores de repressão e de desumanização" (p. 126-127). Portanto, "diferentemente de Adorno, Benjamin não veio a desconfiar da criação artística", e por isso deve ser aplaudido.

Essas frases antecipam os segmentos finais da Parte II, dedicados à comparação entre as propostas de Adorno, de um lado, e Benjamin, de outro. Adorno pratica

---

[9] Cf. *Aesthetics and Politics*. Debates between Bloch, Lukacs, Brecht, Benjamin, Adorno. Afterword by Fredric Jameson. Londres, Verso, 1980 [1977].

o que Merquior qualifica de "terrorismo da ruptura", que anula a perspectiva dialética de interpretação dos fenômenos da cultura em nome de uma "verdade" monolítica. Obcecado pelos "aspectos desumanizantes da cultura moderna", o frankfurteano acaba por "cancelar o reconhecimento da especificidade da arte" (p. 129). O diagnóstico é direto e certeiro: "amargurada, a crítica (de Adorno) se impermeabiliza" (p. 129).

Benjamin não pensa de modo semelhante. Evitando o contraponto desgastante e redutor com que vinha se encaminhando a interpretação do pensamento dos dois intelectuais mais conhecidos da Escola de Frankfurt, Merquior procura identificar o que os separa. Assim, em Benjamin, o crítico brasileiro encontra a valorização da arte, que "reflete a luta contra a desumanização e seus aspectos essencialmente *históricos*", acompanhando "o homem em *todas* as fases" de sua trajetória (p. 135). Destaca também a importância do ensaio sobre a linguagem ("Sobre a Linguagem enquanto tal e a Linguagem do Homem") que Benjamin escreveu na juventude, por ele não aceitar seja a ideia de que "a relação entre a linguagem e a realidade é pura matéria de convenção" (como advoga a seu tempo a linguística estrutural), seja a de que "a linguagem revela diretamente a essência da realidade". (p. 137). Nas *Teses sobre a Filosofia da História*, Merquior louva o grande achado de Benjamin: a noção "uma historicidade essencialmente *heterogênea*, feita de cortes e de rupturas no *continuum* da História", em contraposição a um "tempo mecânico, 'homogêneo e vazio'" (p. 140), como o praticado pela historiografia tradicional.

Ao final, Merquior toma partido: prefere Benjamin a Adorno e a Marcuse, de uma parte, porque "o mistério da esperança" (p. 143) escapa a esses dois, de outra, porque lhes falta uma "reflexão dialética sobre a origem" (p. 146), resultando daí a "coloração pessimista de sua crítica da cultura" (p. 146). Mas o estudioso brasileiro não se contenta com esse ponto de chegada, acreditando ser necessário pesquisar "o pensamento da origem"

(p. 146), que se manifesta na nova ontologia. É o que o conduz a Heidegger, protagonista das páginas iniciais da Parte III de seu livro.

A AUTONOMIA DA ARTE

A terceira parte de *Arte e Sociedade* retoma o tópico deixado em aberto ao final do segmento anterior e que Merquior considera o calcanhar de Aquiles da Crítica da Cultura: o pessimismo, resultante de ausência de possibilidade de transformação dos aspectos negativos da sociedade. Como não distinguem, "nas condições atuais, nenhuma força capaz de assegurar a reestruturação completa da sociedade", Adorno e Marcuse "derivam, logicamente, para o pessimismo" (p. 149).

O problema situa-se no contraponto estabelecido: de um lado, a aspiração "ao fim da repressão, isto é, ao advento de um mundo em que a felicidade individual não só seja possível, como esteja em harmonia com o bem coletivo" (p. 149). De outro, a constatação de que, na conjuntura presente, a hipótese não tem meios de se concretizar, de modo que seus expositores recaem no extremo oposto, jogando fora o bebê junto com a água do banho.

É possível chegar a resultado distinto, partindo do pressuposto de "*semelhante ideal*" (p. 159)? Aparentemente não: a noção de "satisfação absoluta" incide de imediato no seu contrário, determinando "necessariamente uma conclusão pessimista". Por isso, cabe buscar outro ponto de partida, que Merquior encontra no pensamento de Martin Heidegger.

Heidegger teria de ser a escolha natural de Merquior, exímio conhecedor da lírica moderna e excelente exegeta, como sugere seu livro de estreia, *Razão do Poema*, de 1965. André Singer, em depoimento para a *Folha de S. Paulo*, destaca a aptidão do crítico para o conhecimento da poesia: "a sensibilidade de Merquior para a poesia, demonstrada em análises de peças clássicas como a 'Canção do Exílio', de Gonçalves Dias, ou de poetas modernos, como Murilo Mendes, também é consensual".¹⁰ E, para Martin Heidegger, é na palavra poética que radica a emergência do Ser.

José Guilherme Merquior inicia a exposição do pensamento de Heidegger pela explicitação do conceito de Ser, e o faz de modo exemplarmente didático. Estabelece com clareza a diferença radical entre o Ser e o ente, bem como a recusa, pelo pensador germânico, da metafísica da presença, apoiada naquilo que é visível e observável. O Ser é "*aparição*", "algo que aparece, surge, chega, vem – para perto do homem", por isso, é "*dinâmico*" (p. 160) e requer constante desocultação, *alétheia*, "verdade, em grego", "o processo de desocultação que implica o oculto *tanto quanto* o manifesto" (p. 161).

O reconhecimento da "diferença entre o ser e o ente" (p. 162) faculta assumir uma perspectiva antimetafísica e anti-idealista, como faz Heidegger, e entender como o primado da metafísica do ente – ou da presença – fundamenta a certeza de que o ser humano pode se apropriar da natureza, imobilizando-a e dominando-a. Segundo Heidegger, observa Merquior, "a forma típica do apogeu do primado do ente, do ente agressivo que insiste em perdurar, é a *técnica* moderna" (p. 167).

A técnica funda-se no princípio da "*requisição* assenhorada da realidade exterior" (p. 167), triunfando quando se impõe o "organizacionismo total, baseado no reino da 'especialização': cada campo da atividade humana se vê transformado em 'setor' de um dirigismo completo" (p. 168). Resultam da hegemonia da sociedade tecnológica a "fabricação em massa" e a "reificação do homem", conforme uma interpretação muito apropriada da modernidade ocidental.

Eis o que separa Heidegger e seus colegas de Frankfurt: também aquele posiciona-se contra a sociedade da tecnologia e da busca da dominação da natureza pelo ser humano, criticando indiretamente a noção de que, pelo

---

¹⁰ André Singer, O enigma Merquior. Disponível em: http://www1.folha.uol.com.br/fsp/mais/fs1507200105.htm. Acesso em: 10 maio 2016.

trabalho (isto é, pela práxis), o operário alcança sua realização, conduz o processo revolucionário e materializa a sociedade sem classes, conforme propõe o pensamento marxista. Mas, ao contrário da Crítica da Cultura, entende a valorização da técnica enquanto efeito da metafísica da presença, que postula a plena identidade do ente, quando é próprio à natureza do Ser seu caráter fugidio, que requer a permanente e contínua revelação. Esse é um processo da ordem do intelectual, que supõe o exercício da razão; mas é uma atividade individual e não compartilhada, cuja satisfação não excede o âmbito da inteligência. É na palavra poética que esse processo se concretiza, o que leva Heidegger a valorizar o então esquecido Friedrich Hölderlin, expoente da necessidade do esquecimento/revelação que traz à luz o sentido próprio da produção lírica.

Na obra de Heidegger, Merquior encontra a possibilidade de superação dos impasses suscitados pela Crítica da Cultura: ao posicionamento pessimista, de ordem passional, já que esconde a rejeição à sociedade mecanizada que deu margem à ascensão do nazismo[11] responsável pelo exílio, nos Estados Unidos, de Marcuse e Adorno, Heidegger, também ele um adversário da organização burocrática e fragmentada do mundo contemporâneo, apontaria para a alternativa de uma práxis que, embora contemplativa, representaria uma esperança de contornar os domínios da tecnologia e da reificação.

---

[11] José Guilherme Merquior, nesse ponto de seu livro, aborda a controversa questão relativa à filiação, no começo dos anos 1930, de Martin Heidegger ao Partido Nazista. Ainda que reconheça esse "passo em falso", fundamento da rejeição de suas ideias por Herbert Marcuse, o crítico brasileiro releva a importância do fato: "Heidegger [...] depositou uma confiança tragicamente errônea no nazismo, embora sem compactuar com os seus aspectos desumanos (no exercício da reitoria, Heidegger se *opôs* à perseguição antissemita). Essa sua atitude perdurou somente até *fevereiro* de 1934, quer dizer, até seis meses *antes* do estabelecimento da autocracia hitlerista e do fim do sistema constitucional da República de Weimar, que só ocorreram em agosto daquele ano, em seguida à morte do marechal-presidente Hindenburg" (p. 203).

No pensamento de Heidegger, Merquior encontra também uma teoria da arte, o que o leva na direção da história da estética moderna, fundada por Immanuel Kant. Antes disso, estabelece as coordenadas que associam Kant e Rousseau, depois Rousseau e Lévi-Strauss. Percorre também as teorias sociais, desembocando nas teses de Karl Marx, condenando sua aspiração à ditadura do proletariado.

A valorização da estética de Kant decorre da constatação de sua perspectiva antimetafísica, em oposição à de Hegel. Kant postula a "autonomia dos valores estéticos" (p. 258) e entende a poesia enquanto "livre jogo das faculdades" (p. 261), ao contrário de Hegel, que coloca a arte na condição de "reflexo de uma situação epocal" (p. 260), já que manifesta o "espírito de uma época" (p. 260). Merquior considera "reducionista" (p. 260) essa concepção, que, sabemos, fertilizará sobretudo a historiografia e a sociologia da literatura em várias de suas correntes.

Na busca de alternativas antirreducionistas, Merquior encontra um oásis na "análise estrutural" (p. 275), cuja fecundidade elogia. Valoriza o "formalismo eslavo" (p. 275), especialmente o que provém de Praga, destacando sobretudo a 'insistência na *literaridade* (*literaturnost*) do texto" (p. 275), o que permite reabilitar a autonomia da arte e o exame da especificidade dos valores formais. Para Merquior, importa também um fator de ordem pessoal, capaz de colaborar para a "superação do reducionismo", ameaça de que os formalismos não estão livres, a saber, o "modelo da receptividade espontânea" (p. 281): "ao contrário do que parece (ou do que a crítica impressionista deixa erroneamente supor), a interpretação da obra de arte se funda na *receptividade* do espírito crítico ante o objeto. É nessa submissão ao texto e a seus mil pormenores que a espontaneidade e a iniciativa críticas se exercem" (p. 281).

Ainda que Merquior se utilize de um termo difundido pela Estética da Recepção, emergente naqueles anos na Alemanha Ocidental, não é dessa vertente crítica que se trata. O autor reivindica uma leitura próxima da que o estruturalismo advoga na época, sugerindo que o crítico deixe o texto abrir-se e falar a seu intérprete, independentemente da condição do sujeito da interpretação. Mas esse não se anula diante do objeto, pois sua sensibilidade direcionará a percepção dos fatos textuais, permitindo sua revelação. De certo modo, Merquior expõe sua prática de leitor, já consolidada pela experiência traduzida nos suplementos literários do *Jornal do Brasil*, de que *Razão do Poema* foi fruto.

Contudo, o longo percurso pela metafísica e pela estética, do século XVIII ao XX, não se limita ao intuito de justificar o procedimento interpretativo do autor. Diante da tarefa de refletir sobre a Crítica da Cultura, ele revisou seus pressupostos para evidenciar seus limites, intransponíveis quando se trata do pensamento de Marcuse e Adorno. Reconhecendo em Benjamin, curiosamente o existencialmente menos bem-sucedido do grupo, um posicionamento que não queima as pontes com a esperança, Merquior vai em busca de alternativas de saída. Encontra-as nas ideias de Martin Heidegger, sumariando então sua descoberta: "a justaposição das reflexões de Walter Benjamin [...] e de Martin Heidegger nos serviu como prova de que o entrosamento da análise histórica com a reorientação da visão do Ser e do modelo prático/teórico da natureza humana não leva a nenhuma fixação em qualquer dos polos da alternativa otimismo/pessimismo, e sim à valiosa reconquista do sentido da *esperança*, que é por si só superadora daquela alternativa" (p. 292).

À dicotomia que conduz a uma aporia, Merquior, afirmando a própria voz diante desses gigantes do pensamento do século XX, propõe uma concepção dialética, que não nega os problemas, mas não se restringe a lamentá-los ou transferir sua solução para uma utopia inatingível. A síntese nasce do exercício de uma prática, que encontrará no conhecimento da palavra artística a superação viável.

Por isso, ao refletir sobre a sociedade contemporânea, Merquior não deixa de lado a discussão da estética, como propõe o título de seu livro. A arte situa-se no horizonte da esperança, mas está ao alcance de seus destinatários, solicitando a recepção espontânea, crítica e racional. Também aqui o autor particulariza suas concepções e oferece caminhos possíveis de serem trilhados. Não mais os *Holzwege*, ou as *Sendas Perdidas*, de seu mestre Heidegger, mas o exercício da racionalidade positiva almejada pelo pesquisador brasileiro.

REFERÊNCIAS BIBLIOGRÁFICAS[1]

ADORNO, Theodor W. e HORKEHEIMER, Max. *Dialética do Iluminismo*.
ADORNO, Theodor W. et al. (orgs.). *The Authoritarian Personality*, 1950.
ADORNO, Theodor W. *Sobre a Metacrítica da Gnoseologia*.
_____. *Prismas*, 1955.
_____. "A Crítica da Cultura e a Sociedade". In: *Prismas*, 1955.
_____. "Aldous Huxley e a Utopia". In: *Prismas*, 1942.
_____. "Caracterização de Walter Benjamin". In: *Prismas*, 1950.
_____. "Defesa de Bach contra seus Entusiastas", 1951. In: *Prismas*, 1955.
_____. "Spengler depois do Ocaso", 1938. In: *Prismas*, 1955.
_____. *Notas de Literatura I*.
_____. *Notas de Literatura II*, 1961.
_____. *Notas de Literatura III*.
_____. "Lírica e Sociedade". In: *Notas de Literatura I*, 1957.
_____. "O Ensaio como Forma". In: *Notas de Literatura I*.
_____. *A Posição do Narrador no Romance Contemporâneo*.
_____. *Notas sobre Kafka*, 1953.
_____. *O Caráter de Fetiche na Música*.
_____. *Dissonâncias*.
_____. *Excursos Sociológicos*, 1956.
_____. *Filosofia da Música Moderna*.
_____. *Minima Moralia*, 1944-47.
ALFIERI, Enzo. "L'Estetica dall'Illuminismo al Romanticismo". In: *Momenti e Problemi di Storia dell'Estetica (parte seconda)*. Milão, Marzorati, 1959.

---

[1] Reitere-se o esclarecimento que já foi dado: o que aqui apresentamos *não deve ser lido como uma bibliografia completa do volume*, porém como uma enumeração das referências bibliográficas mencionadas por José Guilherme Merquior. As referências são transcritas exatamente como o autor as mencionou em seu texto; daí a incompletude de alguns dados.

ALLEMANN, Beda. *Hölderlin und Heidegger* (trad. francesa, Presses Universitaires de France, 1959).
ALTHUSSER, Louis. *Pour Marx*, 1965.
ANCESCHI, Luciano. "'*Vorrede*' ed '*Einleitung*' alla Critica del Giudizio". In: *Tre Studi di Estetica*, 1966.
ARNHEIM, Rudolf. *Art and Visual Perception*.
ARON, Raymond. *Etapes de la Pensée Sociologique*.
AUERBACH, Erich. *Dante como Poeta do Mundo Terreno*, 1929.
_____. *Figura*, 1938.
_____. *Mimesis*, 1946.
AXELOS, Kostas. *Marx, Penseur de la Techinique*, 1961.
BARRACLOUGH, Geoffrey. *History in a Changing World*. Oxford, Blackwell, 1955.
BENJAMIN, Walter. *A Tarefa do Tradutor*, 1923.
_____. *Angelus Novus*. Einaudi, 1962.
_____. *A Obra de Arte na Época da sua Reprodutibilidade Técnica*, 1936.
_____. *As Afinidades Eletivas de Goethe*.
_____. *Baudelaire*, 1939.
_____. *O Narrador*, 1936.
_____. *Prolegômenos a uma Crítica da Violência*, 1921.
_____. *Sobre a Faculdade Mimética*.
_____. *Sobre a Língua em Geral e sobre a Língua dos Homens*.
_____. *Teses sobre a Filosofia da História*.
_____. *As Origens do Drama Barroco Alemão*, 1928.
_____. *O Conceito de Crítica de Arte no Romantismo Alemão*, 1926.
_____. *Rua de Mão Única*.
BERGSON, Henri. *L'Evolution Creatrice*.
BLOCH, Ernst. *O Princípio Esperança*.
_____. *Sujet-objet:* Éclaircissements *sur Hegel*.
_____. *Thomas Münzer como Teórico da Revolução*.
BONNET, Henri. *Sobre Proust*.
Brentano, Franz. *Das Múltiplas Significações do Ente Segundo Aristóteles*.
BROWN, Norman O. *Love's Body*.
CASSIRER, Ernst. *A Filosofia do Iluminismo*, 1932.
_____. *O Problema Jean-Jacques Rousseau* (1932; ed. em italiano, 1938; em inglês, Indiana University Press, 1963).
_____. *O Problema do Conhecimento*. Vol III.

CHOMSKY, Noam. *Cartesian Linguistics*, 1966.
_____. *Current Issues in Linguistic Theory*.
FÉDIER, François. *Trois Attaques contre Heidegger*, Critique, no. 234, Novembre, 1966, p. 883-904.
FOUCAULT, Michel. *Les Mots et les Choses*, 1966.
FRANKFORT, Henri. *Before Philosophy*.
FREUD, Sigmund. *Além do Princípio do Prazer*, 1921.
_____. *Mal-Estar na Civilização*.
_____. *O Ego e o Id*.
_____. *Psicologia das Massas e Análise do Ego*.
FROMM, Erick. *Marx e Freud*. (*Arte de Amar*).
GERMINO, Dante. *Beyond Ideology: The Revival of Political Theory*. Nova York, Harper and Row, 1967.
GODELIER, Maurice. "Système, Structure et Contradiction dans Le *Capital*". In: *Les Temps Modernes*, n. 246, novembre, 1966.
GOETHE, Johann Wolfgang von. *Os Anos de Aprendizado de Wilhelm Meister*.
GOLDMANN, Lucien. "Introdução". In: György Lukács. *Teoria do Romance*.
_____. *Introduction aux Problèmes d'une Sociologie du Roman*, 1936.
HEGEL, Georg Wilhelm Friedrich. *Estética*.
_____. *Fenomenologia do Espírito*.
_____. *Filosofia da História*.
_____. *Filosofia da Religião*.
_____. *Filosofia do Direito*.
_____. *Lições de Estética*.
HEIDEGGER, Martin. *A Doutrina de Platão sobre a Verdade*.
_____. *A Palavra de Anaximandro*.
_____. *A Questão da Técnica*.
_____. *A Superação da Metafísica*.
_____. *O Dito de Nietzsche "Deus Morreu"*.
_____. *Quem é o Zaratustra de Nietzsche?*
_____. *A Essência do Fundamento*.
_____. "A Tese de Kant sobre o Ser" (*Kants These über das Sein*, 1963). In: *Questions II*. Paris, Gallimard, 1968.
_____. *Agostinho e o Neoplatonismo*, 1921.
_____. *Carta sobre o Humanismo*.
_____. *Identidade e Diferença*, 1957.

_____. *Introdução à Metafísica.*

_____. *Kant e o Problema da Metafísica* (*Kant und das Problem der Metaphysik*, 1929). In: Trad. francesa, Paris, Gallimard, 1953; em espanhol, Cidade do México, Fondo de Cultura Económica, 1954.

_____. *Nietzsche*, 1961.

_____. *Ser e Tempo.*

HJELMSLEV, Louis. *Prolegomena a uma Teoria da Linguagem.* Trad. ingl. de F. J. Whitfield, 1961.

HOMERO. *Odisseia.*

HORKHEIMER, Max (org.). *Autoridade e Família*, 1936.

HOROWITZ, David (org.). *Marx and Modern Economics.*

JAKOBSON, Roman. À Procura da Essência da Linguagem.

JANET, Pierre. *État Mental des Hystériques: Les Stigmates Mentaux*, 1892.

KAFKA, Franz. *O Processo.*

KANT, Immanuel. *Crítica da Razão Pura.*

_____. *Crítica da Razão Prática.*

_____. *Crítica do Juízo.*

_____. *A Religião nos Limites da Simples Razão*, 1793.

_____. *Da Única Prova Possível da Existência de Deus.*

KOSÍK, Karel. *Dialética do Concreto* (original tcheco, 1963; ed. italiana, Milão, Bompiani, 1965).

KRACAUER, Siegfried. *From Caligari to Hitler.*

LEVIN, Samuel R. *Linguistic Structures in Poetry.* Mouton, 1962.

LÉVI-STRAUSS, Claude. Critères Scientifiques dans les Disciplines Sociales et Humaines. In: *Revue Internationale des Sciences Sociales*, vol. XVI, nº 4, UNESCO, 1964.

_____. "Jean-Jacques Rousseau, Fondateur des Sciences de l'Homme". In: *Anthropologie Structurale II*, 1962.

_____. "The Family". In: Harry L. Shapiro (org.). *Man, Culture and Society.* Nova York, Oxford Univ. Press, 1956.

_____. "The Family". In: Harry L. Shapiro (org.) *Man, Culture and Society.*

_____. *Anthropologie Structurale I.*

_____. *La Pensée Sauvage.*

_____. *Le Cru et le Cuit.*

_____. *Le Totémisme Aujourd'hui.*

_____. *Race et Histoire.*

_____. *Tristes Tropiques*.
Lovejoy, Arthur O. *The Supposed Primitivism of Rousseau's Discourse on Inequality*, 1923.
_____. "Schiller and the Genesis of German Romanticism". In: *Essays in the History of Ideas*.
Lukács, György. *A Polêmica entre Balzac e Stendhal*.
_____. "A Relação Sujeito-Objeto na Estética". In: *Logos* (1917-18).
_____. "A Visão do Mundo Subjacente à Vanguarda Literária". In: *A Significação Atual do Realismo Crítico*.
_____. *Narrar ou Descrever?*, 1936.
_____. *A Alma e as Formas*, 1911.
_____. *A Destruição da Razão*, 1953.
_____. *A Significação Atual do Realismo Crítico*, 1955.
_____. *Contribuições à História da Estética*.
_____. *Ensaios sobre o Realismo*.
_____. *Estética*.
_____. *História e Consciência de Classe*, 1923.
_____. *Marxismo e la Critica Letteraria*. Volume II.
_____. *O Romance Histórico*.
_____. *Prolegômenos a uma Estética Marxista*, 1957.
_____. *Teoria do Romance*.
_____. *Thomas Mann*.
Lutero, Martinho. *Disputas de Heidelberg*, 1518.
Man, Paul de. "Ludwig Binswanger et le Problème du Moi Poétique". In: Georges Poulet (org.). *Les Chemins Actuels de la Critique*, 1968.
Mann, Thomas. *Doktor Faustus*.
Maquiavel, Nicolau. *Discorsi sopra la Prima Deca di Tito Livio*.
Marcuse, Herbert. *O Combate contra o Liberalismo na Concepção Totalitária do Estado*, 1934.
_____. "O Conceito de Essência", 1936. In: *Negations*.
_____. "Repressive Tolerance". In: R. P. Wolff, Barrington Moore, Jr. e H. Marcuse, *A Critique of Pure Tolerance*. Boston, Beacon-Press, 1965.
_____. *Sobre o Caráter Afirmativo da Cultura*, 1937.
_____. *Sobre o Hedonismo*, 1938.
_____. *A Ontologia de Hegel e a Fundamentação de uma Teoria da Historicidade*, 1932.

_____. *Conceito de Essência*.
_____. *Eros e Civilização*.
_____. *Filosofia e Teoria Crítica*.
_____. *Negations*.
_____. *One-Dimensional Man*.
_____. *Reason and Revolution*, 1941.
_____. *Soviet Marxism: A Critical Analysis*.
Marx, Karl. *Introdução à Crítica à Filosofia do Direito de Hegel*, 1844.
_____. *A Ideologia Alemã*.
_____. *Contribuição à Crítica da Economia Política*, 1859.
_____. *Crítica da Economia Política*.
_____. *Crítica do Programa de Gotha*, 1875.
_____. *Manuscritos Econômicos e Filosóficos*, 1844.
_____. *Miséria da Filosofia*, 1847.
_____. *O 18 Brumário de Luís Bonaparte*.
_____. *O Capital*.
_____. *Teses sobre Feuerbach*.
Merquior, José Guilherme. "Estética e Antropologia". In: *Razão do Poema*, 1965.
Mill, John Stuart. *What is Poetry?*, 1833.
Mirandola, Giovanni Pico della. *De Hominis Dignitate*.
Mittner, Ladislao. *Kafka senza Kafkismi*, 1954.
Nietzsche, Friedrich. *A Vontade de Poder*.
_____. *Assim Falava Zaratrustra*.
_____. *Considerações Intempestivas*.
_____. *Nascimento da Tragédia*.
Otto, Rudolf. *Das Heilige*, 1917.
Papaioannou, Kostas. "La Fondation du Marxisme". In: *Contrat Social*, nov./dez. de 1961 e jan./fev. de 1962.
Piaget, Jean. *Sagesse et Illusions de la Philosophie*, 1965.
_____. *Le Structuralisme* (col. "Que Sais-Je", 1968).
Plebe, Armando. "Origini e Problemi dell'Estetica Antica". In: *Momenti e Problemi della Storia dell'Estetica*.
Pöggeler, Otto. *La Pensée de Heidegger*.
Ricoeur, Paul. *Ao Fechar a Parte Expositiva do seu Livro sobre Freud*.
Rosenfeld, Anatol. "Apresentação". In: Schiller, Friedrich. *Cartas sobre a Educação Estética da Humanidade*. Trad. Roberto Schwarz. São Paulo, Herder, 1963.

Rousseau, Jean-Jacques. *Confessions*.
_____. *Discours sur l'Inégalité*, 1755.
_____. *Discurso sobre a Desigualdade*.
_____. *Essai sur l'Origine des Langues*.
Ruwet, Nicolas. *L'Analyse Structurale de la Poésie, Linguistics*, 2. Dec., l963.
São Paulo. *Epístola aos Tessalonicenses*.
Sartre, Jean-Paul. *Critique de la Raison Dialetique*.
_____. *L'Etre et le Néant*.
Schiller, Friedrich. *Sobre a Poesia Ingênua e a Sentimental*, 1795.
_____. *Cartas sobre a Educação Estética da Humanidade*. Trad. Roberto Schwarz. São Paulo, Herder, 1963.
Schwarz, Roberto. *A Sereia e o Desconfiado*. Rio de Janeiro, Civilização Brasileira, 1965.
Sebag, Lucien. *Marxisme et Struturalisme*, 1964.
Sève, Lucien. "Méthode Structurale et Méthode Dialectique". In: *La Pensée*, n° 135, octubre, 1967.
Shakespeare, William. *King Lear*.
Sófocles. *Antígona*.
Solmi, Renato. "Introdução". *Angelus Novus*, Einaudi, 1962.
Talmon, J. L. *The Origins of Totalitarian Democracy*, 1952.
Trilling, Leonel. "Freud and Literature". In: *The Liberal Imagination*, 1950.
Vischer, Friedrich Theodor. *Aesthetik*.
Voegelin, Eric. *Order and History*. 3 vols, 1956-57.
Volpe, Galvano. *De la Critica del Gusto*, 1960.
Waelhens, Alphonse de. *La Philosophie de Martin Heidegger*, 1942.
Weber, Max. *Economia e Sociedade*.
Wellek, René. *A History of Modern Criticism*.
Willey, Basil. *The Seventeenth-Century Background*, 1934.
Zimmermann, Robert L. "Kant: The Aesthetic Judgment". In: *Journal of Aesthetics and Art Criticism*, 1962-63.

ÍNDICE ONOMÁSTICO

Adorno, Theodor W., 16-19, 21, 23-24, 28, 35, 58-63, 65-73, 76-83, 85, 89, 93-103, 105-06, 108-12, 114, 117, 129-30, 132, 135, 137, 139-40, 144-50, 152-54, 162-64, 166, 168, 170, 172-74, 176-78, 192-93, 225-26, 258, 266, 284, 319-22, 335, 346, 348, 350, 353, 356-61, 363-67, 369-71, 373, 375, 377
Agostinho, Santo, 125, 207, 379
Alfieri, Vittorio Enzo, 290, 377
Allemann, Beda, 218, 224, 378
Althusser, Louis, 270-74, 285, 359, 378
Anaximandro, 179, 210, 379
Anceschi, Luciano, 290, 378
Anselmo, Santo, 234
Aristóteles, 170, 185, 204-05, 288, 307, 378
Arnheim, Rudolf, 138, 312, 378
Aron, Raymond, 268, 270, 285, 378
Auerbach, Erich, 122-25, 355, 378
Axelos, Kostas, 279, 378

Bach, Johann Sebastian, 163-64, 377
Bacon, Francis, 59
Bakúnin, Mikhail, 283
Balzac, Honoré de, 87-89, 90, 94, 97, 124, 381

Barraclough, Geoffrey, 317, 378
Barthes, Roland, 308
Baudelaire, Charles, 15, 90, 105, 116, 134, 136-37, 139-40, 144, 157, 292-93, 295, 306, 367-68
Bäumler, Alfred, 226
Becker, Oskar, 310
Beethoven, Ludwig van, 70, 76, 107-08
Beissner, Friedrich, 224
Belinsky, Vissárion, 291
Bell, Daniel, 333
Benjamin, Walter, 15-19, 21, 23-24, 57, 62, 104-05, 112-22, 125-46, 152-63, 166, 170, 173, 176, 192, 196, 266, 292, 311, 322, 346, 348, 353, 355-61, 365-70, 375, 377-78
Benn, Gottfried, 90, 109
Bentham, Jeremiah, 292
Berg, Alban, 77, 108
Bergson, Henri, 80, 279, 378
Bernstein, Leonard, 70
Bismarck, Otto von, 283
Blaukopf, Kurt, 173
Bloch, Ernst, 28, 57, 65, 159, 195-96, 212, 284, 369, 378
Bonnet, Henri, 80, 378
Botticelli, Sandro, 148
Bottomore, Thomas, 275, 286
Brahms, Johannes, 108
Braid, James, 299

Brecht, Bertolt, 16, 84, 116, 364, 367, 369
Brentano, Franz, 205, 378
Brillat-Savarin, Jean Anthelme, 68
Brown, Norman O., 32, 378
Buber, Martin, 203
Bultmann, Rudolph Karl, 203
Burckhardt, Jacob, 218
Burke, Kenneth, 119
Busoni, Ferruccio, 81

Calderón de la Barca, 127
Calvez, Yves, 269
Camus, Albert, 84
Cases, Cesare, 86
Cassirer, Ernst, 49-50, 127, 206, 236, 244, 378
Cervantes, Miguel, 144
Chomsky, Noam, 158, 301, 307, 379
Cícero, 83
Claparède, Édouard, 312
Cohen, Hermann, 206, 236
Coleridge, Samuel Taylor, 121
Collingwood, Robin George, 309
Comte, Auguste, 257
Condillac, Étienne Bonnot de, 246-47
Condorcet, marquês de, 257
Crane, Ronald S., 309
Croce, Benedetto, 307-09
Curtius, Ernst Robert, 124

Daguerre, Louis, 134
Dante Alighieri, 123-26
Darwin, Charles, 161, 257, 291
Debussy, Claude, 80-81

Descartes, René, 118, 184, 188, 199, 234, 252, 317
Diderot, Denis, 91
Dietrich, Otto, 229
Dilthey, Wilhelm, 203-06, 302
Dobrolyubov, Nikolay, 91
Dostoiévski, Fiódor, 90, 305
Dufrenne, Mikel, 302
Durkheim, Emile, 173

Einstein, Albert, 210, 303
Eliot, T. S., 78-79
Engels, Friederich, 94, 271, 274-75, 280, 283, 293
Ésquilo, 103

Fédier, François, 227-28, 379
Ferenczi, Sándor, 44
Feuerbach, Ludwig, 249, 266, 276, 382
Fichte, Johann Gottlieb, 115, 206, 217-18, 243
Fiedler, Konrad, 306
Flaubert, Gustave, 90, 92
Fleischmann, Eugène, 173, 255
Foucault, Michel, 118, 127, 295-99, 348, 351-52, 360, 379
Fourier, Charles, 134
Frankfort, Henri, 211, 379
Freud, Sigmund, 31-34, 37-45, 53-55, 117, 136-37, 168, 171, 173, 230, 293-94, 305, 362, 379, 382-83
Fromm, Erich, 31-32, 359, 379

Galileu, 317
Gans, Eduard, 275-76

Garaudy, Roger, 271
Gautier, Théophile, 137, 292
Gentile, Giovanni, 308
Germino, Dante, 329, 379
Gervinus, Georg Gottfried, 291-92, 306
Godelier, Maurice, 273-74, 379
Goehr, Walter, 77
Goethe, Johann Wolfgang von, 51, 87, 89, 95, 116, 121-22, 146, 163, 211, 216, 292, 307, 311, 378-79
Goldmann, Lucien, 71, 127, 310, 379
Gorki, Maksim, 90
Gramsci, Antonio, 57, 284
Greco, El, 312
Gundolf, Georg, 307
Gurvitch, Georges, 271, 275
Guye, Charles-Eugène, 303

Haeckel, Ernst, 271
Hamann, Johann Georg, 154
Hardenberg, Karl August von, 265
Harris, Zelig S., 307
Hartmann, Nicolai, 115, 202
Hegel, Georg Wilhelm Friedrich, 28-29, 34-37, 46, 51, 54, 64-65, 73, 75, 86, 92, 106, 110, 115-17, 123, 129, 132-33, 143, 149-52, 170-71, 173, 177, 182, 184-85, 195-96, 199, 204-06, 217-19, 223, 231-33, 236, 243, 255, 259, 262-66, 272-76, 280, 284, 287, 289-91, 306, 313, 360, 374, 378-79, 381-82

Heidegger, Martin, 24, 117, 130, 179-83, 185-88, 190-211, 214-15, 218, 222, 224-30, 233, 236-37, 241-45, 251, 262, 322, 330, 348, 352, 360-61, 371-76, 378-79, 382-83
Heine, Heinrich, 276, 291
Heráclito, 197-98, 210, 214
Herbart, Johann Friedrich, 206
Herder, Johann Gottfried von, 46, 246, 290
Hess, Moses, 275
Hildebrand, Adolf von, 306
Hindemith, Paul, 80, 107
Hitler, Adolf, 58, 228, 230, 324, 363, 380
Hjelmslev, Louis, 301, 360, 380
Hobbes, Thomas, 151
Hölderlin, Johann Christian Friedrich, 116, 128, 145, 188, 210-11, 215, 218-25, 259, 287, 292, 311, 373, 378
Homero, 220, 312, 380
Horkheimer, Max, 28, 60, 114, 174, 354, 359, 363, 380
Horowitz, David, 285, 380
Hugo, Victor, 292
Humboldt, Wilhelm von, 158, 311
Husserl, Edmund, 16, 130, 173, 202, 205, 209, 313
Huxley, Aldous, 114, 174, 377

Jakobson, Roman, 156, 158, 305, 360, 380
Janet, Pierre, 299, 380

Josquin des Prés, 109
Joyce, James, 84, 90, 100
Jung, Carl, 45

Kafka, Franz, 66, 84, 90, 92, 97, 100, 116, 120, 125-26, 135, 145, 312, 377, 380, 382
Kant, Immanuel, 24, 46-53, 62, 116, 127, 177, 195, 206, 217, 225-26, 230-45, 251, 259, 261-63, 287-90, 314, 360-61, 374, 379-80, 383
Kautsky, Karl, 284
Keller, Gottfried, 116
Keynes, John Maynard, 285
Kierkegaard, Søren Aabye, 191, 194-95, 197-202
Kipling, Rudyard, 144
Klee, Paul, 116
Klopstock, Friedrich Gottlieb, 211
Korsch, Karl, 284
Kosík, Karel, 278, 380
Kracauer, Siegfried, 28, 58, 380
Krauss, Karl, 143, 159
Krieck, Ernst, 226

La Bruyère, Jean, 91
Leach, Edmund, 255
Lefebvre, Henri, 302
Leibniz, Gottfried Wilhelm, 185, 204, 234, 236
Lênin (Vladimir Ilych Ulyanov), 83, 271, 284
Leskov, Nikolai, 140, 144, 369
Lessing, Gotthold Ephraim, 91
Levin, Samuel R., 308, 380

Lévi-Strauss, Claude, 175, 251-61, 297, 304, 348, 360, 374, 380
Lewin, Kurt, 312
Lovejoy, Arthur, 165, 216, 381
Löwith, Karl, 203
Lukács, Georg, 10, 57, 82-101, 122, 128-30, 132, 135, 142, 144, 208, 228, 231, 233-34, 262, 284-85, 306, 308-10, 364-65, 369, 379, 381, 389
Lutero, Martinho, 109, 157, 184, 207, 381

Mach, Ernst, 83
Mahler, Gustav, 58, 66
Mailer, Norman, 323
Maimon, Salomon, 50
Maine, Henry, 283
Mallarmé, Stéphane, 128
Malraux, André, 144
Mannheim, Karl, 173
Mann, Thomas, 89, 90, 109, 381
Man, Paul de, 310, 381
Mao Tsé-Tung, 325
Marcuse, Herbert, 16, 18-19, 21, 24-25, 28-47, 52-58, 61, 66-68, 82-83, 98, 110-12, 114, 139, 151, 162-63, 166, 168-69, 171-73, 175, 177-79, 192, 204, 226, 228-30, 258, 264-65, 267, 269, 284, 313-15, 319-29, 333, 335, 346, 348, 350, 352-53, 356-67, 370-71, 373, 375, 381
Marx, Karl, 16, 28-34, 36-38, 40, 44, 117, 119, 132-33,

152, 168, 173, 177, 232, 236,
247-50, 255, 262, 265-81,
283-88, 293, 302-03, 305,
314, 319, 328, 359, 362, 374,
378-80, 382
Mauss, Marcel, 305
Merleau-Ponty, Maurice, 284
Michel, Wilhelm, 118, 127, 224,
295, 348, 360
Mill, John Stuart, 292, 382
Mittner, Ladislau, 90, 145, 149,
382
Molière, 216
Mondolfo, Rodolfo, 151
Mondrian, Piet, 77
Monet, Claude, 80
Monteverdi, Claudio, 164
Morgan, Lewis, 283
Mosconi, Jean, 246
Münzer, Thomas, 212-13, 378

Natorp, Paul, 206
Niépce, Joseph Nicèphore, 75
Nietzsche, Friedrich, 60, 95,
102-03, 117, 146, 169, 171-
73, 177-79, 185-88, 197, 199-
201, 207, 215, 218, 228, 275,
306, 311, 322, 379-80, 382
Novalis, 217-18

Odier, Charles, 54
Olson, Elder, 309
Otto, Rudolf, 211, 382

Paci, Enzo, 302
Panofsky, Erwin, 307
Papaioannou, Kostas, 277, 382

Parmênides, 210, 214
Pascal, Blaise, 199, 317
Pasternak, Boris, 305
Paulo, São, 162, 207, 383
Peirce, Charles, 119
Piaget, Jean, 303-04, 382
Pico della Mirandola, Giovanni,
305, 382
Pisarev, Dimitry Ivanovich, 91
Platão, 52, 130, 169, 171, 179,
181, 183-84, 189, 330, 379
Plebe, Armando, 307, 382
Plekhanov, Georgi
Valentinovitch, 271, 273
Poe, Edgar Allan, 137, 144
Pöggeler, Otto, 180, 197, 199,
203, 208, 214, 220, 229, 382
Portella, Eduardo, 227-28
Poulet, Georges, 310, 381
Protágoras, 184
Proust, Marcel, 80, 116, 136,
144, 148, 157, 367-68, 378
Pudovkin, Vsevold Illarionovich,
138

Reinhold, Karl Leonhard, 49-50
Ricardo, David, 268
Rickert, Heinrich, 206
Ricoeur, Paul, 43, 302, 382
Riegl, Alois, 306
Riesman, David, 293, 299
Rilke, Rainer Maria, 95, 188
Rimbaud, Arthur, 292
Róheim, Géza, 45
Rosenfeld, Anatol, 46, 49, 382
Rousseau, Jean-Jacques, 23-24,
151, 165-66, 244-48, 250-52,

259, 260-61, 287, 352, 360-61, 374, 378, 380-81, 383
Rubel, Maximilien, 275
Ruge, Arnold, 291
Ruwet, Nicolas, 308, 383

Sachs, Hans, 47
Sainte-Beuve, Charles Augustin, 294
Saint-Simon, conde de, 275-76
Sanctis, Francesco de, 91, 291, 306
Sartre, Jean-Paul, 105, 300, 302, 364, 383
Saussure, Ferdinand de, 305
Scheler, Max, 130, 169, 173, 229-30
Schelling, Friedrich Wilhelm Joseph von, 62, 91, 115-16, 121-22, 185, 206, 217-19, 255
Schiller, Friedrich, 45-47, 49-53, 55, 66, 87, 216-17, 222-23, 288-89, 311, 381-83
Schlegel, August Wilhelm, 217
Schlegel, Friedrich, 216-17
Schlesinger Jr., Arthur M., 323, 326
Schmitt, Carl, 226
Schoenberg, Arnold Franz Walter, 68, 70, 72, 74-79, 81-83, 107, 109, 140, 146-47, 364
Scholem, Gerhard, 16, 154
Schopenhauer, Arthur, 68, 95, 103, 171, 290
Schumpeter, J. A., 285

Schwarz, Roberto, 15, 46, 144, 382-83
Scott, Walter, 87-88
Sebag, Lucien, 279-80, 383
Seghers, Anna, 93
Sève, Lucien, 273, 383
Shakespeare, William, 216, 383
Simmel, Georg, 104-05, 173
Simonis, Yvan, 258
Sófocles, 312, 383
Solmi, Renato, 129-30, 383
Sorel, Georges, 87, 161
Spengler, Oswald Arnold Gottfried, 136, 143, 174, 320, 377
Spinoza, Baruch de, 177, 255
Stendhal (Henri-Marie Beyle), 87-88, 100, 381
Stevenson, Robert Louis, 144
Stirner, Max, 262
Stravinsky, Igor Fiódorovitch, 74, 78-83, 109, 364

Taine, Hippolyte, 291
Talmon, J. L., 281, 383
Tchekhov, Anton, 87
Tirso De Molina, 127
Toennies, Ferdinand von, 173
Tolstói, Liev, 178
Trilling, Lionel, 136, 383
Trubetzkoy, N., 305
Turgueniev, Ivan, 91

Valéry, Paul, 148, 150
Veblen, Thornstein, 173
Verlaine, Paul, 95
Vico, Giambattista, 165, 246

Vieira, Antonio, 127
Vischer, Friedrich Theodor, 306, 383
Voegelin, Eric, 329-32, 349, 383
Volpe, Galvano della, 308-09, 383
Voltaire, 165

Wackenroder, Wilhelm Heinrich, 290
Waelhens, Alphonse de, 198, 203, 383
Wagner, Richard, 58, 69, 81, 103, 108, 164, 173
Weber, Max, 59, 173, 190, 254, 305, 352, 383
Webern, Anton, 77
Wellek, René, 91, 127, 290, 383
Weydemeyer, Joseph, 280
Willey, Basil, 127, 383
Winckelmann, Johann Joachim, 103, 215
Windelband, Wilhelm, 49, 206
Wittgenstein, Ludwig, 210
Wölfflin, Heinrich, 306

Zeigarnik, B., 312
Zimmermann, Robert L., 306, 383
Zola, Émile, 88

ÍNDICE ANALÍTICO

Absoluto
    definição de, 64
Agressividade
    tecnológica, 38
Alegoria, 120
    anacronismo para o futuro, 126
    conceito de, 127
Alienação, 117
    teoria benjaminiana da, 119
Análise
    estrutural, 255, 312
Analítica
    da finitude existencial, 183
Angústia, 214
Antropologia
    filosófica
        de Rousseau, 245
    teomórfica, 330
Arte
    autonomia da, 308
    como compensação, 61
    culinário em, 67
    simbólica
        em Hegel, 129
Aura
    conceito de, 104
    declínio da, 104, 137, 140

Base
    empírica
        do darwinismo, 257

Bildungsroman, 142, 278
Biografismo, 294

Centralismo, 328
Cerebralismo, 71
Ceticismo
    adorno-marcusiano, 114
Cibernética, 328
Ciências
    humanas
        como configurações epistemológicas, 296
Cinema
    virtualidades do, 138
Civilização
    crise da, 23
    do lazer, 295
    pós-industrial, 333
    tecnológica, 41
Conceito
    construtivo, 314
    kantiano
        do predicado da existência, 230
Crise
    da consciência europeia, 318
Crítica
    da cultura, 22, 168
        do Heidegger tardio, 230
        insuficiência da, 24
        problemática da, 318
    da razão histórica, 203

imanente, 101
social, 21-22
Criticismo, 48, 236
Cultura
   crise da, 98
   crítica da, 21
   tecnológica
      superação da, 335

Darwinismo
   social, 161
   sociológico, 291
Desinteresse
   estético, 51, 294
Desocultação
   dialética da, 181
Dessublimação, 40
Desumanização
   da era contemporânea, 61
Diagrama
   conceito peirceano de, 156
Dialética
   da solidão, 76
   do iluminismo, 111
Diluição
   do paradigma, 332
Dodecafonia, 76

Economia
   capitalista, 317
   de escassez
      no pensamento freudiano, 293
Educação
   da humanidade, 47
Ensaio
   conceito do, 130

montagem, 134
Ensaísmo
   benjaminiano, 131
Ente
   primado do, 196
Episteme
   definição de, 295
   oitocentista, 296
Epistemologia
   da Crítica da Razão Pura, 242
Epopeia
   negativa, 100
Errância, 194
   conceito de, 195
Escassez
   e história humana, 300
Escola de Frankfurt
   unidade de espírito da, 28
Essência
   conceito de, 313
Estética
   autonomia da, 289
   hegeliana, 289
   kantiana, 46, 290
Esteticismo
   moral
      de Schiller, 53
Estilo
   como ruptura, 63, 321
Estrutura
   conceito de, 254
   noção lévi-straussiana de, 304
   social, 255
Estruturalismo, 251, 255
   de Claude Lévi-Strauss, 251
Eterno
   retorno, 186

Evolucionismo, 256
    antropológico, 257
    biológico, 256
Existência
    predicado da, 244

Fetichismo
    da mercadoria, 277
    em Marx, 133
Figura
    conceito de, 125
Filosofia
    da subjetividade, 280
    da vida, 104, 186, 295
Finitude, 279
Fragmentarismo, 72

Grande Recusa, 57, 172, 321
    alternativa teórica para, 329
Guerras
    civis inglesas, 324

Homem
    do Terceiro Mundo, 334
Homo
    faber, 31, 191, 247
    technologicus, 63
Humanidade
    desenvolvimento autônomo da, 275
Humanismo
    como antropocentrismo autoritário, 190
    como metafísica, 184
    metafísico, 287
    prometeico, 276

Idade moderna
    início da, 317
Idealismo
    moderno, 184
Iluminismo
    definição adorniana de, 59
    maldição do, 152
Imaginação
    transcendental
        kantiana, 241
Imperativo
    categórico, 217
Indivíduo
    histórico-universal
        de Hegel, 86
Industrialismo
    avançado, 277
Intelectualismo, 307
    de Gentile, 308
Interpretação
    figural, 123
Intuicionismo
    de Croce, 308

Jogo
    estético, 49
Jusnaturalismo, 161

Lebensphilosophie, 204
Libertarismo
    radical
        de Marcuse, 44
Língua
    como enérgeia, 158
Lirismo
    desvalorização do, 291
Literaridade, 306

Maldição
iluminista, 111
Marxismo
althusseriano, 284
de Frankfurt, 284
história do, 283
ocidental, 302
tradicional, 320
Mediação
princípio da, 28
Messianismo
de esquerda, 282
de Marx, 279
hedonístico, 321
ocidental, 269
profano, 281
religioso, 269
Metafísica
destruição da, 230
do suprassensível, 187
história da, 196
positivista, 297
sentido clássico, 204
sentido heideggeriano, 204
Metanoia, 332
Mímese
linguística, 156, 158
Mito
do retorno à origem, 166
Mobilização
repressiva, 55
Monodeísmo, 299
Montagem
técnica de, 134
Música
literária, 79
negativa, 76

Narcisismo
primário, 45
Niilismo, 60
Noema
imagem, 308
Nova
ontologia, 230
de Heidegger, 236
Novo
intelectual
europeu, 334

Obra
de arte
antropofágica de Adorno, 67
Ontologia
metafísica, 186

Paradoxo
de Fromm, 32
Pensamento
da ruptura, 172
negativo, 28, 69, 101, 133, 313
antidemocratismo do, 322
caminho do, 75
enquanto vanguarda da filosofia, 168
e teoria crítica, 65
ideais do, 168
imaturidade da política do, 328
Performance
culto da, 39
Periferia
ativa, 318
passiva, 318

Pessimismo
   cultural
      em Freud, 42
   de Adorno e de Marcuse, 166
   estético, 111
   frankfurtiano, 110, 114
   tecnológico, 139
Polifonia, 73
Predicado
   da existência
      conceito de, 234
Presente-ruptura, 160
Primitivismo, 164
Princípio
   macroantropológico
      de Eric Voegelin, 330
Pseudoprimitivismo
   de Rousseau, 165
Psicologismo, 307

Razão
   história adorniana da, 60
   tecnológica, 60
      falência moral da, 75
Realismo
   crítico, 89, 97
   socialista, 89
Receptividade
   espontânea
      modelo da, 312
Reducionismo
   erro do, 298
   historicista, 290
Reficação
   processo da, 148
Reificação, 69, 248
   como adulteração iluminista, 73

   do homem, 189
   do leitor, 148
   lukácsiana, 133
Religiosidade
   antimística
      de Pascal, 317
Repressão
   extra, 34
Revolução
   Chinesa, 324
   Cubana, 324
   Francesa, 21, 47, 159, 324
   Industrial, 22, 251, 317

Ser
   caráter dinâmico do, 180
   esquecimento do, 186, 195
Símbolo, 121
Síntese
   obsessão da, 223
Socialismo
   científico, 280
Sociedade
   de massa, 60, 175
      advento da, 37
   pós-industrial, 300, 328
   repressiva, 75
   sem classes, 267
   sem pai, 37
   sem repressão, 45
Sofística, 184
Spoudaios, 332
Stilmischung, 124
Stiltrennung, 124

Tecnologia
   clássica, 328

e produção, 328
expansão da, 138
moderna, 328
e informação, 328
Teleologismo
da visão hegeliana, 273
marcusiano, 313
Tempo
criação, 159
decurso, 159
em linha, 159
em ponto, 159
Teologia
cristã, 207
Teoria
crítica, 21
do numinoso, 211
do sentimento do belo, 288
política
como doutrina da boa
sociedade, 330
Terrorismo
da ruptura, 146
Tipo
categoria de, 83
conceito de, 84
e autoconsciência, 84
Tolerância
conceitos de, 323
Totalitarismo
fascista, 36
Tradução
conceito de, 156

Utopia
estrutural, 261

Verdade
como alétheia, 181
Violência
abstrata, 327
Vontade
de poder, 186
como domesticação do
tempo, 279

Do mesmo autor, leia também:

Este livro tem origem em uma contribuição oral ao seminário conjunto de antropologia social, dirigido por Claude Lévi-Strauss, exposta por Merquior em 1969. A ótima recepção do antropólogo estimulou o autor a transformá-la em ensaio. No entanto, a obra ultrapassa uma simples apresentação burocrática e acrítica das ideias de Lévi-Strauss, contribuindo para a revitalização de suas concepções no campo da estética, da teoria da arte e da teoria do conhecimento.

Formalismo & Tradição Moderna reúne treze ensaios que discutem amplamente temas de estética, teoria literária, teoria da crítica da arte, história da literatura, história das artes, semiologia e psicanálise da arte. Esta nova edição (a primeira data de 1974) é enriquecida por fac-símiles da correspondência pessoal e de documentos do arquivo de Merquior, bem como por ensaios de José Luís Jobim, João Cezar de Castro Rocha e Peron Rios.

facebook.com/erealizacoeseditora

twitter.com/erealizacoes

instagram.com/erealizacoes

youtube.com/editorae

issuu.com/editora_e

erealizacoes.com.br

atendimento@erealizacoes.com.br